武 琨——主编

餐饮

精益管理与过程控制

新模式促进餐饮转型升级

精益管理与过程控制实战系列

U0314407

化学工业出版社

·北京·

内容简介

《餐饮精益管理与过程控制——新模式促进餐饮转型升级》一书，从餐饮智慧化管理、图解酒店之精益管理、图解酒店之过程控制三个部分进行了详细的描述和讲解。餐饮智慧化管理部分包括：新零售赋能新餐饮、建立餐饮管理系统、餐饮智能点餐、餐饮智能营销、餐饮智能结算。图解餐饮企业之精益管理部分包括：餐饮企业的精益管理、图解精益管理之信息系统、图解精益管理之整合营销、图解精益管理之食品安全、图解精益管理之成本控制、图解精益管理之质量控制、图解精益管理之餐厅安全。图解餐饮企业之过程控制部分包括：过程控制解析、菜品研发管理流程、采购管理流程、餐饮企业财务管理流程、餐饮企业人力资源管理流程、楼面服务作业流程、厨房各岗位作业流程。

本书采用模块化设置，以图解的方式解说精益管理和过程控制，内容实用性强，着重突出可操作性。本书既可以作为餐饮管理人员进行管理的参照范本和工具书，也可供管理咨询顾问和高校教师做实务类参考指南。

图书在版编目（CIP）数据

餐饮精益管理与过程控制：新模式促进餐饮转型升级 / 武琨
主编 . —北京：化学工业出版社，2021.6
（精益管理与过程控制实战系列）
ISBN 978-7-122-38736-3

Ⅰ. ①餐… Ⅱ. ①武… Ⅲ. ①饮食业-商业企业管理-图
解 Ⅳ. ①F719.3-64

中国版本图书馆CIP数据核字（2021）第046746号

责任编辑：陈 蕾　　　　　　　　　　装帧设计：溢思视觉设计
责任校对：宋 玮

出版发行：化学工业出版社（北京市东城区青年湖南街13号　邮政编码100011）
印　　装：大厂聚鑫印刷有限责任公司
787mm×1092mm　1/16　印张27¼　字数545千字　2021年7月北京第1版第1次印刷

购书咨询：010-64518888　　　　　　售后服务：010-64518899
网　　址：http://www.cip.com.cn
凡购买本书，如有缺损质量问题，本社销售中心负责调换。

定　　价：98.00元　　　　　　　　　　　　　版权所有　违者必究

前言
PREFACE

"民以食为天"，餐饮行业是距离百姓最近、生活消费频次最高的服务行业，同时也是市场较为饱和、竞争激烈的行业。随着移动互联网的兴起，主流支付手段的日益成熟，无人饭店、机器人送餐等一系列基于餐饮与新技术的结合品，在不同商业领域被尝试、被应用。

传统餐饮行业目前进入了新餐饮、智慧餐饮时代，众多餐饮企业进行数字化转型，从传统餐饮向智慧餐饮迈进。新餐饮模式需要探索如何通过互联网技术、产品和数据能力，帮助线下商家革新经营模式，最终完成新餐饮的转型升级，新餐饮本质上是利用智能硬件及软件、互联网技术、大数据等驱动餐饮行业的人、货、场重构。如何提高消费者的用户体验、运营效率、适应新的消费场景是传统餐厅向新餐饮转型中亟待解决的问题。

精益管理是在日本丰田公司精益生产的基础上，总结提炼并加以升华的一种高效管理工具。精益管理的"精"指减少投入、少花时间、少耗资源；"益"指增加效益、提高效率、提升质量。精益管理通过流程再造、降低成本、提升质量、提升效率来提升企业的竞争力。

餐饮企业推行精益管理，首先要从流程和制度的建设抓起，从餐饮企业的各个方面进行梳理，包括各项业务流程力求简化，识别现有运营流程与精益管理要求的差距，找出所有的问题，删减不必要的非增值环节，不断提高餐饮企业的创效能力。

餐饮企业的管理核心在服务，而服务质量的高低首先在于是否有一套科学的质量标准体系和管理程序，管理方面的诸多问题最终又要在过程控制中才能实现。过程是指通过使用资源和管理，将输入转化为输出的活动。一个过程的输入通常是其他过程的输出，餐饮企业的过程只有在受控条件下策划和执行，才具有价值。

基于精益管理与过程控制的理念，我们策划编写了《餐饮精益管理与过程控制——新模式促进餐饮转型升级》一书，本书从餐饮智慧化管理、图解酒店之精益管理、图解酒店之过程控制三个部分进行了详细的描述和讲解。

本书采用模块化设置，以图解的方式解说精益管理和过程控制，内容实用性强，着重突出可操作性。本书既可以作为餐饮管理人员进行管理的参照范本和工具书，也可供管理咨询顾问和高校教师做实务类参考指南。

本书由武琨主编，参与编写的还有匡仲潇、刘艳玲。由于编者水平有限，书中难免出现疏漏，敬请读者批评指正。

编　者

目录

CONTENTS

第1部分
餐饮智慧化管理

第2部分
图解餐饮企业之精益管理

第 3 部分
图解餐饮企业之过程控制

HAPTER ONE

第1部分
餐饮智慧化管理

第 1 章

新零售赋能新餐饮

新零售概念自2016年被提出之后，已经进入了践行阶段，各大峰会论坛上对新零售的讨论络绎不绝，新零售所反映出的"新"，已经成为了一个可以放至全球、全历史时期行之皆准的零售业的发展基调。

新零售掀起的商业各环节、全场景的震动，对于"百业之王"的餐饮业也将起到广泛而深远的影响。

1.1 新零售落地，从生鲜开始

2016年10月13日，在阿里云栖大会上，马云在演讲中首次提出"新零售"概念。马云断言，"纯电商时代很快会结束，未来十年、二十年，没有电子商务这一说，只有新零售，也就是说线上线下和物流必须结合在一起，才能诞生真正的新零售。"新零售概念迅速为人所接受。所有零售行业的巨头在2017年不再大谈电商和网购，而是要在新零售道路上前进。生鲜商品一向是消费者购买频次最高的品类，"新零售"在此落地似乎顺理成章。

2016年3月，新零售标杆企业盒马鲜生正式开业，开创"餐饮+零售"并提供三公里范围内30分钟上门配送服务，使其一诞生便成为焦点。图1-1所示为盒马鲜生会员店。

图 1-1　盒马鲜生会员店

区别于传统零售，盒马自线上走向线下，运用大数据、移动互联、智能物联网、自动化等技术及先进设备，实现人、货、场三者之间的最优化匹配，并在门店标配使用汉朔电子价签同步线上线下信息。不仅如此，盒马从供应链、仓储到配送，盒马均有自己完整的物流体系，店内布置的悬挂传送带则是重要创新之一。

1.2 新零售实践，推出智慧餐厅

如今消费者无论在消费流程、消费心理还是驱动模式上，都发生了截然不同的改变。线上线下融合、无人零售、人脸识别等新方式，正在逐渐占据主流。而同样的"人、货、场"重构理念，自然也能作用于餐饮这个更注重消费体验、更渴望被数字化改造的领域。

1.2.1 口碑推出智慧餐厅方案试点

2017年11月，口碑推出智慧餐厅方案试点。在智慧餐厅里，用户的点餐、支付、评论、开发票全部可以通过口碑APP或者支付宝完成。并且，智慧餐厅增加了智能取餐柜和零售柜的解决方案，可让餐厅实现24小时营业和全程自助服务，提高效率，降低成本，提升餐厅坪效。

1.2.2 全国第一家智慧餐厅开业

2018年1月，连锁餐饮品牌五芳斋采用口碑的智慧餐厅方案，开出了全国第一家智慧餐厅（图1-2）。餐厅的装修风格与以往传统的快餐门店相比更为时尚，简约大气的门头，明亮醒目的电子点餐屏，整齐排列的自助货柜……逐一透显"智能化"。店内墙面上用图文的方式，清晰列出点餐、取餐、结算所有操作步骤。顾客一进门店，掏出手机，动动手指，三步即可完成整个流程。运行半年，这家智慧餐厅营业收入增加了40%，人效提升了三倍，翻台率提升37%。

图1-2 五芳斋门店

五芳斋之后，味多美、康师傅、面包新语等更多品牌的智慧餐厅也陆续开业，掀起了"智慧餐厅现象"。

◦ 相关链接 ◦

口碑智慧餐厅解决方案

据口碑负责人介绍，智慧餐厅方案由三大要素组成：一是互联网入口加手机点单，二是以智能POS为基础的营运方案，三是整体消费体验和流程重构。

消费者通过口碑找到想去的门店，用手机即可完成预订点单，到店就能直接享受服务。商家接入口碑手机点单，就能实现了所有商品线上化，能对菜品做智能推荐，减少消费者的决策时间，提高餐厅运营效率，并通过手机预点单在线上引流和提前锁定客流。

智能POS作为智慧餐厅的引擎，可以实现商家的接单与收银，前厅后厨的连接，基础报表和营销活动，实现全流程数字化，为商家提供更清晰的用户画像，并针对不同人群制定个性化营销方案。

通过智慧餐厅对智能硬件和技术的改造，实现整体餐饮消费体验和流程的重构。例如通过自助取餐柜代替服务员人工送餐，提升用户消费体验；24小时无人智能零售柜，还能增加营业时长、提升坪效。

1.3 新零售未来，餐饮人工智能化

随着移动互联网的兴起，主流支付手段的日益成熟，无人饭店、机器人送餐等一系列基于餐饮与新技术的结合品，在不同商业领域被尝试、被应用。

1.3.1 智能决策

智能化、数据化的新餐饮时代，更多技术将被用来为创业者提供决策。

将投资特征、消费数据等数据特征画像后的创业者，可以反推他们的需求，在此基础上可以寻找相应的品牌方，与之匹配。对于品牌方，可以在经营、舆论、收银、库存等方面的数据提炼出24个模型，包括顾客满意度模型CSL等，通过这些数据和模型把品牌方的画像基本明确下来，就知道他们应该和什么样的创业者匹配成功率是最高的。

1.3.2 智能选址

传统零售选址肯定是通过人为挑选，依靠人的一些经验。这里会出现很多问题，每个人的认知范围有限，很难对整个城市有一个宏观的认识。而智能选址是基于海量数据推出了一个利用大数据+AI算法的智能选址平台，可以使得整个选址过程更加智能化，

更加自动化。

智能选址展现出图1-3所示的三个功能。

 能对某个商圈进行洞察评分，了解这个商圈有多大的潜力

 能对企业期望的选址地点进行营收预测，预测未来这个店铺能够赚多少钱

 能为企业规划整个城市的网点，比如企业可能想在这个城市建几百个店，先建多少个店，再建多少个店，这样的规划怎么做

图 1-3　智能选址的功能

1.3.3　智能营销

目前，餐饮业在没有大数据支撑下的营销大多都是千篇一律的价格战、打折、赠送菜品等，无法提供针对特定消费者的个性化营销方案。

比如，餐厅对会员送的一道菜恰好是这个消费者不喜欢吃的，那么你就无法起到促销的作用，消费者对这样促销活动也会越来越无感。

所谓个性化的营销方案，一定是根据对消费者来餐厅消费行为特征数据的积累与分析，完全根据他的特定需求制定出来的营销方案，通过数据分析，促销、推荐的菜品是有针对性的，一定会深得消费者的喜爱，这样也才能起到促销甚至感动消费者的效果。这些都是人工智能和大数据技术发展的成果。

未来餐饮在新技术带动下，将会为创业者带来更多改变。消费者信息被线上化后意味着每一个客户都变成会员，餐饮店可以基于被分析画像后的数据，做出更合理的套餐价格。

比如，消费者在餐厅里吃过三次单客价为14元的饭，可以送他满25返5元的优惠券，从而使其客单价格有所变化。

这完全可以通过IT技术实现，而不需要靠店长的大脑识别。把线上订单和线下交易的数据汇集后，将对顾客的属性非常了解，并且能够让每一个客人成为你的回头客。商家可以做针对性的营销活动，通过人工智能判断，代替店长思考很多问题。

◇ **相关链接** ◇

用人工智能实现区别发券

2017年11月24日，阿里巴巴旗下本地生活服务平台口碑推出一款全新的智能营销工具，把古老的优惠券形式和新潮的人工智能技术相结合，让商家可以像操作傻瓜相机一样，一键实现差异化营销。如下图所示。

口碑优惠券

优惠券这种简单直接的营销手段在本地生活服务行业一直屡试不爽。可统一的降价打折，虽然覆盖面广，却严重牺牲商家的利润空间。而且一旦促销结束，消费者往往很快就会流失。

因此对于商家来说，用不同的优惠券"区别对待"不同的消费群体显然是更具效率的促销手段。可问题在于哪怕是人手再足、脑力再好的商家，也不可能完美地辨别出每个到店顾客的消费习惯，更不可能迅速作出反应，第一时间为不同顾客配发不同的优惠券。

取名为收入月增计划的口碑智能营销工具，用人工智能的算法解决了商家的烦恼。

打个比方，某个餐厅同时来了两个客人。其中一个客人生活节俭，吃饭通常只花20元；另一个客人则口味挑剔，通常只吃固定的两道菜。如果这家餐厅加入了口碑的收入月增计划，那么很可能出现的场景是：同样扫码领优惠，生活节俭的客人领到一张满25减3元的满减券；口味挑剔的客人则领到一张她从来没点过的某道新菜或者是某道高毛利菜品的单品优惠券。

整个过程，这家餐厅需要做的不过是在餐厅显眼的位置贴好口碑码物料和引导客人在点餐前记得扫码领优惠。

口碑项目负责人森狮表示，口碑收入月增计划的核心理念就是把简单的操作留给商家，把复杂的计算留给系统。据其介绍，收入月增计划系统共含建模和配发两个部分。建模指的是根据商家类目、区域、客单、客频，从百万成功的营销案例中，调取出与该商家情况最相似的一批成功案例，并参照这些成功案例，设定出一套具体的优惠规则，比如满减的比例、满返的力度；配发指的是根据顾客的消费习惯，自动匹配出合适的优惠推送，以达到提客单、拉复购的效果。通俗的理解就是先免费给你请一个有过无数成功经验的专家，接着再让这个专家24小时不眠不休地为你的每个客人制定专门的营销方案。

建立餐饮管理系统

传统餐饮行业目前进入了新餐饮、智慧餐饮时代。新餐饮模式需要探索如何通过互联网技术、产品和数据能力，帮助线下商家革新经营模式，最终完成新餐饮的转型升级，新餐饮本质上是利用智能硬件及软件、互联网技术、大数据等驱动餐饮行业的人、货、场重构。如何提高消费者的用户体验、运营效率、适应新的消费场景是传统餐厅向新餐饮转型中亟待解决的问题。而餐饮管理系统则是服务于餐馆日常管理的，是为了满足餐饮业发展，科学管理、提高效率的管理系统。餐饮管理系统能帮助餐饮业提高服务质量、工作效率，对员工绩效进行考评，掌握消费者信息，及时协调处理缺货情况。

2.1 建立餐饮管理系统的需求分析

在现今网络经济的时代，许多餐饮企业还处在手工及半手工状态，即使有计算机也只是实现了 POS 系统（点菜收银环节），当个点菜器和计算器用，并没有真正通过计算机系统来实现改造流程、强化管理、降低成本、堵漏节流等作用。而竞争的激烈性要求餐饮企业慎重地分析自己在建立餐饮管理系统的需求。

2.1.1 形象需求

餐厅店面的装修高档，环境幽雅，但是收银、买单、配菜若都是手工处理，手写字体各有千秋，给客人的感觉就是菜很好吃，环境也不错，但很难看清单据上的菜品，也不知等了多少时间，多张单据难以计算价格。国内一流的餐饮企业都已信息化，单据清一色电脑打印，字体标一，清清楚楚，客人明明白白消费，信息化管理已是提升品牌档次的一个方面。

2.1.2 安全需求

传统的餐饮收银会出现以下问题。

（1）传统手工飞单和收银由于查询很麻烦，很容易出错，没有办法集中统计，因而容易算错单、掉单，自己损失还不说，长此以往，客户也会不断地流失。

（2）对待顾客，前台员工可以随意打折，从中吃回扣。

（3）厨房和前台收银配合不好，经常出现有点菜单在前台，而没有送到厨房，造成许久没有上菜，导致客人投诉。

（4）前台收银私拿票据，无从查起。

（5）没有办法使用会员卡，只能靠人工记忆给老顾客打折，一旦收银员换人，就难以保证老顾客的优惠政策了。

（6）现金券的发放还需要防止收银以不能找零的现金券冒充现金。

为了解决以上问题，餐饮企业有必要建立自己的餐饮管理系统。

2.1.3 服务需求

（1）餐饮管理系统能提高结账速度，客人的耐心是有限的，但收银员收银也是非常谨慎，尤其是出品非常多的客人，单据非常多，手工计算很容易就会出错，客人投诉也在所难免。

（2）传统手工方式不能实时查询楼上楼下消费、统计客人的服务时间，不利于服务员跟踪服务。

（3）通过厨打实时监控前台下单，做到前台下单，厨房马上出单制作，减少送单时间，同时也可以减少因前台掉单而导致的客人催单。

2.1.4 管理需求

（1）餐饮管理系统能快速生成日结服表，统计一天的经营情况，解决手工统计的麻烦。

（2）餐饮管理系统能统计客流的趋势，合理安排人员。

（3）餐饮管理系统能统计业务员、服务员、订餐业务的业绩。

（4）餐饮管理系统能统计结算供应商的货款。

（5）餐饮管理系统有会员管理功能，能针对不同的会员等级进行打折、优惠。

2.2 建立餐饮管理系统的功用

餐厅建立餐饮管理系统具有图2-1所示功用。

规范工作流程、提高运营效率

　　从开台到结账，每一步都是在系统上完成，规范了餐饮企业营业的工作流程，优化了操作环节，降低了劳动强度，从而提高了工作效率和运营效率

降低运营成本、提高经营效益

　　无线点菜、厨打监控、进销存管理，节约人力成本、杜绝跑冒滴漏、降低运营成本，帮助餐饮企业节流；菜品管理、费用管理、会员管理，随需更新菜品、拓宽营销渠道、增加经营效益，帮助企业开源

提升企业形象、提高服务水平

　　店面运营的统一管理，无线点菜提供给客人绝佳的用餐体验，服务效率和服务质量大大提高，多样的会员配置方案，提升企业形象，增加竞争优势

促进科学决策、提高管理水平

　　准确实时的数据统计，科学精细的数据分析，为高效的人员管理、会员管理、进销存管理以及各种报表管理提供数据支持，大幅提升餐饮企业管理水平，帮助经营者进行科学决策，有利于企业发展壮大

图 2-1　建立餐饮管理系统的功用

2.3　餐饮管理系统的功能要求

　　餐饮管理系统的必备功能应包括：前台收银、厨打管理、点菜宝管理、POS 机管理、PDA 管理、后台菜品资料维护、会员管理、采购管理、物料库存管理、报表管理等，从而有助于餐厅轻松地完成从点菜、打印、结账、采购、库存、核算的一条龙管理。如图 2-2 所示。

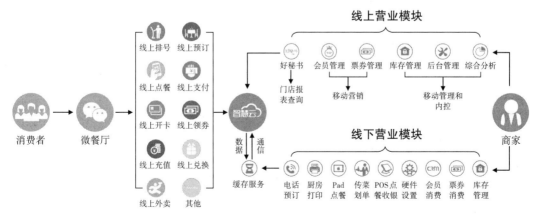

图 2-2　某餐饮管理系统功能模块示例

2.4 如何选择餐饮管理系统

上面只是简单介绍了一下餐饮管理系统软硬件方面应具有的功能、技术指标等，下面我们谈一下如何选择一个好的餐饮管理系统。

2.4.1 选择一家好的软件企业

一家好的软件企业这对餐饮企业能够起到事半功倍的效果，否则损失是不可估量的。

餐饮企业的经营特点具有多样性，而流程又有相当的复杂性。需要软件开发商具备相当高的餐饮专业知识，否则开发的产品经受不住市场的考验。而选择不合适的软件属于决策性的失误，将极大困扰、滞碍企业的经营和发展。所以软件企业要具备高经验度，这样才可以快捷借鉴先进企业的管理经验，把自己的风险降至最低。

选择软件不像选择其他的产品，使用不好可以随时更换。它将充分体现管理者的思想和管理核心。

每个餐饮企业要想成功无论从经营上还是管理上都要有自身鲜明的特色和长远的规模发展战略。有实力的公司才可以根据企业的要求，做出准确的二次开发，满足将来的软件升级，不断调整软件的模块内容，使软件可以更好地为企业服务。

软件企业良好的技术维护队伍、专门的维护部门、定期回访等能够实际解决客户的后顾之忧，而代理公司能力参差不齐、注重短期经济效益和对客户不负责任的态度令人堪忧。

2.4.2 选择餐饮软件

除了可以根据企业自身的规模和特点选择不同的软件产品以外，还要注意以下几点。

（1）要选择成熟稳定的产品。多家客户特别是连锁企业连续使用的软件一定是经受了市场的考验，也必将是可靠的。

（2）要选择适应性强的产品。任何好的软件产品都有很强的适应能力。任何特点鲜明的餐饮企业的基本管理流程是大同小异的。如果软件只针对一家或几个客户开发的，将不能满足大多数企业的要求。

（3）要选择同一家公司软件产品的关联性、多样组合性。有的企业由于经营的需要，可能需要多种形式的点菜系统，如果选择多家产品进行组合几乎是不可以实现的，而使用一种产品又不可能完全适合自己的需要，这样就要求软件公司可以提供多样性组合的产品。

（4）要选择产品的拓展性和升级。任何好的产品都需要不断地完善和技术发展。选择软件一定要充分考虑到该产品的拓展性和技术升级。

市场上餐饮软件公司不胜枚举，我们建议餐饮企业选择一家有良好业界口碑的软件公司，或是具有实际能力的代理公司为餐饮企业的信息化管理锦上添花。

【他山之石01】某智慧餐厅系统解决方案

某智慧餐厅系统解决方案

某企业推出的智慧餐厅系统解决方案，通过智能餐盘自助结算台，减少餐厅收银结算人员；通过微信自助充值、查询、订餐等，减少会计及管理员；还可进行成本管控、订单管理和进出库管理预计，减少无效食材费用。

1.人脸识别智能自选餐线系统

人脸识别双屏结算餐台：采用人脸识别技术，红外双目摄像头，一秒一单，快速结算，从放置餐具至结算完成仅需一秒，极大提升收银结算效率；自主结算，屏幕能详细显示员工姓名、部门、消费明细等，自动打印小票，减少餐厅收银人员，实现员工消费扣费的自动化，实现后勤管理的智能化，助力企业打造属于自己的智慧餐厅。

多种支付方式：可选择多种支付方式，刷脸支付、刷卡支付、扫码支付等。

2.健康管理与营养分析系统

健康管理与营养分析系统：通过微信推送个人饮食报告，详细介绍每餐的营养成分和个人营养素摄入量，结合员工自身健康状况，给出合理化饮食建议，增加食物营养摄入警报功能，帮助员工合理搭配膳食，助力员工健康人生，构建员工健康大数据。

3.餐厅后厨管理系统

成本控制：输入第二天的备餐明细，软件自动分解出需要采购的菜品原料明细，并可以测算成本并生产订单。

经营分析：即时统计出各种菜品的销售明细、销售汇总、销售毛利表等，供经营分析。

库存管理：可管理进、出库，也可以即时进、即时出，随时查看库存情况。

财务报表管理：营业汇总、各餐厅交易明细汇总、菜品销售明细汇总、充值明细汇总、余额明细汇总等报表。

用户消费分析：分析用户的消费行为，根据情况制订营销计划，如发放优惠券等。

4.微信餐厅

微信餐厅系统：员工可通过微信餐厅进行订餐、购物、充值、查询、挂失、解挂、接收通知，接收个人饮食报告等，搭建单位线上餐厅管理系统，实现线下餐厅与线上餐厅相结合，实现餐厅管理的智能化与全场景。

【他山之石02】某智慧餐饮系统建设方案

某智慧餐饮系统建设方案

智慧餐饮系统通过自动化的软件系统及形式多样的硬件设备，首先将餐厅的各个环节信息化，免去了手写信息的麻烦，提高效率的同时也减少了出错率；同时智能点餐系统有效缓解了餐厅前台的服务压力，帮助餐厅降低人力成本。

一、智慧餐饮系统方案优点

智慧餐饮系统管理平台简单好用，节省餐厅人力成本，提高工作效率，完美支持点餐，实现O2O无缝接入，真正为餐厅打造高效率的信息化管理系统。

（1）扫二维码点餐　即客人通过用手机微信或支付宝扫描桌上的二维码，进入到餐厅的点餐界面，进行菜品点选、下单、支付等操作，然后等候上餐即可。

（2）门店客流分析　了解不同时段的餐厅客流量、客群属性，进而对非高峰期时间段做活动营销。

（3）餐饮管理系统　实时交易异常分析，有效提升稽核人员侦错效率，降低收银错账损失，防止监守自盗。

（4）连锁管理　简易好用的内容管理软件，有效管理连锁门店宣传。

（5）小程序点餐　云端软件一键更新多个连锁餐厅菜单，结合小程序以及公众号实时更新价格。

（6）预订功能　预订是可以提前预订包厢，有效地提高餐桌的翻台率。

（7）餐厅排队叫号　消费者在网上排队，有效管理餐厅排队人潮。

（8）智能厨房　提供顾客点餐查询、厨房点餐显示平台、客户满意度调查等。

（9）线上外卖　利用系统无缝对接第三方外卖平台或搭建属于自己的外卖配送平台，随时接收外卖的订单。

二、智慧餐饮系统功能介绍

小程序出现的主要目的在于连接线下的服务场景，餐饮行业正是最大的线下场景。客人只需微信扫一扫二维码，无需关注，直接进入餐饮小程序，然后在小程序里完成微信支付，方便又快捷。

（1）移动点餐　搭建自己的外卖、预订、点餐平台，深度对接商家微信公众号，是完完全全属于餐饮门店自己的线上点餐平台，不再向其他平台缴纳手续费。

（2）预约排队　深度优化预约排队系统，结合小程序点餐流程管理实现自动叫号、快捷点餐、快速入座。

（3）在线订座　顾客可在线选座、订座；可查看包间的照片环境，在线选择包间、大厅，在线订座、点餐。商家可设置包间有无最低消费、最少就餐人数可预订。手动释放桌位、自动释放桌位；预订座位是否要交定金等。

（4）在线点餐　顾客可选择菜品单点或选择套餐，选择是否参加满减活动，是否预交定金等。

（5）优惠买单　客人使用微信支付买单时，可以在小程序里自主选择多种优惠方式进行买单，如使用会员折扣、积分、优惠券等，这对于消费忠诚度和二次消费是有极大的促进的，同时有效降低了服务员的工作难度。

（6）外卖　餐饮门店可以在点餐系统后台设置自动接单和手动接单两种模式，不接单自动退款；可按区域设置配送范围；设置起送条件，满多少配送；设置配送运费；选择菜品规格；多种促销活动（首单满减，满多少免配送费，满多少减多少）；消费码核销及审核。

【他山之石 03】某企业微信智慧餐厅解决方案

某企业微信智慧餐厅解决方案

一、产品解决方案

1. 远程排号、查号

餐饮在高峰期往往需要较长等待时间，可在公众号内增加排号和查询叫号状态等服务，改善顾客的用餐体验。如下图所示。

远程排号、查号界面

2．在线点餐

顾客在落座前自助点餐，节省用餐时间，提高翻台率；点餐系统同餐饮终端系统打通，顾客下单后直接同步至后厨，降低用餐高峰期餐厅服务压力。如下图所示。

在线点餐界面

3．桌面二维码收银

桌面二维码收银步骤如下。

（1）在桌面固定关联桌号的二维码（如下图所示）。

（2）顾客扫描二维码，可自助完成点餐、买单等操作。

（3）点击"结账"按钮即可自动显示当前账单。

（4）顾客自主完成支付流程。

（5）顾客手机和服务员收银终端收到支付成功反馈。

在桌面固定关联桌号的二维码

4.终端二维码收银

终端二维码收银步骤如下。

（1）在移动终端、收银小票等显示收款二维码（如右图所示）。

（2）顾客扫描二维码，进入电子账单页面。

（3）点击支付按钮完成支付流程。

（4）顾客手机和服务员收银终端收到支付成功反馈。

5.储值卡

储值卡有助于餐厅提前锁定顾客，沉淀资金。通过微信推出虚拟储值卡，可较实体卡有效降低使用门槛，提高顾客使用比例。

（1）储值卡充值　通过微信，完成储值卡身份绑定，并可用微信支付自主充值（见下左图）。

（2）储值卡消费　顾客可通过扫码等方式进入储值卡消费界面确认消费余额后进行扣费（支持顾客设置和验证消费密码）。

（3）储值卡查询提醒　顾客可自主通过微信查询储值卡消费记录、余额等信息，当发生金额变化时还可实时收到微信提醒，让每一笔消费都随心掌握（见下右图）。

在预结单上印上自助结账二维码

储值卡充值　　　　储值卡消费提醒

6. CRM会员体系

建立会员积分体系，通过微信公众平台快速沉淀会员，同时从以下方面进行会员运营。

（1）建立CRM体系，支撑运营　根据用户消费行为，针对不同消费偏好、消费频率的用户设定个性化运营方案。

（2）微信触达会员权益，增强感知　通过微信消息提醒积分变动、会员活动、生日关怀等，增强顾客对会员的黏性。

（3）细分高级会员，精细化运营　高级会员对餐厅口碑传播和利润的潜在贡献较大，可制定高级会员特权精细化运营。

微信平台上的CRM会员界面如下图所示。

微信平台上的 CRM 会员界面

二、营销方案

1. 优惠裂变券

支付完成后获取到有限的优惠券，顾客可分享到朋友圈或微信群给好友抢（如下图所示）。

优惠裂变券

2．抽取优惠券

提前抽取优惠券，到店消费时使用微信支付自动减免相应金额（如下图所示）。

抽取优惠券

3．菜品砍价活动

可选择特价菜、推介菜品，鼓励顾客自行拍照分享，好友通过互动即可减免部分金额（如下图所示）。

菜品砍价活动

4.福利

每季推出不同的福利,在节假日也相应地推出福利(如下图所示)。

微信平台推出的福利

第3章

餐饮智能点餐

智能点餐系统，有效利用自助点餐机、叫号屏、自助取餐等硬件，将餐厅前端硬件软件、后厨与线上系统完美融合，实现餐厅一体化、智能化的管理，提高餐厅点餐与管理效率的同时，提升顾客整体点餐体验与餐厅档次。

3.1 智能点餐系统的功能需求

传统的点餐方式要让服务员到位才能开始点餐，遇上周末或者是节假日人多的场景，可以发现服务员过了很长时间都来不了，这会大大影响用餐的心情。针对这些痛点，开发智能点餐系统能解决服务员长时间不能下单的窘境，消费者只需要在系统选择自己想吃的菜品，厨房就会收上打单做菜。

智能点餐系统的功能模块如图3-1所示。

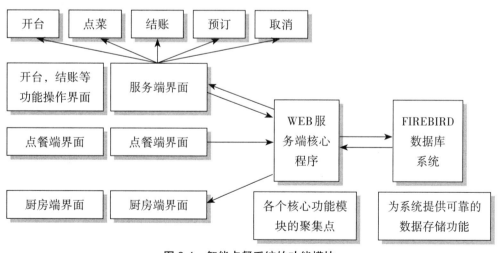

图 3-1   智能点餐系统的功能模块

3.2 微信点餐系统

微信自助点餐是一个全新的自助点餐模式，对新进入的商家确实会有很大的帮助，比如，不用接听客户的订餐电话，省去人工的时间；便于统计客户的消费情况，给客户积分等，加强用户的忠诚度。甚至可以通过微信公众账号群发消息，给用户做一些推广，如餐厅最近新推出的菜品、餐厅最近的优惠、吃满多少送多少等。微信群发比普通的短信群发，表现内容更加丰富，同时到达率基本在100%，所以是一种很好的工具。微信点餐软件作为连接微信用户与快餐厅的桥梁，从消费者自助点餐屏幕下单，到商家全自动接收订单，后厨自动出单，既改善了消费者传统自助点餐的体验，同时为商家在人力资源、餐厅经营成本上省钱。

3.2.1　微信订餐系统软件的功能需求

微信订餐系统软件是把线下服务与互联网结为一体，通过微信线上揽客，线下服务客户，达成成交。实现了互联网和线下实体店的精密结合与全方位互动。微信订餐系统软件是以庞大的微信用户为接入口，在微信订餐系统中完成自助订餐的平台系统。系统作为微信用户与餐饮店的沟通桥梁，从客户自助下单，到餐饮企业自动接收订单，改变了传统客户消费订餐的体验，同时为餐饮企业在人工支出、运营支出上节约开支。

（1）可以将餐厅的所有菜单全部放在网上，用户直接登录微信餐厅查看菜单。

（2）用户可以自己在线点餐、下单，不需要安排人工手工记单。

（3）用户下单以后，餐饮企业可以直接在微信手机后台查看订单并确认订单。

（4）餐饮企业登录系统后台添加、上传菜品。

（5）用户添加了餐饮企业的公众账号，自动成为了餐饮企业的粉丝，餐饮企业可以在特定时段对用户进行宣传、促销，省去发短信的费用，而且表现形式比短信更丰富多彩。

（6）会员管理　包含会员资料管理、会员储值、会员积分。

（7）系统具备菜品的消费率管理、货品入仓、货品出仓、货品直调、货品调货、库存管理、库管设置、货品设置、相关货品管理功能。

（8）订桌管理　顾客可以在微信上订婚宴桌等。

（9）刮刮卡抽奖　顾客在手机上也能玩刮刮卡，通过关注有奖方式吸引顾客关注微信。奖品数量和中奖概率可以在后台设置。系统要求用户绑定手机号，一个手机号只能参与一次抽奖。

（10）包间桌位管理　包间桌位的增删改查，餐饮企业可以将桌位设为自动清台，或结账后清台。

（11）供应商管理　包含供应商的名称、电话等资料管理。

（12）分类打折　对某菜品分类打折。

3.2.2　微信点餐系统的开发

微信点餐系统是通过微信公众号二次开发来实现点餐功能，微信公众号本身是没有这个功能的，微信点餐系统的实现方式有两种，一种是通过关注商家的微信公众号来点餐，另外一种方式是通过扫描二维码直接进入网上餐厅进行点餐，也就是我们所说的扫码点餐。

3.2.2.1　关注公众号点餐

餐饮企业通过公众号点餐系统，把店铺搬进微信，顾客通过关注餐厅的微信公众号，即可完成点餐、下单并在线支付。

（1）微信公众号点餐的特点　这种方式需要顾客关注餐厅的微信公众号，虽然比二维码点餐多了一步操作，但餐厅也多了一个留存客户的方式，通过微信公众号可以向顾客推送图文消息，还可开通微信外卖、微信预订、微信会员卡等功能，具有更多营销作用。

虽然搭建一个微信餐厅需要花费几千元，但相较于后续的粉丝转化和顾客留存，还是值得的。对于想做微信营销、微信外卖、预订等功能的餐厅来说，这种方式可以作为首选。

（2）公众号点餐平台的搭建　微信公众号的在线点餐功能是通过第三方开放平台来实现的，微信公众号本身是没有这个功能的，也就是说餐饮企业需要把自己的微信公众号绑定到可以提供在线点餐功能的系统上，就可以拥有自己的微信公众号网上餐厅，顾客就可以通过这个点餐系统来点餐、下单、付款。

但是搭建这个在线点餐功能必须具备图3-2所示的两个前提条件。

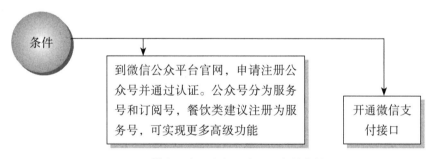

图3-2　搭建公众号点餐平台需具备的条件

餐饮店具备了上述条件后，选择一个微信公众号订餐系统，注册成为他们的商家，通过订餐系统验证资质后，绑定餐厅的微信公众号，然后餐厅在后台上传菜品和活动宣传等信息，就完成了整个搭建过程。

对于餐饮店而言，研发专属于自己的扫码点餐系统是完全没有必要的，因为成本太昂贵了。所以，直接挑选一家微信第三方平台是最适合的选择。

（3）点餐系统的选择　目前市面上的扫码点餐系统有很多，各大开发商都针对微信公众号二次开发了扫码点餐系统功能。对于餐饮店来说，应该从图3-3所示的几个方面来考虑如何选择点餐系统。

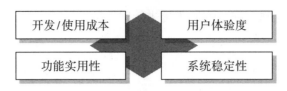

图 3-3　选择点餐系统应考虑的因素

（4）公众号点餐的操作流程　顾客通过扫描餐厅公众号的二维码或直接搜索餐厅公众号名称，然后点击"关注"，即可进入餐厅公众号界面，按提示操作即可实现点餐、支付。如图 3-4 所示。

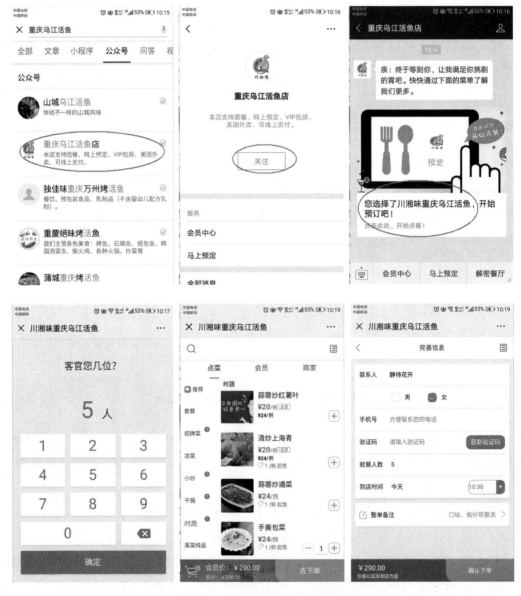

图 3-4　公众号点餐操作流程截图

3.2.2.2　扫码点餐

社会在不断进步与发展，科技手段也不断推陈出新，餐饮行业也在寻求新的突破与变革，随着"互联网＋"的热潮，餐饮"互联网＋"的概念也越来越火爆，手机扫描二维码点餐系统已经成为餐饮行业的未来趋势，发展空间巨大。

（1）扫码点餐的特点　随着餐饮市场需求的不断变化，扫码点餐系统已经正式推出了正餐点餐和快餐点餐两种形式，以此来满足不同的顾客点餐需求，让点餐更加的人性化、便捷化、合理化。其中正餐点餐的功能比较复杂一些，包含一些加菜呼叫、续菜呼叫、多人点餐、店员加菜退菜等功能。

（2）扫码点餐的设置　餐饮店可以通过PC端后台添加桌号，然后将点餐的二维码桌牌（桌贴）放置在餐桌显眼位置，顾客到店后就可以选择拿出手机扫码点餐。在点餐首页，餐饮店还可以推荐本店特色菜、销量排行榜、当天特价菜等营销模块。

由于客人是在座位上完成的点餐操作，这种方式就更适用于正餐店，对于需要按号码取餐的快餐店则需要配合叫号器使用。

（3）扫码点餐的操作流程　当顾客排队取号进入餐厅就座后，通过用手机微信或支付宝扫描桌面上的二维码，进入到餐厅的点餐界面，进行餐品点选、下单、支付等操作，然后等候上餐即可。如图3-5、图3-6所示。

图3-5　扫码进行餐品点选界面截图

（4）扫码点餐的工作原理　当顾客完成支付下单后，系统会将订单信息推送至收银台，并下发到厨房。后厨的小票打印机会自动打印订单，厨师即可根据订餐小票开始做菜。如图3-7所示。

图 3-6 点餐成功后下单支付界面截图

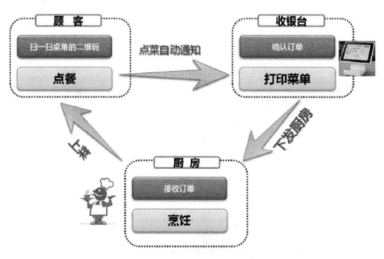

图 3-7 扫码点餐的工作原理

（5）扫码点餐的好处 扫码点餐是通过将传统的服务员点餐环节，改为由顾客自己用手机扫二维码点菜。这种在手机上点菜的方式，缓解了服务员（收银台）的点餐压力，将其时间解放出来，用在为顾客上餐等服务方面，从而提高店内现有服务员的工作效率，同时减少需要雇佣的服务员数量。对餐饮店而言，既节约了支出成本也提升了服务。对顾客而言，减少了点餐等待时间，提升了用餐体验，达到了双赢的局面。

对于不太习惯或是不愿意扫码点餐的顾客，餐饮店还是应该提供纸质菜单，或是按传统点餐模式为顾客服务。

3.3　APP点餐系统

为了优化餐厅的管理、服务体系，越来越多的餐厅制作餐厅APP点餐系统，为消费者提供便捷的手机点菜APP，实现餐馆与消费者之间的指尖互动，不仅为消费者提供便捷的消费环境，还能为餐馆节省雇佣服务员的费用支出。如图3-8所示

3.3.1　开发APP点餐系统的益处

（1）实现O2O模式，消费者通过查看附近的餐饮，吸引消费者来店消费，增加餐饮的客流量。

（2）为餐馆节省成本，实现综合应用成本低于传统菜谱，避免传统菜谱制作中需要翻新、修改、更换，要耗费大量的精力和财力的问题。

（3）缩短点菜、下单、买单的时间，并最大限度地降低了点菜、下单、买单过程中的差错率，提高餐厅用餐效率，增加了客人对酒店的满意程度，酒店也可以快速统计出今天的消费清单。

图 3-8　APP 点餐系统界面

（4）餐厅点菜APP开发需要帮助餐厅提高形象以及档次，在不同的节日中更换相应风格的界面皮肤，提升顾客的用餐体验。

3.3.2　APP点餐系统的功能说明

APP点餐系统须具备以下功能。

（1）扫码下单　顾客可扫描小程序版二维码，进入点餐小程序，查看菜单，进行预先点餐，一键下单。

（2）分享　消费者可将小程序和邀请码分享给朋友。这样，即使朋友们还没到达餐厅，也可以通过邀请码直接进入，一起线上点餐。

（3）菜品展示　消费者可以在小程序内直接查看精美的电子菜单，而且还可以查看餐厅信息、购物车、个人信息等。

（4）人性化的交互设计　点餐小程序人性化地加入菜品分类目录的元素，粉丝除了直接滚动屏幕查看菜式外，还可以直接在菜单列表快速查找。对于那些第一次到店用餐的消费者，点餐小程序还设置有"销量排行榜"的展示，为新顾客点餐提供一个参考。

（5）智能模块　支持在线支付、推送优惠券、自动核销、砍价、拼团、拼单等功能。

（6）积分管理　通过消费赠送积分的方式，顾客牢牢的黏住商家，形成依赖。

（7）签到管理　和积分的手段有着异曲同工之妙，培养消费者打开小程序的概率，

让用户深深地记住商家，实现品牌营销。

（8）分销系统　拉新手段，通过用过分享得佣金的方式，促使用户自发地帮助商家做推广，层层分佣，金字塔模式，由于利益驱使，一般用户很难拒绝诱惑。

（9）会员管理　此模式为留客绝招，通过后台用户画像，精准分析用户偏好，定期对消费者进行刺激，可有效地增加回头率。

以上就是APP点餐小程序可开发的功能，餐饮企业还可根据自己的具体需求进行更多功能的开发。

3.4　自助点餐机点餐

自助点餐机主要是由智能显示设备和软件组成，顾客可自助扫码点餐，后厨同步打印专订单，不用点餐服务员、录单、传单，可以帮助餐厅减少1～2个人力，人员的精简也大大节省了培训和管理带来的时间成本，省力省资源，每逢年关上演的"用工荒"也将有效缓解，避免了招聘层面的麻烦事。

同时，因为缩短了用餐前后的等待时间，也更符合现代快节奏的生活方式，年轻消费群体更喜欢。如图3-9所示。

图 3-9　顾客在自助点餐机上点餐

自助点餐机功能通常包括以下方面。

（1）快速点餐　简单的点餐界面，与清晰的菜单分组，客户可快速点餐。

（2）快速支付　采用微信与支付宝支付方式安全而又快速地实现支付；还可增加POS机银联支付。

（3）对接厨房　下单后数据在厨房打印，或可在厨房增设显示屏显示已下的菜单清单。

（4）外卖系统　有的还可以附加移动端外卖系统，与自助点餐系统、收银系统同步，三个系统统一后台管理。

（5）团购、营业分析等功能。

餐饮智能营销

4.1 微信营销

微信以其传播的及时性、投放的精准性、扩散的病毒性等特征，体现了其优越的营销价值。微信营销不仅能够使餐饮店宣传地域不受限制，也能够大大降低宣传成本。

4.1.1 微信营销的方式

微信一对一的互动交流方式具有良好的互动性，精准推送信息的同时更能形成一种朋友关系。基于微信的种种优势，借助微信平台开展客户服务营销也成为继微博之后的又一新兴营销渠道。微信营销的方式有表4-1所示的几种。

表4-1　微信营销方式

序号	方式	说明	备注
1	漂流瓶	把消息放进瓶子，用户捞起来得到信息并传播出去	随机方式推送信息
2	位置签名	在签名档上放广告信息，用户查找附近或者摇一摇的时候会看到	路牌广告，强制收看
3	二维码	用户扫描二维码，添加好友，进行"互动"	表面是用户添加，实际是得到用户关系
4	开放平台	把网站内容分享到微信或者微信内容分享到网站	与各种分享一样
5	语音信息	通过语音推送和收集信息，类似微信热线	
6	公众平台	微博认证账号，品牌主页	专属的推广渠道

4.1.2 开通微信公众号

微信公众号目前已经成了餐饮店的标准配置了，多数商家都越来越清醒地认识到微信用户基数的庞大，需要足够重视客户的需求，应对客户沟通和服务上的瓶颈。

4.1.2.1 微信公众号的分类

微信公众号分为公众平台服务号和公众平台订阅号。公众平台服务号旨在为用户提供服务；公众平台订阅号，旨在为用户提供信息。订阅号与服务号各有优劣，具体如表4-2所示。

表4-2 订阅号与服务号的优劣

序号	账号类型	优势	劣势
1	订阅号	（1）可以每天推送消息 （2）保持较高的曝光率 （3）用户无需到店也能及时获得优惠	（1）消息被并入二级菜单，打开率低 （2）需要专人长期进行维护 （3）顾客需要回复关键词才能进行互动
2	服务号	（1）顾客能直接收到消息提醒 （2）顾客可以通过底部自定义菜单直接找到优惠信息 （3）方便顾客使用 （4）使用服务号的都是大企业，有利于树立品牌形象	每月只能发送1条信息

4.1.2.2 微信公众号的功能

微信公众号是一个做CRM的绝佳平台，这个平台植壤于微信平台的流程简单、易操作，相应降低对餐饮店的普及、推广难度，而且在沟通、互动、服务、搜集用户信息和客户关系管理方面有不可比拟的优势。

4.1.3 微信公众号推广

对于餐饮店来说，微信营销第一步就是有数量众多的粉丝，通过在粉丝中推广营销来提高受众，增加潜在客户。当微信公众平台有了一定数量的微信粉丝之后，营销计划才可能会有效果，才能看到微信营销的威力。

在微信中，用户可以经过扫描辨认二维码身份来关注企业账号。餐饮店可以设定自己品牌的二维码，用折扣和优惠来招引用户重视，拓宽微信营销的推广形式。

餐饮店要想利用微信吸收更多的粉丝，可以采取线上线下结合的方法进行，尽量争取更多的粉丝，并努力将他们发展成自己的客户。

4.1.3.1 线下推广

线下永远是搜集微信精准粉丝的最佳渠道，所以餐饮店一定要做好线下客户的积累，而不是盲目地利用各种网络渠道去推广公众号和二维码，微信的营销不在客户数量而在客户质量，只要有精准的粉丝，就算粉丝量只有几百人，都能把粉丝非常有效地转化成购买者。具体方式如图4-1所示。

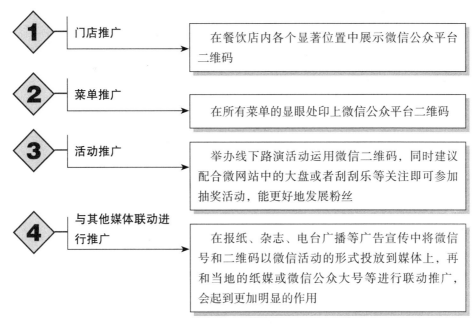

图 4-1 微信线下推广的方式

在完成最初的粉丝积累后，通过对微信的日常维护，可以将优惠信息推送给顾客，刺激顾客二次消费；也可以通过微信和粉丝互动，提升顾客活跃度；或者是推送美文通过软性的营销手段塑造企业品牌形象，提升品牌在顾客心中的形象。

4.1.3.2 线上推广

餐饮店在进行微信公众号的线上推广时，可以采取图4-2所示的方式。

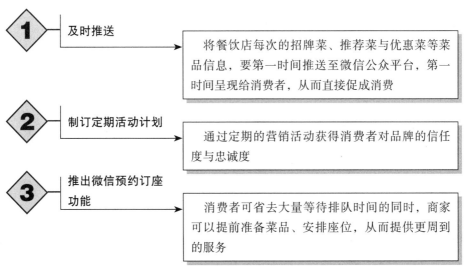

图 4-2

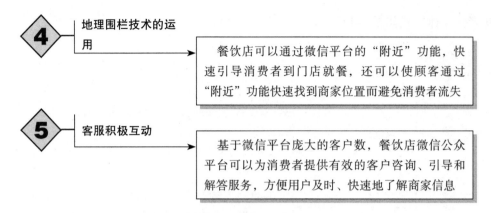

图 4-2 线上推广方式

4.1.4　内容推送

餐饮店在自己的公众号上推送餐饮店动态、美食、服务信息或打折优惠信息，就像餐饮店的海报，通过微信与用户沟通交流最新讯息，方便快捷、成本低。

4.1.4.1　推送时间

根据有关统计显示，一天之中有这么几个推送阅读高峰期：上午9:00 ~ 10:00，中午13:00，下午17:00，晚上21:00和23:00。这其中，又以21点和23点的访问量最大。所以真正的黄金时间，是每天晚上大概8点20分发。这些时间读者有足够的时间来阅读白天推送的内容，适合做产品的促销。

4.1.4.2　推送频率

餐饮店可以选择一天一条单图文信息；或隔天一条多图文信息。推送太频繁，会引起顾客的反感。

4.1.4.3　推送内容

（1）发布文章不一定要长篇大论，一定要引发读者的思考，一般内容在300 ~ 500字。

（2）文章的标题要有特点，尽可能吸引到读者来阅读。毕竟现在订阅的公众账号多了，竞争很激烈。再好的文章，读者不点进来看也是白搭。

（3）不要每天推送大量的内容给潜在顾客，要创造可以跟读者沟通的话题。要知道所有价值都来于沟通，推送再好的内容，不如跟读者沟通一次。

（4）字体要尽可能大一点，因为手机屏读文章已经够吃力了，字体小了眼睛会累。

（5）段落排版上，每一段尽可能短一点，尽量避免出现大段的文字，如果有，拆分之。还是因为手机屏幕小的原因，拆成小段落后，读起来会更舒服。如果手机整屏都是一段文字，估计眼睛也会花很久。

（6）在每篇文章的最后，要附带上版权信息。因为微信的内容可能会被分享到各种地方，带上自己的版权信息就为读者增加了一个入口（图片上也要带上自己的版权信息）。

（7）尽量写图文消息，而不要只推送文字消息。附带上一张图，体验会好很多，但要注意图片的流量。如果不是特别需要，尽量不要在文章里插入过多的图片，尤其是大图一定要经过压缩。

微信公众号图文推广如图4-3所示。

图 4-3 微信公众号图文推广截图

向微信粉丝频繁地推送消息可以提高餐饮店的曝光率，也可能会招致粉丝的反感，让粉丝取消关注，所以在推送内容的选择上需要经过仔细选择，及时分析微信数据，根据数据调整微信推送的内容。

4.2 会员数据营销

近年来，已有一些餐饮企业开始尝试通过大数据技术收集会员数据进行深入分析，从而清晰地了解到会员用户的年龄、性别、喜好、消费习惯等信息，进而针对性地进行营销推广，做到了"知己知彼，百战不殆"，大大地提升了餐饮店的营销效率。

现在，"互联网+大数据+会员"已经成为了餐饮营销的黄金搭档。

4.2.1 会员数据的价值

对于餐饮企业来说，会员数据的价值主要体现在图4-4所示的几个方面。

图 4-4　会员数据的价值

4.2.1.1　有助于餐饮店更精准地锁定目标客群

大部分会员几乎等同于餐饮店的目标客群，他们基本上都是自发地进店消费，餐饮店运用大数据技术收集顾客信息以了解到他们的年龄、消费水平、喜好习惯等特性，从根本上帮助餐饮店划分出了目标客群，再经过一段时间的会员数据积累和分析，餐饮店能够更清晰准确地锁定自己的目标客群，了解他们是什么样的属性，喜欢什么样的营销，从而在最正确的时间提供最合适的营销触达他们。

4.2.1.2　有利于塑造良好口碑，成为品牌的"传声筒"

会员是有一定忠诚度的顾客。首先餐饮店用美食和用餐体验令顾客感到愉悦，之后餐饮店再进行适当的引导，顾客们就会非常乐于将相关信息分享给身边的朋友，从而达到帮助餐饮店塑造良好口碑的效果。

比如近年来，喜茶、海底捞的走红，往往是靠顾客口口相传或朋友圈的分享打造的口碑，而不是简单粗暴的广告宣传。

4.2.1.3　为了解顾客的需求提供有价值的参考

会员每次消费行为的相关数据，包括消费金额、消费频次以及对菜品的评价等，这些都能帮助餐饮店更好地了解目标顾客的需求，再通过对会员数据的分析，就能更好地为餐饮店经营发展提供有价值的参考。

比如，一茶一坐餐厅举办的生日关怀、线下品鉴会、一元秒杀等参与感极强的活动，就是通过数据了解顾客需求，贴近他们的消费习惯与心理，进行有目标的营销。

4.2.1.4　实现更精准的营销策略，收获更好的效果

有了会员数据作支撑，所有的营销活动，包括优惠券、折扣活动、积分奖励等都可以非常精准地对会员推送，这样有针对性的推广效果会大大提升营销效果。

比如，上海和记小菜曾用一个月时间对5000名会员展开生日营销，每人赠送300元生日

礼券（餐厅的桌均消费高于300元），并提前一周告知会员拥有此优惠福利。最终根据系统统计的数据显示，60%左右的会员因为优惠活动选择来和记小菜庆生，每位会员除消费券以外还为餐厅贡献了大量额外的现金收益。

4.2.2　会员的分类

会员群体一般是餐饮店的老顾客人群，他们不仅是餐饮店的顾客，还是餐饮店品牌传播自媒体的最大来源。

根据不同的菜系和人均消费情况，生命周期会有所不同，根据生命周期，会员大致可以分为表4-3所示的五类。

表4-3　会员的分类

序号	分类	具体说明
1	新会员	这类型的会员是刚入会的会员，对于价格、优惠、折扣等信息比较在意，一般是来自于餐饮店活动的引导关注，忠诚度较低
2	忠实会员	在新会员入会后的10 ~ 20天内，再次到店消费的会员称之为忠实会员。这类会员占比5% ~ 10%，比例虽然最低，但却是价值最大的会员群体。根据调查，餐饮行业内80%的收入来自于20%的忠诚顾客。对于餐饮企业来说，获得一个新会员的成本比保留现有会员的成本会高出五倍。并且，由于这类会员忠诚度比较高，很有可能成为餐饮店的"免费自媒体"，不断为餐饮店带来更多会员
3	常来会员	在新会员入会后的20 ~ 40天内，再次到店的会员称之为常来会员。这是会员中价值贡献较高的群体，餐饮店的用心维护很可能让他们成为忠实会员，同样的，不关注他们也可能变为淡忘会员，所以餐饮店需要多花心思
4	淡忘会员	在新会员入会后的40 ~ 60天内，再次到店的会员称之为淡忘会员。大部分可能是从新会员加入后由于餐饮店没有后续吸引人的优惠和产品就不再光顾
5	流失会员	这部分会员是指在新会员入会后的60天内没有到店的会员，一般意义上，被认为是已经流失的会员

4.2.3　会员数据营销的策略

将顾客分为会员与非会员，再对会员进一步细化，目的就是为了通过更加具象的顾客特征策划更加"贴心"的营销服务。一般来说，餐饮店可通过图4-5所示的策略来做好会员营销。

4.2.3.1　有针对性的激活与唤醒，延长会员的生命周期

很多人会奇怪，为什么每次抢到饿了么的红包金额都不一样，刚想喝下午茶，饿了么就发了下午茶红包，这是为什么？这其实就是有针对性的唤醒。因为有了忠实会员和淡忘会员、流失会员等不同生命周期的会员数据，同时加上针对地域、消费能力、用餐

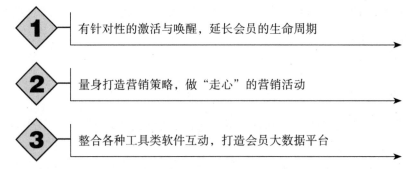

图 4-5 会员营销的策略

习惯等多种维度的数据分析，饿了么运营部会判断会员的身份，决定红包投放策略和方向。同时，他们会根据大量会员画像构建会员体验的监测模型，并且利用数据模型分析监测每个接触点相互间的转化率，从而调整下一次的发送红包策略，从而培养会员的消费惯性，延长生命周期。

4.2.3.2 量身打造营销策略，做"走心"的营销活动

根据会员的个人偏好、消费习惯，打造个性化的营销策略，可以让营销宣传不再生硬、低效，达到"润物细无声"的潜移默化的影响。

比如，十分流行的丧文化，包括"丧茶""小确丧"等知名餐饮企业推出的限定丧文化产品活动，引爆了整个朋友圈。这是因为餐饮企业通过抓住了他们最大的客户群体——年轻人的喜好和习惯：85后、90后面临着经济放缓、房价高、赡养父母、学历贬值等压力，这些年轻人擅于用自嘲的方式，减轻压力。因此，"负能量营销"迅速地博得了他们的认同感，达到了极好的传播效果。

4.2.3.3 整合各种工具类软件互动，打造会员大数据平台

会员体系的具象化呈现可以理解为一个虚拟的社交朋友圈。借助微信等相关工具作为大平台，纳入基本的会员信息、积分情况和优惠券的管理和查询，提供如等菜间的游戏、线上支付等多种服务。无论是消费行为还是营销信息、评价互动等都可以在这个平台上呈现，不仅大大地减少了餐饮店的沟通成本，提高了信息到达率，还能轻松吸引大批"粉丝"关注，更好地培养忠实会员。

4.3 APP营销

餐饮APP是为餐饮企业打造的手机客户端，可以向用户提供手机点餐、在线咨询、线路导航、优惠推送、御用厨师、一键呼叫和手机定位等特色功能服务。

4.3.1 餐饮APP的价值

利用餐饮APP服务每一位到场就餐的用户，累积收集用户的饮食习惯爱好、评论

和反馈意见，有效提升服务质量，帮助餐饮店实现更加有效率的管理。具体来说，餐饮APP能实现图4-6所示的价值。

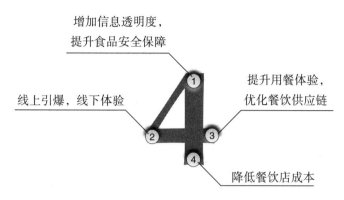

图 4-6　餐饮 APP 的价值

4.3.1.1　增加信息透明度，提升食品安全保障

互联网的本质是解决信息的不对等、不通畅的问题。通过餐饮APP将更多的食品信息披露，将会净化餐饮企业，让企业变得更有良心，让消费者更安心。

4.3.1.2　线上引爆，线下体验

让用户参与餐饮店的新品研发，用户可将自己的创意或想法赋予餐品上，餐品具有了用户自己的思想，让产品在迭代中拉近跟用户的距离。同时，将用户拉入不同兴趣的圈子内进行互动，这样让餐送得更及时，让餐饮店更容易知道自己的短板。

4.3.1.3　提升用餐体验，优化餐饮供应链

通过大数据整理、PR系统的升级、API的对接等，使得用户一点餐就会直接收到一条信息，餐品由哪个送餐员给他送，他可以跟送餐员进行实时对接，这样对整个的用餐体验产生一个很好的影响。

4.3.1.4　降低餐饮店成本

餐饮行业的本质是"好吃、实惠、安全、健康"，餐饮APP具备优化"房租、人工、物料、传播"的能力，可以将一份应该卖16元的餐，优化到13元销售，保持同样的利润。

4.3.2　餐饮APP的推广

APP平台营销对餐饮业来说已是大势所趋，它是一种全新的精准营销方式，当我们拥有了一款用户体验感极佳的APP后，如何更高效地推广自己的APP，吸引用户的下载，得到用户的喜爱，这又是APP平台营销中急需解决的难题。目前APP推广主要方式有图4-7所示的几种。

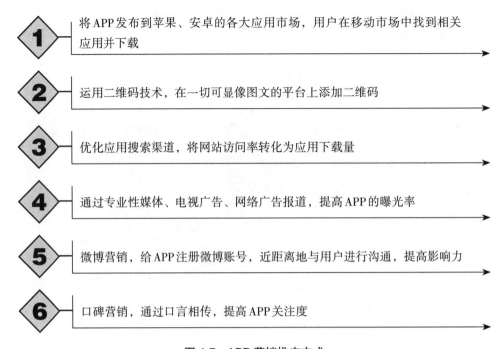

图4-7 APP营销推广方式

4.3.3 APP营销的技巧

APP的优点在于切合了目前流行的无线应用、虚拟社区等，而消费者的时间日趋碎片化，它能无时无刻、无孔不入地将"植入"进行到底，无形地伴随手机、无线终端等入侵消费者生活的分分秒秒。因此，餐饮店要做好APP营销，也要讲究一定的技巧，具体如图4-8所示。

图4-8 APP营销的技巧

4.3.3.1 灵活趣味促进销售

餐饮店所属品牌的APP就像是一个mini版的官网，产品信息、企业信息、动态信息、预约功能、积分查询等内容都可以在APP上得到完美展现，被誉为餐饮店"自营销"的重要阵地。在这个灵活丰富的平台上，可以实现图4-9所示的销售流程，促进餐饮店销售转化。

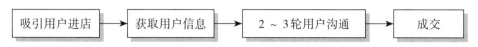

图 4-9　APP 平台的销售流程

4.3.3.2　多种利益手段引爆用户群体消费行动

餐饮 APP 应用作为餐饮店品牌嫁接移动营销，覆盖智能手机桌面，实时地为目标消费群体进行一对一的推送品牌、产品及活动信息，对消费者进行利益刺激和引导，通过这款 APP，商家将有效地把握目标用户，广告的曝光率、到达率更为精准。

根据餐饮店所属品牌的消费人群设定具体的利益刺激方式，可以是实实在在的物质利益刺激，比如优惠促销、诱人的奖品、丰厚的酬劳回报等；也可以以情感利益的诉求入手，比如乐趣、成就感等，通过餐饮 APP 传达给目标用户，从而留住更多目标用户，提高销售转化率。

4.3.3.3　优质互动改善用户体验

大大改善顾客接受餐饮店服务的体验，在互联网中有一个伟大的概念叫做"互动"，在手机移动网络时代同样适用。良好的互动不仅为品牌的提升带来了巨大的效果，还可以大大改善用户获取终端服务店服务的体验。如图 4-10 所示海底捞 APP 截图。

图 4-10　海底捞 APP 截图

餐饮店的 APP 客户端本身就是一个良好的互动平台，既可以免费将各种信息推送给客户，又能直接通过手机实现订餐预约服务。

餐饮店的 APP 客户端可以解决传统电话预约的诸多问题，提升服务的及时性，避免客户的流失，还可以减少人工座席成本，让餐饮店的服务重心转移到对现场宾客的关注上，是真正的多赢。

第5章

餐饮智能结算

5.1 移动支付

如今，移动支付在中国已经不仅仅局限在线上支付，更是渗透到各行各业的线下支付场景。随着使用移动支付的人群越来越庞大，像餐饮店这类高频消费场景，移动支付深受商户欢迎。

5.1.1 移动支付的好处

对于餐饮店来说，使用移动支付优势明显，具体如图5-1所示。

简化结账流程、加快结账速度

费率基本是与银行刷卡费率持平或者更低

图 5-1 移动支付的好处

5.1.2 移动支付方式

目前餐饮店使用的移动支付大多采用以下三种方式。

图 5-2 静态二维码支付截图

5.1.2.1 静态二维码支付

静态二维码条码支付就是大家常见、常用的方式，将个人微信支付、支付宝等收款二维码打印出来，让顾客主动扫二维码输入金额支付的形式。如图5-2所示。

自2018年4月1日起，央行印发《条码支付业务规范（试行）》的通知，同一客户单个银行账户或所有支付账户、快捷支付单日累计交易金额不能超过500元。

建议餐饮店最好采用客人桌边自助扫码支付，这样，客人买单时候不必离桌，掏出手机扫一扫桌位二维码，即可在他手机上调出消费账单，自己就完成支付。

5.1.2.2　动态二维码支付

动态二维码（微信支付或支付宝收款二维码）每分钟都会自动更新，并且二维码仅一次有效，安全系数较高。即使超过500元，出示动态条码让商家扫一扫就好，同样简单也更安全。如图5-3所示。

图 5-3　动态二维码支付截图

5.1.2.3　系统直连支付

系统直连支付指的是餐饮店使用的智能收银系统，已经直接和支付宝、微信支付交易服务器打通，每笔交易，系统都会自动向支付宝/微信支付服务器发起请求，在得到支付宝/微信服务器反馈回来的成功完成交易确认指令时，收银系统自动关闭账单；在整个流程中，收银员无需手工录入账单金额，更无法手动关闭账单，一切都是由系统自动判断。这样，就绝对保证了商家交易和资金到账的完全一致，资金实时到达商家开设的支付宝/微信支付账户，不经过任何第三方公司，确保资金安全。

5.2　智能结算台结算

随着人工智能AI技术的高速发展，人工智能AI的应用场景越来越多，食堂也不例外。智慧食堂就是智能化时代下应运而生的食堂管理系统，其中包含智能结算台，利用智能结算系统，实现餐饮结算快速化、数据可视化、消费透明化和就餐营养科学化。改变传统食堂排队拥堵、结算慢、易出错、体验差的状况。

当顾客选餐完毕，放在餐台结算区，系统自动识别菜品明细、单价、营养成分，用刷卡、人脸、扫码完成支付，实现快速结算、健康管理。就餐者选好菜品后将餐盘放在智慧餐台上，智慧餐台通过摄像头识别，读取菜品和价格信息，进行结算。

智能结算台应具备的功能如表5-1所示。

表5-1　智能结算台应具备的功能

序号	功能	说明
1	快速核算总价	智慧餐具进入智慧餐台结算区后，系统自动识别、核算整单菜价，将总价和菜品明细显示在智能结算台的显示屏上，并语音提示就餐者完成核对、饭卡支付，核算过程2秒之内，扣费过程1秒钟之内完成
2	自助刷卡支付	菜价核算完毕后，即可在智慧餐台刷卡区刷就餐卡完成支付，支持小米钱包、刷饭卡、人脸识别支付，结算无需人工干预，整个结算过程1秒钟之内
3	批量定义餐具价格	不同类型的餐具所代表的价格可在智能结算台或者后台内一次性批量定义
4	交易查询	智能结算台可方便查询就餐卡消费记录
5	用餐统计	该模块可查询、统计营业额、用餐人次（部门、食堂）等信息
6	余额查询	该模块可查询就餐卡内余额
7	防止重复结算	系统可以自行判断餐盘是否已结算，从而避免重复结算的情况。智慧餐台甚至可以防止操作员输入金额时的错误连击
8	支持无线脱机使用	系统支持脱机使用，断网之后依然能够进行结算；联网之后数据上传，让数据安全双重保障
9	开放式的支付接口	智能结算餐台可与顾客现使用的一卡通系统完成对接，保证客户无需更换现有的一卡通系统即可实现消费扣款
10	云端同步	企业可以管理多个结算餐台，通过云端同步功能，将结算餐台的配置数据同步到后台统一管理

5.3　扫码开票

给顾客开发票常常是让餐饮店头疼的问题。和顾客确认开票信息、手动输入各项内容等流程，都会耽误不少收银时间，往往造成收银台前大排长龙的现象。

根据国家税务总局新规，从2017年7月1日开始，消费者不管是开具增值税专用发票还是普通发票，只要发票抬头是企业，都需要填写企业税号。对此，税务部门加大了增值税电子普通发票推广力度，目前已实现了电子发票应用在公共服务领域，以及物流、餐饮、零售等大型企业的基本覆盖。

5.3.1　支付宝扫码开票

支付宝为商家提供了闪电开票的解决方案，通过支付宝扫二维码即可自动解析出企业的开票资料，并快速开出纸质或电子发票。如图5-4所示。

图5-4　支付宝扫码开票

以餐厅为例，顾客只需打开支付宝扫描餐厅柜台上的二维码，在手机上输入企业抬头，即可解析出企业的开票资料。确认开票信息无误之后，提交开票申请，餐厅就能快速开取增值税专用发票。第一次使用后，企业开票信息会自动保存在顾客的支付宝账户，下次顾客扫码开票时，直接点确认即可。如果输入企业抬头后未解析出相关信息，用户也可以手动输入，永久保存。如图5-5所示。

图5-5　支付宝扫码开票截图

使用支付宝闪电开票二维码，餐厅的开票时间可以缩短三分钟以上，大大提高了餐厅收银的效率。更重要的是，使用顾客自行保存或二维码解析出的企业开票资料，可以保证内容的准确度，避免以往顾客书写相关信息时因字迹模糊等原因造成的输入错误，避免不必要的损失。

5.3.2　微信扫码开票

微信闪开发票。微信提供了"微信闪开发票"的功能，在已接入这一功能的餐厅，扫描前台的开票二维码后，按提示确认自己的发票信息，收银员在对接的系统上就可将发票打印出来。如图5-6所示。

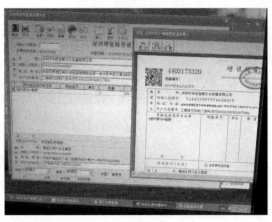

图 5-6　扫码开票流程截图

HAPTER TWO

第2部分

图解餐饮企业之精益管理

第6章

餐饮企业的精益管理

精益管理是在日本丰田公司精益生产的基础上，总结提炼并加以升华的一种高效管理工具。

精益管理的"精"指的是减少投入、少花时间、少耗资源；"益"指的是增加效益，提高效率、提升质量。精益管理通过流程再造、降低成本、提升质量、提升效率来提升企业的竞争力。

6.1 精益管理的发展与演变

精益管理的发展经过管理→精细管理→精益管理的过程，如图6-1所示。

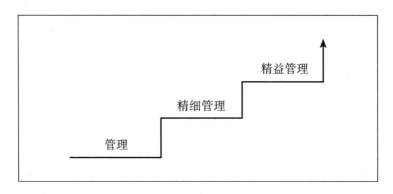

图 6-1 精益管理的发展与演变

6.1.1 管理

管理有多种解释。从管理的职能来理解，"管"是布置任务，"理"是检查结果、调整布置。从广义的角度来理解，"管"是协调不同员工的工作，让员工围绕企业目标尽职尽责工作。"理"的第一层意思可以理解为对员工从事的工作进行梳理，让员工对所从事的工作思路清晰，有条不紊地按计划、按流程、按标准推进落实；"理"的第二层意思可以理解为对员工的心理进行梳理，让员工对企业保持一份尽责的心愿，对同事保持一份阳光的心态，对工作保持一份积极向上的激情，对挑战保持一份永不服输的精神。

6.1.2　精细管理

精细管理可以理解为用精致、细密的思维进行企业管理，通过对目标和流程的研究，对信息量的最大掌握，将企业管理的任务进行精细化分解，形成若干个有效的管理模块，再组合成一个有机的管理体系，实现对过程和结果的精细控制。

6.1.3　精益管理

精益管理："精"可以理解为精简、精益求精、出精品；"益"可以理解为有利益、有益处，可以理解为"溢"，更加的意思。精益可以理解为在精的基础上实现有利益、有益处。

精益管理可以理解为用精益求精的思想、用精益的思维方式、用精益的价值观念、用精益的企业文化，对企业实施精益管理。具体可以理解为精简没有必要的消耗，没有必要的机构设置，没有必要的产业流程，没有必要的工作流程，用精益思维对餐饮资源的最大化利用，以最小的成本投入实现企业效益的最大化、企业价值的最大化。

精细管理与精益管理侧重点不同。精细管理摒弃了传统的粗放式管理模式，将具体的量化的标准渗透到管理的各个环节，更加关注每一件小事、每一个细节，解决管理粗放和执行不到位的问题。

精益管理中的"精"体现在追求"精简环节""精简消耗""精益求精"，"精"在过程，做到不偏不倚，恰到好处。"益"主要体现在经营活动都要有益有效，用最少的资源消耗，产出最大的效益，"益"在效果和质量。

精益管理是循序渐进的过程，切不能把基础管理、精细管理、精益管理割裂开来。精细管理是在基础管理的基础上，做到精细化、具体化。精益管理是对基础管理、规范管理、标准化管理、精细管理的融合和丰富与提升，精益管理更加重视管理效果，更加重视管理效益。要在推进规范管理、标准化管理、精细管理的过程中实现精益管理。

6.2　精益管理的内涵

精益管理的核心就是以最少的资源投入创造出更多的价值，如图6-2所示。

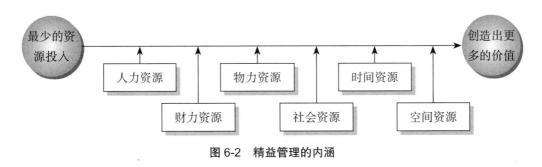

图6-2　精益管理的内涵

精益管理的"精"除了减少不必要的物质资源消耗外，还要精简不必要的生产环节、销售环节、服务环节、管理环节等，减少人力、时间和空间等消耗，还要精通业务，制造出精品，用精品塑造公司形象，用精品提升公司的影响力，用精品提升公司的品牌价值。

6.3 推行精益管理应关注的焦点

6.3.1 关注流程

质量管理大师戴明说过："员工只需对15%的问题负责，另外的85%归咎于制度和流程。"有什么样的流程就会产生什么样的绩效。改进流程要提高总体效益，而不是提高局部的部门效益，为了总体的效益可以牺牲局部的部门效益。

餐饮企业要建立无间断流程，及时完善服务链、业务链，使流程更加完整。将流程中不增值的无效的节点尽可能压缩，以缩短整个流程，减少不必要的人员消耗、能源消耗、时间消耗，从而以快速的反应适应宾客的需要，以最优的人员配备、最低的能源消耗、最短的时间投入，实现企业效益的最大化。

6.3.2 关注标准

标准化的作用是将企业中最优秀的做法固定下来，员工只要按照标准来做就可以做到最好，发挥出工作的最大效益和效率。但是标准化也不是固化一成不变的，标准需要不断地创新和改进，需要做到与时俱进，与企业发展相适应，用标准引领企业的发展。

6.3.3 关注质量

质量是制造出来的，不是检验出来的。检验只是一种事后补救措施，不但成本高而且无法保证不出差错。因此，应该将品质内建于思想、规划、设计、流程和制造之中，建立一个不会出错的品质保证系统。

6.3.4 关注文化

文化也就是要突出自我反省和现地现物特点。

6.3.4.1 自我反省

自我反省是找出自己的不精益之处，不断自我改进、自我完善、自我提升。要把"问题当作机会"——当问题发生时，餐饮企业要采取措施及时改正补救，并在企业内部查找同类的不精益现象，让员工从每个不精益问题中受到启发。

6.3.4.2 现地现物

现地现物倡导的是无论职位高低，每个人都要深入现场，这样有利于干部、员工基于事实进行管理，通过彻底了解流程，掌握实际工作，查找浪费现象，挖掘资源潜力，创造出最大的效益。

6.4　餐饮企业推行精益管理的基础工作

精益管理是系统工程，包括纵向和横向的体系。横向是指餐饮企业涉及的方方面面；纵向站在整个系统的高度，全方位地考虑问题，而不是孤立地、片面地强调一个方面的改进，既要注重局部优化与整体协调相结合，也要注重整体功能的发挥，实现系统内各子系统的协调运转。

餐饮企业推行精益管理，首先要从流程和制度的建设抓起，系统是从餐饮企业的各个方面进行梳理，包括各项业务流程力求简化，识别现有运营流程与精益管理要求的差距，找出所有的问题，删减不必要的非增值环节，不断地提高企业的创效能力。

基于以上分析可以知道，餐饮企业要推行精益管理，必须做好一些基础工作，如确立量化管理的目标、加强内部控制、建立并维护好餐饮企业管理信息系统等。

第7章

图解精益管理之信息系统

7.1 餐饮管理信息系统的功能模块

餐饮管理信息系统是一套建立在信息化基础之上的，以业务处理为基础，以客户为中心，以降低成本、提高利润为目标的管理模式，超越了传统餐饮管理系统的概念，吸收了客户关系管理（CRM，Customer Relationship Management），企业资源计划（ERP，Enterprise Resource Planning）等先进的管理思想，极大地扩展了餐饮企业管理信息化的范围。

餐饮管理信息系统的主要宗旨是将餐饮企业的各方面资源充分调配和平衡，为加强财务管理、提高运营水平、建立高效率供销链、减少库存、提高生产效率、降低成本、提高客户服务水平等方面提供强有力的工具，同时为高层管理人员经营决策提供科学的依据，以有效提高盈利水平，最终全面建立餐饮企业的竞争优势，提高餐厅的市场竞争力。

7.1.1 餐饮管理信息系统的功能模块

餐饮企业 ERP 管理功能模块如图7-1所示。

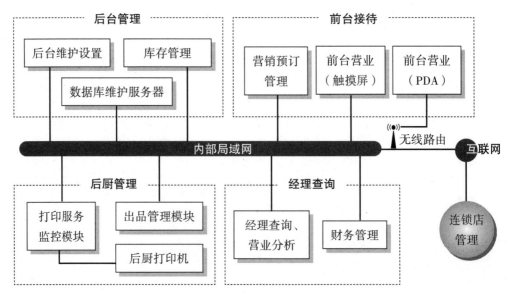

图 7-1　餐饮企业 ERP 管理功能模块示意

从餐饮点菜角度出发的餐饮企业信息管理流程可以用图7-2所示的分单走势图来表示。

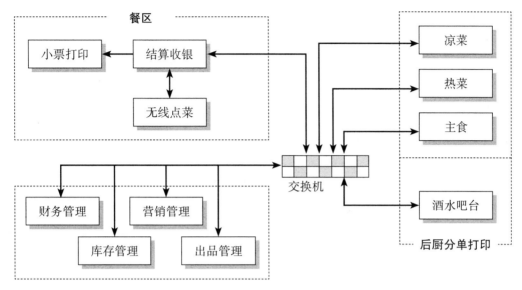

图 7-2 分单走势图

7.1.2 后台维护、设置管理

后台维护、设置管理项目与要点如表7-1所示。

表7-1 后台维护、设置管理项目与要点

序号	项目	具体说明
1	工作站点	数据维护中设置多个工作站点编号，在每个工作站点进行设置站点编号时要通过授权操作员验证后才可以修改此站点编号。每一个工作站点对应相应的出品方案、行政部门和可见的餐台区域，这些都是统计要素
2	资金账户	主要用于记录资金存入的账户，方便财务核查
3	付款方式	用户可事先定义前台结算时可能用到的结算方式，方便日后统计
4	就餐时段	每个时段只需要指定开始时间，默认的下一个时段的开始时间为结束时间，这样可以兼容支持跨天时段管理
5	仓库设置	库存管理中和自动销售扣库存时必须指定相应的仓库
6	行政部门	主要用于员工的管理和部门业绩状况统计等
7	物料	是指后厨做菜要用到的原料，区别于菜谱中的菜品，但也涉及可直接出售的商品（如：酒水）

序号	项目	具体说明
8	菜品资料	菜品可做两级分类（大类，小类），每种菜都可设成分、会员价和非会员价等重要信息，支持刷条码，支持称重，支持时价等
9	菜谱	不同的消费区域要用到不同的菜谱，或同样的菜价格有所区分，这时就可设多个菜谱。在设置餐台类型时可选择相应的菜谱，这样不同的餐台，点菜时弹出的电子菜谱也是管理者预先设置好的
10	例牌菜	增加例份的目的，是对同一商品根据量的大小区分销售并方便查找时出现在一块，后期可以统计出同一商品不同例份的销量，以及同一商品所有例份的销售总额；同时不同例份商品所对应的成分也可能不一致
11	特价菜	不同菜谱中的任何一道菜品都可以设为特价菜。考虑到特价菜数量不大，所以单独管理，既不影响用户体验，也精简了不需此功能的操作流程
12	打折方案	针对一个打折方案，可以设置一个默认折扣，另外可以设置某些菜类或菜品的特殊折扣。此方案在设置会员等级、操作员和菜谱时要指定打折方案
13	餐区餐台	可以设置任意餐区餐台，不同的餐台类型可以设不同的菜谱，不同的营业站点可以看到不同的餐区，可按人、按台收最低消费
14	出品部	用于统计所有通过后厨加工出售的商品分别是由哪个具体出品部制作的，参与部门出品业绩的评比；同时默认作为领料出品部用于部门的成本控制
15	出品方案	设定每一类菜品对应的出品部和出品仓库
16	员工档案	员工类型可分为服务员、收银员、厨工、行政等
17	员工提成	包括对服务员、营销人员、促销员工的提成管理。需特殊处理的是厨师的提成，需通过设置相应的出品部对应的哪些菜归属哪个厨师，以及提成金额，从而从后厨统计上计算出各厨师做菜数量或提成金额汇总
18	积分方案	一个方案内设置可按消费金额或消费次数进行积分，并可设置某些特殊菜品不积分，主要用于不同的会员类型
19	后厨传菜打印设置	（1）相关后厨传菜打印设置在打印服务程序中进行设置，设置界面类似原餐饮的后厨传菜打印设置，差别是在选择分类打印不同后厨打印机时直接在下方显示类别列别进行设置；传菜设置也同时支持分类打印到不同打印机和打印到同一打印机两种模式；同时在设置窗体增加一个读取其他工作站点的后厨打印设置功能、代替方案会更直观，设置一次后，在其他地方可以调出先前设置过的站点的设置信息，在当前工作站点相应修改打印机即可 （2）所有操作点在打印后厨单时统一生成一个打印任务存放到待打印表中，单独有一个打印服务程序，打印服务程序安装后可以选择处理所有工作站点打印信息，也可以选择处理指定站点打印信息。如此可以满足员工灵活地解决多种情况，可以只装一个打印服务程序，设置一次统一打印管理，也可以针对每个站点安装一个，监控处理指定站点的打印信息

7.1.3 前台营业模块

前台营业模块通常包括：PC（Personal Computer）点单收银系统、支持触摸屏、支持点菜宝、支持PDA（Personal Digital Assistant）、兼容快餐店模式、支持多账套、餐台控件可显示更多有用信息。具体的业务流程如图7-3所示。

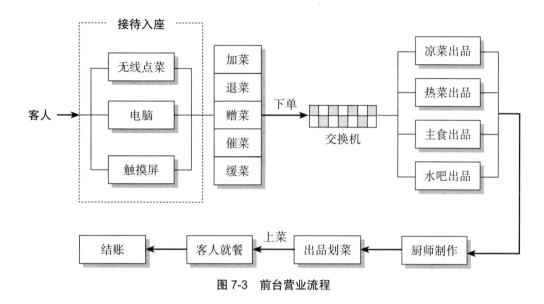

图7-3 前台营业流程

7.1.4 库存管理模块

7.1.4.1 系统维护

库存管理的系统维护包括图7-4所示的功能。

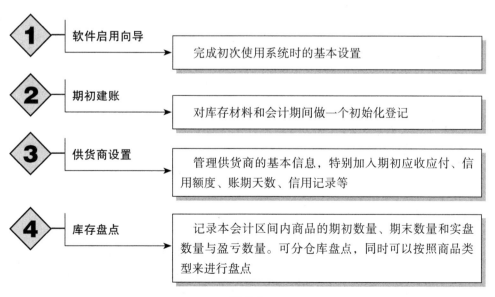

图7-4

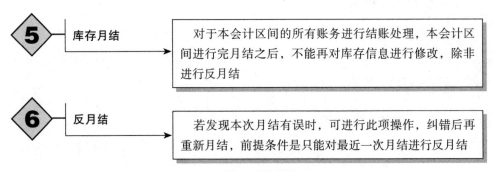

图 7-4　库存管理的系统维护功能

7.1.4.2　日常操作

库存管理的日常操作业务包括九个方面，如图7-5所示。

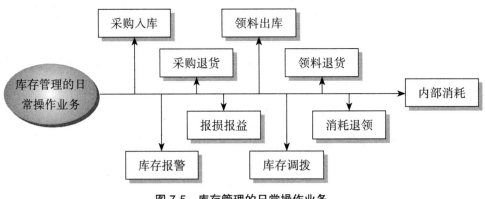

图 7-5　库存管理的日常操作业务

7.1.4.3　统计分析

统计分析的模块包括图7-6所示的五个模块。

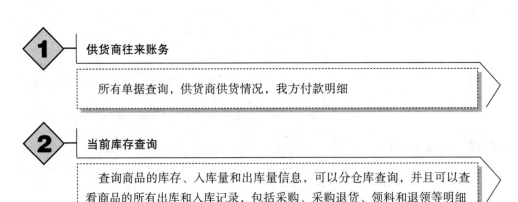

进价分析

　　分为详细分析和一览分析。其中详细分析可以查询每种单品一段时间内历次进货的详细信息。一览分析可以选择物料类型一段时间内按日、按月分析所有物料的进货价格，最终结果可以形成一个价格波形图

月结查询

　　查询每个会计区间（建议按一个自然月为一个会计期间）的月结记录，月结记录包括商品的基本信息、期初库存、本月购入、本月发出、本月结存、实盘数量和本月盈亏等的数量与金额记录

库存变动查询

　　可以查询指定时间段内的商品入库数、出库数和当前库存信息，详细反映一段时间内物料的入库和出库信息
　　（1）入库分为：采购进货、领料退货、商品报益、消耗品退货、销售退货、调拨入库和入库合计
　　（2）出库分为：采购退货、领料出库、商品报损、调拨出库、消耗品出货、销售出库和出库合计

图 7-6　统计分析的模块

7.1.4.4　库存管理结构

库存管理结构如图 7-7 所示。

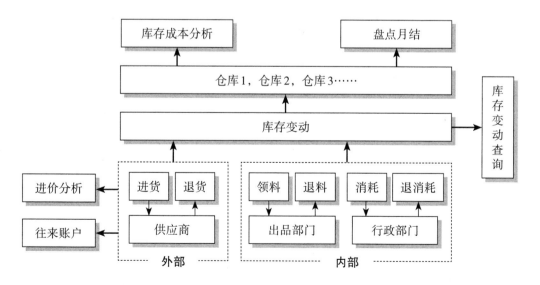

图 7-7　库存管理结构

7.1.5　财务管理模块

财务管理模块应能全面地提供财务管理信息，为包括战略决策和业务操作等各层次的管理需要服务。财务系统不仅在内部的各模块充分集成，而且与供应链和前台营业等系统也达到了无缝集成，使得企业各项经营业务的财务信息能及时准确地得到反馈，从而加强了资金流的全局管理和控制。

财务管理模块的子功能模块如图7-8所示。

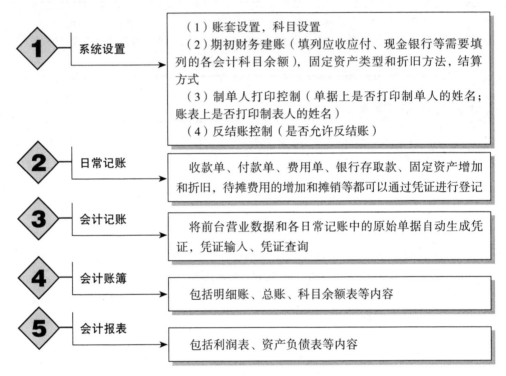

图 7-8　财务管理模块的子功能模块

7.1.6　营销预订管理模块

作为餐饮信息管理系统的营销预订管理子模块，以客户营销和消费预订为主，它需要完成的主要功能包括以下几方面。

（1）管理客户（单位客户、会员、散客）的基本信息，查询房台的使用状态，登记管理客户预订信息，查询客户的历史消费记录、登记来电记录。

（2）设置客户个人账户，记录客户的储值明细，对前台消费产生的欠款账单进行还款。

（3）客户可以用消费产生的积分进行礼品兑换。

（4）营销人员可以通过不同方式对客户消费满意度进行调查和回访，将调查回访处理情况进行登记。

（5）发布菜品促销信息。

（6）管理代金券发放使用情况。

（7）对营销人员的业绩情况进行统计。

营销预订的业务管理流程如图7–9所示。

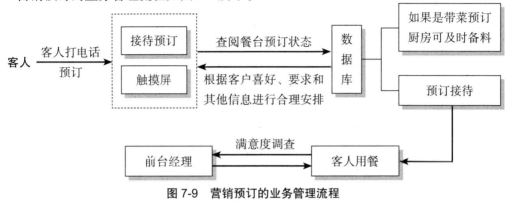

图 7-9　营销预订的业务管理流程

营销预订各子功能模块的说明如表7–2所示。

表7-2　营销预订各子功能模块的说明

序号	子模块	具体说明
1	预订管理	（1）可一览预订状态；按日期一次可查看一个月的预订情况 （2）客户来电自动弹屏，显示客户基本信息、历史消费等 （3）可以统计预订缺席率和上座率，多次预订不来的，可以将客户加入黑名单
2	客户管理	（1）客户信息管理 （2）客户账务管理
3	积分兑换	（1）消费时，按设置好的积分方案（支持多方案）自动产生积分 （2）兑换礼品产生详细的兑换记录
4	满意度调查	用于记录对某次消费的满意程度，对客户的意见，采用何种调查方式、处理方式等。可查询客户在某段时间的消费账单的满意程度及意见处理情况
5	客户回访	主要用于营销人员，以客户为本，巩固老客户，发展新客户，通过不同方式与客户沟通，将沟通内容加以记录，供营销人员分析客户心理，及时调整营销策略
6	促销管理	实现发布特价、特色、时令菜品信息的功能，主要应用于向客户展示特价促销菜品供客户选择，达到刺激消费的效果
7	代金券管理	（1）代金券的发放登记 （2）可以设置哪些菜品不能使用代金券；每次使用代金券的张数或金额 （3）可查询代金券的收回情况、作废情况和未使用情况

序号	子模块	具体说明
8	营销统计	用于统计营销人员在某段时期的营销业绩以及营销提成金额，也是分析营销人员营销管理能力的重要数据指标
9	电子提醒	（1）可以查询若干天数内将要过生日的客户 （2）可以查询超出客户账期天数的欠款单据 （3）可以设置一些自定义提醒 以上提醒可以弹出窗口或MSN（Microsoft Service Netork）信息窗形式给出提示
10	宴席管理	（1）可设置宴席类型（如：婚宴、喜宴、会议餐等宴席类型） （2）管理宴席，可设置每种宴席包含的菜品、宴席价格、使用的折扣方案、营销经理等信息 （3）设置的宴席在预订管理中，方便客人在预订宴席时提供选择
11	系统设置	用于设置营销预订模块的一些基本参数、会员类型设置、积分兑换中的礼品设置、客户单位类型设置，以及其他一些系统参数的设定

7.1.7 数据库维护服务模块

数据库维护服务模块如图7-10所示。

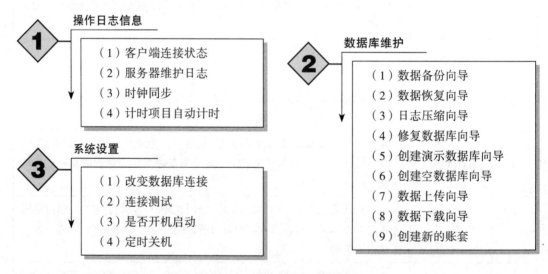

图 7-10 数据库维护服务模块

7.1.8 打印服务监控功能

餐饮管理信息系统必须具备打印服务监控功能，该功能应满足图7-11所示的要求。

功能描述

将菜单打印到后厨的同时还要把打印信息分配顺序号放到监控列表；监控模块实现从列表中提取打印列表；如果出现漏打的情况可从这一模块实现补打；可查询每个打印列表的商品明细信息

执行打印任务

打印监控列表中按不同的打印机显示不同的打印任务序列，每个序列的内容包括：顺序号、打印机别名、餐台号、打印时间、下单类型（如催单、补打等）；操作员；人数；工作站名称。点击每个监控记录，在下面能显示此顺序单中的详细内容（菜品名称、数量、单位、口味信息）

搜索

可根据开始时间、结束时间对单据的打印时间进行搜索；可按打印机别名、打印顺序号、餐台号、工作站点进行搜索

图 7-11　打印服务监控功能

7.1.9　出品管理模块

出品管理模块是根据每道菜的做菜时间，显示出超时未出品的菜。菜品可用图标与列表等多种显示方式并存；应能兼容触摸屏操作，服务员可当作触摸屏系统来使用；应能提供详细的菜品状态来显示菜品的当前的操作环节；并提供全面的检索条件来检索餐台、菜品。具体的子功能模块如图7-12所示。

出品划菜功能

根据餐台改变消费菜品状态；超时提醒；出品流程（开始制作、加急制作、无法制作、制作完成、产品已上）

餐台部分功能

显示已开餐台（可分类型显示、不分类型显示、只显示选择区域餐台）；根据餐台查找；餐台上暂定显示内容（餐台号、点菜数量、上菜数量、餐台人数、餐台消费金额）

图 7-12

菜品部分功能

　　显示已开餐台的菜品信息；显示方式（图标方式显示、列表方式显示）；显示菜品状态方式（已做菜品、未做菜品、所有菜品、开始制作菜品、加急制作菜品、无法制作菜品、制作完成菜品、已上菜品）；图标方式显示菜品内容暂定为餐台号、菜品名称、点菜时间、菜品状态

菜品查找功能

　　显示过滤功能（显示所有餐台菜品、显示当前餐台菜品）

图 7-12　出品管理的子功能模块

7.2　餐饮管理信息系统的运行管理

　　餐饮管理信息系统运行效果的好坏，直接决定着其应有作用的发挥。为了使餐饮信息系统发挥更好的效益，必须做好餐饮管理信息系统的运行管理工作。

7.2.1　餐饮计算机信息管理的组织建设

　　餐饮信息系统运行管理的目的是使餐饮信息系统在一个预期的时间内能正常地发挥其应有的作用，产生其应有的效益。为此，餐饮企业管理者必须做好相应的人才队伍建设和组织机构建设。

7.2.1.1　餐饮信息化建设领导小组及职责

　　在餐饮信息化建设领导小组中，应由餐饮企业的"一把手"担任领导小组组长，以便体现"一把手工程"的原则，并体现出领导对信息化工作的高度重视；各小组成员应该包括决策层相关领导、信息化领域知名专家、与餐饮信息化有关的二级部门领导以及各主要职能部门的主要业务骨干。

　　餐饮信息化建设领导小组的主要职责包括以下方面。

　　（1）组织餐饮信息化建设中、长期规划的审定。

　　（2）进行餐饮信息化建设重大工程项目实施方案的决策。

　　（3）进行餐饮信息化建设机构相关人员的考核、任免与奖惩等。

7.2.1.2　餐饮信息中心及其主要职责

　　信息系统的运行管理应该命名为信息管理部或信息中心，其主要职责是负责信息资源与信息系统的管理。信息中心除了负责系统的运行管理外，还要承担信息系统长远的发展建设，通过信息的开发与利用推动餐饮企业各方面的变革等工作。

具体来讲，其主要职责应该包括以下方面。

（1）负责贯彻餐饮信息化领导小组及CIO的相关决定。

（2）负责餐饮信息系统的开发、维护与运行管理。

（3）负责为各业务部门提供信息技术服务，包括制订、安排和执行信息化培训计划。

（4）负责对餐饮企业内部重大信息化项目的检查考核。

（5）负责制订和监督执行餐饮企业自主知识产权软件的开发计划。

（6）负责对餐饮企业信息化方面专家的聘任提名及业绩考核等。

7.2.1.3　现代餐饮CIO的设置

CIO的英文全称是Chief Information Officer，中文意思是首席信息官或信息主管。CIO是一种新型的信息管理者，他们不同于一般的信息技术部门或信息中心的负责人，而是已经进入餐饮企业最高决策层，相当于副总裁或副经理地位的重要官员。在现代餐饮企业中，以CIO为首的信息系统部门有以下职责。

（1）制定系统规划。

（2）负责信息处理的全过程。

（3）信息的综合开发。

（4）搞好信息标准化等基础管理。

（5）负责系统的运行和维护。

7.2.2　餐饮信息系统日常运行的管理

7.2.2.1　系统运行情况的记录

系统运行中，必须对系统软、硬件及数据等的运行情况做记录。运行情况有正常、不正常与无法运行等，后两种情况应将所见的现象、发生的时间及可能的原因做详细的记录。运行情况的记录对系统问题的分析与解决有重要的参考价值。严格地说，每天工作从计算机打开、应用系统进入、功能项选择与执行，到下班前数据备份、存档、关机等，都要按要求对运行情况做详细的记录。

7.2.2.2　系统运行的日常维护

在数据或信息方面，须日常加以维护的有备份、存档、整理及初始化等。

大部分的日常维护应该由专门的软件来处理，但处理功能的选择与控制一般还是由人员来完成。为安全考虑，操作员每天操作完毕后，都要对更改过的或新增加的数据做备份。

在硬件方面，日常维护主要有各种设备的保养与安全管理、简易故障的诊断与排除、易耗品的更换与安装等。硬件的维护应由专人负责。图7-13为餐饮信息管理系统的硬件连接示意图。

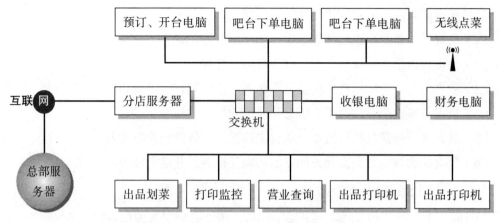

图 7-13　餐饮信息管理系统的硬件连接示意

7.2.2.3　对突发事件的处理

信息系统运行中的突发事件一般是由于操作不当、计算机病毒、突然停电等引起的。发生突发事件时，轻则影响系统功能的运行，重则破坏数据，甚至导致系统的瘫痪。

突发事件应由信息管理中心的专业人员处理，有时需要由原系统开发人员或软硬件供应商来解决。对发生的现象、造成的损失、引起的原因及解决的方法等必须做详细的记录。

7.2.3　餐饮信息系统应用的规章制度

7.2.3.1　中心机房安全运行管理制度

中心机房管理的主要内容包括以下方面。

（1）有权进入机房人员的资格审查。一般来说，系统管理员、操作员、录入员、审核员以及其他系统管理员批准的有关人员可进入机房，系统维护员不能单独入机房。

（2）机房内的各种环境要求。比如机房的卫生要求、防水要求。

（3）机房内的各种环境设备的管理要求。

（4）机房中禁止的活动或行为，例如，严禁吸烟、喝水等。

（5）设备和材料进出机房的管理要求等。

7.2.3.2　信息系统的其他管理制度

（1）重要系统软件、应用软件的管理制度。

（2）数据管理制度。

（3）权限管理制度，做到密码专管专用，定期更改并在失控后立即报告。

（4）网络通信安全管理制度。

（5）防病毒的管理制度，及时查、杀病毒，并备有检测、清除的记录。

（6）人员调离的安全管理制度。

（7）除了以上之外，还必须要有系统定期维护制度、系统运行操作规程、用户使用规程、系统信息的安全保密制度、系统修改规程以及系统运行日志及填写规定等。

7.3　餐饮管理信息系统的维护管理

7.3.1　餐饮信息系统维护的内容

餐饮信息系统维护的内容如图7-14所示。

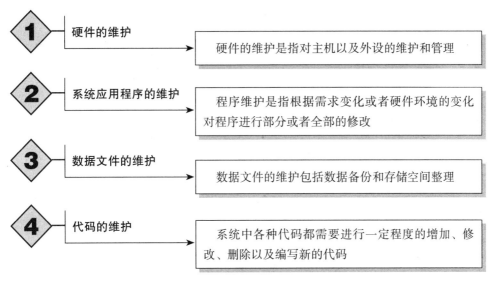

图 7-14　餐饮信息系统维护的四大内容

7.3.2　餐饮信息系统维护的类型

餐饮信息系统维护的主要工作是系统的软件维护工作，可以划分为表7-3所示的四种类型。

表7-3　餐饮信息系统维护的类型

序号	维护类型	具体说明
1	改正性维护	由于在系统测试阶段往往不能暴露出系统中所有的错误，因此，在系统投入实际运行后，就有可能暴露出系统内隐藏的错误，用户会发现这些错误并将这些问题报告给维护人员。对这类问题的诊断和改正过程，就是改正性维护
2	适应性维护	计算机技术发展迅速，操作系统的新版本不断推出，功能更加强大的硬件的出现，必然要求信息系统能够适应新的软硬件环境的变化，以提高系统的性能和运行效率。为了使系统适应环境（包括硬件环境和软件环境）的变化而进行的维护工作，就是适应性维护

续表

序号	维护类型	具体说明
3	完善性维护	在系统的使用过程中，用户往往要求修改或增加原有系统的功能，提高其性能，为了满足这些要求而进行的系统维护工作就是完善性维护。完善性维护是系统维护工作的最主要的部分
4	预防性维护	预防性维护是为了提高软件未来的可维护性、可靠性，或为未来的修改与调整奠定更好的基础而修改软件的过程。目前这类维护活动相对较少

根据对以上四种维护工作的分布情况的统计结果，一般改正性维护占全部维护活动的17%～21%，适应性维护占18%～25%，完善性维护达到50%～66%，而预防性维护仅占4%左右。可见系统维护工作中，一半以上的工作是完善性维护。

7.3.3 餐饮信息系统维护的管理

从维护申请的提出到维护工作的执行有如图7-15所示的管理步骤。

图 7-15 餐饮信息系统维护的管理步骤

7.4 餐饮管理信息系统的安全管理

信息系统的安全是一个系统的概念，它包括了信息系统设备的安全、软件的安全、数据的安全和运行的安全四个部分。

7.4.1 影响餐饮信息系统安全的主要因素

影响信息系统安全的因素是多方面的，归纳起来，主要有以下七种，如表7-4所示。

表7-4 影响餐饮信息系统安全的主要因素

序号	因素类型	具体说明
1	自然及不可抗拒因素	指地震、火灾、水灾、风暴以及社会暴力或战争等，这些因素将直接地危害信息系统实体的安全
2	硬件及物理因素	指系统硬件及环境的安全可靠，包括机房设施、计算机主体、存储系统、辅助设备、数据通信设施以及信息存储介质的安全性

序号	因素类型	具体说明
3	电磁波因素	计算机系统及其控制的信息和数据传输通道，在工作过程中都会产生电磁波辐射，在一定地理范围内用无线电接收机很容易检测并接收到，这就有可能造成信息通过电磁辐射而泄漏。另外，空间电磁波也可能对系统产生电磁干扰，影响系统正常运行
4	软件因素	软件的非法删改、复制与窃取将使系统的软件受到损失，并可能造成泄密。计算机网络病毒也是以软件为手段侵入系统进行破坏的
5	数据因素	指数据信息在存储和传递过程中的安全性，这是计算机犯罪的主攻核心，是必须加以安全和保密的重点
6	人为及管理因素	涉及工作人员的素质、责任心以及严密的行政管理制度和法律法规，以防范人为的主动因素直接对系统安全所造成的威胁
7	其他因素	指系统安全一旦出现问题，能将损失降到最小，把产生的影响限制在许可的范围内，保证迅速有效地恢复系统运行的一切因素

7.4.2　加强餐饮信息系统安全的主要措施

餐饮信息系统安全的防范措施是从以下三个层面上开展。

7.4.2.1　技术层面

在技术方面，计算机网络安全技术主要有实时扫描技术、实时监测技术、防火墙、完整性检验保护技术、病毒情况分析报告技术和系统安全管理技术。综合起来，技术层面可以采取如图7-16所示对策。

建立安全管理制度

提高包括系统管理员和用户在内的人员的技术素质和职业道德修养。对重要部门和信息，严格做好开机查毒，及时备份数据，这是一种简单有效的方法

网络访问控制

访问控制是网络安全防范和保护的主要策略，它的主要任务是保证网络资源不被非法使用和访问，它是保证网络安全最重要的核心策略之一。访问控制涉及的技术比较广，包括入网访问控制、网络权限控制、目录级控制以及属性控制等多种手段

图7-16

数据库的备份与恢复

数据库的备份与恢复是数据库管理员维护数据安全性和完整性的重要操作。备份是恢复数据库最容易和最能防止意外的保证方法。恢复是在意外发生后利用备份来恢复数据的操作。有三种主要备份策略：只备份数据库、备份数据库和事务日志、增量备份

应用密码技术

应用密码技术是信息安全核心技术，密码手段为信息安全提供了可靠保证。基于密码的数字签名和身份认证是当前保证信息完整性的最主要方法之一，密码技术主要包括古典密码体制、单钥密码体制、公钥密码体制、数字签名以及密钥管理

切断传播途径

对被感染的硬盘和计算机进行彻底杀毒处理，不使用来历不明的U盘和程序，不随意下载网络可疑信息

提高网络反病毒技术能力

通过安装病毒防火墙，进行实时过滤。对网络服务器中的文件进行频繁扫描和监测，在工作站上采用防病毒卡，加强网络目录和文件访问权限的设置。在网络中，限制只能由服务器才允许执行的文件

研发并完善高安全的操作系统

研发具有高安全的操作系统，不给病毒得以滋生的温床才能更安全

图7-16　餐饮信息系统技术层面的七大对策

7.4.2.2 管理层面

计算机网络的安全管理，不仅要看所采用的安全技术和防范措施，而且要看它所采取的管理措施和执行计算机安全保护法律、法规的力度。只有将两者紧密结合，才能使计算机网络安全确实有效。管理层面的安全防范措施如图7-17所示。

要对计算机用户不断进行法制教育，包括计算机安全法、计算机犯罪法、保密法、数据保护法等

 明确计算机用户和系统管理人员应履行的权利和义务，自觉遵守合法信息系统原则、合法用户原则、信息公开原则、信息利用原则和资源限制原则，自觉地和一切违法犯罪的行为做斗争，维护计算机及网络系统的安全，维护信息系统的安全

 应教育计算机用户和全体工作人员，自觉遵守餐饮信息系统为维护系统安全而建立的一切规章制度，包括人员管理制度、运行维护和管理制度、计算机处理的控制和管理制度、各种资料管理制度、机房保卫管理制度、专机专用和严格分工等管理制度

图 7-17　管理层面的安全防范措施

7.4.2.3　物理安全层面

要保证计算机网络系统的安全、可靠，必须保证系统实体有个安全的物理环境条件。这个安全的环境是指机房及其设施，主要包括图 7-18 所示的内容。

 计算机系统的环境条件

计算机系统的安全环境条件，包括温度、湿度、空气洁净度、腐蚀度、虫害、振动和冲击、电气干扰等方面，都要有具体的要求和严格的标准

 机房场地环境的选择

计算机系统选择一个合适的安装场所十分重要。它直接影响到系统的安全性和可靠性。选择计算机房场地，要注意其外部环境安全性、地质可靠性、场地抗电磁干扰性，避开强振动源和强噪声源，并避免设在建筑物高层和用水设备的下层或隔壁。还要注意出入口的管理

 机房的安全防护

（1）应考虑物理访问控制来识别访问用户的身份，并对其合法性进行验证
（2）对来访者必须限定其活动范围
（3）要在计算机系统中心设备外设多层安全防护圈，以防止非法暴力入侵
（4）设备所在的建筑物应具有抵御各种自然灾害的设施

图 7-18　物理安全层面的措施

第8章

图解精益管理之整合营销

整合营销主要是指在市场调研的基础上，餐饮企业需要为自己的产品确定精准的品牌定位和目标市场，找出产品的核心卖点是什么，提炼出产品好的广告语，如何进行品牌传播以及进行全面的销售体系规划等。它是利用多种营销传播手段的有机、系统结合运用（如：广告、宣传、公关、文化、人员推销、网络推广等），而不是单一的营销手段。

8.1 广告营销

"酒香不怕巷子深"的时代已经成为过去，这是一个讲求品牌的市场，依靠口口传播已经赶不上节奏，大张旗鼓地做广告已经成为餐饮企业的营销策略。

广告是指通过购买某种宣传媒体的空间或时间，来向餐饮公众或特定市场中的潜在顾客进行推销或宣传的一种营销工具。餐饮企业常用的广告方式有以下几种。

8.1.1 电视广告营销

在了解电视广告营销之前，首先需要了解电视广告相关的基础知识，以此才能确定餐饮企业是否适合利用这一媒体进行广告营销。电视广告的特点如图8-1所示。

 传播速度快，覆盖面广，表现手段丰富多彩，可声像、文字、色彩、动感并用，是感染力很强的一种广告形式

 成本昂贵，制作起来费工费时，同时还受时间、播放频道、储存等因素的限制和影响，信息只能被动地单向传递。一般晚上7:00 ~ 10:30，被认为是广告的最佳时间，但是费用也非常贵

图 8-1 电视广告的特点

相信大家看到最多的餐饮电视广告，可能还是肯德基、麦当劳、必胜客等国外品牌，真正国内餐饮企业采用电视广告的寥寥无几，很大的原因就是基于高昂的广告费。另外这些国外品牌是全国连锁的，所以其广告收益相当可观。

8.1.2 电台广告营销

电台广告是一种线形传播，听众无法回头思考、查询，只要善于运用口语或者生动具体的广告词语来进行表述，不要过于烦琐，尽量少用重句，能够使听众一听就明白，一听就懂，就能产生绝佳的广告效果。一般电台广告适合对本地或者周边地区的消费群体。

8.1.2.1 电台广告优势

电台广告，广告量虽然在总体广告中所占比例不大，但由于电台媒体所具有的其他媒体不可比拟的特点，如"边工作边收听""随时随地收听"等，使电台广告成为主流媒体广告的重要补充。

实际上包括可口可乐在内的很多世界500强企业都有专门的电台媒体策划部门。为什么电台广播的效果越来越好了，这是有以下几方面原因。

（1）有车一族人群越来越多，电台是针对开车出行中的唯一有效媒体。

> 俏江南与北京音乐台合作的《974爱车音乐时间》节目，俏江南为其冠名特约播出。作为该节目的听众都是爱车一族，很有一致的行为特点，也都具有相应的消费实力。在节目之外，俏江南还为听众提供很多与汽车相关的服务，例如赠送爱车内容的杂志，以及修车保养方面的信息，甚至为其提供观看F1汽车拉力赛的门票等。

（2）一般手机都自带收音机功能，而且收听全免费。电台宣传无疑是非常有效的媒体。

（3）谈话类节目的互动，还是电台媒体参与率比较高，通过专家嘉宾感性的描述，理性的分析，很容易使听众产生信任感。

（4）电台广告费相对于电视媒体、户外、车身、网络等媒体来说，一般价格都较低。

8.1.2.2 电台广告的目标人群

电台媒体主要针对的目标人群，具体如图8-2所示。

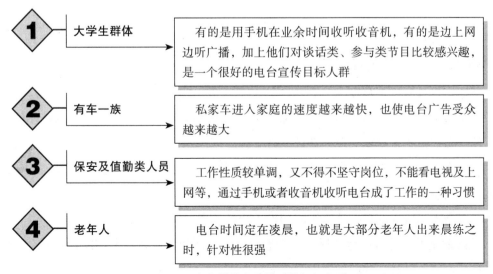

1 大学生群体　　有的是用手机在业余时间收听收音机，有的是边上网边听广播，加上他们对谈话类、参与类节目比较感兴趣，是一个很好的电台宣传目标人群

2 有车一族　　私家车进入家庭的速度越来越快，也使电台广告受众越来越大

3 保安及值勤类人员　　工作性质较单调，又不得不坚守岗位，不能看电视及上网等，通过手机或者收音机收听电台成了工作的一种习惯

4 老年人　　电台时间定在凌晨，也就是大部分老年人出来晨练之时，针对性很强

图 8-2　电台媒体主要针对的目标人群

不同的节目拥有不同的听众，穿插其间的餐饮广告就能吸引不同类型的就餐者。

（1）如针对年轻人和现代企管人员、专业人员的广告可穿插在轻音乐等节目中。

（2）不同时间其广告吸引的对象也不同，一般来说，白天上班时间只能吸引老年人和家庭主妇。

（3）电台常常用主持人与来访者对答的形式做广告，会比较亲切。

8.1.3 报纸广告营销

报纸广告以文字和图画为主要视觉刺激，不像其他广告媒介，如电视广告等受到时间的限制。报纸可以反复阅读，便于保存。鉴于报纸纸质及印制工艺上的原因，报纸广告中的商品外观形象和款式、色彩不能理想地反映出来。

餐饮店可以在报纸上购买一定大小的版面，大张旗鼓地宣传自己，并在广告上写有订餐电话、餐饮店地址。

一般选用报纸广告，主要适合做食品节、特别活动、小包价等餐饮广告，也可以登载一些优惠券，让读者剪下来凭券享受餐饮优惠服务。但是要注意登载的频率、版面、广告词和大小、色彩等。

现在许多城市晚报、商报等都市生活类报纸都设有美食版，餐饮店可以选择合适的版面刊登广告。

8.1.4 杂志广告营销

杂志可分为专业性杂志、行业性杂志、消费者杂志等。由于杂志的读者对象比较明确，是各类专业商品广告的良好媒介。

8.1.4.1 餐饮行业杂志

餐饮行业杂志有：《中国餐饮杂志》《美食与美酒》《餐饮经理人》《中国烹饪》《天下美食》《贝太厨房》《名厨》等。

8.1.4.2 杂志广告的特点

杂志广告具有以下特点。

（1）最大的特点是针对性强、专业性强，范围相对固定，即不同的人阅读不同的杂志，便于根据就餐者对象选择其常读的杂志做广告。

（2）杂志资料性较强，便于检索、储存，信息量大，图文并茂，专栏较多、较全，且纸张印刷质量高，对消费者的心理影响显著。

（3）杂志出版周期长，适用于时间性不强的信息。

餐饮企业可以有目标地选择一些杂志登广告，例如针对新婚夫妇的婚礼宴会，广告可登在《家庭》《现代家庭》《中国青年》等杂志。

8.1.5 户外媒体广告营销

一般把设置在户外的广告叫作户外广告。常见的户外广告有：路边广告牌、高立柱广告牌（俗称高炮）、灯箱、霓虹灯广告牌、LED广告牌等，现在甚至有升空气球、飞艇等先进的户外广告形式。

8.1.5.1 户外广告分类

户外广告可以分为两类，如图8-3所示。

自设性户外广告

以标牌、灯箱、霓虹灯单体字等为媒体形式，在本企业登记注册地址，利用自有或租赁的建筑物、构筑物等阵地设置的名称（含标志等）

经营性户外广告

在城市道路、公路、铁路两侧、城市轨道交通线路的地面部分、河湖管理范围和广场、建筑物、构筑物上，以灯箱、霓虹灯、电子显示装置、展示牌等为载体形式和在交通工具上设置的商业广告

图8-3　户外广告的分类

8.1.5.2 公交车身广告营销

中国的人口众多，决定着公共交通的绝对重要性和未来的发达程度，同时，也给公交车身广告发展提供了绝无仅有的巨大空间。

（1）公交车身广告优势　公交车身广告是可见机会最大的户外广告媒体，公交车身广告优势，如表8-1所示。

表8-1　公交车身广告优势

序号	类别	具体说明
1	认知率和接收频率较高	投放在一座540万人口数量的城市，以一百显示点来计算，在30天中有89%的人接触到该项广告，且平均有31次的接收频率
2	具有提示（提醒）作用	公交广告往往是在人们外出及即将发生消费行为时，传送广告信息，对于将发生的消费有着非常有效的提示和提醒作用，或直接指导消费，或做品牌提醒
3	投入少，效果好	公交车身广告平均每天的费用很便宜，一辆整车广告所花费用在电视上买不到1秒钟的广告，在报纸上也只能买10多个字而已，在发布时间和价格上具有很大的灵活性和优势

续表

序号	类别	具体说明
4	广告作用时间长	公交车身广告是置于相对固定的公共空间内,不像电视、报纸等必须以主要时间或版面用于非常性质的内容,公交广告可以有一个相当长的时间专门发布某一个信息。人们由于出行需要,不断地往来于同一广告前,频频接收到广告信息,日积月累,会给受众留下极深刻的印象
5	灵活性强	根据其所宣传内容的功能性,有选择地发布相应的公交环境,有助于有的放矢地进行宣传,以同等甚至更少的广告费用发挥更大的实际效应。其他大众传媒或限于时段,或限于版面,或限于空间等,难以做到有较强针对性的市场选择
6	大众化的宣传媒介	公交的信息是投向整个市场的,受众不会受到社会阶层和经济状况等条件的限制
7	一定的环境美化作用	一幅公交广告,实际上就是一幅大型的图画,构图、造型、色彩都具有美感,这是报刊等媒体不能比拟的。为了醒目,绝大部分广告都鲜艳夺目,形式感很强

（2）公交车身广告发布形式　公交车身广告发布形式,主要包括图8-4所示的三种。

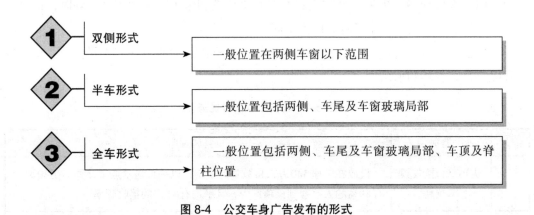

图8-4　公交车身广告发布的形式

8.1.5.3　地铁广告营销

随着中国城市规模快速扩大,地铁网络迅速发展,地铁媒体在受众数量、受众质量以及媒体传播环境等衡量媒体价值的重要指标上得到有力提升,早已成为餐饮企业传达信息的有效媒介渠道。

（1）地铁广告特点　地铁广告的特点如表8-2所示。

表8-2　地铁广告的特点

序号	特点	具体说明
1	关注度高	乘客站内停留时间长，平均不少于30分钟，候车时间3分钟，在车厢内停留26分钟
2	投放灵活，创意多	突破常规灯箱形式发布，多种媒体组合，创意空间无限
3	视觉效果好	洁净舒适、无干扰的媒体环境，体现高端品质形象
4	覆盖面广	每条地铁线均为城市公共交通网络的重要组成，每日为数以万计的市民出行提供方便
5	接触频次密	相对稳定的上下班及购物人流，每天多次重复接触广告

（2）地铁静态广告发布位置　地铁静态广告主要发布位置，如图8-5所示。

车厢内

在车厢内形成独特广告环境；乘客在行程内，完全置身其中，全程接收广告信息

月台灯箱

位于地铁候车站台内，乘客在候车时可以毫无遮挡地正面观赏，以高素质视觉效果展示信息，最适合发布新产品或树立品牌形象

3 通道

位于地铁站通道内，是乘客必经之路，与目标受众直接接触，最适合产品短期促销，加强广告信息展示频次

通道灯箱

位于地铁各站通道内，除具备海报优势外，其超薄的灯箱外型、高品位的媒体形象帮助品牌提升美誉，有效刺激过往乘客消费欲望

通道灯箱长廊

分布在乘客最为集中的几条通道内，在密闭通道中，与目标顾客长时间交流，使乘客过目不忘

图8-5

月台灯箱长廊

最具创意性的轰动型媒体，创造独家展示强势氛围

扶梯侧墙海报

位于电梯侧墙，直接面对出入口上下楼梯乘客，价格便宜，是理想促销媒体，整条扶梯使用可以展示一系列产品，或者以一式多样广告画面创造强烈的视觉效果

大型墙贴

位于地铁最精华站点，展示面积巨大，适合知名品牌维护与提升品牌形象，是新品上市促销最佳的选择

特殊位

位于地铁站出入口或者售票点上方，位置独特，面积庞大、醒目，地铁内最大的灯箱媒体，目标消费者视觉直击，非常适合品牌形象展示

图8-5 地铁静态广告主要发布位置

（3）地铁视频广告 地铁广告不仅包括各种静态宣传画，也包括动态视频广告，其遍布站台与车厢，编织成一个庞大的播出网络，全都装有收视终端，乘客无论身处何处都可以轻易收视，全线同步播出，同一时间内播出内容覆盖全部线路，拥有其他媒体无法比拟的广告平台。

8.1.5.4 电梯广告营销

电梯广告是户外广告的一种类型，因其针对性强、费用低，所以最适合于餐饮企业产品的宣传推广。它是镶嵌在城市小区住宅楼、商务楼、商住楼等电梯内特制镜框里的印刷品广告载体。电梯广告目前在国内是一种全新的富有创意的非传统媒介，能直接有效地针对目标受众传达广告信息。据测算，凡居住或工作在高层住宅楼的用户，每人每天平均乘坐电梯上下3～7次，电梯广告至少近4次闯入他们的视线，高接触频率使其具有更好的传播效果。

在开展电梯广告时应选择最合适的电梯。

（1）由于现代城市高楼林立，电梯楼也越来越多，如何在最有效又经济的情况下，从众多的楼房中选择出最有效的电梯作为推广场所也就显得尤为重要。

（2）选择的楼房应是入住率在80%以上的住宅楼或写字楼。

（3）根据当地电梯楼的数量、密度制订计划投放数量，一般情况，一次性覆盖 2 ~ 3 个区域，精选 7 ~ 8 部电梯实施投放。

（4）向该预选楼房电梯广告代理公司咨询广告投放的相关事宜。

（5）电梯广告因其针对性强，印象深刻，在操作时可考虑以美食为主，特别是美食外送服务，应附以礼品推广。

8.1.6　直接邮寄广告（DM）营销

DM 是英文 Direct Mail Advertising 的省略表述，直译为"直接邮寄广告"（后文均简称为 DM）。DM 是通过邮寄、赠送等形式，将宣传品送到消费者手中、家里或公司所在地。

DM 是区别于传统的报纸、电视、广播、互联网等广告刊载媒体的新型广告发布载体。

8.1.6.1　最佳效果支持条件

要想发挥 DM 单最佳效果，最好有以下三个条件的大力支持。

（1）必须有一个优秀的商品来支持 DM。假若商品与 DM 所传递的信息相去甚远，甚至是假冒伪劣商品，无论吹得多么的天花乱坠，也不会有市场。

（2）选择好广告对象，再好的 DM，再棒的产品，不能对牛弹琴，否则就是死路一条。

（3）考虑用一种什么样的广告方式来打动你的顾客。巧妙的广告诉求会使 DM 有事半功倍的效果。

8.1.6.2　DM 设计制作

餐饮店在设计制作 DM 时，假若事先围绕它的优点考虑更多一点，将对提高 DM 的广告效果大有帮助。

8.1.6.3　餐饮邮寄广告

这是将餐饮店商业性的信件、宣传小册子、明信片等直接邮寄给消费者的广告形式。它比较适合于一些特殊餐饮活动、新产品的推出、新店的开张，以及吸引本地的一些大公司、企事业单位、常驻机构以及老客户等活动。

这种方式较为灵活，竞争较少，给人感觉亲切，也便于衡量工作绩效；但是费用较高，且费时费工。

8.2　店内促销

8.2.1　内部宣传品营销

在餐饮店内，使用各种宣传品、印刷品和小礼品进行营销是必不可少的。常见的内部宣传品有各种活动节目单、火柴、小礼品等。具体如图 8-6 所示。

按期活动节目单

餐饮店将本周、本月的各种餐饮活动、文娱活动印刷后放在餐饮店门口或电梯口、总台发送和传递信息。这种节目单要注意下列事项

（1）印刷质量要与餐饮店的等级相一致，不能太差

（2）一旦确定了的活动，不能更改和变动。在节目单上一定要写清时间、地点、餐饮店的电话号码，印上餐饮店的标记，以强化营销效果

餐巾纸

现在，一般餐饮店都会提供餐巾纸，有的是免费提供，有的则是付费的。餐巾纸上印有餐饮店名称、地址、标记、电话等信息

火柴

餐饮店每张桌上都可放上印有餐饮店名称、地址、标记、电话等信息的火柴，送给客人带出去做宣传。火柴可定制成各种规格、外形、档次，以供不同餐饮店使用

小礼品

餐饮店经常在一些特别的节日和活动时间，甚至在日常经营中送一些小礼品给用餐的客人，小礼品要精心设计，根据不同的对象分别赠予，其效果会更为理想。常见的小礼品有：生肖卡、印有餐饮店广告和菜单的折扇、小盒茶叶、卡通片、巧克力、鲜花、精制的筷子等

图 8-6 店内常见的宣传品

8.2.2 菜单营销

菜单是现代餐饮企业营销乃至整个经营环节的关键要素。菜单是一个餐饮企业的产品总括。好的菜单编制是企业及顾客之间的信息桥梁，是餐饮企业无声的营业代表，它能够有效地将餐饮企业的产品策略、菜谱设计重点、产品特点传达给顾客，进而引动优质营销行为系统，达到店家、顾客双赢的目的。

8.2.2.1 菜单营销的要求

菜单营销是指运用客人在接触菜单的时间里，运用各种手段达到企业营销目的。主要包括，菜单设计印制、菜单呈现方式、菜单介绍方法等。

（1）菜单设计印制　菜单设计印制应符合餐饮企业客户群体的审美习惯。

每家餐饮店的客群对象不同，菜单的设计就要符合这些消费群的审美观念，并能吸

引其目光。面向大众群体消费的，菜单设计应该简洁明了，颜色不能太为特别。面向商务群体的餐饮店，菜单设计应该较为正统严肃，不能采用奇特的颜色或形状，否则给人一种不严肃不正式的感觉。个性化的餐饮店是面向年轻人的，则可采用比较新奇的设计方式，在颜色、形状、表现方式上都可以更为大胆。

（2）菜单呈现方式　菜品排列顺序应与餐饮企业盈利收入点和餐饮企业促销重点一致。

每个餐饮企业的菜品都可以归为几个类别，如何在菜单上排列这些菜品，对餐饮企业的销售有着很重要的影响。菜品的类别与排列顺序如图8-7所示。

特色菜品

特色菜品主要用来突出本店特色，吸引顾客到来，一般放在菜单的最前面或最后面，作为重点突出，让客户更能一目了然，切忌放在菜单中部

利润菜品

利润菜品主要用来增加企业的盈利能力，有时由店内的特色菜品承担，有时由其他菜品承担。一般应与特色菜品放在一起，采用大图片重点突出，增加被点到的概率

促销菜品

促销菜品是指利用降价策略，吸引客户来店消费的菜品。促销菜品，通常放在菜单中间，文字排列即可，若是较高档的菜单，可配置小图片，或者挑选其中利润较大的菜品，配置部分图片

一般菜品

一般菜品通常指大众菜品，用来铺满点缀客人的餐桌，同样放在菜单最前面或最后面，最好放在菜单最后，促使客人翻阅整本菜单，增加其他菜品"点击率"

图8-7　菜品的类别与排列顺序

所以，一本菜单菜品的排列顺序一般为：特色菜品+利润菜品——促销菜品——大众菜品。当然，每家餐饮企业都有其独特的营销之道，因此也有其独到的菜品排列方式。例如，有的餐厅会利用当地客人习惯的上菜顺序排列菜品：冷菜——热菜——汤——主食——酒水。

但是原则只有一条：符合客户群体的翻阅习惯，大图突出重点菜品。

（3）菜单介绍方法　服务人员向客人介绍店内菜品时也有一定的技巧，需要注意的有以下几点。

①依照当地客人习惯的上菜顺序介绍菜品。

②如果客人中有老人或者小孩，可重点介绍几道符合老人、小孩食用的菜品。

③关切询问客人有没有喜欢的或者禁忌的。

④在推荐菜品的同时翻开菜单将图片指给客人看。

⑤点菜结束后，如果条件允许，可将菜单放置在离客人不远处，并告知客人如需增加菜品，可在此取阅。

菜单营销还有很多其他方式，如制作奇特的菜单，利用公共营销，制造本地区"之最"新闻，利用菜单的奇特性吸引顾客消费；在门店点菜区制作电子菜单，让客人在点鲜活菜品时可以直观享受菜品成品的图样等。

8.2.2.2　针对特有人群的菜单

餐饮企业除了以上菜单营销的要点外，还可以针对特有人群制作菜单来进行营销，有以下几种。

（1）儿童菜单营销　儿童餐饮店行业是一个朝阳行业，充满激情、创意和梦想。现在，许多餐饮店都增加了对儿童的营销，提供符合儿童口味的一定数目的菜肴，从而进一步开拓市场。当然，也有以儿童为主题的主题餐饮店，专为儿童提供各种服务。

（2）中年人菜单营销　根据中年人体力消耗的特点，提供他们需求的热量的食物，吸引讲究美容的这部分客人。这种菜单往往被客人带走的较多，所以餐饮企业应印上餐饮店的地址、订座电话号码等，以便营销。另外房内用餐菜单和宴会菜单等都具有同样的营销作用。

餐饮店应根据经营情况，变换菜单进行营销，但变换菜单必须依据以下几个条件。

①根据不同地区的菜系变换。

②根据特殊的装饰和装潢变换。

③根据餐饮店中特殊的娱乐活动变换。

④根据食物摆布及陈列的特殊方法变换。

（3）情侣菜单　这种菜单要给客人一种温馨浪漫的感觉，从名称到寓意、从造型到口味都要符合年轻人的需求特点，要给情侣们留下深刻的印象和好感。菜单可设计成影集式的或贺卡式的，并配有优美的音乐，让情侣们一开始就能感受到餐饮店刻意营造的温馨甜蜜气氛，菜肴的名字也要起得有韵味，给人以浪漫动听的感觉，还可配以浪漫的爱情故事、经典传说、幽默笑话等，以增添饮食乐趣，给客人留下美好的回忆。例如广东人的喜宴上，最后一道甜品一定是冰糖红枣莲子百合，取其"百年好合、早生贵子"之意。用百合、枣、莲子、蜜汁做成的甜菜，可以命名为"甜蜜百合"，在菜单上注明其用料的寓意，还可以再配上几句浪漫情诗、良好祝福，直奔爱情的主题。

（4）女士菜单 当代女性更加关注自己的美丽与健康，这不仅体现在穿着打扮上，同样也体现在对健康饮食的需求上。餐饮企业根据这些需求特点，可以设计出具有减肥功能、美容养颜功能等符合女士需求特点的菜单，一定会赢得广大女士的喜爱。

8.2.3 门口告示牌营销

招贴诸如菜肴特选、特别套餐、节日菜单和增加新的服务项目等，其制作同样要和餐饮店的形象一致，另外，用词要考虑客人的感受。"本店下战书十点打烊，明天上午八点再见"，比"营业结束"的牌子来得更亲切。同样"本店转播世界杯足球赛实况"的告示，远没有"欢迎观赏大屏幕世界杯足球赛实况转播，餐饮不加价"的营销效果佳。

8.2.4 餐饮企业服务促销

餐饮企业服务促销包括以下五个方面，如图8-8所示。

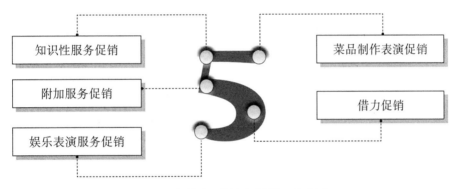

图 8-8 餐饮企业服务促销的五大方面

8.2.4.1 知识性服务促销

在餐厅里备有报纸、杂志、书籍等以便顾客阅读，或者播放外语新闻、英文会话等节目。

在顾客等待上菜期间，如果可以提供一些供顾客阅览的报纸、杂志，一方面会让顾客感到服务周到细心，同时还会消除顾客等待时的无趣。

在一家不足300平方米的餐厅里，墙上竟然贴满了3000多张旧报纸，串联起新中国成立史。顺着楼梯上到二楼，人们仿佛走进了时光隧道，历史开始回放。墙上贴得满满的都是各个时期的旧报纸，有新中国成立之初的，也有20世纪80年代改革开放时期的。3000多张旧报纸由宏观到微观，从政治经济到民情民生，全方位、多角度地展示了新中国的沧桑巨变，每个读者都能清晰地感受到新中国的成长壮大。其中最珍贵的一张，是1959年10月2日新中国成立10周年的《人民日报》（国庆特刊），当天的报纸上，有赫鲁晓夫、金日成等访华的报道。为了找到这些报纸，餐厅老板可以说是不知跑了多少图书馆、古玩市场，磨了多少嘴皮子。

8.2.4.2 附加服务促销

在午茶服务时，赠予一份蛋糕，或者扒房给女士送一枝鲜花等。客人感冒了服务员要及时告诉厨房，为客人熬上一碗姜汤，虽然只是一碗姜汤，但是客人会很感激的，会觉得餐饮店为客人着想，正所谓："礼"轻情意重。

在餐桌上运用适当的讲解，也是很有意思的。如给客人倒茶时一边倒茶水，一边说"××您的茶水，祝您喝出一个好的心情"。在客人点菊花茶的时候，可以为客人解说"菊花清热降火，冰糖温胃止咳，还能养生等"，这都是一种无形的品牌服务附加值。虽然一般，无形却很有型。客人会很享受地去喝每一杯茶水，因为他知道他喝的是健康和享受。

过生日的长寿面，如果只是干巴巴地端上一碗面条会很普通，如果端上去后轻轻挑出来一根，搭在碗边上，并说上一句："长寿面，长出来。祝你福如东海，寿比南山。"客人会感觉到很有新意（心意），很开心，这碗面也就变得非常特别了。

海底捞的许多服务被称为"变态"服务。在海底捞等待就餐时，顾客可以免费吃水果、喝饮料，免费擦皮鞋，等待超过半小时餐费还可以打九折，年轻女孩子甚至为了享受免费美甲服务而专门去海底捞。

海底捞的这些服务贯穿于从顾客进门、等待、就餐到离开的整个过程。待客人坐定点餐时，服务员会细心地为长发的女士递上皮筋和发夹；戴眼镜的客人则会得到擦镜布。隔15分钟，就会有服务员主动更换你面前的热毛巾；如果带了小孩子，服务员还会帮你喂孩子吃饭，陪他们在儿童天地做游戏；抽烟的人，他们会给你一个烟嘴。餐后，服务员马上送上口香糖，一路上所有的服务员都会向你微笑道别。如果某位顾客特别喜欢店内的免费食物，服务员也会单独打包一份让其带走。

如美甲服务在美甲店至少要花费50元以上，甚至上百元，而海底捞人均消费六七十元，免费美甲服务对于爱美的女孩子很有吸引力。

海底捞将时尚事物和传统饮食结合起来，结合得恰到好处。海底捞将美甲和餐饮服务联系在一起，将美丽赠予了这些女性消费者，而在消费者体验之后，也将她们的感受带给了更多的人。

8.2.4.3 娱乐表演服务促销

用乐队伴奏、钢琴吹奏、歌手驻唱、现场电视、卡拉OK、时装表演等形式起到促销的作用。一股表演之风流行起来：民族风情表演、民俗表演、变脸表演、舞蹈表演、样板戏、阿拉伯肚皮舞、"二人转"、传统曲艺等。

这些表演大多是在大厅里举行，并不单独收费，是吸引消费者眼球的一项免费服务。但是如果顾客点名要表演什么节目，就要单独收费了。在激烈的市场竞争中，不做出点特色来，要想立足也不是一件容易的事儿。

餐饮店为达到招揽顾客的目的常出奇招，如某网友评价一家餐厅的演出说："这里的演员真的是很卖力，演出博得了一阵阵的掌声和顾客的共鸣。每人还发一面小红旗，不会唱也可以跟着摇，服务员穿插在餐厅之间跳舞，互动性极强。注重顾客的参与性，必然会赢得更多的'回头客'。"

8.2.4.4　菜品制作表演促销

在餐厅进行现场烹制表演是一种有效的现场促销形式，还能起到渲染气氛的作用。客人对色、香、味、形可以一目了然，从而产生消费冲动。现场演示促销要求餐厅有良好的排气装置，以免油烟污染餐厅，影响就餐环境。注意特色菜或甜品的制作必须精致美观。

> 俏江南强调把菜品做成一种让顾客参与体验的表演。比如"摇滚色拉"和"江石滚肥牛"等招牌菜品，服务员表演菜品制作，并介绍菜品的寓意或来历等，使消费者在感官上有了深度的参与和体验。

8.2.4.5　借力促销

餐饮服务员向客人介绍和促销菜品时，可借助所在餐厅的名气、节假日的促销活动、金牌获奖菜的美名以及名人效应来向客人推荐相应的菜式，从而得到事半功倍的效果，具体的借力促销方式如图8-9所示。

借助餐厅名气促销

> 沈阳鹿鸣春餐厅是历经百年沧桑的老字号，其名字"鹿鸣春"三个字来自于《诗经·小雅》篇，有浓厚的历史文化韵味。20世纪80年代末期，餐厅的经营出现了前所未有的火爆，每次接待外宾，餐饮服务员都要介绍店名的来历，对推荐高档菜肴起到了强化作用。如鹿鸣春"富贵香鸡"就是在"常熟叫花鸡"的基础上，在名厨的指导下，用环保、绿色的工艺手法对后者进行大胆的创新，受到海内外客人的一致好评

借助金牌获奖菜促销

> "游龙戏凤""凤眼鲜鲍""兰花熊掌""红梅鱼肚"曾获得××美食节大赛金奖，长销不衰，由于该系列菜品食材珍稀，加工精细，给客人留下了难以忘怀的美味和享受。直到现在，客人在餐厅就餐还要点这四道名菜。餐饮服务员介绍和推荐此类菜品的过程之所以十分顺畅，正是因为借助了金牌获奖菜的品牌效应

图 8-9

借助节假日促销

在促销菜品时，餐饮服务员不要忘记向客人传递促销活动信息。如节假日的促销举措、美食节期间创新菜的信息、店庆时的优惠信息，这些会激起客人再次光临就餐的欲望

借助名人效应促销

"名人菜单"也可以成为卖点。连战、宋楚瑜前几年在南京访问期间专门赴"状元楼"品尝秦淮小吃，"连宋菜单"不胫而走，一下子"状元楼"的风味菜品异常火爆。所以，餐饮服务员若抓住"名人效应"的良机，则会更有利于点菜销售工作

图 8-9　借力促销的方式

8.2.5　餐饮企业文化促销

文化促销是基于文化与促销活动的融合点，从顾客需求出发，通过有意识地发现、甄别、培养、创造和传递某种价值观念，以满足消费者深层次需求，并达成企业经营目标的一种促销方式。

8.2.5.1　借鉴文化因素

餐饮企业应该努力寻找产品、服务、品牌与中国文化的衔接点，增加品牌的附加价值，在企业促销活动中借鉴各类文化因素，有效地丰富餐饮企业的内涵。

（1）深挖历史和民俗　深入挖掘各个历史朝代的饮食文化精神，吸取民族原生态的饮食文化习俗，从形式到内核进行总结和提炼，保留原汁原味或改良创新。通过就餐环境的装潢设计、服务人员的言谈举止、菜品的选料加工、相关文化节目的现场表演等一系列促销手段给顾客带来难忘的消费体验。

北京的"海碗居"老北京炸酱面馆就是将地方传统文化与餐饮经营有效融合的典型例子。带着浓重北京腔的吆喝声，身着对襟衣衫、脚蹬圆口黑布鞋、肩搭手巾把儿的小伙计，大理石的八仙桌，红漆实木的长条凳，京腔京韵的北京琴书，地道的北京风味小吃，每一个元素无不映衬出古朴的京味儿文化。在此就餐不仅仅是品尝北京的地方菜品，更重要的是体验北京的地方文化氛围。

（2）迎合时尚因素　追求时髦是许多现代年轻人的重要心理需求，在餐饮服务中加入时尚的文化元素往往能够调动起人们的消费欲望。个性、新奇性和娱乐性成为很多现代餐饮企业着力打造的卖点。以各种文化娱乐元素为主题、装潢别致的小型餐厅层出不

穷，为满足现代年轻人个性化需求的诸如生日包厢、情侣茶座等特色服务项目屡见不鲜。迎合都市时尚生活方式的各式各样的文化促销给传统的餐饮行业注入了新鲜的活力。

8.2.5.2　塑造优秀企业文化

餐饮企业品牌文化促销，需要构建自己的企业文化。现在许多餐饮企业都有自己的企业文化。餐饮企业是服务型企业，比起其他的生产型企业来讲，更多的是通过员工的服务来完成产品（菜品）的销售。那么，企业文化的建设对于餐饮企业来讲，有着更为重要的作用。

（1）树立"真、善、美"文化价值取向　餐饮企业可以制作一本企业文化手册，从而明确定位企业文化。以下列举一些知名餐饮企业的企业文化。

（2）注重员工文化培训，实行全员文化促销　企业文化建设得好，员工素质自然会提高。因此，在企业培训活动中加强对企业文化的培训，让优秀的企业文化深深植入员工的心中，体现在员工的行动上，使每一名员工都成为文化的主动实践者、文化的自觉变革者和文化的积极传播者。通过员工这个外界了解企业的"窗口"，传播良好的企业品牌形象，直接影响消费者对餐饮企业的评价和定位。

8.2.5.3　出版物促销

宣传餐饮企业的小册子，其内容包括餐饮企业的位置、电话号码、预订方法、餐饮企业容量、服务时间及方式、菜肴品种特色、娱乐活动，以及餐饮企业的菜单、酒水、饮料单等。

8.3　餐饮企业网络营销

8.3.1　餐饮店网站营销

餐饮店网站建设适用于大型连锁餐饮店，网站可提供菜品介绍、会员招募、网络调研、顾客网络体验、网络订餐等内容。

餐饮店网站是综合性的网络营销工具，传统企业网站以企业及其产品为核心，重在介绍企业及其产品，新型网站以顾客为核心，处处围绕顾客进行设计，尤其是餐饮店自身与顾客联系就非常密切，网站更要体现其服务特性和顾客导向性。

8.3.1.1　餐饮店自己建设网站

大型连锁餐饮店网站建设一般都是由营销部负责。营销部会设有专门的网站编辑部来负责企业网站网页设计、网站内容更新等。餐饮店管理者要随时对其相关工作进行跟踪，保证网站质量。

8.3.1.2　与专业网站制作公司合作

餐饮店也可以与专业网站制作公司合作，请其负责网站建设。当然，一定要选择资质较好的网站制作公司，在合作时餐饮店一定要与其签订网站建设合同，保证双方合法权益。

8.3.2　搜索引擎营销

搜索引擎（Search Engines）是对互联网上的信息资源进行搜集整理，然后供人查询的系统，它包括信息搜集、信息整理和用户查询三部分。

搜索引擎是一个为人们提供信息"检索"服务的网站，它使用某些程序把互联网上的所有信息归类，以帮助人们在茫茫网海中搜寻到所需要的信息。

研究显示，越来越多的搜索使用者会在搜索结果页面的第一页点击进入相关信息，而会继续浏览到第三页以后的只有10%，即当餐饮店的序列排在相关搜索的第四页时，最多只会接触到搜索人群的10%。

客必乐（中国）餐饮有限公司是一个以营养快餐为特色的全国连锁企业，餐饮店秉承"营养、美味、时尚"的经营理念和坚持"举营养旗、打品牌战、走连锁路、做环保餐"的指导思想，成功稳步发展连锁餐厅。

客必乐根植于黄土高原黄土风情文化，秉承黄土高原人稳重、实在、厚朴的民风，自尊、强悍、豪放的气质，潜心挖掘研发做工精细、营养丰富、强身健体、适合国人口味和营养的快餐食品。

通过近3年的搜索推广投放实践，其总结出以下几点经验。

（1）根据客户的使用习惯选择一些搜索引擎平台进行推广。

（2）为了覆盖更多的客户群体，根据客户的特点设置相应的关键词，比如会专门投放一些"创业""在线创业""创业项目"等关键词，既投放行业性广泛的关键词，也投放一些精准度比较高的关键词。

（3）在广告语方面，抓住客户的需求，重点突出优势：中国特许经营连锁百强企业。

8.3.3　微博营销

微博，即微型博客（MicroBlog）的简称，是一个基于用户关系的信息分享、传播以及获取平台，用户可以通过Web、Wap以及各种客户端组建个人社区，以140个汉字左右的文字更新信息，并实现即时分享。

8.3.3.1　微博的神奇力量

想知道一个微博所具有的神奇力量吗？请看图8-10，其中数字代表的是人数。

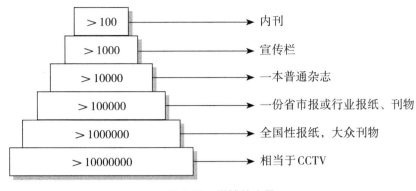

图 8-10　微博的力量

8.3.3.2　国内四大主流微博

现在国内有四大主流微博：新浪微博、腾讯微博、搜狐微博、网易微博。

（1）新浪微博　2009 年 8 月 14 日新浪微博开始内测，9 月 25 日，正式添加了 @ 功能以及私信功能，除此之外还提供"评论"和"转发"功能，供用户交流。

新浪微博采用了与新浪博客一样的推广策略，即邀请明星和名人加入开设微型博客，并对他们进行实名认证，认证后的用户在用户名后会加上一个字母"V"，以示与普通用户的区别，同时可避免冒充名人微博的行为，但微博功能和普通用户是相同的。

（2）腾讯微博　腾讯微博限制字数为 140 个汉字，有"私信"功能，支持网页、客户端、手机平台，支持对话和转播，并具备图片上传和视频分享等功能。与大多数国内微博相同，转发内容独立限制在 140 个汉字以内，采取类似于 Twitter 一样的回复类型 @。所不同的是随心微博，字数限制为 333 个汉字。此外，腾讯微博更加鼓励用户自建话题，在用户搜索上可直接对账号进行查询。

（3）搜狐微博　搜狐微博在其"使用帮助"中显示，没有设置字数限制，只是强调"一句话博客"。搜狐微博与博客、视频、相册、圈子等整合，用户在微博页面可以直达这些产品。此外，搜狐微博强调"围观"的概念，即用户在微博的点击操作次数。

（4）网易微博　网易微博定位为简单的分享。网易微博是继承了 Twitter 的简约风格，无论是从色彩布局，还是整体设计上，都可以找到 Twitter 的感觉。交流上网易微博摒弃了新浪微博回复提醒的烦琐功能。

8.3.3.3　餐饮企业微博促销

直到如今人们用微博都是一种时尚，在公交广告上可以看到"来搜狐微博看我"之类的广告。因此，微博自己本身也在做广告促销。利用微博来进行餐饮企业的促销，可以说是节省了一定的促销成本。

餐饮企业微博内容撰写，需要根据顾客需求来量身定制，一般包括产品介绍、新品上市、促销活动、食客互动和品牌宣传。

餐饮服务是高接触度服务，多数服务都需要消费者到达现场，提高店面和消费者之间的互动，并通过微博进行直播，将使用户消费的过程变得更加有趣，如通过手机微博当场成为本店粉丝，可赠送面巾纸一包；餐后参与微博点评，可获得代金券一张；微博提前预订餐位，可获得特价菜一份等。

诸如此类的参与和互动，都可以随时随地展开，通过微博直播进行充分互动。餐饮企业在使用微博促销时，让粉丝通过微博了解员工的生活和餐饮知识，会比简单发广告的效果更好。

8.3.3.4 利用微博订餐促销

微博订餐、送餐上门、微博互动，让顾客在享受方便的同时品尝到了特色美食。

> 某私房小龙虾率先在某市采取微博订餐，在短短的一个月内微博粉丝已经激增至1700余名，在人气大增的同时也收到了不错的经济效益。"方便快捷的微博订餐、周到细致的送餐服务、新颖有趣的微博互动是我们最大的卖点。"谈起如今的经营状况，老板乐开了花。"开业两个月来，我家的小龙虾供不应求，每天下午五六点就全部预订完毕，每逢节假日更是到下午三四点就被抢购一空了。"

8.3.4 病毒式营销

病毒式营销是一种常用的网络营销方法，常用于进行网站推广、品牌推广等，病毒性营销利用的是用户口碑传播的原理。在互联网上，这种"口碑传播"更为方便，可以像病毒一样迅速蔓延，因此成为一种高效的信息传播方式。

> 在美国，有一家叫Flying Pie的比萨小店，店主人有一家网站，很乱很不好看，大大小小花色的字体，让人完全不知道该如何使用。然而却推出了一套很有趣的线上行销方案，而且已经默默地推行了好几年，让城里的每个人都知道了这家小店。
>
> Flying Pie这个成功的线上行销方案叫It's Your Day。店主人每周都会在网站上写出一个人的名字，在比萨店不忙的时候，邀请这些人来比萨店免费制作一份10寸的比萨。例如5月16日是Ross，5月19日则是Joey，5月20日是Tamarra。每天邀请5位叫这个名字的幸运市民，在当天下午2~4点或晚上8~10点这两个比萨店比较空闲的时段，来Flying Pie的厨房，免费制作他们的10寸比萨。
>
> 当然，每一个来的人都必须带上身份证，证明自己真的叫这个名字。Flying Pie还要求他们和自己制作好的比萨合影，并传到网上。

> 按照此行销方案，在Flying Pie的网站上，每周都要公布新一周的名字，并提醒大家常回来看看。如果你看到你朋友的名字，请告诉他，然后叫他过来!
>
> 一个名叫Kendra的顾客介绍，当初她知道Flying Pie就是她的老板告诉她的。她的老板每周都会上一次这个网站，只因为他喜欢Flying Pie上的"合影"，认为它们很好笑。有天老板就告诉她，Kendra日来了，赶快去吧! 那么，新的名字是怎么选的呢? 是Flying Pie乱选的吗? 不，Flying Pie会请每个来参加过的人提供名字，并且投票，会把这个票数当参考决定下一周的幸运名字。
>
> 这样的做法是希望这些参加者想想他们还有哪些朋友会过来，甚至让参加者"回报"当初介绍他来参加的那个看到网站的人……
>
> 就这样，Flying Pie所在的城市，不知有多少市民在不知不觉中成为网站的义务宣传员!实际上，看起来Flying Pie每天只让5个人来参加免费比萨活动，其实大家都忙，真来的不多；就算这些人不来，也并不妨碍这些人四处传播消息。

这是一个很好的利用网络进行口碑营销的案例，但与一般的口碑营销又不一样。Flying Pie采取的是两段式的强迫口碑营销，第一段是一个同事或朋友告诉你，你的名字在上面，你就过来了。一般的网络口碑营销，可能这样就中断了。但接下来，为了回报店主，免费制作比萨的顾客需要出卖一位自己身边的朋友，向店主人提供一个名字。这样一来，店主人就很轻松地保证Flying Pie在营销过程中二次传播的可能。

这样一来，这个传播的族群会继续地往外连接。如果一年内Flying Pie靠这套行销手法得来1万名新客户，可以说，这些新客户彼此之间是像肉粽一样地串在一起的，一个一个连下去。

8.3.5　团购营销

团购网站是近年来出现的新兴网站类型，餐饮店利用团购网站的团购活动可以在短时间内聚集人气，特别适用于新开张或急需打开市场的餐饮店。

团购就是团体购物，指的是消费者联合起来，来加大与商家谈判的能力，以求得最优惠价格的一种购物方式。根据薄利多销、量大价优的原理，商家可以给出低于零售价格的团购折扣和单独购买得不到的优质服务。

据了解，目前网络团购的主力军是年龄在25～35岁的年轻群体，在北京、上海、深圳等大城市十分普遍。

8.3.5.1　主要团购网站

目前，国内主要团购网站包括聚划算、拉手网、糯米网、窝窝团、美团网、58团购、赶集团购、24券等。图8-11对几个主要团购网站进行简单介绍。

聚划算

　　淘宝聚划算是由淘宝网官方开发的平台，并由淘宝官方组织的一种线上团购活动形式。淘宝聚划算网是阿里巴巴集团旗下的团购网站。2011年10月20日，阿里巴巴集团将聚划算拆分，聚划算以公司化的形式独立运营

拉手网

　　拉手网，于2010年3月18日成立，是中国内地最大团购网站之一，开通服务城市超过400座，2010年交易额接近10亿元。拉手网每天推出一款超低价精品团购，使参加团购的用户以极具诱惑力的折扣价格享受优质服务

美团网

　　美团网是于2010年3月4日成立的团购网站。美团网：每天团购一次，为消费者发现最值得信赖的商家，让消费者享受超低折扣的优质服务。每天一单团购，为商家找到最合适的消费者，给商家提供最大收益的互联网推广

58团购

　　中国最大的本地促销服务商58同城旗下团购网站。58团购成立于2010年6月6日，背靠58同城，占有地域性先天优势，分布全国一线城市：北京、上海、广州、深圳以及其他二三线城市，形成地域性、服务性全覆盖

图 8-11　主要团购网站

8.3.5.2　餐饮企业团购促销时机

　　餐饮企业为何选择团购促销方式，什么类型的餐饮企业适宜团购促销模式，餐饮企业在什么情况下采取团购促销方式，对此可以归纳为图8-12所示的几点。

新开张餐饮企业可以采取网络团购促销模式吸引客源、聚集人气，同时达到广告宣传效果

快餐型餐饮企业适宜网络团购，比如火锅、烧烤、面食等。快餐店操作流程相对简单，易于控制，适于薄利多销型促销方式

网络团购适宜做套餐，便于操作、管理、核算

在竞争激烈的餐饮商圈，餐饮企业可以选择网络团购的促销方式应对激烈的竞争，聚拢人气

选址闭塞的餐饮企业适宜采取团购方式，吸引客源，同时也是一种广告宣传

 餐饮企业由原来的地址搬到另一个新地方，来不及告知老顾客

图 8-12　餐饮企业团购促销时机

　　××饭店经理小刘至今对一次团购活动记忆犹新，"那时候，饭店刚搬到了一个新地方，很多老顾客都不知道，原来的联络方式也不能马上切换更改，于是就想到在网络上征集团购消费者，一来可以短时间内迅速聚拢人气，二来也节约了一定的广告支出"。结果，在某团购网站刚挂出3.89折团购信息，一下就引来了网友和饭店粉丝们的热捧。在没做其他任何宣传配合的情况下，从早上8:30到晚上8:30，就卖出了两千多份套餐。最终，由于合作网站的支付宝（微博）出现"堵车"，才不得不叫停活动。

8.3.5.3　餐饮团购促销准备事项

餐饮企业进行团购促销，需要做好各项准备工作，主要包括图8-13所示的四项。

 明确团购目的。餐饮团购目的不一，有的为了吸引客源，让利促销；有的为了薄利多销，赚取更多的利润；有的亏本促销，求的是广告效应。餐饮企业一定要根据促销目的和自身接待能力，制定相应的促销方案，制定促销产品种类、价格及人数限额等

 寻找合适的团购网站。选择团购网站要考虑其品牌信誉度、其餐饮团购的经验值、团购网站定位是否与餐饮企业契合，其合作方式和分利模式，团购网站为餐饮企业提供支持服务等

 根据自身接待能力进行团购消费筹备工作，包括每日接待人数分流、服务人员培训、团购餐品备料、预订集中应急方案等

 团购销售结束后，登录团购商家后台，查询订单情况，关注团购券使用情况。在团购用户到店用餐时关注食客意见反馈，达到利润和口碑双赢，争取更多的回头客和新客源

图 8-13　餐饮团购促销准备事项

8.3.5.4　团购合作方式

团购主要有两种：一是团购网主动出击，寻找有团购需求的商家；二是商家找到相

应的团购网提出团购申请。以下主要介绍商家提供团购的流程，如图8-14所示。

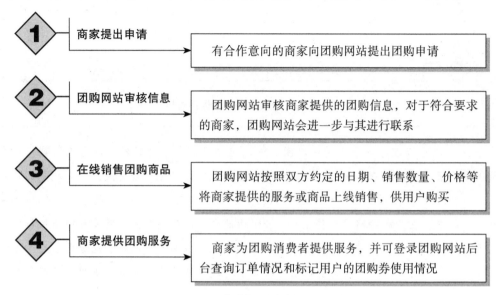

图 8-14　商家提供团购的流程

8.3.5.5　签订团购合同

餐饮企业在与团购网站合作时，一定要签订合同，以保护双方的合法权益。

8.3.6　电子优惠券

电子优惠券是餐饮店在互联网上以电子文本和图片形式存在的一种打折优惠信息或优惠券。电子优惠券既省去了商家印刷和发送传统优惠券的成本，又方便了消费者的使用，因而这种新兴的网络营销模式已经成为众多网络促销手段中最受欢迎的方式之一。

餐饮店开展电子优惠券营销，有几种方式可以借鉴，如图8-15所示。

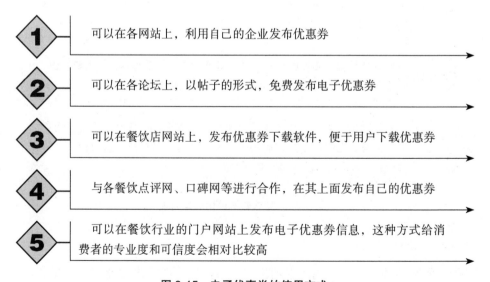

图 8-15　电子优惠券的使用方式

8.3.7　网上订餐外卖

开展外送业务的餐饮店，可以进行网上订餐。网上订餐可以使用图8-16所示的两种方式。

 餐饮店建立自己的网络订餐平台，自己实现网络订餐功能。这适用于大型连锁餐饮店的大规模大范围订餐服务和小型餐饮店的小范围订餐服务。目前肯德基、麦当劳、永和豆浆、海底捞等都提供网络订餐

 可以利用一些综合订餐平台提供订餐服务，企业可以利用相应平台增加销售渠道

图 8-16　网上订餐的方式

8.3.8　网上点餐

网上点餐就是顾客通过互联网在线选择餐厅、点餐、选座和支付，随后到店完成消费的过程。随着有些餐饮网上交易平台的上线，现在顾客能以最直接的方式找到餐厅，不用进入实体店面就可以看到餐厅优美的环境和让人垂涎欲滴的美食，并在第一时间获得各种优惠、打折和促销信息。

当然，现在也有许多专门的第三方点菜订餐网站，如点菜单网、吃点网（上海）、随点外卖（深圳）等。

8.3.8.1　网上点餐形式

网上点餐的出现，改变了传统的餐饮消费模式，用户通过互联网在线选择餐厅、点餐，不必再去餐厅点了。现在互联网上的"网上点餐"形式，主要分为三种形式，具体如图8-17所示。

 菜品展示型

　用户可以在网上的点餐页面看到一系列菜品的展示，选择自己想吃的菜，加入菜单，然后通过手机短信下载这些菜单，或者打印出来，拿到餐厅再行点餐

 菜品预订型，不预留座席

（1）用户通过网上选择自己喜欢的菜品，加入菜单，然后留下自己的联系方式和用餐信息，订单成功提交后，餐厅客服将（在营业时间内）安排回复此次订餐

（2）不预留座位，若到达餐厅时已无座位，只能进行排号候位

图 8-17

网上点餐、选座、支付一体化

（1）用户通过餐厅的网上餐厅进行网上点餐（传统点餐、地图点餐、自动配餐），选择自己喜欢的菜，加入菜单

（2）选择自己喜欢的座席，填写就餐信息（到店时间、就餐联系人、是否需要发票等）

（3）网上进行支付，完成支付后，系统会发送就餐号到用户的手机，餐厅自动接单，提前准备，用户在就餐当日到达餐厅，只需出示就餐号，即可以坐下就餐

图 8-17　网上点餐形式

8.3.8.2　网上点餐优点

网上点餐具有以下优点。

（1）网站提供丰富的餐厅资源供用户详尽地查找与比较餐厅、美食、价格、折扣率等信息，并方便快捷地在线完成点餐、选座和支付。

（2）客人到店就可以就餐，免除了现场等位、点餐、等菜、支付的烦恼，极大地节省了就餐时间。

（3）客人可以提前多天下单，自由选择到店时间（精确到几点几分），就餐时间更加灵活。

（4）对于差旅人士，可以全面掌握当地美食信息，并有详细的地图功能，指引如何步行、驾车或乘坐公交到达，轻松地体验异地美食。

（5）对于公司团体用户，可以统一管理与结算商务餐费，便于有效控制开支，封堵财务漏洞。

8.4　餐饮企业跨界促销

所谓"跨界促销"，就是餐饮企业与其他企业合作，利用合作企业客户资源，实现双赢，因此也可以说是广告促销的一种新形式。

8.4.1　与银行捆绑合作促销

现在，许多餐饮企业都会选择与银行合作，成为银行优惠商户，持卡人到优惠餐饮商户消费即可享受相应的折扣或优惠。不管是银行为低折扣企业贴现，还是众多餐饮企业纷纷加盟银行信用卡促销，归根结底，银行和餐饮企业赚的都是人气，可以说是共享双方客户资源。

银行和餐饮企业悄悄地为折扣埋单，对消费者来说是一次实惠。对餐饮企业和银行来说，则是长期实惠，可以实现长期和反复消费以及增加客户数量。因此，许多餐饮企

业纷纷与不同银行建立"捆绑"关系,以此来吸引众多的持卡人。如外婆家餐饮,就同时与中国银行、广发银行、中信银行、招行等近10家银行合作。在此,以招商银行信用卡为例进行简要介绍,其在深圳地区餐饮优惠商户就已达到500多家,根据餐饮商家类别、所属商圈进行分类,设置了优惠券下载专区、商户列表(商户基本信息)。

8.4.1.1 如何选择合适的银行合作

既然成为银行特惠商户有利于餐饮企业的发展,那么如何选择合适的银行呢?目前中国市面上有中央银行、国有独资商业银行、政策性银行、股份制银行、城市商业银行、农村商业银行、外资银行等众多银行。

餐饮企业可以对自己的消费群体进行划分,找出主要的消费群体,然后查找银行主要客户,从而找到与自己企业客户群体大致相同的银行合作。一般在银行官网或特惠商户服务建议书上都会有其持卡人相关的资料介绍。

8.4.1.2 银行对特惠商户的要求

当然,银行也会对特惠商户有一定的要求,并不是所有的企业都可以成为其特惠商户。如某家银行特惠商户营销指引中要求"以排名靠前及和特色商户为主,以点带面,全面发展"。

8.4.2 与商场超市合作促销

餐饮企业如果与商场超市合作,可以借用商场超市促销。如将餐饮企业免费优惠券放在收银台处,由顾客自己随便拿取,在超市消费满一定金额即送代金券等。

8.4.3 与电影院合作促销

吃饭、看电影往往是人们休闲娱乐的主要方式,吃完饭到电影院看电影,无疑是一个好的选择。因此,餐饮企业可以选择与附近电影院合作,消费满一定金额即送电影票一张。

8.4.4 与饮料企业合作促销

餐厅与饮料有什么共通之处,其合作对于餐饮企业促销有何好处?显而易见,这两种类型的企业都属于"吃"的范畴。在超市购物买完饮料,刚好可以去餐厅吃个晚餐,何况还有优惠呢?这对于消费者可是具有一定吸引力的。

> 某市,可口可乐联合餐饮商家搞促销活动,在超市购买一瓶饮料,就能获赠一张消费券,凭此券到相应餐厅消费,可享受指定菜品4～5折的优惠价。
>
> 此次促销的是可口可乐旗下的一款饮料,并不是新品。与其"联姻"的是两家连锁餐饮企业竹林人家、涌上外婆桥。根据促销规则,消费者购买一瓶饮料,即可获得一张消费券,到相应餐厅就餐时,凭券可享受指定菜式的特惠价。

对于可口可乐和餐厅，这次活动起到了互惠互利的作用。该餐厅是可口可乐公司的长期客户，双方常有合作。对于餐厅借助可口可乐的促销渠道，可以提高餐厅的知名度，贴进去的食材成本，相当于付了广告费。

8.4.5　打破地点限制促销

在传统概念中，餐厅一定要开在中心区、美食街、社区等众多人流量大的地方。将餐厅开在加油站附近，想必马上就会想到肯德基的汽车餐厅。不错，肯德基的这种打破地点限制的促销方式，无非让其又赢得了一大批司机成为其忠实的顾客。

> 2011年11月，肯德基的东家——百胜餐饮集团中国事业部（简称百胜）与中石化携手，百胜旗下的肯德基、必胜客、东方既白餐厅等餐饮品牌将全面入驻中石化全国加油站。目前仅中石化在全国拥有的加油站一项，就多达3万余座，双方合作潜力巨大，而这对提升百胜各餐饮品牌在华覆盖水平的意义不言而喻。
>
> 肯德基餐厅与中国石化加油站合作开设肯德基汽车餐厅，这样的便利服务，让司机不用下车就立刻体验到肯德基快餐服务，不仅为加油站的销售打开了另一条渠道，也为肯德基在消费者心中建立了便捷服务快餐品牌的良好认知。

8.4.6　与互动游戏企业合作促销

在介绍之前，先来看一个案例。

> 2010年，小尾羊餐饮连锁股份有限公司与国内领先的互动游戏企业——麒麟游戏在包头市达成战略合作协议，宣告中国实体餐饮与虚拟网游首次展开异业合作，双方将在麒麟游戏全新网游大作《成吉思汗2》中展开系列合作，预计于2010年下半年启动。
>
> 小尾羊携手麒麟公司，率先在双方终端开启异业合作，不仅可以增加小尾羊市场的竞争力，更将提供广阔的发展空间。麒麟游戏拥有庞大的年轻用户，合作将扩大小尾羊的受众群体与消费量，而双方品牌的叠加效应会创造出更多的经济效益和社会效益。
>
> 与知名餐饮品牌小尾羊合作，将麒麟游戏产品直接植入到小尾羊旗下欢乐牧场、元至一品、吉骨小馆等子品牌的广大饮食用户群体中，不仅为小尾羊消费者提供到吃与娱乐并行的双重实惠，也是麒麟游戏推广创新模式的首次试水。

对于餐饮企业而言，从这个案例不难看出这是一种新的跨界促销方式，完全颠覆了传统意义上的促销，无疑这是一个很好的尝试。当然，餐饮企业同样需要寻找到与其消费群体大致相同的互动游戏企业。

8.4.7　与电器卖场合作促销

逛完卖场，直接进餐厅，品尝肯德基、必胜客、小肥羊等品牌，体验购物、餐饮、休闲一站式服务，实现苏宁消费者与百胜消费者的无缝对接，已不再是梦想。

2012，美国餐饮巨头百胜与中国3C家电连锁零售业的巨头苏宁，宣布缔结全国性战略联盟，联手打造"购物——餐饮生活圈"的新型商业模式。

根据协议，百胜将在苏宁遍布全国的商业物业内开设肯德基、必胜客、必胜宅急送、东方既白和小肥羊等品牌餐厅，并制定了未来5年开设150家的战略目标。

百胜旗下品牌入驻苏宁商业物业，使消费者购物之余，足不出"卖场"，便能享受便利的餐饮服务，提升购物体验。对于百胜而言，苏宁对其最大的吸引力在于其数量庞大的卖场店面和消费者流量。

一个是3C家电连锁零售业的巨头，一个是餐饮巨头，两大看似关联性不大的巨头此番跨界合作有着一条互惠互利的利益纽带。

8.5　假日促销

由于中国人的节日越来越多，使得营销活动的力度也越来越大，加之外国的节日也融入了中国人的日常生活，比如情人节、母亲节、父亲节、圣诞节等，再加上三八节、五一节、端午节、中秋节、国庆节、春节……还有护士节、教师节等，可谓"节连不断"，利用这些特殊假日进行营销活动自然是花样满天飞。

8.5.1　全年促销节日

全年促销节日一览表将主要节日的时间及季节都明确地分列出来，可以通过该表详细地掌握一年中每一季度的各种节日的具体时间，如表8-3所示。

表8-3　全年促销节日时间一览表

序号	季节	节日	月份
1	春季	正月初一（春节） 正月十五（元宵节） 2月14日（情人节） 3月8日（国际劳动妇女节） 3月15日（消费者权益日）	二、三、四月份
2	夏季	5月1日（国际劳动节） 5月4日（中国青年节） 5月12日（国际护士节） 5月第二个星期日（母亲节） 6月1日（国际儿童节）	五、六、七月份

序号	季节	节日	月份
2	夏季	6月第三个星期日（父亲节） 五月初五（端午节） 7月1日（香港回归纪念日） 8月1日（中国人民解放军建军节）	五、六、七月份
3	秋季	七月初七（七夕情人节） 9月10日（中国教师节） 八月十五（中秋节） 10月1日（国庆节） 九月初九（重阳节）	八、九、十月份
4	冬季	12月20日（澳门回归纪念日） 12月24日（平安夜） 12月25日（圣诞节） 1月1日（元旦）	十一、十二、一月份

8.5.2 春节年夜饭营销

近年来，已有许多家庭不愿让终年忙碌的母亲连过年都不得空闲，所以选择到餐厅享受精致美味又省时省力的年夜饭。鉴于除夕夜外食人口激增，可大力推行除夕年夜饭专案的促销活动，以各式烹调美味的时令佳肴与象征好彩头的菜肴名称，营造出除夕夜年夜饭欢乐温馨的气氛。

另外，在过年期间，以餐厅既有资源从事"外带"的卖餐方式，将菜肴提供给客人外带回家享用，不仅可以满足现代人省时省力又喜欢享受的需求，而且还顺应了除夕夜在家团圆用餐的习俗，不失为促销的好方法之一。

8.5.2.1 文化

宴席是很多人聚餐的一种餐饮方式，是按宴席的要求、规格、档次，程序化的整套菜点，是进行喜庆、团聚、社交、纪念等社会活动的重要手段。

宴席菜点的组合原则有诸多方面：如突出主题、属性和谐、价值相符、荤素搭配、口味鲜明、营养合理等。那么春节宴则要紧紧围绕"年文化""年风俗"来设计，紧扣主题。春节宴会的菜点安排一定要与日常宴会设计有明显区别，以突现节庆、团聚和欢乐气氛。

"年文化"是中国传统民俗文化的一个重要组成部分，根植于每个中国人的意识形态之中，"年文化"包括很多中国的传统习俗。

8.5.2.2 特色

菜品是餐饮企业的灵魂，作为一个成功的餐饮企业，必定有本店的特色菜品作为支撑。结合春节节日特点，研究特色菜品，推出具有本店特色的"年菜"。

如今，城市居民在酒楼、餐厅过年形成一种风尚，而且这种风尚越演越烈。可是有的餐饮企业的菜单已经收到不少批评和抱怨的声音，因此，餐饮企业在制定年夜饭菜单时应注意以下事项，如表8-4所示。

表8-4　制定年夜饭菜单注意事项

序号	注意事项	具体说明
1	名称祥和，标注本名	为烘托过年气氛，可给菜品起一个响亮的名字，最好在后面标注上菜点的本名，或标注所用原料
2	色彩艳丽，富有创意	注重细化、美化，在注重食用性的同时，突出其观赏性和艺术性。如艺术菜、化色菜、盛器选用、点缀装饰手段等
3	精选菜点，突出特色	（1）从菜品原料、营养、口味、色彩等方面要有区别于其他店出品的特点 （2）菜品在本店点击率高，是菜单中的亮点，是品牌菜，春节菜单组合，首先选择本店的特色菜，然后加上部分创新菜、时令菜
4	经济实惠，突出美味	注重五味平和，喜闻乐见，所有菜点均应做到"甘而不浓，酸而不醋，咸而不减，辛而不烈"
5	营养平衡，返璞归真	将现代厨艺风格、水平融入其中，做到土菜不俗，粗粮细做，体现中国菜点色、香、味、意、形、养的完美

8.5.2.3　环境

如今人们外出就餐，所追求的是一个愉悦完整的过程，"吃"只是一部分，服务和用餐环境也是重要的组成部分。

（1）年环境　"年环境"是指餐厅春节期间布置，可根据当地人们的喜好、风俗布置，以洋溢出人们过新年的喜悦心情。如张贴年画、挂灯笼、贴春联、餐厅挂一些特色鲜明的饰品等，来布置出新年气氛，服务人员根据春节习俗调整一下服饰也能对整体环境起到烘托的作用。

（2）软环境　软环境，指的是服务人员的态度、服务水准。服务人员精神饱满地给顾客送去新年祝福，以自己的精神面貌给顾客来带吉祥喜庆的团圆气氛。可以策划一些抽奖活动、歌舞表演等项目，更会使餐厅锦上添花。

8.5.2.4　宣传

如今，春节年夜饭预订启动得越来越早，一些餐厅在上一年的10月份就开始接受预订，有的甚至在吃去年年夜饭时就把今年的年夜饭订下来了。

8.5.2.5　服务

对于餐饮企业来说，春节是一个巨大的市场。现在城市居民除了外出就餐增多以外，对于食品半成品、卤酱年货等需求量也在不断增加，一些高收入家庭，让厨师、服务员带原料上门服务的需求不断扩大。

8.5.3　五一及母亲节促销

每年五月的第二个星期天是母亲节，因此五一及母亲节相距很近。餐饮企业可以将五一与母亲节一起进行促销。五一及母亲节餐饮促销的客源定位很重要，要彻底分析客源市场状况。

母亲节，很多人不知道怎样犒劳自己辛苦的母亲；如果餐厅能迎合顾客需求，能帮助顾客在母亲节表达自己对母亲的爱，相信会有很多的顾客愿意带母亲来餐厅过母亲节。

8.5.4　儿童节促销

如今，随着生活水平的提高，加之大多数家庭都只有一个孩子，所以父母对于孩子的节日会越来越重视。因此，可以针对儿童节制定促销方案。

小朋友都喜欢热闹，所以对于儿童节的促销不能仅仅局限于宴会，需要举办各式各样的活动，提高儿童的参与性。

8.5.5　父亲节促销

每年6月的第三个星期天是父亲节，可利用当天中午和晚上做全家福自助餐或全家福桌菜来进行销售。

除了节日当天的宴会专案外，为吸引客人提前到餐厅消费，可以采用"消费满一定金额即赠送餐饮礼券"的促销方式，这样便可增加客人来店次数。

在父亲节来临之际，餐饮企业应该从产品、环境、人员、方式方面着手做好促销活动，如图8-18所示。

餐饮产品

餐饮产品是根据产品针对的消费群体、消费目标、消费价值、消费周转期、消费习惯等来确定的。父亲节促销，消费群体自然是父亲及连带个体。父亲节的餐饮产品装扮，如父亲节套餐，针对不同年龄段的父亲制定健康宴，就是对产品包装，但具体细节还要根据自身的实际条件来做促销产品

环境

环境对于促销有着一定的暗示和刺激作用，尤其对于餐饮企业来说，更是如此。在布置或选择促销环境的时候，要着重显示父亲节的文化背景及内涵，可以大大缩小与消费者购买时的亲近接触，达到完美效果

人员

　　这里主要指的是亲和力，也就是服务态度的装扮。对于如何装扮人员，需要对人员有明确的要求，一是要规范使用标准，如亲和力相关礼仪与必要的辅助目标；二是构建系统的产品促销规程，注重对区域文化的建设性提炼；三是促进产品与消费者、产品与环境、产品与服务等多种态度的有机利用；四是为自己找寻最佳的服务标准，量身定做是合理的促销要求

方式多样

　　在父亲节可以采用如父亲节特色套餐；家庭就餐，免掉父亲的单；家庭就餐，赠送全家福（也可以是其他的联合方式）；现场DIY为父亲献厨艺等方式

图 8-18　父亲节餐饮促销要点

8.5.6　端午节促销

　　餐饮企业要想在众多的竞争者中吸引顾客的目光，就要有自己独特的地方。当然，一般端午节大多是家人朋友聚餐，所以不会是大型的同事宴会，主要是以一两桌的小宴为主。

　　自从端午节定为法定节假日开始，给了大家一次聚会的机会，同时也给餐饮企业一个好的促销机会。餐饮企业可以在端午节期间搞促销、推新菜、亮绝活让人们在短暂的假期享受盛宴。

　　端午节小长假，餐饮企业精心准备创新菜品迎佳节，其中龙舟赛、鱼嬉汨罗、五谷丰登、神龙闹江等创新菜品的"端午宴"，可以增添浓厚的传统文化气氛，令食客耳目一新。

　　某民俗协会为全面展示地方特色小吃，于端午节的当天，在该协会办公地点为游客精心准备了50道地方特色小吃，以供品尝。

　　端午节期间除了推出端午特价菜外，当天来就餐的顾客，每桌可免费品尝粽子，或赠送香袋。在端午节当天还安排了两场别开生面的手艺表演。现场的客人可以一边享受美食，一边在民间艺术家的手把手教授下，亲自感受到艺术的不俗魅力。

　　如今，餐饮企业"端午节"将突出休闲、传统文化、食品安全、低碳、融合的五大促销趋势，具体如图8-19所示。

8.5.7　七夕情人节促销

　　七夕情人节是中国人的情人节。七夕情人节已经被各界商家或媒体宣传得越来越隆重。因此，作为餐饮企业，当然也要做好七夕情人节的促销工作。

休闲

　　随着休闲餐饮和节日的结合，上班族或选择路程较短的小城市，或在城市周边小住，品尝城市间的美味佳肴。农家乐、乡村游、采摘、垂钓等多种形式于一体的餐饮业态形式得到发展

 传统文化

　　餐饮企业在端午节促销中可以突出民族文化特色，只要精心设计，认真加以挖掘，就能制作出一系列富有诗情画意的菜点，以借机推广促销。在店内餐饮促销中，使用各种宣传品、印刷品和小礼品、店内广告进行促销是必不可少的

 食品安全

　　端午节期间黄鳝、黄鱼、黄瓜、蛋黄（咸鸭蛋）及黄酒等"五黄"食品需求量会显著增加。为避免因食用时令食品而发生的食品安全问题，应该在采购、加工、烹调、出售等各个环节控制好食品卫生，严把食品质量关

 低碳美食

　　在加大膳食平衡、低碳环保理念的宣传方面，加强素食研发创新，积极开展鼓励素食消费的有关活动；通过图片、影像等资料介绍平衡膳食、低碳生活的知识，强化饮食健康和环境保护意识。培养消费者合理科学饮食习惯，倡导"均衡饮食、重质适量、剩菜打包、减少垃圾"的意识

 多元化发展

　　端午节并不是中国特有的节日，日本、缅甸、越南等国家都有各式各样的粽子。中国和周边国家饮食文化的不断融合，技术交流的频繁将饮食文化推向了一个新的起点

图 8-19　端午节的五大促销趋势

　　七夕，许多餐饮企业纷纷出手，端出"寓意菜"。如全聚德以鸭肉搭配海鲜组合成七夕超值套餐，酒楼根据七夕穿针引线"乞巧"的民俗讲究，推出了包括蒜茸穿心莲、五彩金针菇、湘彩腰果虾球等菜肴在内的七夕乞巧套餐，寓意祈福一年"心灵手巧"，以"巧心""巧手"，在工作和爱情上得偿所愿；男孩子可以此讨得女孩子的欢心，或是表达自己的祝福和期望。有的则名菜讨了个吉祥名，糖溜卷果取名"甜甜蜜蜜"、鲍鱼菜心取名"心心相印"。

8.5.8 中秋节促销

农历八月十五是我国传统的中秋节,也是我国仅次于春节的第二大传统节日。八月十五恰在秋季的中间,故谓之中秋节。我国古历法把处在秋季中间的八月,称谓"仲秋",所以中秋节又叫"仲秋节"。中秋节来临前,结合餐饮店的实际情况和中国传统的民族风俗,开展餐厅销售服务工作,达到经济效益与社会效益的双丰收。

家庭用餐、亲朋好友聚会是中秋节主要客源构成。餐饮店只有抓住了这一部分顾客群体,中秋节餐饮促销活动才算是成功的。

8.5.8.1 提高"文化"内涵

仔细观察会发现多数餐饮企业促销无非是打折赠菜,或是赠送餐券、礼品,这些已经没有多大新意了。餐饮企业要想吸引消费者眼球,必须另寻突破口,利用中秋佳节打一场"文化战"。

餐饮企业在促销时不能再以单纯的概念炒作了,而要做出品牌,如品名宴,就一定要在菜品上下工夫,有条件的餐饮企业可以利用自身优势,将饭桌搬出大厅,搬向庭院、溪边、山脚下,让丝竹声、秋虫声萦耳,让凉风习习拂过,也可推一些有文化内涵的菜品……

8.5.8.2 兼顾特色、价格、创新

现在大部分消费者处在风味特色为主、价格为主、追求新颖的阶段,所以中秋节要兼顾这三大特色,如图8-20所示。

要在菜品特色和风味上下工夫,要探索和推出假日特色菜品与套餐,满足假日促销主体需求。中秋节可以将中秋文化融入到菜品创新中去,挖掘不同地方的中秋特色菜、风味小吃等

在价格上下工夫,根据面对的不同活动的顾客主体,采取相应措施,如中秋蟹宴敞开吃、特价蟹宴等

满足顾客猎奇求知心理,可以在做活动时,设计一些顾客意想不到的事,来满足顾客的心理需求。可以教顾客做月饼、美食DIY、时令美食大闸蟹跟我学等活动

图 8-20 特色价格创新

8.5.8.3 表演活动故事

消费者更加注重餐饮附加价值,开始注重由"吃"到"玩",餐饮企业可以采取两者相结合,迎合消费者心理的做法。具有代表性的中秋节传说,如嫦娥奔月、吴刚伐桂、玉兔捣药等可以转化为情景故事,让顾客参与到其中,体会传统,品味文化。

根据顾客需求，顾客吃着节日味十足的饭菜，看着节日味十足的演出，置身于节日味十足的环境中，做到了既烘托氛围，又宣传了企业自身文化。

8.5.8.4 联合促销策略

联合促销策略，如图8-21所示。

与旅游公司联合促销

（1）与当地一家旅行社达成协议：餐厅顾客跟团旅游，人均一次费用为××元，如有亲属或朋友共同参加旅游，可享受会员价格

（2）顾客如果是商务宴请，当主人把旅游票赠给主宾时，双方都会感觉有面子

（3）如果是家庭宴会，送上一张旅游票会让全家人多了一个旅游项目

联合团购促销

与团购网站联合做促销活动

同城餐厅联合促销

可以联合几家相同档次、不同风味、不同业态的餐厅，进行同价、同折扣优惠活动。选择联合促销餐厅，最好分布在公园、旅游景点附近，方便游客游玩过后用餐

图 8-21　联合促销策略

8.5.9　重阳节促销

餐饮企业要做好重阳节促销，一定要对该节日有一个准确的认识。农历九月九日，为传统的重阳节，《易经》中把"六"定为阴数，把"九"定为阳数，九月九日，日月并阳，两九相重，因此又叫重阳，也叫重九。1989年我国把每年的九月九日定为老人节，传统与现代巧妙地结合，成为尊老、敬老、爱老、助老的老年人的节日。

庆祝重阳节活动，一般包括出游赏景、登高远眺、观赏菊花、遍插茱萸、吃重阳糕、饮菊花酒等活动。餐饮企业可以采取图8-22所示的方式来开展促销。

老人到店就餐享受多重礼遇

重阳节当天，将为到店就餐的老年人提供独享礼遇。有的餐饮企业为60岁以上的老人，以6.6折的价格提供一道传统风味菜；向70岁以上的老人赠送特色甜点小鸭酥。为到店用餐的老人优先安排餐位，赠送店里特制的重阳果，赠送菊花茶和重阳糕

福糕、寿桃、重阳宴提前开订

餐饮企业可以推出适合四五人食用的小型家庭重阳宴，为预订重阳宴的顾客专门准备寿桃。为提前预订重阳节包桌顾客，免费赠送麻婆豆腐1份。重阳节当天，消费满一定金额，还可以获赠重阳饼1份

老人席风味特色各有千秋

餐饮企业要针对老年人的口味和特点，推出不同风味的老年宴席，供顾客选择。老人席常见特色包括年糕、寿桃，注意荤素搭配、膳食营养合理，价格适中。做寿宴顾客，还可获赠店家用"一根面"特制的寿面。所有来品尝的老人席顾客，还可免费品尝豆汁1碗。餐饮企业可将以粗粮细做开发老人席，推动健康消费

图 8-22　重阳节促销方式

8.5.10　国庆节促销

国庆节7天长假是餐饮行业销售的黄金时节，每年国庆节长假餐饮企业都会举办各式各样的促销活动，吸引消费者。餐饮企业促销宣传需要走多样化道路。

8.5.10.1　店面吸引顾客促销

餐饮店要吸引顾客来消费，首先要注意装潢、装饰问题。整洁、整齐、统一标准，力求让顾客有身心愉悦、宾至如归的感觉。

8.5.10.2　兑换积分送菜促销

积分送菜往往是餐饮企业拉拢老顾客所使用的方法，可以根据自己的实际情况自制优惠票、积分卡，消费者每次消费后可免费赠送一张，积累几张可以兑换相应的菜品等。

8.5.10.3　团购体验促销

餐饮企业要善于寻找和开发适合自己的促销方法和工具，并且不断地推陈出新。团购作为以低价形式的体验促销在餐饮行业盛行，虽然存在不少问题，但是还是被众多消费者喜爱。

8.5.10.4　微博口碑促销

微博是促销活动聚集人气的工具之一，可谓是物美价廉。但是微博成败在于整体策划，只要选好了主角，然后让主角在微博舞台上唱戏，听众自然会聚精会神地听戏。

随着微博的火热，企业对微博促销越来越重视，一家餐饮店由餐厅、后厨、采购、人事等很多部门组成。微博宣传成本低、覆盖面广，可以让消费者更深入地了解餐饮店的高度、层次、水平、特点、经营状况和口碑等。

8.5.11　圣诞节促销

12月25日为圣诞节，可在每年的12月15～30日做圣诞晚会促销活动。虽然圣诞节

不是中国的节日，可是随着西方文化的进入，圣诞节也成为了国人最受欢迎的节日。许多餐饮企业也会纷纷锁定节庆用餐潮，各自推出圣诞促销活动。

圣诞节毕竟是外国人的节日，外资企业又喜欢在圣诞节期间举办年终宴会或圣诞晚会宴请员工，此活动大部分都针对外资公司进行促销。至于本土企业，则采用团拜的形式专门宴请员工。由于团拜与圣诞节促销活动时间有冲突，因此团拜期间宴会厅便常出现供不应求的盛况。

餐饮企业在圣诞节期间促销，可以推出圣诞节礼盒、圣诞节套餐、火鸡大餐、经典圣诞节点心等。

8.5.12　元旦节促销

元旦又被称为"新年"，指每年公历的1月1日，是世界大多数国家或地区的法定节日。

元旦的"元"是开始、最初的意思；而"旦"表示太阳刚刚出地平线之际，也就是一日的开始。故"元旦"就是指一年之初、一年的第一天。

餐饮企业可以借助元旦3天假期推出新品，以"辞旧迎新饭"作为重头戏，也可以推出以滋补类、营养保健类菜品作为主打菜，或推出新年海鲜自助大餐，提供乐队伴宴和惊喜新年大礼，在消费的同时还免费享受啤酒、饮料。

第9章

图解精益管理之食品安全

食品安全（Food Safety）是指食品无毒、无害，符合应当有的营养要求，对人体健康不造成任何急性、亚急性或者慢性危害。

9.1 健全从业人员健康管理制度

食品生产人员每年应当进行健康检查，取得健康证明后方可从事接触食品的工作。患有痢疾、伤寒、病毒性肝炎（甲肝、戊肝）等消化道传染病的人员，以及患有活动性肺结核、化脓性或者渗出性皮肤病等有碍食品安全的疾病的人员，不得从事接触直接入口食品的工作。

9.1.1 新进人员健康检查

餐饮企业对新进员工的健康有以下要求。

（1）对于新进人员，要求持有健康证，才可以予以录用。

（2）健康检查中应检查诊断的项目有：经历检查，检查是否有自觉症状与其他症状；检查身高、体重、视力及听力，是否色盲，胸部X光检查，量血压，测定尿中是否有糖尿与蛋白尿；粪便的细菌检查（必要时做寄生虫卵检查）。

9.1.2 定期健康检查

对于在职员工，要做好定期健康检查，便于提早发现问题，解决问题。因为有的带菌者本身并没有疾病症状，所以健康检查有助于早期发现疾病并给予适当的治疗，同时可帮助受检者了解本身的健康状况及变化。定期健康检查每年至少一次。

9.1.3 培养员工的健康意识

餐饮企业要培养员工的健康意识，经常对其进行培训。

（1）保持身体健康，精神饱满，睡眠充足，完成工作而不觉得过度劳累。

（2）如感不适，应及时报告，如呼吸系统的任何不正常情况（感冒、咽喉炎、扁桃体炎、支气管疾病和肺部疾病）；肠疾，如腹泻；报告任何皮肤发疹、生疖等疾病；报告受伤情况，包括被刀或其他利器划破和烧伤等。

（3）当手指割伤或戳伤时，应立即用止血胶带包扎好。

（4）当发生刀伤或烫伤事故时，应立即进行急救。

9.2 采购与储存环节食品安全控制

9.2.1 采购环节的食品安全

餐饮企业的食材采购是保证食品安全的第一关，采购的食品、原料、食品添加剂和食品相关产品不符合安全要求，就难以保证供应到餐桌上的食品是安全的。

9.2.1.1 要问清货物来源

当前食材经营方式多样化，多数食材送货上门，不论采购直接入口的食品还是采购食品原料，必须弄清供货方的名称和地址，查明供货方是否有食品经营许可证。切不可图价格便宜，图省事，随便购进无证食品商贩送来的食品，因为这些食品往往是不合格的。必须向供货方索取食品生产、流通许可证复印件和同批产品的检验合格证或化验单，感官检查合格方可使用，防止购进假冒伪劣食品。索取的各种证明应妥善保存2年，以备查验，一旦发生食源性疾患后可追根溯源。

9.2.1.2 注意食材质量

（1）禁止采购不能出售的食物，如河豚、野生蘑菇、新鲜木耳、新鲜黄花菜、病死或死因不明的禽畜肉、水产品等。

（2）所有采购的粮食、油料、干货等食品的包装要有QS标志。

（3）所有采购畜禽等生鲜食品要索取卫生部门及检验部门颁发的检验检疫证明。

（4）蔬菜购买要索取农药残留证件。

（5）购买豆制品要索取国家质量标准证件。

（6）绝不采购"三无产品"。

9.2.2 验收环节的食品安全

食品在入库或使用前应有专人验收，查验产品包装是否破损、漏气、胀气，商标标识（品名、厂名、产地、生产日期、批号，或者代号、规格、配方，或者主要成分、保质期限、食用或使用方法）是否符合要求，核查所购产品与索取的有效凭证是否一致，并建立台账如实记录食品名称、规格、数量、供货商及其联系方式、进货时间等内容。采购食品应遵循以销定购（用多少定多少）的原则，以保证新鲜和卫生质量，避免不必要的损失。

为确保货物达到质量标准，验收肉类和家禽类的员工应依照采购说明书中的规格对所有到货进行检查，并核实是否有国家相关部门的"检验"标签情况。以下是验货的通常做法。

（1）按照存货目录检查质量、卫生程度和标签说明。

（2）对产品的内部温度和敏感质量进行评估。

（3）对照企业的采购说明书和采购申请单核实进货。

（4）按照质量说明、数量和价格检查供货商的送货发票是否符合要求。

（5）建立严格的验收制度，指定专人负责验收。

（6）当发现有不符合卫生要求的原料时应拒绝接受，并追究采购人员的责任。

9.2.3　储存的食品安全

9.2.3.1　验货后应当马上储存

验货后应当马上储存，并将食品盖起来，否则食品就会干枯或者吸收异味，储存柜上方也有可能落下碎物或其他物品到未加盖的食品中。把冷冻的食品放在原装器皿里，因为原来的器皿一般是保温防蒸发的，常用的食品如面粉、玉米粉、大米等应存放到防锈和防腐蚀的器皿里，并且盖紧盖子，不要使用铁制容器，铁制容器难以清洗消毒和维护。

9.2.3.2　储存环节的食品安全

储存也是一个很重要的环节，具体做法如下。

（1）食品要上架，离地面至少20厘米，离墙面至少6厘米。

（2）注重储存环境的温度和湿度，相对温度、湿度应当符合以下要求。

①干货储存——温度10 ~ 21℃；相对湿度50% ~ 60%。

②冷藏储存——温度5℃或者更低；相对湿度80% ~ 90%。

③冷冻储存——温度-18℃或者更低。

（3）把新的存货清单与老的存货清单放在一起作为先进先出的依据。

（4）严格管理对储存时间和温度都有要求的食品。

（5）对再次冷藏的剩余食品要注上首次储存的日期。

（6）把容易腐烂和可能会坏掉的剩余食品放在深度不超过13厘米的锅里冷藏，然后在24小时之内使用或者扔掉。

（7）保存好存货物品以免交叉感染。

（8）有包装的食品不要存放在可接触到水的地方或冰块上。

（9）有毒的化学制剂（清洁剂、卫生用品以及杀虫剂）应当单独存放于远离食品，而且可以上锁的地方。

（10）扔掉所有已损坏的物品和那些有臭味或已变色的食品。

（11）保留好所有损坏食品的记录，这样可以查找问题的所在和需要完善的不足之处。

（12）在储存期间可使用感官检查（如闻、看、触）存货，管理存货质量。

（13）不要把即将变质的食品和其他食品放在一起。

（14）不要把熟食品放在生食品上。

9.2.4 发货环节的食品安全

要按照最基本的先进先出的原则发货，所以，应该先使用在仓库存放时间最长的货物，而表面损坏或不能使用的物品应让员工确保接到通知之后迅速扔掉！一般按照以下顺序把产品送到仓库。

（1）最易腐烂的产品（冷冻食品）。

（2）较易腐烂的产品（冷藏的食品）。

（3）不易腐烂的产品（干货和非食用物品）。

餐饮管理者要做到有效率地指导完成存货发货，必须经常检查仓库和到存货区域查看，观察存货发货是否按照以上的思路完成。

9.3 加强厨房的卫生管理

9.3.1 厨房应当保持内外环境整洁

厨房室内外环境一般包括天花板、墙壁、门窗和地面等。

9.3.1.1 天花板

厨房天花板除了装饰功能外，更需要关注其卫生管理的问题。

（1）注意日常清洁，主要用吸尘器或扫帚进行清洁，对局部被弄脏，污垢严重的地方，可用湿抹布进行擦拭或把清洁剂喷洒到天花板上，再用抹布擦拭。

（2）使用吸尘器清洗时注意对墙壁上排气口部位的清洁，灰尘较厚的地方及无法用吸尘器除尘的墙角等，可用软刷或干抹布擦拭。

9.3.1.2 墙壁

不同材质的墙壁清洗方法，具体如图9-1所示。

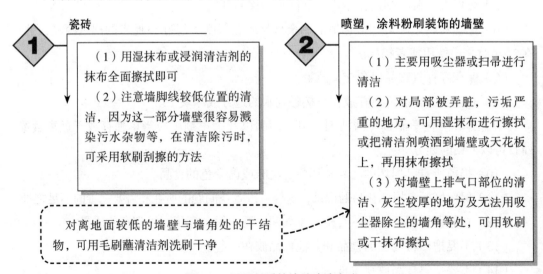

图9-1 不同材质的墙壁清洗方法

9.3.1.3　门窗与防蝇设施

厨房的门窗也是比较容易沾染污物的地方，主要是工作人员领取搬运食材出入频繁，厨房的门主要包括门扇、门框、拉手和防蝇门帘等，具体如表9-1所示。

表9-1　门窗与防蝇设施卫生清洁方法

序号	部位	清洁方法
1	门与门框	（1）粗加工、切配、烹调、餐用具清洗消毒等场所和各类单间的门应采用易清洗、不吸水的坚固材料制作。食品处理区的门应装配严密，与外界直接相通的各类单间的门应能自动关闭 （2）擦拭门框，用浸润过清洁剂溶液的抹布把门框自上而下，从外到内擦拭一遍，再用清水把抹布洗涤干净，按同样顺序把门扇擦拭干净，每次一般用干净的抹布擦拭两遍 （3）对门扇上方的玻璃，分别用湿、干抹布各擦拭一次；对门扇下方的木板，应先用长柄软刷蘸水洗刷一遍，再用干净抹布擦拭干净
2	窗	（1）摘下纱窗后用软毛刷蘸清洁剂溶液洗刷除去窗框、横梁、窗台和玻璃上的油渍、杂物以及灰尘 （2）用清水冲洗干净，用湿抹布将窗框、横梁和窗台擦拭干净 （3）用不掉绒毛的软干布或吸水性能较好的纸巾把玻璃内外擦干水分，然后用干净抹布蘸酒精擦拭窗户上的玻璃 （4）将清洁干净的纱窗安装在原来的位置上
3	纱窗	（1）摘下纱窗，用软毛扫帚将纱窗上的灰尘扫除 （2）用软毛刷蘸清洁剂溶液洗刷一遍 （3）用清水在水池内清洗干净 （4）捞出纱窗，晾干
4	拉手	（1）在开餐后每隔1小时清洁一次 （2）拉手和拉手的周边地方，一般先用湿抹布擦拭一遍，以除去污迹 （3）用干净的抹布蘸消毒剂擦拭一遍，达到消毒效果 （4）再用干净的干抹布擦拭一遍，以免黏滑 （5）每天最后一次擦拭时，用消毒剂擦拭后，不必用干抹布擦干，使其自然晾干，以保持干燥后的杀菌效力
5	灭蝇灯	（1）先将灭蝇灯关闭，拔掉电源，用毛刷将灭蝇灯内的虫体清扫干净 （2）用抹布蘸清洁剂将灭蝇灯内外擦洗干净，再用饮用水将清洁剂擦拭干净

9.3.1.4　地面

地面的清洁也是必须认真对待的问题，粗加工、切配、餐用具清洗消毒和烹调等需经常冲洗场所、易潮湿场所的地面应易于清洗、防滑，并应有一定的排水坡度及排水系统。

餐饮业经营者可以制作一个厨房日常卫生检查表，定期对厨房进行检查，如表9-2所示。

表9-2 厨房日常卫生检查表

序号	检查项目内容	检查人	抽查人	检查范围	责任人	如何处理
1	作业中操作台面是否干净、整洁，原料放置是否有序					
2	作业中墩、刀、抹布是否清洁卫生					
3	凉菜、粥档及厨房内的门窗、墙面是否干净，无油污、水渍					
4	作业中的地面是否干净整洁、无垃圾、无杂物					
5	作业中的下脚料是否存放完好，废料是否随手放进垃圾桶					
6	菜肴出品是否有专用抹布、筷子					
7	各种盛放菜肴的器皿是否完好干净，无油渍、无水渍					
8	工作中员工入厕后是否洗手					
9	冰箱存放的原料是否合理，生熟是否分开，无腐烂变质					
10	菜肴出品是否认真检查，确保菜肴中无异物、无量缺现象					
11	盘饰用品是否干净卫生，摆放是否合理，有美化效果					
12	盛装菜肴的盘边是否干净卫生，无水迹、油污，无手印					
13	备用餐具是否干净，无污迹、水迹，无杂物					
14	每道菜出品后，站厨师傅是否清理灶面卫生					
15	收档后操作台是否干净整洁，无污迹，无杂物，工具摆放是否有序					
16	收档后墙面、地面是否干净，无杂物，无污迹					
17	油烟机排风罩、玻璃、冰箱、冰柜是否干净卫生，无污迹，无油渍					
18	收档后的各种用具是否洗刷干净，摆放是否合理有序					

9.3.2 加强餐饮设施、设备的卫生

9.3.2.1 下水通道

（1）排污水系统必须保持完好无损，定期对下水通道进行清理，以保持排污水系统的畅通无阻。

（2）翻开窨沟翻盖或窨井盖，用铁铲铲除黏附在阴沟内或漂浮在窨井内的污物，用硬毛刷洗刷。

（3）也将黏附在阴沟盖及窨井盖上面的污物清除干净，用硬刷蘸碱水洗刷。

（4）用清水将阴沟与阴盖一起冲洗干净，冬季用热水冲洗干净。

（5）盖上阴沟翻盖与井盖，将阴沟和窨井周围的地面清洗干净。

（6）夏季在每天工作结束后，对阴沟及窨井盖进行彻底的清理，防止污水逆流及滋生微生物、病菌及蚊蝇等。冬季一般可每周清理2～3次，也可根据排污系统的实际情况进行定期清理。

（7）日常的使用过程中保持无臭味，无阻塞现象，阴沟盖及窨井盖面无污物、无油渍，清洁干爽。

9.3.2.2 油烟排风设备

（1）油烟排风设备按从内到外、自上而下的顺序先用蘸过洗洁剂的抹布擦拭一遍，然后用干净的湿抹布擦拭一遍，最后再用干抹布擦拭一遍。擦拭的方法有两种，即常规性擦拭与一次性擦拭，常规性擦拭是指厨房在工作中，确定固定人员，按时对油烟排风设备进行擦拭。擦拭时使用干净的抹布，由内而外、由上而下擦拭一遍，一般每隔30分钟擦拭一次即可。

（2）油烟排风管道内的排风扇及管道口处的引风机，也要定期进行除尘清洗。

（3）油烟排风罩每天班后彻底擦拭一次，每周彻底清洗一次。方法是先用沾有洗涤液的抹布，把油烟排风设备从内到外擦拭一遍，然后再用干净的抹布把油烟排风设备从内到外擦拭两遍，确保油烟排风设备干净卫生。

9.3.2.3 冰柜

（1）冰柜要定期除霜，确保制冷效果，除霜时溶解的冰水不能滴在食材上。

（2）冰柜要定期清理、洗刷，夏季至少每10天洗刷一次，冬季至少每30天洗刷一次。

（3）除霜时，先将冰柜内的货品移至其他冷藏器械内储存，然后关闭电源，打开冰柜门，使其自然溶化，用抹布将冰水擦拭干净，然后换用另一块干净的湿抹布把冰柜内外擦拭一遍，晾干冰柜内水分后，接通电源，将原来存放的货品移至冰柜内。

（4）清洗冰柜时，基本与冰柜除霜的程序相似，只是要把冰柜内的所有可以动的货架、食品盒等全部取出，清洗完后再把货品移至冰柜内。

（5）冰柜的外表每天班后应用湿抹布擦拭一次，以保持外表的清洁，延缓外表老化程度。

9.3.2.4 炉灶

炉灶的清洁主要是清除油渍污迹，由于炉灶的种类各不相同，清洁方法也有区别，具体如图9-2所示。

燃油、燃气炒灶

（1）待炉灶晾凉后，用毛刷对燃油、燃气的灶头进行洗刷除污，使其保持通油、通气无阻，燃烧完好

（2）清除燃火灶头周围的杂物

（3）把灶台上的用具清理干净，用浸泡过洗洁剂的抹布将灶台擦拭一遍，再用干净的湿抹布擦拭干净

（4）用抹布把炉灶四周的护板、支架等一一擦拭干净

蒸灶，蒸箱

（1）将笼屉取下，用清水冲洗笼屉内外，如果笼屉内有粘在上面的食品渣等，可用毛刷洗刷，再用清水冲洗干净，控干水分，然后将蒸锅和灶台洗刷干净放上笼屉

（2）先从蒸箱内部清洗，用毛刷将蒸箱内的隔层架、食品盒洗刷，除净杂物、食品渣，用水冲洗干净，放净箱内存水，用抹布擦拭干净，然后用抹布将蒸箱外表擦拭干净

电烤箱

（1）断开电源，将晾凉的烤盘取出，用铁铲铲除烤盘上的硬结食品渣、焦块等

（2）洒上适量餐洗净溶液，浸泡10～20分钟，用毛刷洗刷烤盘内外，用清水冲洗干净，再用干抹布擦拭干净；将烤箱内分层板上的杂物、食品渣清扫干净；将远红外管上的粘结物用干毛刷扫除干净，最后将烤箱外表擦洗干净

微波炉

（1）关闭电源，取出玻璃盘和支架，用清洁剂浸泡清洗，用清水冲洗干净，用干抹布擦抹干水分

（2）用蘸过餐洗净溶液的抹布擦拭微波炉内胆及门，除净油渍杂物，再用干净的湿抹布擦拭干净，晾干后依次放入支架和玻璃盘

（3）用湿抹布将外表擦拭干净，擦拭触摸式温控盘时，要注意动作轻些，以免损坏温控盘上的按键

图 9-2　炉灶的类别与清洁方法

9.3.2.5　洗涤间

洗涤间的各项设施设备的卫生要求如图9-3所示。

保洁柜

餐具柜亦称保洁柜，是存放经过洗涤、消毒后的干净餐具的，在使用前必须经过清洗、晾干与消毒处理，并要保持每天或定期进行消毒处理，柜内不得存放其他物品，必须专柜专用

洗碗机

洗碗机是将餐具的清洁、洗涤、消毒、烘干等环节融合为一体的机械化现代设备，但使用中同样需要对机器经常清洗，最好是每次用完后彻底清洗一次，以清除残留的污垢和油渍等，特别是洗碗机底部，很容易残留污垢，应定期进行消毒处理

水槽

水槽、脚踏板等在每次洗涤结束后都要用消毒清洁剂进行洗涤处理，保证无毒无菌

排污系统

排污水系统，如果窨沟是装有翻盖的，应每天把窨沟连同翻盖彻底清理一次，如果窨沟是密封的，则每天应对窨井井口处进行除尘处理，以确保排污水系统的畅通无阻

洗涤池

洗涤池要标明蔬菜洗涤池、荤菜洗涤池、餐具洗涤池，禁止蔬菜和荤菜混用、滥用洗涤池

图9-3　洗涤间各项设施设备的卫生要求

9.3.2.6　更衣室

员工不能着便服上班，也不能将便服存放在厨房、仓库等工作间内。厨房应有员工更衣室，让员工上下班时更换服装和存放私人物品。更衣室一般不靠近厨房和库房，要求通风、照明良好，并配有淋浴、洗手池、镜子等卫生设备。

9.3.2.7　卫生间

卫生间设置一般与更衣室相邻。卫生间应装有洗池，备有消毒洗手液、肥皂，以便

员工洗手消毒。

9.3.3 做好厨房用具的卫生

9.3.3.1 灶上用具

灶上用具的卫生清洁步骤如图9-4所示。

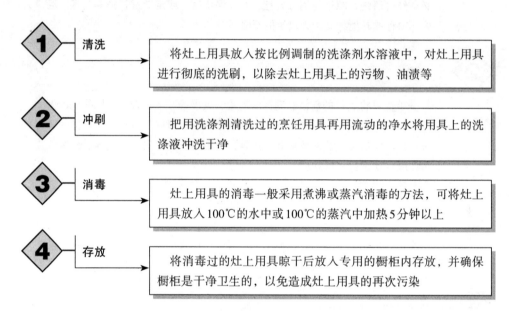

图9-4 灶上用具的卫生清洁步骤

9.3.3.2 调理台用具

调理台用具的卫生清洁步骤如图9-5所示。

清洗除污

　　将所有用具放入按比例调制的餐洗净溶液中，对调理台用具进行彻底的清洗，以除去用具上的污物、油渍等，如果调料盒等用具上有硬结物，则应用热水浸泡变软后，再用硬毛刷蘸清洁剂将污物清除洗净

冲洗去除清洁剂液

　　把用清洁剂溶液清洗过的用具用流动的净水将用具上的洗涤液冲洗干净，如果是在洗涤盆中冲洗，则要至少换清水3次冲洗，以确保用具上的清洁剂没有残留

消毒灭菌

一般采用煮沸或蒸汽消毒的方法，可将用具放入100℃的水中或100℃的蒸汽中加热5分钟以上，如果是塑料等不耐高温的用具，则应使用消毒清洁剂或高锰酸钾溶液进行消毒处理

卫生存放

将消毒过的调料盒等用具晾干后，放入专用的橱柜内存放，并确保橱柜是干净卫生的，以免造成调理台用具的再次污染

图9-5 调理台用具的卫生清洁步骤

9.3.3.3 抹布

抹布的卫生清洁方法如图9-6所示。

热碱水洗涤

将抹布先用热碱水煮沸，浸泡5分钟以上，然后搓洗捞出，用温清水反复洗净碱液为止，拧净水分，再放入100℃的沸水中煮5分钟以上，捞出拧净水分晾干

用洗涤剂洗涤

将抹布沾上一定量的洗涤剂或洗涤剂水溶液，经过浸泡与搓洗后，再用清水反复洗净，然后在100℃的沸水中煮5分钟以上，或在100℃以上的蒸汽中加热5分钟以上，取出后晾干

水洗微波消毒法

用一般中性清洁剂溶液将抹布反复搓洗，除净油渍污秽，然后用清水冲洗两遍，拧净水分，放入微波炉食品盘上，用高火力加热2～3分钟取出晾干

图9-6 抹布的卫生清洁方法

9.3.3.4 卫生用具

卫生用具的管理要点如图9-7所示。

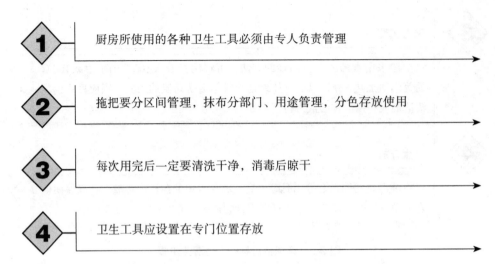

图 9-7　卫生用具的管理要点

9.3.4　保证餐饮具的卫生

9.3.4.1　餐具的卫生要求

餐具必须做到一餐一客一消毒，不隔餐不隔夜，实行"过四关"：一洗二消三冲四保洁。餐具的卫生要求如图9-8所示。

 餐饮具使用前必须洗净、消毒，符合国家有关标准；未经消毒的餐饮具不得使用；禁止重复使用一次性使用的餐饮具

 洗刷餐饮具必须有专用水池，不得与清洗蔬菜、肉类等其他水池混用；洗涤剂必须符合食品专用洗涤剂的卫生标准和要求

 配备有专用消毒柜，消毒后的餐饮具必须储存在餐具保洁柜内备用。已消毒和未消毒的餐饮具应分开存放，并在餐饮具储存柜上有明显标记。餐具保洁柜应专用，不得存放杂物，防止餐具重复污染，并对保洁柜定期进行清洗消毒

图 9-8　餐具的卫生要求

9.3.4.2　餐具清洗消毒的步骤

餐具清洗消毒的步骤如图9-9所示。

预洗

用木制刮板将餐具内的剩余饭菜清除干净，然后用莲蓬式喷头以温水冲去油渍，清除餐具上的附着物，同时为了保证洗涤的效果，把餐具按不同的种类分开，可以有效地节省洗涤剂与用水量

清洗

手洗一般是在水池内加入温水，按比例加入洗涤液，将预洗过的餐具放置水池内，经过一段时间的浸泡后，用软布依次将餐具内外洗涤干净

冲洗

冲洗的主要目的是洗去洗涤液，操作时将从洗涤液中洗涤过的餐具用流动的清水将餐具上的洗涤液冲洗干净，最好是用流动的水冲去洗涤液

消毒

餐具洗净后的重要工作就是进行消毒处理，消毒的目的是为了确保餐具上的微生物杀灭干净，以保证餐具的卫生安全。现在，厨房常用的消毒方法主要有以下几种

（1）水煮，在100℃的水中将餐具煮10分钟

（2）汽蒸，在100℃以上的蒸汽中将餐具加热5分钟以上

（3）氯液，在0.02%的游离氯水溶液中，将餐具浸泡10分钟以上

（4）干热，在110℃的干热环境中加热10分钟以上

（5）微波，在微波内用高火力加热2分钟以上

干燥

干燥就是把带水的餐具去净水分的过程，一般将消毒后的餐具以倒置状态控干或晾干水分，有条件的可用烘干机等设备将餐具上的水分去干净，使餐具保持在干燥状态

保存

将经过干燥处理的餐具，放入专用的餐具柜内存放，存放餐具的柜子也应该先进行消毒处理，以免干净的餐具二次污染

图 9-9　餐具清洗消毒的步骤

9.4 食物中毒的预防

9.4.1 食物中毒的特点

食物中毒大多呈集体性暴发，但也可单人独户散发。食物中毒种类虽多，但都有共同的特点，如图9-10所示。

发病急骤，潜伏期短而集中，一般在24小时或48小时以内突然连续出现大量病人

病人都有类似的临床症状表现，并有急性胃肠炎的症状

病人在相近的时间内都食用过同样的有毒食物，凡进食这种有毒食物的人大都发病，而没有进食这种有毒食物的人则不发病

调查发现其发病范围和这种有毒食物分布区域相一致，若立即停止食用这种有毒食物，就停止发病

食物中毒病人对健康人不直接传染

图 9-10　食物中毒的特点

9.4.2 食物中毒的常见原因

9.4.2.1 细菌性食物中毒常见原因

细菌性食物中毒常见原因如图9-11所示。

生熟交叉污染。如熟食品被生的食品原料污染，或被与生的食品原料接触过的表面（如容器、手、操作台等）污染，或接触熟食品的容器、手、操作台等被生的食品原料污染

食品储存不当。如熟食品被长时间存放在10℃至60℃之间的温度条件下（在此温度下的存放时间应小于2小时），或易腐原料、半成品食品在不适合温度下长时间储存

食品未烧熟煮透。如食品烧制时间不足、烹调前未彻底解冻等原因使食品加工时中心温度未达到70℃

从业人员带菌污染食品。从业人员患有传染病或是带菌者，操作时通过手部接触等方式污染食品

经长时间储存的食品食用前未彻底再加热至中心温度70℃以上

进食未经加热处理的生食品

图 9-11　细菌性食物中毒的常见原因

9.4.2.2　化学性食物中毒常见原因

化学性食物中毒常见原因如图9-12所示。

作为食品原料的食用农产品在种植养殖过程或生长环境中，受到化学性有毒有害物质污染，如含农药过高的蔬菜

常由于储藏化学物质（杀虫剂、灭鼠剂、洗涤剂、消毒剂、食品添加剂）因不小心而误用或污染食物。如果此物质保存在没有标记的容器里，就很容易与食物、调料搞混。盛放过杀虫剂和洗涤剂的容器未清洗而又盛放食物也会引起化学物中毒，如工业用的亚硝酸盐误当食盐食用

图 9-12　化学性食物中毒常见原因

9.4.2.3　有毒动植物食物中毒常见原因

食品中含有天然有毒物质，食品加工过程未去除。如豆浆未煮透使其中的胰蛋白酶抑制物未彻底去除；四季豆加工时加热时间不够使其中的皂素等未完全破坏；发芽马铃薯含有大量的龙葵素。

9.4.3　预防食物中毒的关键点

预防细菌性食物中毒，应根据防止食品受到细菌污染、控制细菌的繁殖和杀灭病原菌三项基本原则采取措施，其主要关键点如图9-13所示。

避免污染

即避免熟食品受到各种致病菌的污染。如避免生食品与熟食品接触、经常性洗手、接触直接入口食品的还应消毒手部、保持食品加工操作场所清洁，避免昆虫、鼠类等动物接触食品

图 9-13

控制温度

　　如果加热的温度不能使食品的中心温度达到70℃以上，就很难杀灭存在食品上的微生物。储存熟食品，要及时热藏，使食品温度保持在60℃以上，或者及时冷藏，把温度控制在10℃以下0℃以上。另外，对于剩余的食品，由于剩余食品上的致病微生物有足够的时间生长繁殖，在重新食用前必须重新加热

 控制时间

　　即尽量缩短食品存放时间，不给微生物生长繁殖的机会。熟食品应尽快吃掉；食品原料应尽快使用完

 清洗和消毒

　　彻底清洗食品原料是去除污染的最好方式。未彻底清洗，会造成可能的化学污染物、物理性污染物残留于食品中。对于不经加热直接食用的食品，还应在清洗的基础上进行消毒。一些生吃的蔬菜水果也应进行清洗消毒

 严禁超负荷接待

　　饭菜的加工量应与加工条件相吻合，饭菜加工量超过加工场所和设备的承受能力时，难以做到按卫生要求加工，极易造成食品污染，引起食物中毒，切莫贪图经济利益，超负荷运行。这种情况往往发生在大型宴会时，这时厨师往往以工作忙为借口，不按卫生要求加工。需要提醒注意的是，此时恰恰潜伏着食物中毒的隐患，需要更严格地执行卫生要求

图 9-13　预防食物中毒的关键点

9.4.4　各类食物中毒的预防措施

各类食物中毒的预防措施如表9-3所示。

表9-3　各类食物中毒的预防措施

序号	类别	具体预防措施
1	细菌性食物中毒	（1）减少或杜绝各种有害细菌对食物的污染 （2）凡容器、切肉刀板只要接触过生肉、生内脏的都应及时洗刷清洗，严格做到生熟用具分开、冷藏设备分开、加工人员分开、加工场所分开

序号	类别	具体预防措施
1	细菌性食物中毒	（3）生熟动物性食品及其制品，都应尽量在低温条件下保存，暂时缺乏冷藏设备时，应及时将食品放于阴凉通风处 （4）严禁食用病死或病后屠宰的家禽畜，对肉类等动物性食品，在烹调时应注意充分加热 （5）禁止家禽、家畜及宠物进入厨房或食品加工室，彻底消灭厨房、储存室、大厅等处的老鼠、蟑螂、苍蝇等害虫
2	化学性食物中毒	（1）禁止使用装过含砷、有机磷等农药的容器盛放粮食和其他食品，不用镀锌容器盛放、煮制、加工酸性食物 （2）严格遵守食品卫生标准，凡食材中镉与汞含量超过国家规定标准的一律不进行菜品加工 （3）控制食材及添加剂中的含铅量，使用添加剂时要严格按国家标准执行 （4）蔬菜、水果食用前需清洗、浸泡或削皮，以降低有机磷农药在食物中的残留量
3	有毒动、植物食物中毒	（1）不加工出售有毒或腐败变质的鱼类食品，尤其是青皮红肉鱼类，对含组胺较多的鱼类，应注意烹调方法，减轻其毒性 （2）加工前应对菌类进行鉴别，对于未能识别有毒或无毒的菌种类，应该把样品送有关部门鉴定，确认无毒后方可食用 （3）马铃薯应在低温、无阳光直射的场所储存，发芽较重及变黑变绿的马铃薯不得加工食用 （4）加工四季豆时应充分熟透，避免食用沸水焯过和旺火快炒的四季豆菜肴 （5）加工杏仁时应充分加热，敞开锅盖使其失去毒性 （6）木薯不能生吃，加工要去皮、水浸、煮熟，新鲜木薯要剥去内皮后再进行加工，浸泡木薯的水及薯汤不宜弃于池塘内
4	真菌毒素食物中毒	（1）防霉变，控制温度和湿度。粮食储存要清洁干燥、低温，要装有通风设备，根据粮温、库温及湿度采取降温和降湿措施 （2）祛毒素。如果粮食已被黄曲霉菌污染并产生毒素后，应设法将毒素清除或破坏，可采用挑选霉粒法、碾轧加工法、加碱去毒法、物理吸附法、加水搓洗法等方法

9.4.5 发生食物中毒及时处理

发生食物中毒事件，应及时处理，处理要点如图9-14所示。

顾客在用餐时，突发不明疾病晕倒或出现其他不良症状，离患者最近的服务员应立即上前将其扶到座位上，请人照看，及时向大厅主管报告，同时迅速告知行政总厨赶赴现场

工作人员在第一时间请一位同事陪同前往就近医院进行抢救，紧急情况要拨打"120"急救电话

若出现第二例以上症状病人，应立即停止售卖，做好现场保护工作，同时通知最高领导，听取处理意见，必要时拨打"120"急救电话，并通知食品卫生监督部门人员到场，配合调查处理

保存好出售食品的留样，以备相关部门化验检查

图 9-14　食物中毒事件的处理要点

9.5　食物过敏控制

大量改良品种、基因产品逐渐上市，增加了食品的不安全因素，其中一部分就是引起过敏的过敏源，而且容易被人们忽视。食物过敏是食物引起机体和免疫系统的异常反应。主要是因为人体对某些外来食物成分的反应过火或对某些蛋白质以及某些食物成分缺乏消化能力。常见的食物过敏与免疫球蛋白E有关，而致敏物即为某些蛋白。蛋白质是生物体内最复杂，也是最重要的物质之一，异体蛋白质进入人体后可能会发生过敏反应。这就是为什么在食品的成分和食用量都正常的情况下，而少数消费者食用后却会有不同形式的过敏反应发生。

9.5.1　食物过敏的反应

食品过敏原产生的过敏反应包括呼吸系统、肠胃系统、中枢神经系统、皮肤、肌肉和骨骼等不同形式的临床症状，幸运的是大多数人对食品的过敏反应是相对温和的，具体如图9-15所示。

当摄入了有关的食物，其中的食品过敏原可能导致一系列的过敏反应。过敏反应通常会在一个小时内出现，症状明显，有时表现得会较激烈，包括诸如呕吐、腹泻、呼吸困难，嘴唇、舌头或咽喉肿胀，血压骤降等

因食品产生的敏感或不适反应可能在几小时内，甚至几天后才会发生，叫作缓慢性过敏反应，主要的症状有：湿疹、胃肠不适综合征、偏头痛、麻疹、鼻炎、全身乏力、哮喘、关节炎、疼痛、儿童多动症等

 有一小部分人有非常严重的甚至威胁生命的反应，叫过敏性休克（Anaphylactic Shock）。过敏性休克是一种血压突然降低的现象，如不迅速治疗可以致命

图 9-15 食物过敏的反应特点

9.5.2 最常见的食物过敏原

餐饮店要做好食物过敏预防工作，一定要熟悉常见食物过敏原。

9.5.2.1 严重的过敏原

严重的过敏原主要包括以下几种。

（1）八大样 蛋品、牛奶、花生、黄豆、小麦、树木坚果、鱼类和甲壳类食品。

（2）八小样 芝麻籽、葵花籽、棉籽、罂粟籽、水果、豆类（不包括绿豆）、豌豆和小扁豆。

（3）其他 柠檬黄、亚硫酸盐、胶乳。

9.5.2.2 主要致敏物

主要致敏物，具体如表9-4所示。

表9-4 主要致敏物

序号	成分	举例
1	花生及其制品	烘烤花生、花生酱、花生粉、花生油
2	甲壳类动物及其制品	小虾、螃蟹、龙虾、小龙虾
3	鱼类及其制品	狼鲈、鲣鱼、比目鱼、金枪鱼、凤尾鱼、鳕鱼、鲑鱼、鱼油、鱼明胶、鱼粉、鱼肉
4	蛋类及其制品	蛋清、蛋黄、卵蛋白质、卵白蛋白、溶菌酶、卵粘蛋白、蛋磷脂
5	（树）坚果类及其制品	杏仁、榛子、胡桃、腰果、山核桃、巴西坚果、阿月浑子坚果、澳大利亚坚果，及昆士兰坚果、坚果油
6	乳及乳制品（包括乳糖）	脱脂乳、奶油、乳脂肪、酪乳、干酪素、酪蛋白酸盐、乳清、凝乳、干酪、稀奶油、酸奶、乳白蛋白、乳糖
7	大豆及其制品	大豆蛋白、水解植物蛋白、大豆零食、大豆粉、大豆磷脂、大豆油、酱油（大豆制）、日本豆面酱、豆腐、生育酚（维生素E）、植物甾醇类

序号	成分	举例
8	含谷蛋白的谷物及其制品	含谷蛋白谷物的完整清单：小麦、黑麦、大麦、燕麦、斯佩尔特小麦、远古硬质小麦及其杂交品种
9	二氧化硫及亚硫酸盐	亚硫酸钠代谢物、酸式亚硫酸钠、二氧化硫
10	芹菜及其制品	芹菜籽、块根芹、芹菜油、芹菜叶、芹菜浸提香油精
11	芝麻籽及其制品	芝麻籽、芝麻油、芝麻酱
12	芥末及其制品	芥菜籽、芥末油、芥末浸提树脂油、芥末粉
13	羽扇豆及其制品	羽扇豆粉、羽扇豆籽
14	软体动物及其制品	蛤、扇贝、牡蛎、蚌类、章鱼、蜗牛等

9.5.3　过敏原预防管理

9.5.3.1　采购

（1）确认原材料中是否含有已知的过敏原成分，同时，包装材料也应视为原材料来检查和核对其是否含有过敏原成分。餐饮店应采购满足规格的原料。

（2）运输工具也必须特别注意，因为它在运送不同物品时也可能导致交叉污染。

9.5.3.2　储存加工

（1）做好对含有过敏原成分的原材料的隔离储存，并标上相应标识。严禁叠放在其他原料上，以防止跌落或飘洒引起的其他原料污染。

（2）如果在储罐中发现有过敏原成分，若不能专用，则需要进行严格的清洗工作，防止过敏原成分对其他成分的污染。

（3）避免来自其他生产区域或外部的交叉感染。

9.5.3.3　品质检验

（1）对采购原辅材料、包装材料进行进一步的识别确认。

（2）做好生产加工环节的日常监管工作，确保没有交叉污染。

（3）收集过敏原的相关信息，提高识别潜在的食品安全性问题的能力，协助各部门不断改进食物过敏的控制措施。

9.5.3.4　标识标注

对于过敏原，餐厅要做好各种标识标注，提醒顾客注意。标识标注的要求如图9-16所示。

基本原则

（1）过敏原标识标注应准确、清晰、醒目、持久

（2）过敏原标识标注应与餐饮食品摆放在同一视野内，易于就餐人员辨认和识读

（3）配料应在过敏原标识标注中加以提示。如：含有小麦、牛奶和蛋类

（4）餐饮食品过敏原标识标注的字符高度不得小于5毫米

过敏原标识标注要求

（1）对含有如下列举的可以导致过敏反应的食品必须如实标注并标示

——含有谷蛋白的谷物（小麦、面筋、荞麦、黑麦、燕麦、斯佩耳特小麦或它们的杂交品系及其产品）

——甲壳类、贝类动物及其产品（虾、蟹、蛤、牡蛎、扇贝等）

——蛋类及蛋类产品（鸡蛋、鸡蛋清、鸡蛋黄等）

——鱼类及鱼类产品、海产品（鳕鱼、金枪鱼、三文鱼）

——头足类及其产品（鱿鱼等）

——花生、大豆、芝麻及其产品

——乳及乳制品（牛奶、奶酪、奶油、干酪、干酪素、乳清、酸奶酪等）

——木本坚果及坚果类产品（榛子、开心果、腰果、核桃、杏仁等）

——蔬菜、水果、食用菌（芹菜、胡萝卜、扁豆、豆芽、苹果、猕猴桃、草莓、桃、橘子、芒果、荔枝、桂圆、红毛丹、蘑菇等）

——调料（味精、芥末、咖喱、黑胡椒、辣椒、花椒等）

——加入10毫克/千克或以上亚硫酸盐的产品

（2）加入由两种或两种以上的其他配料构成的复合配料的食品，如含有（1）中所列举的可以导致过敏反应的食品，应进行提示

（3）不能确定但可能含有（1）所列举的过敏原食品可写上"可能含有××"或"不能保证不含有×××"等警示语句

图 9-16 过敏原标识标注的要求

9.6 加强病媒动物的防治

9.6.1 加强对虫鼠的防治

9.6.1.1 化学防除法

化学防除法即利用化学药剂防除或毒死虫鼠的方法。用此方式防除虫鼠者约占75% ～ 80%。在使用化学药剂之前，最好先与虫害控制或卫生单位的专家协商，以确定药剂种类、用量及使用方式是否在法令规章的许可范围以内。

9.6.1.2 物理防除法

物理防除法又分四类，如图9-17所示。

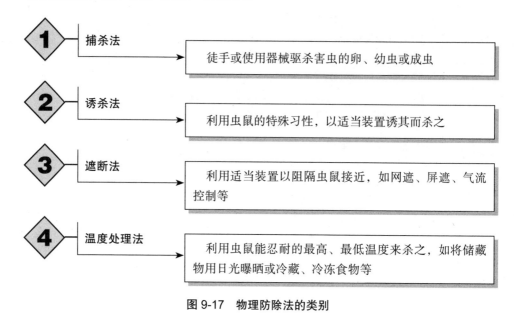

图 9-17 物理防除法的类别

9.6.1.3 环境防除法

保持环境整洁来降低虫鼠的生存率，主要工作是杜绝为虫鼠繁殖提供所需食物及水分的场所。如所有与食物制备及供应有关的用具、餐具，使用后均应彻底洗净、消毒。任何用于接触食物的用具均不可用作其他用途。

9.6.2 加强对苍蝇的防治

苍蝇的种类很多，但是与食品卫生关系最大的是家蝇。家蝇白天多栖息于食物或产卵地的附近，停留时喜欢选择粗糙的表面，特别喜欢器物的边缘。在夜间，大部分的苍蝇多停留在室外，在植物的枝叶上、灌木或篱笆上。在温暖的气候中，家蝇一般也多停留在室外。

9.6.2.1 环境防除法

控制家蝇最好的方法莫过于环境防除法。建筑物应尽量用自动开启的门，且在对外开口及门窗处加装纱窗、纱门或空气门等，并加装风扇以防止家蝇的侵入。

9.6.2.2 化学药剂防除

以化学药剂防除家蝇可奏效一时，但若以环境防除法来配合，则必能取得事半功倍的效果。在室内，可用气雾或烟雾喷洒杀虫剂迅速击落并杀死苍蝇。

杀蝇剂可使用除虫菊加协力剂，或使用人工合成除虫菊，但需将所有食物包盖或移走，员工不可停留在内，并将电源及所有火源关闭，紧闭门窗。

9.6.3 加强对蟑螂的防治

蟑螂对餐饮店的危害是最严重的，因为食物丰富，而且水源也很充足，特别适合蟑螂生存，另外加上有些餐饮店不注意环境卫生就更加容易有蟑螂了。餐饮店又是给客人提供食物的地方，一旦有蟑螂掉进食物里，后果将会很严重，所以预防和灭除蟑螂是非常重要的一项工作。那么餐饮店应该如何灭蟑螂呢？

9.6.3.1 药物防治

蟑螂的灭除和防治都必须通过药物，其他的办法是很难灭除和让蟑螂断根的。注意选择正确的药物，否则也无法使蟑螂断根。

9.6.3.2 环境防治

光是用灭蟑药物只是治标不治本，所以必须从环境着手，保持清洁卫生，从而更好地防止受到蟑螂侵害。环境防治的要点如图9-18所示。

清理环境卫生，收藏好食物，不要把食物放在外面，食物最好是放到柜子里，及时清除散落、残存的食物，对泔水和垃圾要日产日清，以降低蟑螂可取食的食源和水源

厨房墙壁瓷砖缝和破裂的瓷砖一定要封起来，下水道要保持畅通，下水道口必须加网盖，定期清理下水道的垃圾

与外界连接的管道接口最好都封起来，可以防止蟑螂从外界入侵

始终保持干燥清洁的环境，破坏蟑螂生存的环境

图 9-18 环境防治的要点

第10章

图解精益管理之成本控制

餐饮成本控制是餐饮企业经营管理的重要组成部分，成本控制的好坏对经营的成败具有至关重要的作用。餐饮企业要想生存与发展，必须对成本进行精细化控制。

10.1 餐饮企业成本的组成与分类

10.1.1 什么是成本

10.1.1.1 广义成本

广义的成本包括原材料、工资费用、其他费用（包括水、电、煤气，购买餐具、厨具费用，餐具损耗费用，清洁、洗涤费用，办公用品费，银行利息，租金，电话费，差旅费等），如图10-1所示。

$$ 成本 = 直接材料 + 直接人工 + 其他费用 $$

图 10-1　广义的成本组成

10.1.1.2 狭义成本

狭义的成本仅指餐饮企业各营业部门为正常营业所需而购进的各种原材料费用。通常餐饮企业的成本核算仅指狭义的成本核算。

10.1.2 餐饮企业成本的组成

餐饮企业成本一般包括直接成本、出库成本、毁损成本（盘点净损失）三个部分，如图10-2所示。

$$ 餐饮企业成本 = 直接成本 + 出库成本 + 盘点净损失 $$

图 10-2　餐饮企业的成本组成

所有餐饮企业物资在进入餐饮企业时，都要经过收货部验收（参与收货人员有收货员和使用部门主管）。经收货部验收后，收货部根据物资申购部门和物资性质区别其是否入仓，入仓的下入仓单，不入仓的下直拨单，直接拨给使用部门使用。

盘点净损失是指通过实地盘点，盘点实数与账存数之间的差异。餐饮企业在运作期间由于各种原因，不可避免会造成账实不符的情况，如出品后因没及时开单没收到钱，酒吧员不小心倒洒酒水，服务员打破餐具，失窃等。

10.1.3　餐饮企业成本的分类

餐饮企业成本，根据不同标准，可以分成不同的种类。如表10-1所示。

表 10-1　餐饮企业成本分类

序号	标准	种类	具体内容
1	根据成本可控程度	可控成本	通过员工主观努力可以控制的各种消耗，如食品原材料、水电燃料、餐茶用品等消耗，通过人为努力可以控制
		不可控成本	很难通过员工主观努力加以控制的成本开支，如折旧费、工资等，在一定经营时期是很难通过人为努力控制的
2	根据成本性质	固定成本	在一定时期和一定经营条件下，不随餐饮产品的生产销量变化而变化的成本。如工资、折旧费用、管理费用等
		变动成本	在一定时期和经营条件下，随产品的生产和销量变化而变化的那部分成本，如食材成本、水电费、燃料费等
3	根据成本与产品形成的关系	直接成本	在产品生产中直接耗用，不需分摊即可加入到产品成本中去的那部分成本，如直接材料、直接人工、直接耗费等
		间接成本	需要通过分摊才能加入到产品成本中去的各种耗费，如销售费用、维修费用、管理费用等
4	根据成本和决策的关系	边际成本	边际成本是指为增加一定产销量所追加的成本。在餐饮企业管理中，需要增加餐饮产品的销量，以增加收入；同时，其成本也会相对增加 当固定成本得到全部补偿时，成本增加又会相对减少，从而增加利润，但产销量增加不是没有限制的，当其超过一定限度时，市场供求关系会发生变化，成本份额也会随之发生变化，从而使利润减少
		机会成本	机会成本是指从多种方案中选择一个最佳方案时，被放弃的次优方案所包含的潜在利益

10.2　采购环节成本控制

采购环节是指原料从市场转移到餐饮企业加工间的过程，这个过程被放在严格控制的首位，因为此环节很可能会流失20%左右的利润。原料的质量、送货时间、数量是否充足，这些问题都是采购环节中可能出现成本增加的隐患。

10.2.1　鲜活类原料采购数量控制

鲜活原料必须遵循先消耗再进货原则，因此要确定某种原料的当次采购量时，必须先掌握该原料的现有库存量（通常在厨房反映出来）。根据营业预测，决定下一营业周期所需原料数量，然后计算出应采购的数量。在实际操作中，可以选用以下方法。

10.2.1.1　日常采购法

日常采购法多用于采购消耗量变化大，有效保存期较短而必须经常采购的鲜活原料。每次采购的数量用公式表示为：

$$应采购数量＝需使用数量－现有数量$$

公式解析：需使用数量是指在进货间隔期内对某种原料的需要量，根据客情预测，由厨房或餐饮部决定。在确定该数字时，需要综合考虑特殊餐饮活动、节假日客源变化、天气情况等因素。

现有数量是指某种原料的库存数量，可以通过实地盘存加以确定。

应采购数量是需使用量与现存量之差。因为鲜活原料采购次数频繁，有的几乎每天进行，而且往往在当地采购，所以一般不必考虑保险储备量。

日常采购原料可以用"采购订货单"（见表10-2）表示。原料名称可以事先打印好以免每次重复填写，其余几栏则要在每次订货时根据需使用数量和现有存量的实际情况填写。

表 10-2　采购订货单

年　　月　　日

原料名称	需使用量	现有存量	需购量	市场参考价		
				甲	乙	丙

10.2.1.2　长期订货法

一些鲜活类食品原料的日消耗量变化不大，其单位价值也不高，可以采用长期订货法。

（1）餐饮企业与某一供应商签订合约，由供应商以固定价格每天或每隔数天供应规定数量的某种或某几种原料，直到餐饮企业或供应商感到有必要改变已有供应合约时再重新协商。

（2）要求供应商每天或每隔数天把餐饮企业的某种或某几种原料补充到一定数量。餐饮企业对有关原料逐一确定最高储备量，由餐饮企业或供应商盘点进货日现存量，以最高储备量减去现存量得出当日需购数量，餐饮企业可以运用表10-3所示的"采购定量卡"来对长期采购加以管理。如表10-3所示。

表10-3　采购定量卡

原料名称	最高储存量	现存量	需购量

长期订货法可用于某些消耗量较大而需要经常补充的物资，如餐巾纸。这些物品大量储存会占用很大的仓库面积，由供应商定期送货更经济。

10.2.2　干货及可冷冻储存原料采购数量控制

干货属于不易变质的食品原料，包括粮食、香料、调味品和罐头食品等。可冷冻储存的原料包括各种肉类、水产品原料。许多餐饮企业为减少采购成本，求得供应商的最大折扣优惠，往往以较大批量进货。但是这样可能会造成原料积压和资金占用过多，因此必须对其采购数量严加控制。

10.2.2.1　定期订货法

定期订货法是干货原料采购中最常用的一种方法。因为餐饮原料品种多，使用频繁，为减少进货次数，使采购员有更多的时间去处理鲜活类原料的采购，餐饮企业可以把同类原料或向同一供应商采购的原料，定期在同一天采购。不同类原料和向不同供应商采购的原料的进货，尽量安排在不同日期，使验收员和仓管员的作业量得到平均分布。

　　某餐厅要每月订购罐装梨一次，消耗量平均每天10罐，订购期4天，即送货日在订货日后第4天。仓库管理员通过盘点，发现库存梨还有50罐。

　　由以上信息，可以决定采购数量。但是，实际上对期末需存量的确定并不是理想的

4×10，考虑到因交通运输、天气或供应情况等方面的意外原因，很多餐厅都在期末需存量中加上一个保险储备量，以防不测。这个保险储备量一般为理论期末需存量的50%，这样期末需存量实际上成为：

$$期末需存量＝（日平均消耗量×订购期天数）×150\%$$

如果仍以上例计算，订货数量则为：

$$订货数量＝（30×10）-50+（10×4）×150\%＝310（罐）$$

定期订货法是一种订货周期固定不变，即进货间隔时间，如一周、一旬、半月或一月等不变，但每次订货的数量任意的方法。每到某种原料的订货日，仓管员应对该原料库存进行盘点，然后确定本次采购的订货数量，其计算方法如下：

$$需订货数量＝下期需用量—实际库存量+期末需存量$$

其中的下期需用量为订货周期内餐饮企业的预测耗用原料量，其计算公式为：

$$下期需用量＝日平均消耗量×订货周期天数$$

日需要量指该原料平均每日的消耗量，一般根据以往经验数据得出；实际库存量为订货日仓库实物盘存得到的数字。

现有库存量是指订货前的库存原料盘存量，期末需存量是指每一订货期末餐饮企业必须预留的足以维持到下一次进货日的原料储备量，其计算公式为：

$$期末需存量＝日平均消耗量×订货在途天数×1.5$$

订货在途天数是指发出订货通知至原料入库所需的天数。

10.2.2.2 永续盘存卡订货法

永续盘存卡订货法也称订货点采购法或定量订货法，是通过查阅"食品原料永续盘存卡"（见表10-4）上的结存量，对达到或接近订货点储量的原料进行采购的方法，一般为大型餐饮企业所采用。使用永续盘存卡订货法的前提是对每种原料都建立一份永续盘存卡，每种原料还必须确定其最高储备量和订货点量。

（1）最高储备量　某种原料在最近一次进货后可以达到但一般不应超过的储备量，根据原料的日均消耗量以及计划采购间隔天数，再考虑仓库面积、库存金额、供应商最低送货订量规定等因素来确定。

（2）订货点量　即该原料的最低储存量（定期订货法中的期末需存量）。当原料从库房中陆续发出，使库存减少到订货点量时，该原料就必须采购补充。这时，订货数量为：

$$订货数量＝最高储备量—日均消耗量×订货期天数$$

表10-4　食品原料永续盘存卡

编号：

品名：		最高储存量：		
规格：	单价：	订货点量：		
日期	订单号	进货量/听	发货量/听	结存量/听

10.2.3　防止采购吃回扣

餐饮企业食品原料的采购成本几乎占据全部成本的一半，食品原料的采购工作对餐饮企业的资金周转、菜品质量优劣等有不容忽视的作用。在采购过程中，"吃回扣"现象无疑是餐饮经营中最常遇到的重大问题之一。因此如何有效防止采购"吃回扣"，可以采用以下方法。

10.2.3.1　采购人员选择

采购人员的素质和品德是选择的首要条件。采购员的选择应注重其个人品质，知识和经验与品质相比反而是次要的。选择为人耿直、不受小恩小惠诱惑、受过良好教育的人。

许多供应商会想尽办法与采购人员拉关系，回扣或红包肯定少不了。这就要求采购人员"凭良心"办事，面对金钱的诱惑必须保持一颗平常心，见钱眼开者误人误己，决不能担任采购之职。

10.2.3.2　供应商选择

选择供应商时就应对采购工作进行较好的控制。比如大宗的肉、海鲜、调料的长期供应商，最好是提请有关部门审核。采购员并不是最后的决策者和签订合同的人员，其他业务才可以由采购员来完成。不要长期选择同一家供应商，这样做有利于物料更好地流动，并且在一定程度上可以避免采购员与供应商建立"密切关系"。

10.2.3.3　经常进行市场调查

对市场进行定期或不定期的调查，有助于掌握市场行情，了解货物的价格与质量、数量的关系，与自己的采购送来的物品相关资料进行对比，以便及时发现问题、解决问题。市场调查人员可以是专职的，也可以由财务人员、行政人员，甚至是经理兼任，还可以采用轮值制进行调查。

10.2.3.4　仓库、采购、厨房三者验收

仓库、采购、厨房三者验收，类似于"三权分立"，对餐饮企业的管理非常有效，尤

其在防止以次充好、偷工减料方面效果显著。一定要牢记，库房与厨房绝不可以受采购人员的左右。

10.2.3.5 有力度的财务监督

供应商、采购员报价后，财务部应进行询价、核价等工作，实行定价监控。餐饮企业可实行"双出纳"制度，两个出纳一个负责钱财的支出，一个负责钱财的收入，可以对钱财的出入进行更好的控制，由财务部每周派人进行市场调查，对采购员的报价进行调查。

10.3 食材验收环节成本控制

10.3.1 验收工作目标

（1）确保交货的数量符合订货数量，即除了所有的进货必须确实过磅或点数外，与订货人员所下的订单是否相符，也是非常重要的。如果有差异，则必须立即反映给相关作业人员，进行追踪或做必要的处置。

（2）确保交货的品质与采购签订的条件、餐厅认定的品质规格是一致的，严格品质管制除了能确保品质外，对供应商也是一项约束，同时可增强采购人员未来与供应商谈判的筹码。

（3）确认进货单据上的单价与采购人员所议定的价格相同。

10.3.2 验收程序

验收工作非常重要，必须注意各单项进货价格，并证实是否为所采购的物料，再看其品质规格与份数是否正确，因而验收是采购与库储存料及厨房烹调之间的桥梁。物料的购得如未经仔细、迅速、确实的检验点收，必然形成混乱错误的弊端，势必影响烹饪制作的食品，甚至影响前场的销售。验收的程序如图10-3所示。

1 验收前的准备

收货品管人员在工作之前须先确实了解收货品项的采购规格、交货数量与到货时间，同时准备合格的验收工具，来点收交货的数量与品质

2 检查品质规格

厂商到货时，验收人员依订货单确认到货的品质规格确为所需的货品。品管验收的检查方式，可分全数检查（重要品项的物料）或抽样检查（次要品项的物料），要注意的是，生鲜或冷冻食品的检查须小心且快速进行，以避免因检查费时而发生耗损，反而得不偿失

3 数量检查

当品质规格经确定后，依订货需求数量对进货数量加以点收，如无误，则填写单据后，即可进行入库或交予使用单位。验收工作对采购、订货与使用单位来说，扮演稽核把关的角色，依照正确的规定与程序，执行验收工作，可使整个物料管理流程完美无缺，从而达到最佳的成本控制效益

图 10-3　验收的程序

10.3.3　验收数量不符处理

数量不符可能是太多了或不足，当太多时，则多出的数量应拒收，请送货人员载回，单据上填写实际收货数量；如果货量不足，则应即刻通知订货、采购、仓管及使用单位各相关人员做必要的处置。

另外须注意的是，一旦发生验收数量短少时，要确实做到一笔订货单、一次收货动作，再补货时，则须视为另一笔新订单，如此才能确保账面与实际物料的正确性，及减少人为的疏失与弊端。

10.3.4　验收品质不符处理

当品质不符时，非食品类可采取退货方式处理；如果是不适合久储的物品，可与送货人员确认后请其带回；因为品质不符退回原供应商而产生数量的不足，可请订货或采购人员重新补订货。

10.3.5　坏品及退货处理

10.3.5.1　坏品处理规定

食材或用品由于品质不良、储存不当、制备过程错误或其他因素，造成腐败、过期、毁损等，致产生坏品，应由各使用单位依事实随时填报"物品耗损报告表"，并由所属单位主管负责查证并签名，购入时价由会计组查核填写，并做相关账务处理。

10.3.5.2　退货处理

餐饮业由于其采购及验收的程序严谨，在验收过程当中，一发现不当或瑕疵品即予拒收，所以退货的情形不多见。

不过如果因为储存管理不良或销售预估错误，造成某类食材数量太多或即将到期，餐厅大都会以推出特餐或改变制备方式来促销。如牛排销路不佳，厨师便可将其蒸熟剁碎做成牛绒浓汤，随餐附赠给客人，或加强促销牛排特餐，以减低牛排逾期报废的耗损。

10.3.6　验收时需做好防盗工作

在验收工作中，要做好防盗工作，以防丢失。防盗要点如图 10-4 所示。

图 10-4 验收时需做好防盗工作要点

10.4 储存环节成本控制

10.4.1 做好物品出入库记录

（1）仓管员对按采购计划采购的食品、调味品等进行验收，合格后应做好入库记录，由采购人填写"仓库入库单"，仓管员签收并入账。

（2）领料必须由领料人填写"仓库领料单"后验秤出库，付货时必须两人进行，同时由仓管员做好出库记录。

10.4.2 明确原料储藏区域要求

餐饮原料的仓库又称原料仓库，每天要接收存储和分发大量食品等原料。但是，不少餐饮企业对仓库的设计工作却不太重视，如允许其他部门占用仓库面积，或各个食品仓库相隔较远，甚至分散在各个不同楼面，从而影响了仓储控制工作。

10.4.2.1 仓库位置

从理论上看，仓库应尽可能位于验收处与厨房之间，以便于将食品原料从验收处运入仓库及从仓库送至厨房。如果一家餐饮企业有几个厨房，且位于不同楼层，则应将仓库安排在验收处附近，以便方便、及时地将已验收的食品原料送到仓库，减少原料被"顺手牵羊"的可能性。

10.4.2.2 仓库面积

确定仓库面积时，应考虑到企业的类别、规模、菜单、销量、原料市场供应情况等因素。具体要求如下。

（1）菜单经常变化的企业，仓库面积最好大些。

（2）如果某餐饮企业远离市场，进货周转较长，那么其仓库就要比每天都能进货的餐饮企业的仓库大一些。

（3）如果餐饮企业的采购人员喜欢一次性大批量进货，就必须有较大面积的储藏场地。

10.4.2.3 必须科学存放

入库的物品要系上标签，注明入库时间、数量等，便于领用、发放、盘存、清点，掌握其储存时间，做到先进先出。以食品原料为例，要根据不同的性质和储存的时间要求，存入不同库房。

（1）干货、罐头、米面、调味品等无需冷藏的食品应放入干藏库。

（2）果蔬、禽蛋、奶品等存入冷藏库。

（3）需冷冻的海产品、家禽等放入冷冻库。

（4）活的海鲜水产则应放入海鲜池。

10.4.3 仓库必须定期盘存

10.4.3.1 定期做好仓库盘存

定期做好仓库的盘存，一般每半个月要进行一次。通过盘存，明确重点控制哪些品种，采用何种控制方法，如暂停进货、调拨使用、尽快出库使用等，从而减少库存资金占用，加快资金周转，节省成本开支。

要想以最低的资金量保证营业的正常进行，就必须严格控制采购物资的库存量。每天对库存物品进行检查（特别是冰箱和冰库内的库存物品），对于不够的物品应及时补货，对于滞销的物品，则减少或停止供应，以避免原材料变质造成的损失。

根据当前的经营情况合理设置库存量的上下限，每天由仓管员进行盘点控制，并做到按照先进先出的原则，保证原料的质量。

10.4.3.2 保质期管理

餐饮企业的食品原料都有一定的保质期，而且有些物料的保质期较短，所以仓储都必须有标签，并规定一定的保持预期。

10.4.3.3　建立严格的报损制度

对于原料的变质、损坏、丢失等应制定严格的报损制度，如餐具等应制定合理的报损率，超过规定的部门必须分析、说明原因，并与奖金考核挂钩。

10.4.3.4　月底盘点要点

盘存是一项细致的工作，是各项分析数据的基础。盘存的准确与否，也影响着成本的准确度。

10.4.4　库外存货盘点

10.4.4.1　库外存货

不能光在食品仓库内盘点库存，因为许多餐饮企业每日在厨房中结存价值量很大的库存物，比如尚未使用或尚未使用完的食品原料，已领用而尚未用完的东西，如调味品、酱汁、饮料等，在餐厅、咖啡厅或宴会厅都会有，这些东西都是库存的一部分，因此月底也要盘点。这部分库存，一般称为库外存货。

为了正确盘点库外存货，每样东西都应该清点、记录，并计入食品库存盘点清单。如某种食品已和其他食品合并而制成另外一种食品（如汤和酱汁），盘存有困难时，可请厨师长帮助估价盘点。

10.4.4.2　盘点时间

库外盘存不需要每月盘点，可每季度进行一次，季中各月的库外存货可以估计，具体数字可以低于或高于季度实际盘存数。

如上个月的库外食品盘存数是6000元，其中海鲜类占3000元，下个月盘存中的海鲜类数是3300元，比上月增加10%，在这一点上，有两种可能，一是下个月的全部仓库食品盘存数比上个月增加10%，即：

6000+6000×10%＝6600元

二是除海鲜类外，其他食品没有增加，这样下个月的仓库外食品盘存数为：

3300＋3000＝6300元

上述两种情况的盘存数相差300元，这个数字的大小会影响食品成本率的大小。那么，对于这两种计算方法如何选择呢？如果当月海鲜类盘存数增加是因为市价上涨，应该采用第一种计算方法，反之是因为盘存数量增加，那么采用第二种计算方法比较合适。

10.4.5　实行定时发放

餐饮企业的仓库物品发放，必须实行定时方法来管理，这样可以使仓管员有更多的时间来整理仓库，检查各种原料的情况，不至于成天忙于发原料，耽误其他必要的工作。具体的控制措施如图10-5所示。

可以作出领料时间的规定，如上午8～10时，下午2～4时。仓库不要一天24小时都开放，更不能任何时间都可以领料。如果这样，原料发放难免失去控制

只要有可能，应该规定领料部门提前一天送交领料单，不能让领料人员立等取料。这样，仓管员便有充分时间准备原料，以免出差错，而且还能促使厨房作出周密的用料计划

图 10-5　实行定时发放物料的控制措施

10.4.6　内部原料调拨要控制好

大型餐饮企业往往设有多处餐厅、酒吧，因而通常会有多个厨房。餐厅之间、酒吧之间，餐厅与酒吧之间难免会发生食品原料的互相调拨转让，而厨房之间原料物资调拨则更为经常。

调拨单应一式四份，除原料调出、调入部门各需留存一份外，一份应及时送交财务部，一份由仓库记账，以使各部门的营业结果得到正确的反映。

10.5　加工环节的成本控制

10.5.1　粗加工环节成本控制

粗加工在烹饪中也被称为初步加工，如活鸡、活鸭的宰杀，鱼的宰杀，菜的挑选、洗涤等都属于粗加工环节的工作。

10.5.1.1　粗加工环节对成本的影响

（1）影响原料出材率的重要环节　粗加工过程是影响原料出材率的重要环节，有四个因素会影响原料出材率，这四个环节中的任一环节出现疏忽，都会直接对原料出材率产生影响，具体如图10-6所示。

原材料质量

以马铃薯为例，如果马铃薯个大、浑圆，用刮皮刀将外层土豆皮刮掉后，其出材率可以达到85%以上。如果原料个小或外观凹凸不平，其出材率可能就只有65%。因此，原材料质量在整体出材率的影响中占25%，如果原材料质量不理想，就会产生25%的损耗率

图 10-6

2 粗加工厨师技术

粗加工厨师技术是很重要的影响因素。粗加工厨师的技术水准，即对原料的特点、秉性的了解程度，操作熟练程度，也就是对原料的认知程度。

粗加工厨师技术在影响整体出材率因素中也占有25%的比例。也就是说，如果粗加工厨师技术不过硬，将损失25%的原料

3 加工工具优劣

刀和砧板是粗加工厨师使用的两个主要加工工具

（1）砧板中间凹凸不平、周围破裂，刀不锋利等，都会给粗加工厨师造成很大的麻烦，无论多么熟练的粗加工厨师，面对不尽如人意的工具，其技巧都很难得到发挥

（2）加工刀具一定要锋利，长短、宽窄都要恰到好处，而且要根据宰杀对象的特征挑选合适的工具，使粗加工厨师使用起来得心应手

4 科学的加工方法

科学的加工方法是指预先规划好先从何处下手，到何处终结，中间需要几个步骤，做到下刀比例以及深浅程度都合适，从而实现加工完成后不造成任何浪费。如剔一只鸡，应从鸡肋下手剔第一刀，最后一刀由腿骨收尾

图10-6　影响原料出材率的四个因素

加工方法对出材率的影响为25%，只有这四种因素均达到最佳状态时，加工后的出材率才能达到最理想状态。

（2）掌握好粗加工可提高毛利5%左右　根据实际经验，掌握好出成率可以将毛利点提高5%，如果原本是月均200万元的总收入，可以提升10万元的毛利。

10.5.1.2　保证粗加工的出成率

（1）蔬菜粗加工的出成率　粗加工厨师根据不同蔬菜种类和烹饪规定使用标准，对蔬菜进行择、削等处理，如择去干老叶子、削去皮根须、摘除老帮等。对于一般蔬菜择除部分可按规定出成率进行。部分蔬菜类出成率，如表10-5所示。

表10-5　部分蔬菜类食材净出率

毛料品名	净料处理项目	净料		下脚料、废料损耗率/%
		品名	净料率/%	
白菜	除老叶、帮、根，洗涤	净菜心	38	62
白菜、菠菜	除老叶、根，洗涤	净菜	80	20

续表

毛料品名	净料处理项目	净料		下脚料、废料损耗率/%
		品名	净料率/%	
时令冬笋	剥壳、去老根	净冬笋	35	65
时令春笋	剥壳、去老根	净春笋	35	65
无叶莴苣	削皮、洗涤	净莴苣	60	40
无壳茭白	削皮、洗涤	净茭白	80	20
刀豆	去尖头、除筋、洗净	净刀豆	90	10
蚕豆、毛豆	去壳	净豆	60	40
西葫芦	削皮、去籽、洗涤	净西葫	70	30
茄子	去头、洗涤	净茄子	90	10
冬瓜、南瓜	削皮、去籽、洗涤	净瓜	75	25
小黄瓜	削皮、去籽、洗涤	净黄瓜	75	25
大黄瓜	削皮、去籽、洗涤	净黄瓜	65	35
丝瓜	削皮、去籽、洗涤	净丝瓜	55	45
卷心菜	除老叶、根,洗涤	净卷心菜	70	30
卷心菜	除老叶、根,洗涤	净菜叶	50	50
芹菜	除老叶、根,洗涤	净芹菜	70	30
青椒、红椒	除根、籽,洗涤	净椒	70	30
菜花	除叶、梗,洗涤	净菜花	80	20
大葱	除老皮、根,洗涤	净大葱	70	30
大蒜	除老皮、根,洗涤	净大蒜	70	30
圆葱	除老皮、根,洗涤	净圆葱	80	20
山药	削皮、洗涤	净山药	66	34
青、白萝卜	削皮、洗涤	净萝卜	80	20
马铃薯	削皮、洗涤	净马铃薯	80	20
莲藕	削皮、洗涤	净莲藕	75	25
蒜苗	去头、洗涤	净蒜苗	80	20

（2）活禽粗加工的出成率 根据不同活禽类别与制作菜品的不同质量规格需求、活禽基本加工步骤,部分家禽类食材净出率,如表10-6所示。

表10-6 部分家禽类食材净出率

毛料品名	净料处理项目	净料		下脚料、废料损耗率/%
		品名	净料率/%	
光统鸡	分档整理，洗涤	净鸡 其中： 　鸡肉 　鸡壳 　头脚 　胗肝	88 43 30 11 4	12
毛统鸡	宰杀，去头、爪、骨、翅、内脏	熟白鸡	55	45
	剔肉	鸡丝	35	65
	宰杀，去头、爪、内脏	鸡块	50	50
毛笨鸡	宰杀，去头、爪、内脏	净鸡	62	38
野鸡	宰杀，去头、内脏，洗净	净野鸡	75	25
野鸭	宰杀，去头、内脏，洗净	净野鸭	75	25
光鸭	宰杀，去头、内脏，洗涤	熟鸭	60	40
光鸡	煮熟，整理分档	净鸡 其中： 　　胗肝 　肠 　脚 　带骨肉	94 8 3 8 75	6
鸭胗	去黄皮垃圾，洗涤	净胗	85	15
活公鸡	宰杀，洗涤，分档	净鸡	67	15
		胗、肝、心、脚、腰等	18	
活母鸡	宰杀，洗涤，分档	净鸡	70	13
		胗、肝、心、脂肪、脚等	17	

（3）淡水鱼类粗加工的出成率　部分淡水鱼类食材的净出率，如表10-7所示。

表10-7　部分淡水鱼类食材的净出率

毛料品名	净料处理项目	净料		下脚料、废料损耗率/%
		品名	净料率/%	
鲤鱼、鲢鱼	宰杀，去鳞、鳃、内脏，洗涤	净全鱼	80	20
鲫鱼、鳜鱼	宰杀，去鳞、鳃、内脏，洗涤	净鱼块	75	25
大、小黄鱼	宰杀，去鳞、鳃、内脏，洗涤	炸全鱼	55	45
黑鱼、鲤鱼	剔肉切片	净鱼片	35	65
鲢鱼	剔肉切片	净鱼片	30	70
活鳝鱼	宰杀，去头、尾、肠、血洗净	鳝段、丝	62/50	38/50
活甲鱼	宰杀，去壳、去内脏，洗涤	熟甲鱼	60	40

（4）海产品粗加工的出成率　当天进购的海产原料，如需要解冻后再进行加工则先进行解冻；从海产冰箱中取出当天需要的原料，进行解冻；在夏季解冻原料应注意要浸在水中。

部分海产品食材的净出率，如表10-8所示。

表10-8　部分海产品食材净出率

毛料品名	净料处理项目	净料		下脚料、废料损耗率/%
		品名	净料率/%	
鳜鱼	剔肉切片	净鱼片	40	60
鲳鱼	宰杀，去鳞、鳃、内脏，洗涤	无头净鱼	80	20
带鱼	宰杀，去鳞、鳃、内脏，洗涤	无头净鱼	74	26
鲅鱼	宰杀，去鳞、鳃、内脏，洗涤	净鱼	76	24
大虾	去须、脚	净虾	80	20
比目鱼	宰杀，去内脏、皮、骨，洗涤	净鱼	59	41
鳜鱼	剔肉切成泥茸	净鱼泥茸	45	55

（5）干货原料粗加工的出成率　干货原料粗加工，主要指的是干货的涨发。由于干货原料品种多样，涨发方法也各不相同。掌握正确的涨发方法，可以大大提高干货出成

率。粗加工厨师在对干货原料进行加工时，需要掌握其净出率，如表10-9所示。

表 10-9　部分干货类食材净出率

毛料品名	净料处理项目	净料		下脚料、废料损耗率/%
		品名	净料率/%	
鱼翅	拣洗，泡发	净水发鱼翅	150 ～ 200	
刺参	拣洗，泡发	净水发刺参	400 ～ 500	
干贝	拣洗，泡发	水发干贝	200 ～ 250	
海米	拣洗，泡发	水发海米	200 ～ 250	
蜇头	拣洗，泡发	净蜇头	130	
海带	拣洗，泡发	净水发海带	500	
干蘑菇	拣洗，泡发	水发蘑菇	200 ～ 300	
黄花菜	拣洗，泡发	水发黄花菜	200 ～ 300	
竹笋	拣洗，泡发	水发竹笋	300 ～ 800	
冬菇	拣洗，泡发	水发冬菇	250 ～ 350	
香菇	拣洗，泡发	水发香菇	200 ～ 300	
黑木耳	拣洗，泡发	水发黑木耳	500 ～ 1000	
笋干	拣洗，泡发	水发笋干	400 ～ 500	
玉兰片	拣洗，泡发	水发玉兰片	250 ～ 350	
银耳	拣洗，泡发	净水发银耳	400 ～ 800	
粉条	拣洗，泡发	净湿粉条	350	
带壳花生	剥去外壳	净花生仁	70	30
带壳白果	剥去外壳	净白果仁	60	40
带壳栗子	剥去外壳	净栗子肉	63	37

10.5.1.3　做好收台减少浪费

粗加工厨师在收台时，应做好相应收台工作，以减少浪费、节约成本。

（1）整理货架　将用于陈列蔬菜加工品的货架，进行全面整理。

①将货架上的所有原料、用具、盛具等取下，进行清扫清洁处理。

②对于剩余的无需保鲜处理的原料，如南瓜、冬瓜等，应摆放在固定位置上，以便下餐使用。

③用于加工和盛放蔬菜的工具、盛具应摆放在货架的固定位置上，便于取用。

（2）余料处理　将剩余的加工好的蔬菜、肉类、水产品等原料，放置在专用料盒内，包上保鲜膜，放恒温箱内存放，留待下一餐再用。

（3）清理台面　将料盒、刀、墩等清洗干净，用干抹布擦干水分，放回货架固定存放位置或储存柜内，然后将料理台的台面及其四周用抹布擦拭两遍后晾干。

（4）清洗水池　先清除不锈钢水池内的污物杂质，用浸过餐洗净的抹布内外擦拭一遍，然后用清水冲洗干净，再用干抹布擦干。

10.5.2　配份环节成本控制

配份环节即厨房当中俗称的"配菜"，也被称为配膳。配菜就是将加工成形的各种原料加以适当配合，使其可烹制出一道完整菜品的过程。如为凉菜，即配合成可以直接食用的菜品，这个操作过程即为配份环节。

10.5.2.1　配菜环节是成本控制重点

配菜是制作菜品过程中非常重要的中心环节，菜品量化大小，都取决于配菜师。主料、配料、调料这三个要素构成菜品成本。以鱼香肉丝为例，主料是330克通脊肉丝，125克竹笋丝；配料为50克香菇或25克木耳丝；调料包括郫县豆瓣辣酱、酱油、盐、糖、醋、蒜、葱、姜、淀粉、红油等。配菜师掌管着三大料中的主料和配料。

每一道菜品都有很大部分成本损耗在于配菜师，如果配菜师未加节制，用量控制不好，本应是225克的重量，却可能配了350克。

某餐厅配菜师成本意识不强，在配鳝鱼丝时只用目测，每次配半盘用量。经称量每盘鳝鱼丝约为350克，经计算每道鳝鱼丝菜品的成本比售价高出4元，即餐厅每销售出一盘鳝鱼丝要损失4元。

菜品成本的高低与配菜具有直接联系。如鱼香肉丝的味道是以辣、甜、酸为基础的三种口味综合而成，制作工艺比较复杂，但制作出的菜品精美无比，且价格经济。那么，鱼香肉丝的成本究竟有多高呢？这就需要配菜师来确定。

一家高级餐厅的鱼香肉丝的标准用料是330克通脊丝，125克竹笋丝，50克香菇丝，配上明汁亮芡打红油，红油圈出菜边一个韭菜叶宽度，围着盘周一圈，价格30元/道。

同样一道菜如果放在普通的小餐馆，则可能只售15元/道，其原料组成当然不同，在小餐馆中使用的主料是125克肥瘦肉丝，一把胡萝卜丝，一把糟木耳，也没有明汁亮芡打红油。

所以菜品售价由成本而定，成本是根据配菜中加的原料而定，由原料成本、人工成本为基础确定其价格是最科学、最准确的。当然也需要考虑周围餐饮企业价格，以便同营运挂钩。

10.5.2.2　细加工的切割规格

（1）常见主、配料料形切割规格　细加工主要是配菜厨师将粗加工厨师加工后的食材，进行进一步切配，如切成丝、片、丁等。常见主、配料料形切割规格，如表10-10所示。

表10-10　常用主、配料料形切割规格

料形名称	适用范围	切制规格
丁	鱼、肉等	大丁：1～1.5厘米，碎丁：0.5厘米见方
方块	动、植物	2～3厘米见方
粗条	动、植物	1.5厘米见方，4.5厘米长
细条	动、植物	1厘米见方，3厘米长
粗丝	动物类	0.3～0.5厘米见方，4～6厘米长
细丝	植物类	0.1～0.2厘米见方，长5～6厘米
长方片	动、植物	厚度0.1～0.2厘米，宽2～2.5厘米，长4～5厘米

（2）常用料头切割规格　常用料头切割规格，如表10-11所示。

表10-11　常用料头切割规格

料头名称	用　料	切制规格
葱花	大葱	0.5～1厘米见方
葱段	大葱	长2厘米，粗1厘米见方
葱丝	大葱	长3～5厘米，粗0.2厘米左右
姜片	生姜	长1厘米，宽0.6～0.8厘米，厚1厘米左右
姜丝	生姜	长3～5厘米，粗0.1厘米
香菜段	香菜梗	长3～5厘米
香菜末	香菜梗	长0.5～0.6厘米
蒜片	蒜瓣	厚度在0.1厘米左右，自然形
葱姜米	大葱、生姜	0.2～0.3厘米见方
蒜茸	蒜头	0.1～0.2厘米见方
干辣椒段	干辣椒	1～1.5厘米长
干辣椒丁	干辣椒	0.5～1厘米见方
青红辣椒丁	青红辣椒	0.2～0.3厘米见方

（3）猪的加工成型标准　猪的加工成型标准，具体如表10-12所示。

表10-12　猪的加工成型标准

成品名称	用料及部位	加工成型规格	适用范围
肉丝	里脊、弹子肉、盖板肉、肥膘	长8厘米、粗0.3厘米×0.3厘米	炒、熘、烩、煮
	里脊、弹子肉、盖板肉	长10厘米、粗0.4厘米×0.4厘米	炸
肉片	里脊、弹子肉、盖板肉、腰柳	长6厘米、宽4.5厘米、厚0.3厘米	炸、熘、烩、煮
	五花肉、宝肋肉	长8厘米、宽4厘米、厚0.4厘米	蒸
肚片	猪肚	长6厘米、宽3厘米、厚0.4厘米	卤、拌
		……	
舌片	猪舌	长6厘米、宽4厘米、厚0.2厘米	卤、拌
		……	
……	……	……	

（4）鸡的加工成型标准　鸡的加工成型标准，具体如表10-13所示。

表10-13　鸡的加工成型标准

成品名称	用料及部位	加工成型规格	适用范围
鸡丝	鸡脯肉	长8厘米、粗0.4厘米×0.4厘米	炒、熘、烩、煮
	鸡脯肉、腿肉	长6厘米、粗0.4厘米×0.4厘米	鸡丝卷
鸡片	鸡脯肉	长6厘米、宽4.5厘米、厚0.3厘米	炒、熘、烩、煮、锅贴
	鸡脯肉、腿肉	长6厘米、宽4厘米、厚0.4厘米	拌
……	……	……	……

（5）鱼的加工成型标准　鱼的加工成型标准，具体如表10-14所示。

表10-14　鱼的加工成型标准

成品名称	用料及部位	加工成型规格	适用范围
鱼丝	草鱼、鳜鱼、乌鱼净肉	6厘米、粗0.4厘米×0.4厘米	熘、烩、煮
	……	……	……
鱼片	草鱼、鳜鱼、乌鱼净肉	长6厘米、宽4.5厘米、厚0.4厘米	炒、熘、烩、煮、锅贴
	……	……	……
鱼条	草鱼、鳜鱼、乌鱼、鲑鱼净肉	长6厘米、粗1.2厘米×1.2厘米	蒸、炸
……	……	……	……

10.5.2.3 制定统一配份标准

（1）菜品配份标准 菜品配份标准，具体如表10-15所示。

表10-15 菜品配份标准

单位：克

菜品名称	分量	主料		辅料		料头		盛器规格	备注
		名称	数量	名称	数量	名称	数量		
鱼香肉丝	1份	猪肉丝	120	莴笋丝	30	姜蒜米	各8	7寸条盘	
				木耳丝	15	鱼眼葱	10		
麻婆豆腐	1份	豆腐	150	牛肉末	30	蒜苗	15	7寸条盘	
……									

（2）点心成品配份标准 点心成品配份标准，具体如表10-16所示。

表10-16 点心成品配份标准

单位：克

名称	分量	主料		辅料		盛器规格	备注
		名称	数量	名称	数量		
小笼包子	1个	发酵面团	30	肉馅	15	2寸圆碟	
清汤面条	1份	面条	30	菜心	10	2寸汤碗	
玻璃烧卖	1个	烧卖皮	1张	肉馅	20	2寸圆碟	
……							

（3）面团配份标准 面团配份标准，具体如表10-17所示。

表10-17 面团配份标准

单位：克

菜品名称	数量	主料		辅料		备注
		名称	数量	名称	数量	
发酵面团	500					
油酥面团	800	面粉	500	猪油	100	冷水200毫升
……						

（4）馅料配份标准 馅料配份标准，具体如表10-18所示。

表10-18 馅料配份标准

单位：克

菜品名称	数量	主料		辅料		料头		适用范围
		名称	数量	名称	数量	名称	数量	
豆沙馅	500	绿豆	350	白糖	130	油	20	
猪肉馅	500							
……								

（5）臊子配份标准 臊子配份标准，具体如表10-19所示。

表10-19 臊子配份标准

单位：克

菜品名称	数量	主料		辅料		料头		适用范围
		名称	数量	名称	数量	名称	数量	
红烧牛肉	500							
猪肉脆臊	500	猪肉	450	红糖	15	料酒、盐、味精、胡椒粉	适量	
				香葱	两根			
……								

10.5.3 烹调环节成本控制

烹调环节是指通过加热和调制，将加工、切配好的原料熟制成菜品的加工过程。菜品的烹调，不但影响菜品质量，也与菜品成本控制密切相关。

10.5.3.1 统一制汁节省成本

制作菜品时经常需要制作各种汤汁，如糖醋汁、番茄汁、果汁、沙子汁等。为了节省成本，可采用统一制汁法，即每天早上由制汁厨师把汁制作好，然后统一分发给每位厨师，那么厨师就不用再制作所需的各种汁了。

（1）热菜主要调味汁规格

①麻辣味汁 麻辣味汁规格，具体如表10-20所示。

表 10-20　麻辣味汁（配制 20 份菜）

单位：克

调味品名	数量	备注
红油海椒	30	（1）可以用 100 克红油代替 30 克红油海椒 （2）所有调料配好之后加开水 750 克（或鲜汤）调制
花椒粉	20	
红酱油	30	
精盐	30	
味精	20	
白糖	30	
料酒	50	
姜末	20	
香油	20	

②糖醋味汁　糖醋味汁规格，具体如表 10-21 所示。

表 10-21　糖醋味汁（配制 15 份菜）

单位：克

调味品名	数量	备注
醋	150	（1）将 250 克清水加入调料中，然后在锅中熬化调料，再加些香油 （2）糖醋汁在锅中熬制时一定要浓稠
酱油	10	
精盐	8	
白糖	250	
色拉油	50	
姜末	10	
蒜米	20	
香油	50	

③茄汁味汁 茄汁味规格，具体如表10-22所示。

表10-22 茄汁味汁（配制20份菜）

单位：克

调味品名	数量	备注
精盐	15	（1）将色拉油倒入锅中烧热，之后放入蒜泥及番茄酱炒香，再加入清水500克，炒匀以上调料即可 （2）炒制时不能勾芡，要以茄汁自芡
醋	50	
白糖	300	
姜末	10	
番茄酱	200	
色拉油	200	
蒜泥	30	

（2）冷菜主要调味汁规格

①鱼香味汁 鱼香味汁具体如表10-23所示。

表10-23 鱼香味汁（配制15份菜）

单位：克

调味品名	数量	备注
精盐	15	将调料拌匀后洒在白煮的凉菜中
酱油	50	
醋	30	
白糖	20	
泡红辣椒末	50	
姜米	50	
蒜米	50	
葱白	50	
红油	100	
味精	30	
芝麻油	50	

②糖醋味汁　糖醋味汁规格，同热菜的糖醋味汁做法一样。

（3）浆、糊调制规格

①制糊规格　制糊规格，具体如表10-24所示。

表10-24　制糊规格表

单位：克

品名＼用量＼用料	鸡蛋	鸡蛋清	干细淀粉	精炼菜油	备注
全蛋糊	1个		50		
蛋清糊		1个	40		
……					

②制浆规格　制浆规格，具体如表10-25所示。

表10-25　制浆规格表

单位：克

品名＼用量＼用料	鸡蛋	鸡蛋清	干细淀粉	精炼菜油	备注
全蛋浆	1个		40		
蛋清浆		1个	30		
……					

10.5.3.2　掌握过油技巧

餐饮企业的食用油消耗量比较大，而食用油又不断涨价，因为几乎每道菜都要使用食用油，所以厨师应注意节约使用食用油，从而达到节约成本的目的。过油技巧如图10-7所示。

1　热油下锅

（1）在下油时要注意油温，如炸茄子、炸馒头、炸豆腐等。有些厨师在炸豆腐时，油刚温热就放原料，结果很多油被吸到豆腐里去了，吃豆腐时，油会从豆腐里往外冒

（2）在炸这些原料时，油温应高一些。油温可从0℃一直上升到240℃。油一般在20℃左右融化，加温到七成，就可以放原料了

选用大豆油

餐饮企业一般应选择大豆油，黄豆是素菜之宝，大豆油营养最全面，它含有23种人体所必需的氨基酸。花生油只含有15种氨基酸，而且价格比大豆油贵

将调料中红油炒出来

（1）在炒制过程中，如何将调料中的红油炒出来，也是一门学问。如麻婆豆腐、鱼香肉丝、干烧鱼、回锅肉，这类菜品都需要有红油

（2）炒红油的时候一定要使用小火，在几秒钟之内将调料里的红油炒出来，如麻婆豆腐，搁上汤烧，油比水轻，油在上面飘，水在下面，出锅时不用兑明油，红油就在上面飘着，可避免重新放红油的成本

图 10-7　过油技巧

10.5.3.3　加强对厨师的监控

从烹调厨师的操作规范、制作数量、出菜速度、剩余食品等几个方面加强监控，烹调过程控制具体如表10–26所示。

表10-26　烹调过程控制

序号	类别	具体内容
1	操作规范	必须督导烹调厨师严格按操作规范工作，任何省事的违规做法和影响菜品质量的做法都应立即加以制止
2	制作数量	应严格控制每次烹调的生产量，这是保证菜品质量的基本条件，少量多次的烹制应成为烹调制作的原则
3	出菜速度	在开餐时，要检查出菜的速度、菜品的温度、规格，阻止一切不合格菜品出品
4	剩余食品	产生剩余食品在经营中被看作是一种浪费，应尽量予以避免

10.6　利用标准菜谱控制成本

标准菜谱是以菜谱形式，列出用料配方，规定制作程序，明确装盘形式和盛器规格，指明菜品的质量标准和每份菜品的可用餐人数、成本、毛利率和售价。

10.6.1　标准菜谱的作用

标准菜谱的作用，主要包括以下几个方面。

（1）预示产量　可以根据原料数量，测算生产菜品的份数，方便成本控制。

（2）减少督导　厨师可以通过标准菜谱知道每个菜品所需要的原料及制作方法，只需要遵照其执行即可。

（3）高效率安排生产　在制作菜品的具体步骤和质量要求明确以后，安排工作时可以更加快速高效。

（4）减少劳动成本　可以减少厨师个人的操作技巧和难度，技术性可相对降低，劳动成本也因而降低。

（5）可以随时测算每个菜品的成本或根据配方核算每个菜品的成本。

（6）食谱程序书面化，可以避免对个人因素的依赖。

（7）分量标准　按照标准菜谱规定的各项用料标准进行生产制作，可以保证成品的分量标准化。

（8）减少对存货控制的依靠　通过销售菜品份数与用料标准计算出已用料情况，再扣除部分损耗，便可测知库存原料情况，有利于安排生产和进行成本控制。

10.6.2　标准菜谱设计内容

一般来说，标准菜谱设计内容主要有以下几个方面，具体如图10-8所示。

基本信息

标准菜谱中的基本信息，主要包括菜点编号、生产方式、盛器规格、烹饪方法、精确度等。基本信息虽然不是标准菜谱的主要部分，但却是不可缺少的基本项目，而且必须在设计之初就设定好

标准配料及配料量

菜品的质量好坏和价格高低很大程度上取决于烹调菜品所用的主料、配料和调味料等的种类与数量。标准菜谱在这方面做出了规定，为菜品实现质价相称、物有所值提供了基础

规范烹调程序

烹调程序是对烹制菜品所采用的烹调方法和操作步骤、要领等方面所做的技术性规定。这是为了保证菜品质量，对厨房生产的最后一道工序进行规范。烹调程序全面地规定烹制某一菜品所用的炉灶、炊具、原料配份方法、投料次序、型坯处理方式、烹调方法、操作要求、烹制温度和时间、装盘造型、点缀装饰等，使烹制菜品的质量有了可靠保证

4 烹制份数和标准份额

　　厨房烹制的菜品多数是一份一份单独进行的，有的也是多份一起烹制的。标准菜谱对每种菜品、面点等的烹制份数都进行了规定，是以保证菜品质量为出发点的。如一般菜品为单份制作，也就是其生产方式是单件式；面点的加工一般是多件式，带有批量生产的特征等

5 每份菜品的标准成本

　　对每份菜品的标准成本做出规定，就能对菜品生产进行有效的成本控制，最大限度地降低成本，提高菜品的市场竞争力。标准菜谱对标准配料及其配料量都有规定，由此可以计算出每份菜品的标准成本。由于食品原料市场价格不断变化，每份菜品的标准化成本要及时做出调整

6 成品质量要求与彩色图片

　　通过标准菜谱对用料、工艺等进行规范，保证成品质量，对出品的质量要求也做出了规定。因为菜品成品质量的有些项目难以量化，如口味轻重等，所以在设计时应制作一份标准菜品，拍成彩色图片，以便作为成品质量最直观的参照标准

7 食品原料质量标准

　　只有使用优质原料，才能加工烹制出好菜品。标准菜谱中对所有用料的质量都做出了规定，如食品原料的规格、数量、感官性状、产地、产时、品牌、包装要求、色泽、含水量等，以确保菜品质量达到最优标准

图10-8　标准菜谱设计内容

10.6.3　编制标准菜谱程序

　　虽然每家餐饮企业的编制标准菜谱程序都各有特色，但是其基本程序却是相同的，具体如图10-9所示。

1 确定主配料原料及其数量

　　确定菜品基调，决定菜品主要成本，确定其数量，因为有的菜品只能批量制作，其成本则需用平均分摊额来核算，如点心等；菜品单位较大的品种，其主配料和原料的数量，都应力求准确

图10-9

2 规定调味料品种，试验确定每份用量

调味料的品种、牌号要明确，因为不同厂家、不同牌号的调味料质量差别较大，价格差距也较大，调味料只能根据批量分摊的方式测算

3 根据主、配、调味料用量，计算成本、毛利及售价

随着市场行情的变化，单价、总成本会不断变化，每项核算都必须认真全面负责地进行

4 规定加工制作步骤

将必需的、主要的、易产生歧义的步骤加以统一，规定可用术语，要求精练明白

5 确定盛器，落实盘饰用料及式样

根据菜品形态与原料形状，确定盛装菜品餐具的规格、样式、色彩等，并根据餐具的色泽与质地选取确定对装盘后菜品进行盘饰的要求

6 明确产品特点及其质量标准

标准菜谱既是培训、生产制作的依据，又是检查、考核的标准，其质量要求更应明确具体才能切实可行

7 填写标准菜谱

对以上的内容，按项填写到标准菜谱中，在填写标准菜谱时，要求字迹端正，表达清楚，要员工都能看懂

8 按标准菜谱培训员工，统一生产出品标准

按标准菜谱的技术要求，对各个岗位的员工进行操作培训，以规范厨师作业标准，从根本上统一生产出品标准

图 10-9　编制标准菜谱程序

餐饮企业可以根据以上程序制作"标准菜谱与成本卡"（见表10-27）。

表 10-27　标准菜谱与成本卡

菜品：　　　　　用途：　　　　　　批量：

总成本：　　　　元　　　　　　总售价：　　　　元

用料 名称	数量 /千克	单价 /元	成本 /元	制作程序	剩余原料 存放或用途	使用 工具	盛装 方法
合计							

10.7　通过菜品创新降低成本

餐饮企业可以开发新菜品，有效利用原有菜品没有利用而浪费的原料，也可对菜品的装盘、名称等进行创新。总之，就是用最少的料做出最多的成品。以下提供某餐饮企业开发的菜根菜叶菜品供参考（见表 10-28）。

表 10-28　××餐饮企业菜根菜叶菜品

川菜厨房开发菜品	鲁菜厨房开发菜品
1. 妯娌腌菜坛 2. 香菜根拌海米 3. 菠菜根炝拌蛤蜊肉 4. 酱腌白菜根 5. 芹菜根炒鱿鱼丝 6. 葱根煎咸菜 7. 菜叶小豆腐 8. 花生米拌芹菜叶 9. 菜团子 10. 香菜油	1. 泡菜葱根 2. 菜根泡葱根 3. 葱根拌老虎菜 4. 芥末白菜帮 5. 跳水西兰花根 6. 老腊肉炒兰花根 7. 冰镇芥蓝根 8. 泡椒兰花根 9. 炝拌大头菜根 10. 芥辣西瓜皮

10.7.1　菜品创新的"四性"标准

菜品创新要达到"四性"标准，如图 10-10 所示。

新颖性

菜品创新必然要具有新颖性，造型、口味均要新颖，不能是换汤不换药；如烹饪糖醋排骨，原来用的是糖醋汁，如果把糖醋汁改成茄汁或橙汁，这种创新只是在口味上进行变化而已，不具备新颖性

独特性

独特性是指菜品不仅要有别于其他菜品，更要有别于其他餐饮企业的相同菜品，做到"人有我无，人无我有，人有我特，人特我优。"

经济性

有的餐饮企业会将青菜根、香菜根、葱须、姜皮、鱼鳞、长鱼骨头等统统扔进垃圾桶。其实可以针对暂时用不着的下脚料进行菜品研发，对使用下脚料研出新菜品的工作人员进行奖励，促使厨师提高厨艺和进行创新，减少浪费，增加利润

优良性

创新菜品，一定要明确其优点、卖点，从而便于客人接受。总之，菜品在创新和原料的使用上，始终要坚持降低成本原则

图 10-10　菜品创新的"四性"标准

10.7.2　菜品创新的"四化"标准

菜品创新应达到"四化"标准，如图 10-11 所示。

专业化

大型餐饮企业要形成研发组织、研发机构，而不是派几个厨师到其他餐饮企业品尝后如法炮制，一味地模仿是永远也不会进步的，一定要形成自己的风格

规范化

餐饮企业要实行规范化，形成标准菜谱。要想扭转随意性，就必须要进行规范

科学化

> 科学化主要体现在加工工艺、冷藏工艺以及主配工艺等方面。科学化符合当今时代的需求，也符合健康、绿色的创新标准

标准化

> 不要认为一有标准产品的创新，改变就会很缓慢。标准化能使客人感觉到每次吃到的菜品的分量、口味、造型、装盘都是统一的，即外形、口味基本相近，不会出现太苦、太辣、太麻的现象

图 10-11　菜品创新的"四化"标准

10.8　通过完美服务减少浪费

10.8.1　避免出现服务不当

服务不当会引起菜品成本的增加，主要表现为以下几点。

（1）服务员在填写菜单时没有重复核实顾客所点菜品，以至于上菜时顾客说没有点此菜。

（2）服务员偷吃菜品而造成数量不足，引起顾客投诉。

（3）服务员在传菜或上菜时打翻菜盘、汤盆。

（4）传菜差错。如传菜员将2号桌顾客所点菜品错上至1号桌，而1号桌顾客又没说明。

10.8.2　菜单填写必须准确

10.8.2.1　常见菜肴计量单位

中餐菜肴的计量单位，因客人人数、需要菜品的分量及盛装器皿的不同而有所不同。高档名贵海鲜珍品有的按份、有的按例。

菜品不同，规格不同，分量也不同，因此计量单位各不相同。海鲜和肉类，一般用斤和两作计量单位，现在一般用国际统一计量单位千克或克来作计量单位。

菜肴的分量除可用大、中、小例表示之外，也可用阿拉伯数字来注明。不过无论用哪种单位计量都要注明该单位盛装菜品的净样数量，以达到买卖投料量透明，便于客人监督。

10.8.2.2　记入菜单码数

菜的配制按码盘数量一般分为大、中、例（小）盘。一般炒时蔬的例盘量为4～8两，即200～400克。如净炒苦瓜为200克（1例盘）；荤素搭配，如肉片炒苦瓜，则需要用肉片100～150克，苦瓜为150～200克，合计量为300克左右。

以汤菜为例，1例盘汤的分量为6碗（小碗），供2～5位客人的用量。

10.8.2.3　写菜要求

（1）服务员应准备好笔和点菜夹，将带有号码的点菜单夹在点菜夹内，以备使用。

（2）服务员填写点菜单时，对菜名的填写（如用手写）要求字迹工整、准确；自编系统代码要用大家习惯的代码。

（3）服务员应注明桌号（房间号）、菜名及菜的分量、规格大小，填写点菜时间和点菜员姓名及值台服务员姓名。如果是套菜，要在点菜单上注明桌数。

（4）服务员应标清楚计量单位。尤其对高档海鲜，计量单位是"克"，还是"千克"，一定要向客人介绍清楚，免得在结账时会出现点菜按"千克"，结账按"克"，出现1000倍的价位差，使客人无法接受。

（5）服务员应标清菜肴器皿的规格、分量。

（6）下单的去向一定要写准。冷菜、热菜、点心、水果要分单填写，分部门下单。

（7）点菜单写菜的顺序要和上菜顺序记录一致。

（8）在点菜单上一定要注明个性需求和忌讳的内容。

10.8.3　防止员工偷吃菜品

员工偷吃菜品，可以说是屡禁不止的现象，在许多餐饮企业都存在。员工偷吃不仅不卫生，更影响餐饮企业形象。因此，必须杜绝这种现象，可以实行连环制。如发现一个员工偷吃，则告诉他：如果一个月内能逮住偷吃的人，那偷吃的事就算了。如果逮不住，那这个月被人偷吃的所有损失全部由他来承担，还要继续这项"工作"三个月。这样就可以有效防止员工偷吃。

10.8.4　避免打翻菜

服务员在传菜或上菜时偶尔会打翻菜，这主要是由于员工操作失误所导致的，因此要尽量避免。

10.8.5　尽量减少传菜差错

传菜部是主要承接楼面与厨房、明档、出品部之间的一个重要环节，起到传菜、传递信息的用途，是餐饮企业不可缺少的环节。因此，要做好对传菜人员的培训，从而控制成本。

10.9　结账环节成本控制

10.9.1　尽量避免出现跑账

10.9.1.1　提前预防

餐厅里跑账的现象时有发生，这就要求服务人员特别留意以下几种情况，以便及时防止跑账、漏账事件的发生。

（1）生客，特别是一个人就餐的客人，比较容易趁工作繁忙时，借口上厕所、出去接打手机电话、到门口接人等趁机不结账溜掉。

（2）如果来了一桌人，却越吃人越少，则难免会有先逐步撤离，到最后只剩下一两个好借机脱身的嫌疑。

（3）对坐在餐厅门口的顾客要多留个心眼。

（4）对快要用餐完毕的客人要多留心，哪怕是顾客想要结账，也要有所准备。

（5）对于不考虑价钱，哪样贵点哪样的顾客，一定要引起足够的重视。

一般来说，公司即使是宴请重要的客人，也不可能全都点很贵的菜式，只要有一两样高档的、拿得出手的菜也就可以了，而且汤水和其他家常菜、冷盘也会占一定比例，这也是点菜的均衡艺术，更何况公司的宴请也会有一定的限额，是不可以任意胡吃海喝的。

10.9.1.2　两种情境的处理

图10-12所显示的是在餐厅容易发生的两种情景及处理方法。

发现顾客逐个离场

　当服务员发现顾客在逐个离场时，要高度重视、做好以下工作要点

　（1）需要服务其他顾客时，眼睛不方便注意这些顾客的动态，这时应及时向主管报告，请求主管抽调人手，派专人盯着剩余的顾客

　（2）如果这时顾客提出要上洗手间，要派同性的服务员护送、跟踪，如果顾客提出要到餐厅外接电话，则请顾客先结账再出去

　（3）负责服务的人员和负责迎宾的服务员，要注意这些顾客的言行和动作，发现可疑情况时立刻报告，并安排专人进行跟踪，直至顾客结账

　（4）不要轻易相信顾客留下的东西，如果其有心跑单，会故意将其实不值钱的包像宝贝一样的抱住，目的就是吸引服务员的注意，然后将包故意放在显眼的位置，让服务员以为他还会回来取，从而给他留有足够的离开时间

客人没有付账即离开餐厅

　出现客人不结账就离开餐厅这种情况时，服务员可按下述两条去做

　（1）马上追出去，并小声把情况说明，请客人补付餐费

　（2）如客人与朋友在一起，应请客人站到一边，再将情况说明，这样，可以使客人不至于在朋友面前丢面子而愿意合作

图 10-12　两种情景的处理方法

10.9.2　结账时确认客人房间号

在为包间客人结账时，包间服务员一定要陪同客人前往收银台或由包间服务员代为

客人结账。否则很容易出现错误，比如，弄错包间号或消费金额，给餐饮企业带来损失。

10.9.3 以单据来控制现金收入

单据控制是餐饮企业有效控制现金的重要手段。单据控制最重要的是注意"单单相扣，环环相连"。餐饮企业的现金收入主要包括现金、餐单、物品三个方面。这三者的关系，具体如图10-13所示。

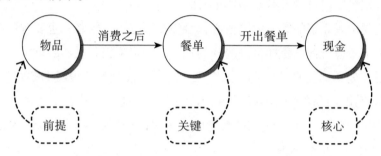

图 10-13　现金、餐单、物品三者关系

通过图10-13可以看到，将餐饮企业的物品供客人消费，然后开出餐单，最后就收回现金。在这三者中，物品是前提，现金是核心，而餐单是关键。因此，餐饮企业要想管理和控制其现金就须将物品传递线、餐单传递线、现金传递线协调统一起来。

10.9.4 有效监管收银人员

监管收银人员的有效方法有三种，如图10-14所示。

现场巡视

（1）管理人员要经常在收银台周围巡查

（2）经常检查废纸篓的作废小票，对收银台的遗留散货、杂物必须在规定时间内清理，确保机台无遗留的有效商品条码、小票及其他单据等

（3）对收银员在收银台放计算器或带涂改液、商品条码的行为立即纠正

（4）每天查看后台的相关报表

（5）定期盘点收银员的营业款和备用金，并认真登记每次的盘点情况

（6）监督收银员不得带私人钱钞进入收银工作区

备用金核查

（1）核查人员询问收银员备用金是否清点准确→清点备用金→填写"备用金情况抽查表"→请收银员签名确认

（2）核查人员每天有选择地对备用金进行核查，收银员应积极配合

（3）核查人员应填写"备用金情况抽查表"，并由收银员签字确认

（4）核查人员在核查备用金时如发现异常情况，应交由上级领导处理

收银机出现异常情况

　　收银机异常情况是指因网络故障或系统异常等原因，造成所有收银机都不能正常收银，需要采用手工收银的情况，这时应对下述操作进行监察

　　（1）监察收银员和抄写人员在第一单交易和最后一单交易注明收银员号和收银台号，以及每一笔交易的流水号，并在收银单上签名

　　（2）监察收银机纸应整卷使用，不能拆散使用；如收银纸因故被撕断，则需在断口的上半部分和下半部分处补签名，注明收银台号、流水号

　　（3）手工收银单第一联给顾客作消费凭证，第二联留存供查账及补录入

　　（4）如顾客使用银行卡付款，收银员应在手工收银单上注明卡号及发卡银行

图 10-14　监督收银人员的三种有效方法

10.10　人工成本费用控制

10.10.1　定岗、定员

　　定岗、定员是否恰当，不仅直接影响到劳动力成本的开支、员工队伍士气的高低，而且对餐饮企业的生产率、服务质量以及餐饮经营管理的成败有着不可忽视的影响。餐饮经营者应综合考虑以下因素，其定岗定员才能更合理。

　　（1）餐厅档次和布局。

　　（2）食品原料的成品、半成品化。

　　（3）菜单的品种。

　　（4）员工的技术水准和熟练程度。

　　（5）客流量和生产规模。

10.10.2　制定人工安排指南

　　人工成本控制的前提是保证服务质量，餐饮经营者必须制定出能体现其服务质量要求的操作标准，并依此制定出各项劳动安排指南，具体如图10-15所示。

10.10.3　确定劳动生产率

　　餐饮业衡量劳动生产率的指标主要有两个：一是标准生产率，二是劳动分配率。标准生产率是衡量企业中平均每位员工所创造利润的毛利率。

　　提高标准生产率的首要因素是要培训员工树立经营观念，积极开拓市场，节约开支，提高企业的毛利。其次是要合理地安排员工的班次和工作量，尽可能减少员工的雇用数量，减少员工无事可干的时间，减少人工费开支。

最低劳动力

对于不随业务量大小而变化、企业经营所必需的最低劳动力，如餐厅经理、会计、主厨师长、收银员、维修工等这部分固定劳动力的工资占餐厅人工成本支出的相当一部分，餐饮企业应有固定的劳动力标准，并尽可能安排在关键岗位上

变动劳动力

对于随着业务量水平的变化而浮动的劳动力，即当餐厅生产更多的菜品、接待更多的客人时，将需要更多的服务人员和生产人员，应根据淡、旺季来解雇或招聘这些人员，以减少费用开支。餐厅中至少有50%的工种可以根据需要来灵活调配人员，只要能科学地进行劳动力安排，就能降低劳动力成本

图 10-15　人工安排指南

10.10.3.1　确定劳动生产率的方法

标准生产率可由两种方法来定，具体如图10-16所示。

依据每小时服务客人的数量

依据每小时服务食物份数（适用于套餐）

图 10-16　标准生产率制定方法

这两种方法都可以清楚地算出服务员的标准生产率，以此可以作为排班的根据。餐饮企业应根据标准生产率，配合来客数量的不同进行工作分配；分配时需注意每位员工的工作量及时数是否合适，以免影响其工作质量。

一家餐饮企业共有5名服务员，一共有1个大厅7个包间，都在同一个平台，包房分布在大厅的两边。最大的包房设有两张台，共24个餐位，最小的包房8个餐位，总共分两个餐次。一般顾客都选择在包间用餐，大厅很少有客人，服务员的工作主要是传菜和上菜，有专门的迎宾和点菜人员。该店对员工工作的分配是按照以下方法进行的。

（1）将员工分为两个餐次，每个餐次中都有服务员、迎宾员、点菜员，这些人员在营业高峰期是同时存在的。要保障在餐厅经营的整个时段，都有相关的人员提供服务，并做好下一个餐次的准备工作。如果经营时间是上午11:00～晚上10:00，那么一个班次的工作时间可为上午10:00～下午2:00，下午5:00～晚上10:00，另一个班次为上午12:00～晚上9:00。

（2）最大的包房专门安排1名服务员，其他包房基本上做到每2间房1名服务员，大厅如果有客人，则由迎宾员及点菜员提供服务。

（3）7个包房，最大的包房要接待两桌顾客，因为只有5名服务员，还要承担传菜的任

务，人手比较紧张，因此可至少后备1名服务员。因为包房的正常服务需要4名服务员，再加上休假人员，为了提高服务档次，在人员安排上应尽量做到合理。

10.10.3.2　确定劳动生产率的其他事项

餐饮企业还应关注以下相关事项，具体如图10–17所示。

无论迎宾员、点菜员还是服务员，都只是分工的不同。因此，对卫生、服务、收捡等工作事务，都要做好明确的安排，既讲究分工又要有合作

每个班次所负责的具体事务要有界定，要求其必须完成方可下班，否则就会形成恶性循环，上一个班次推给下一个班次，下一个班次又推给上一个班次

如果其他工作已完成，且已到达下班时间，但还余有一两桌客人时，可以灵活安排值班人员

图 10-17　确定劳动生产率应关注的事项

10.10.4　合理配备人员

确定了餐厅所需要的员工定额后，应考虑如何把这些员工安置在最合适的工作岗位上，使其发挥出最大的工作效能。员工岗位的设置，具体如表10–29所示。

表 10-29　员工岗位设置

序号	类别	说明	备注
1	量才使用，因岗设人	（1）考虑岗位人员的素质要求，即岗位任职条件。选择上岗的员工要能胜任其岗位职责 （2）认真细致地了解员工的特长、爱好，尽可能地照顾员工意愿，让其有发挥聪明才智、施展才华的机会	不要因人设岗，否则将会给餐饮经营留下隐患
2	不断优化岗位组合	优化餐厅岗位组合是必需的，同时应发挥激励和竞争机制，创造一个良好的工作、竞争环境，使各岗位的员工组合达到最优化	在实际操作过程中，可能会发现一些员工学非所用或用非所长，或暴露出班组群体搭配欠佳等现象
3	利用分班制	根据餐饮企业每日营业中高峰和清淡时段客源的变化，供餐时间的不连贯及季节性显著的特点，可安排员工在上午工作几小时，下午工作几小时	在不营业或营业清淡时段可不安排或少安排员工上班

序号	类别	说明	备注
4	雇用临时工	为节约开支，便于管理，餐厅需要有一支兼职人员队伍	雇用临时工应尽量定时，在保证人力需要的同时，注意对其进行技术培训，以保证服务质量
5	制定人员安排表	人员安排表是一种人员的预算，说明员工人数应随顾客人数的增加而相应增加，随着顾客人数的减少而相应减少	根据经营情况和所能提供的服务及设备条件，制定人员安排表

10.10.5　提高工作效率

提高工作效率是降低成本的关键，应认真研究整个工作过程中的每个步骤，改变操作规程，精简员工的无效劳动；不同程度地使用机器设备，努力实现厨房设备的机械化、自动化，尽力改善食品卫生条件，减轻员工的体力劳动，提高其劳动效率，具体如图10-18所示。

尽量使用自动化水平高的厨房用具。在保证质量的前提下，缩短切配烹调时间，减少工作人员。例如以自动洗碗机代替人工洗碗

普及电脑在餐厅中点菜、收银方面的应用，缩短工作时间、提高工作效率

注重员工培训，提高员工服务技能，减少工作差错、成本浪费和操作失误

重新安排餐厅内外场的设施和动线流程，以减少时间的浪费

改进工作分配的结构，使其更符合实际需要

加强团队合作精神培训，以提高工作效率

尽可能一人兼几职或多用钟点工，如楼面经理、营业主管兼任迎宾员；维修工、司机、库管、财务兼传菜员；库管兼酒水员；吧台主管、迎宾主管兼办公室文员；水台、粗加工兼洗碗工

图 10-18　提高工作效率的要点

10.10.6　控制非薪金形式的人工成本

控制非薪金形式的人工成本具体针对的几个方面，如表10-30所示。

表10-30　控制非薪金形式的人工成本

序号	形式	说明
1	工作服	（1）掌握员工流动情况，做好工作服的发放、回收工作 （2）注意工作服的选料、制作、保养、洗涤，以延长其使用寿命
2	员工用餐	合理安排员工工作餐时间，尽量避开客人用餐高峰期，实行按定员定额发卡，尽量杜绝非工作人员用餐，减少浪费
3	人员流动	如果员工的流失率过高，不仅会降低总体服务质量，还会增加人员招聘费用和新员工培训费用，影响工作效率，导致人工费用上升

10.11　餐具损耗费用控制

10.11.1　餐具破损的防范

餐具破损的情况有以下几种。

（1）玻璃器皿和瓷器破损率最高。

（2）楼面使用的小餐具损耗率较小，厨房使用的大餐具损耗率较高。

（3）由服务员清洗的小餐具损耗率较小，由洗涤部清洗的餐具则损耗率高。

（4）由服务员保管的餐具破损率较小，由洗涤部管理的餐具损耗率较高。

破损原因及防范方法如图10-19所示。

　餐具破损原因

　　餐具破损原因主要包括两个：一是人为破损，二是因为使用时间长或质量差而造成的自然破损。餐具的人为破损原因，主要包括以下几个方面

　　（1）托盘或其他装餐具容器没有放稳

　　（2）托盘上餐具装得太多支持不住

　　（3）运送餐具时装得太多或不整齐，过沟或斜坡时餐具滑落

　　（4）洗碗间餐具台上餐具太多太乱，服务员不方便下栏，使餐具继续堆积以致压破或倾倒

　　（5）将玻璃杯装入不合适的杯筐，使杯子受压或受挤而破损

　　（6）生意清淡时，员工打闹嬉戏造成餐具破损

　　（7）由于地滑，员工摔倒而造成餐具破损

　　（8）餐具叠放太高，由于不稳造成斜倒而破损

　　（9）壶类餐具的小配件丢失，如椒盐瓶的皮盖、酱醋壶的盖等

　　（10）外卖时装车不正确因受压而破损

　　（11）员工心情不好时摔打餐具泄愤而破损

　　（12）新员工对操作规范还不太清楚，对餐具破损没有认识

　　（13）清洗时洗涤剂放得太少而洗不干净，在擦拭时就会用力，而造成破坏

图 10-19

破损预防方法

（1）将餐具重新归类，按要求放到盆中。一般情况下先洗玻璃器皿，再洗瓷器。玻璃器皿盆中最多放3～4个，瓷器放8个左右是比较安全的

（2）清洗时，一般用两盆温水，夏天水温40℃，冬天可以再高一些。其中放餐具洗时，一般是瓶盖的三至四盖为宜，这样较容易擦洗干净

（3）服务员端托盘时，一般情况下，一个托盘放8套杯具是最安全的

（4）遇到客人敬酒或激动时，服务员要有意识地做到重点跟进，适当提醒客人，或移开其面前餐具

（5）加强对服务员端托盘平稳度的练习

（6）加强新员工对餐具爱护意识的培训，在实践工作中多跟进指导，同时安排老员工进行重点指导

图 10-19　破损原因及防范方法

10.11.2　防范餐具流失

10.11.2.1　餐具流失原因

（1）生意忙时，员工不小心将餐具同垃圾一起倒入垃圾桶。

（2）外卖时，没有及时跟踪外卖餐具回收。

（3）其他部门"拿用"而遗失，或其他部门借用后无人跟进收回而遗失。

（4）少数客人用餐后将餐具拿走。

（5）员工或其他人拿走而遗失。

（6）盘点时不认真，造成漏盘假象而丢失。

10.11.2.2　餐具流失预防措施

餐饮企业应采取图10-20所示措施来防范餐具流失。

 餐饮企业内部流通餐具

（1）坚持使用"餐具出入登记本"，每天营业结束后，由洗涤组和厨房值班人员对在厨房存放的餐具进行盘点，由值班管理人员抽检后签字确认。第二天由会计根据"餐具出入登记本"，对每日厨房餐具损耗填写"餐具损耗登记表"

（2）每日楼面员工下班前，都要填写"楼面餐具交接表"，与管理人员和值班员交接完餐具后才可下班

（3）楼面员工至其他区域顶台时，需与管理人员对顶台区域餐具进行交接

餐饮企业外部餐具

餐饮企业外部餐具主要指的是送餐或出借两种情形，都必须做好记录。如有送餐，需准确填写"送餐餐具登记表"，一式两联，由双方核定并签字确认。餐具回收时，回收人需认真核对登记，如有餐具短缺等情况时，需在第一时间向当值管理人员汇报，并签字确认

如果是将餐具出借给其他餐饮企业或相关单位，一定要填写好"餐具出借登记表"，保证记录准确性，以便及时追回所借餐具

图 10-20　餐具流失的预防措施

10.11.3　明确不同部门餐具管理的职责

不同部门餐具管理的职责如表10-31所示。

表 10-31　不同部门餐具管理的职责

序号	部门	具体职责
1	洗涤部	洗涤部要保证从本部门出去的餐具是完好无缺的，这也是保证餐具零破损的先决条件 （1）洗碗工将撤回的餐具检查合格后将残物刷净，并分类存放待洗涤 （2）在清洗过程中，餐具必须分类、按规格摆放，按秩序清洗餐具（不允许混洗） （3）先将餐具分类放好，再进行分类清洗 （4）清洗好或消毒好的餐具必须按规格、大小分类，整齐叠放 （5）每天下班前，洗涤部值班人员要将餐具存入保洁柜中，餐具不能堆放太高，以防倒塌损坏 （6）使用筐子装餐具时，不能超过其容量的70% （7）洗涤部领班要监督洗碗工按规定清洗，发现破损，立即开出报损单
2	厨房	（1）每天荷台上班后，检查所备餐具有无破损，将已破损无法使用的餐具挑出，做好记录并分开存放，然后上报厨师长 （2）荷台在每餐备餐具时，如发现某类餐具突然大量缺失，要立即上报厨师长，查明原因 （3）所领用的餐具专菜专用 （4）如工作中有破损的情况，要做好记录并上报厨师长处理
3	传菜部	（1）传菜部对所上菜品都要按要求核对菜品质量及餐具配套情况，并对餐具破损情况逐一检查 （2）如果发现有餐具破损的情况，或者是菜品与餐具不配套的情况，立即退回，拒绝传菜

序号	部门	具体职责
3	传菜部	（3）营业期间，传菜组必须协助服务员将用过的餐具传回洗碗间 （4）如果是因为工作不认真，对所用餐具破损未能及时发现，由传菜部负责 （5）传菜员在传餐具过程中要小心谨慎，防止滑倒损坏餐具，操作时轻拿轻放，传菜领班需要做好监督工作
4	楼面	（1）服务员在上菜前，要对所有上菜餐具进行检查 （2）对所上菜品发现其餐具破损的，应立即退回并拒绝上桌，然后做好记录，如发现破损餐具上桌，将由服务员对破损餐具负责 （3）服务员在服务和收拾餐具时，应做到轻拿轻放，杜绝鲁莽操作，并严格做到大、小餐具分类摆放，由各区域领班负责监督，发现损坏，应追究责任，并开出破损单 （4）撤餐员对服务员所撤回餐具负责检查，检查服务员在服务当中有无造成餐具破损的情况。所有撤餐人员在撤餐的时候都应要求同值台服务员一同巡视桌面并对餐具的破损情况进行检查 （5）服务员要保管好自己所看台号的小餐具，保证其完好无缺。如果服务员自己保管的小餐具出现损耗，且无法说明原因的，由服务员自己进行赔偿

10.11.4 妥善处理客人损坏餐具

10.11.4.1 常规处理

客人如在就餐中损坏餐具，应该进行赔偿。服务员要及时为客人换上新的餐具，迅速清理现场，然后委婉地告诉客人需要赔偿。客人没有异议时，服务员需及时通知吧台损坏餐具的数量、品名、赔偿价格、桌号及客人姓名。如果是主宾或主人，要顾及客人面子，在适当时机再委婉告诉客人。赔偿金额按照餐饮企业赔偿规定执行，营业结束后，服务员要及时上报领班，进行登记并申领新餐具。

10.11.4.2 免赔情况

如果客人是老顾客，那么其不愿赔偿则可以免赔。当然，如果客人坚持拒不赔偿，也可以免赔。对于餐饮企业不同的管理人员，其免赔权限有所区别，如10元以下领班有权免赔；30元以下主管有权免赔；50元以上则需要上报经理。相关人员应及时做好登记，填写免赔单，在账单上以未扣形式出现。损坏餐具当事人、餐饮企业管理人员双方均需在免赔单上签字方可生效。免赔情况要写在值班记录上，在例会时汇报上级。

10.11.5 员工餐具管理

员工餐具管理要点如图10-21所示。

（1）员工在工作中不慎损坏餐具，应立即上报领班进行记录并申领餐具，可以不立即赔偿，先做好记录，月底根据餐具损耗率进行一次性赔偿

（2）员工如是故意（因工作态度不好）损坏餐具物品，领班有权当场开赔偿单，赔偿金额为进价的一倍

（3）所有赔偿以罚款形式上报餐厅和财务部，并做好记录

（4）一般赔偿金额在10元以下的由领班签批；50元以下的由经理签批；50元以上的需要总经理签批

（5）餐具损耗率按比例分配到各班组，月底盘点时在损耗率之内的班组，可以不对员工进行处罚，超过损耗率时，按餐具进价赔偿

（6）班组餐具损耗率超过的部分，按进价进行平摊处罚，班组负责人负有连带责任

如果班组餐具损耗率在控制范围内，可以将日常处罚所得用来奖励餐具保管得好的员工

图 10-21　员工餐具管理要点

10.11.6　做好餐具损耗及盘点记录

餐饮企业在每月月底进行餐具盘点，汇总一个月破损的餐具，在公告栏向店里所有员工进行展示。同时，也要做好餐具盘点记录。

10.12　低值易耗品控制

餐饮企业的低值易耗品包括一次性筷子、餐巾纸、餐巾布、洗洁精、拖把、地刮子、抹布、皮手套、清洁球、冰盒等。虽然每件物品都成本低廉，但是每个月的全部总计费用也是不可忽视的，所以，必须加强控制。

10.12.1　一次性使用产品的控制

一次性使用产品包括餐巾纸、牙签、一次性筷子、洗涤剂、卫生纸等。这些产品价格低，因此，其费用往往被人忽略。但是大型餐饮企业对这些用品消耗较多，一个月的消费量也是很大的。要控制一次性使用产品的消费量，就必须做到节约，专人、专管、专盯，计算好其使用量。

10.12.2　可重复使用产品的控制

可重复使用的产品包括桌布、口布、小毛巾、陶瓷、玻璃器具等。只要掌握正确的

使用方法，降低损坏率，延长其使用寿命与次数，就能节约成本。比如在定购餐具时，不能只考虑其外观，还要考虑其实用性。餐饮企业一定要购买便于保存、运输、洗涤的餐具。盘子应尽可能选择圆形的，因为圆形盘子使用时间更久。有些形状很特别的餐具很容易碰碎，也会给清洗带来一定的难度，增加报损率。玻璃器皿的选择也应遵循这一点，玻璃器皿易碎，其数量应控制在总数的25%以下。

10.12.3 办公用品的控制

办公用品包括计算机网络维护，日常办公用纸、笔的消耗。计算机采用专人专管专门操作的方法，尽量降低其维修费用，延长其使用寿命，以降低成本。打印纸可双面使用，笔用完之后换笔芯，尽可能不购买新笔。在餐饮企业能正常运转、营业的情况下，应尽可能地节省费用。

【他山之石01】餐厅低值易耗品（非餐具类）成本控制办法

餐厅低值易耗品（非餐具类）成本控制办法

1．目的

及时了解和掌握各岗点物品消耗状况，及时发现和控制不合理使用中的浪费现象，作为考核管理人员管理意识和管理能力的依据，增强员工节约意识，也为来年提供较有效的成本预算依据。

2．适用范围

餐饮部对管辖范围内低值易耗物资（非餐具类）使用情况的分析和管理。以下简称低值易耗品。

3．职责

餐饮部所有岗点都必须遵从此办法。

4．办法内容

4.1 严禁员工以任何理由私用客用低值易耗品。

4.2 摆台后未曾使用的低值易耗品必须回收。

4.3 所有岗点必须专设低值易耗品存储地方，并有效分类，杜绝因存放不当造成变质或类似事件发生。

4.4 餐饮部管理层将定期和不定期对员工宿舍进行检查，如发现酒店低值易耗品，将按偷盗论处。

4.5 拆开的低值易耗品必须归类集中放好，不得随意放置，以免流失。

4.6 员工应懂得如何识别可以回收二次利用的低值易耗品，禁止随意抛弃可以回收二次利用的低值易耗品，一旦发现，以故意浪费处理。

4.7 易耗品的领用要有计划、有根据，按需领用、按月领用。严禁领一月用半年的类似状况发生，避免给财务、库房带来错误信息。

4.8 应优先使用"不常用物料用品明细表"中的物品。

4.9 部门单独申购的物品必须保证领用和正常使用，不得给财务、仓库造成积压。

4.10 所有的领货单必须交给管事部一份，否则数据上报错误造成的任何责任由相关岗点承担。

4.11 所有的领货单必须规范填写，递交联应有完整和清晰的电脑编码、品名、规格、单位、数量，否则管事部有权拒收。

4.12 所有的领货单必须于每日部门早会前递交，必须递交给管事部当日早会出席者，且自留联编号处有接收者签字。

4.13 所有的领货单必须在十日内递交。

4.14 每月6号定为低值易耗品盘点日，任何岗点不得以任何理由拒盘或漏盘。

4.15 当月盘点结果必须于当月7号17:00前上交。

4.16 对于部分低值易耗品采取以月实际领取量作为月耗量。

4.17 管事部将根据盘点结果进行统计，有较大异常的将向各岗点索要分析报告。

4.18 对违反《餐饮部低值易耗品（非餐具类）成本控制办法》的人员，将按其所造成额外费用的成本价赔偿，对态度不佳者加以口头警告处理。

【他山之石02】餐厅低值易耗品的领用及使用规定

餐厅低值易耗品的领用及使用规定

为了加强对低值易耗品的管理与控制，特制定此餐厅低值易耗品的领用及使用规定。

一、一次性用品

一次性用品包括：餐巾纸、筷套、茶叶、洗洁净、牙签、消毒液、打包袋、火柴、洗衣粉、一次性筷子、一次性饭盒、空气清新剂、花露水、方糖、咖啡、酒精、方便袋等。

（1）领班负责每天统计好所缺物品并填写"物品领用审批单"。

（2）领班在填写时必须将日期、物品名称、数量、部门认真填写。

（3）部门经理应根据库存情况及客流量情况进行审核"物品领用审批单"，审核合格，认为合理后经理立即签字。

（4）酒店保管员签字验证后应将单价金额填写准确，方便统计与控制。

（5）部门领用时将第一、第三联带回餐厅，第一联由经理保存，第三联由部门领班保存。

（6）部门领用时必须将领出的物品从品种到数量根据"物品领用审批单"——核对后送到仓库摆放整齐。

（7）领班必须每周认真检查核对"物品领用审批单"的数量及种类。

（8）服务人员在领用时必须在领用表上将物品名称、时间、所在区域、物品数量填写清楚。

（9）午餐领取时间：11:00之前，晚餐领取时间：17:00之前。

（10）一次性物品员工不得使用，不得浪费，不得私自借给其他部门。

（11）部门能回收利用的必须回收利用。

二、非一次性用品

非一次性用品包括：拖把、收子、扫帚、香巾等。

（1）服务人员在使用时不得破坏，不得乱放。

（2）领班随时进行检查与督导。

员工必须严格执行，如有违反参照《员工手册》及《督检条例》进行处理。

10.13 其他支出费用控制

10.13.1 租金最大效益利用

餐饮企业租金是需要每月支付的，是一个重要支出部分。餐饮企业在签订房屋租赁合同时，要明确租金等相关事项。

10.13.1.1 延长营业时间

餐厅的租金是固定的，因此可以通过延长营业时间来分解每小时的利用效率。如麦当劳、永和大王等都是24小时营业。当然，不是所有的餐饮企业都适合24小时营业，这要由餐饮企业的类型、周围环境等因素来决定。

10.13.1.2 提高翻台率

提高翻台率，可以增加有效用餐客人数，从而增加餐饮企业收入。提高翻台率的方法，具体如表10-32所示。

表10-32 提高翻台率的方法

序号	方法名称	具体操作	备注
1	缩短客人用餐时间	从客人进入到离开的每一个环节只要缩短一点时间，客人用餐时间就可以缩短，当然翻台时间自然也就缩短	要求每个员工都要尽力在自己工作范围内提高效率，缩短时间
2	候餐增值服务	对客人殷勤款待，增加免费服务，如免费饮用茶水、冰粉；免费擦鞋；免费报纸杂志阅览；免费茶坊休息等	迎宾和礼宾的工作重点是留住客人，让客人等位，避免客人流失

序号	方法名称	具体操作	备注
3	运用时间差	（1）运用对讲机，在确定有台位埋单的情况下，等位区的迎宾或礼宾就会开始为客人点菜 （2）该桌值台服务员会在桌上放置"温馨提示牌"，一方面提醒客人小心地滑并带好随身物品，另一方面提醒其他员工，准备好翻台工具	大厅与外面等位区的配合是关键
4	设置广播	（1）餐饮企业设置广播，每隔10分钟广播一次，内容安排可以是感谢客人用餐、提醒客人就餐注意事项等 （2）第一次广播播放选在大厅台位只剩几桌的情况下，全店员工都会知道马上要排队，应该加快工作速度	广播的作用不仅是在提醒客人，更重要的是在提醒员工
5	提前为下一环节做准备	（1）在客人点菜后，及时询问是否需要添加主食或小吃，如果不需要的话服务员就开始核单并到吧台打单 （2）在客人不再用餐时提前将翻台用具备好 （3）埋单后客人如未立即离开，可征询客人的意见，先清收台面和椅套围裙	每一个服务人员在服务中，都应该为下一环节作准备
6	效率与美感	可以选择由传菜组员工专门负责翻台的清洁卫生，不仅速度快，而且动作优美	特别注意翻台卫生，既要效率，也要注意美感
7	全员动员	（1）由服务员负责缩短客人用餐时间，勤分鱼、分菜，勤做台面 （2）传菜员和保洁员负责缩短收台时间，要做到收台迅速，清理卫生迅速 （3）后厨人员负责缩短上菜时间，出品时间应快速、准确 （4）管理人员负责巡台协调，随时注意各桌客人用餐进程，对各部门没有做到位的情况进行提醒	全员的参与才能全方位缩短时间，在翻台高峰期，各部门甚至要交叉帮忙，以翻台为前提

10.13.1.3 开外卖口

餐饮企业如果店面比较大，可以选择开设外卖口，外卖品可以卖自己餐饮企业的产品，也可以租给其他人，比如有的餐饮企业门口就有卖馋嘴鸭、珍珠奶茶等客人可能需要的商品。当然，大家最熟悉的莫过于麦当劳的甜品站了。

但是，在开设外卖口时一定要注意不要影响到餐饮企业的整体形象，或者是造成喧宾夺主的效果，那将是得不偿失的。

10.13.1.4 处理好与房东的关系

餐厅经营者维护好与房东的关系相当重要，做生意讲究"和气生财"，如果与房东关系不好，其可能会比较苛刻；而如果与房东关系很好，那么许多事情就会比较好处理，比如免费使用房东的库房、车棚等，可以节约一大笔开支。

10.13.1.5 租金交付时间

租金交付尽量不要按年交，最好是半年交、季交，因为如果按年度交房租的话，一旦由于经营不善或其他原因导致餐饮企业无法经营下去，已交付的房租又要不回来，就会浪费资金。

10.13.2 刷卡手续费的节约

随着现代消费理念的普及，刷卡消费成了如今付款的潮流，许多餐饮企业都可以刷卡消费。这样做为顾客提供了方便，但同时也产生了刷卡的手续费，要由商家自己支付。现在餐饮业2%的刷卡费率，相对于超市、商场等零售行业的平均不高于0.8%手续费是比较高的。

10.13.3 合理控制折旧费

餐饮企业折旧费是一项经常性支出费用，因此要进行合理控制。一般来讲，餐饮企业折旧主要针对的是各种固定资产。例如空调最好是三年就更换一次，否则很可能其产生费用会超过其本身价值。

作为固定资产的营业设施，因为其使用寿命超过一年，其价值是在营业中一年一年地逐年消耗的，需要进行折旧处理。又因为其收益也是逐年取得的，需要考虑货币的时间价值。

资产折旧额直接影响着餐饮企业的成本、利润以及现金流量的多少，是一项很关键的财务数据。正确地计提固定资产折旧，是实现固定资产的价值补偿和实物更新，保证餐饮企业持续经营的必要条件。

10.13.4 有效控制停车费

10.13.4.1 餐饮企业自有停车场

如果餐饮企业有自己的停车场，那么停车费管理比较简单，只需要安排保安员进行管理就可以了。

10.13.4.2 租用停车场

许多餐饮企业都是租用停车场来为客人提供停车服务的，因此需要支付租用停车场的费用。长期以来，就餐免费泊车一直是很多餐饮企业揽客的普遍招数。当然，多数免费泊车，其实是餐饮企业与停车场达成协议，由餐饮企业为顾客统一垫付停车费的。

因此餐饮企业在租用停车场时，一定要签订停车场租用合同。

10.13.5　减少修缮费

餐饮企业的房屋需要修缮，由此会产生修缮费用。因此需要在平时注意保养，减少修缮次数，从而减少修缮的费用。

同时，在签订租赁合同时，要注意明确房屋修缮费用如何支付。注明所租房屋及其附属设施的自然损坏或其他属于出租方修缮范围的，出租人应负责修复。承租人发现房屋损坏，应及时报修，出租人在规定时间内修复。因承租人过错造成房屋及其附属设施损坏的，由承租人修复赔偿。

此外一定要爱护并合理使用房屋及其附属设施，尽量不要私自拆改、扩建或增添，如果确实需变动的，必须征得出租人同意，并签订书面协议。

10.14　加强能源管理

能源在许多地区日渐昂贵，有时甚至很难得到，由于能源成本逐渐增高，为维持餐厅利润，减少能源消耗势在必行。合理有效地使用能源，是餐厅管理的一项重要工作，也是餐厅每月控制公用事业费支出的一个重要环节。

10.14.1　能源管理的益处

良好的能源管理会给我们餐厅带来许多益处，如图10-22所示。

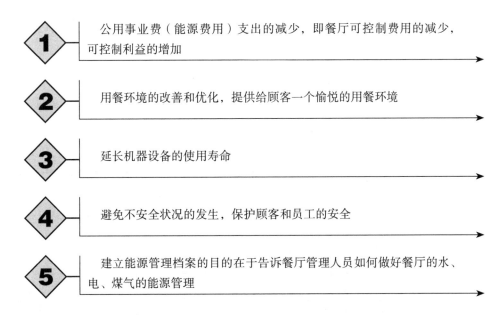

1 公用事业费（能源费用）支出的减少，即餐厅可控制费用的减少，可控制利益的增加

2 用餐环境的改善和优化，提供给顾客一个愉悦的用餐环境

3 延长机器设备的使用寿命

4 避免不安全状况的发生，保护顾客和员工的安全

5 建立能源管理档案的目的在于告诉餐厅管理人员如何做好餐厅的水、电、煤气的能源管理

图 10-22　能源管理的益处

10.14.2 加强能源调查

在每半年使用冷气及暖气的季节时，管理组应进行一次完整的餐厅能源调查。已经完成设备训练的管理组是理想的负责人，可指定为"设备执行经理"。

能源调查可显示餐厅所执行的能源管理原则，可了解哪项设备对建立良好能源管理的影响最大，并可提示餐厅对能源使用的警觉性。它也能协助你发现目前或潜在的能源浪费问题，并加以修正或预防，以尽量维持最低的能源成本。

改正效率不足的错误后，应保存完整的表格记录，以作为餐厅能源情况的"成绩单"。

10.14.3 开展能源盘存

如同其他原料一般，能源也可以盘存。

餐厅应有衡量能源使用的定期计划，并比较现在与去年同期的使用量。盘存各类能源应使用的计算单位如下：

$$
\begin{array}{lll}
水： & 立方米 & m^3 \\
电： & 千瓦小时 & kW \cdot h \\
煤气： & 立方米 & m^3 \\
\end{array}
$$

能源盘存计划应集合餐厅所有人员的努力，所以，应每月公布结果，让每位员工知道成效如何，让所有人员了解，维持能源成本的成功与否，全有赖于餐厅各人员的合作程度。以下为能源盘存系统方法。

10.14.3.1 建立餐厅能源基本用量

各家餐厅保存每年的能源使用情况表（见表10-33），并根据每年各月营业额预估做出每月的水、电、煤气的计划使用费用。同时，将每月实际发生的使用量画在能源使用表（可使用方格纸）上，并将此张贴公布，也可于同一图表上显示去年同期的实际使用量比较，让每位员工都了解能源管理的成效。

表10-33　餐厅能源使用情况表

项目 \ 月份		1	2	3	4	……	12	备注
照明电	本月抄表数							
	上月抄表数							
	本月耗电数							
	照明电总价							

续表

项目 \ 月份		1	2	3	4	……	12	备注
动力电	本月抄表数							
	上月抄表数							
	本月耗电数							
	动力电总价							
空调	本月抄表数							
	上月抄表数							
	本月耗电数							
	空调电总价							
水	本月抄表数							
	上月抄表数							
	本月耗电数							
	水费总价							
煤气	本月抄表数							
	上月抄表数							
	本月耗电数							
	煤气总价							
其他	本月抄表数							
	上月抄表数							
	本月耗电数							
	总 价							
合计费用								
营业额								
占营业额/%								

10.14.3.2 色点系统

色点系统是餐厅控制照明、空调等设备开启、设备关闭的能源管理系统。使用色点系统，可将色点贴在照明设备配电盘及开关、空调配电盘及开关上，如此可便于管理组节省能源的使用。

在照明设备配电盘及开关上，先决定哪一个开关控制照明设备的哪一部分并记录下来，以作为日后的参考。决定哪些照明设备必须于营业时段持续打开，而哪些电源可于某些时段关闭，以节约能源。然后，贴上标示及色点来区分。

（1）照明设备的色点　照明设备的色点如图10-23所示。

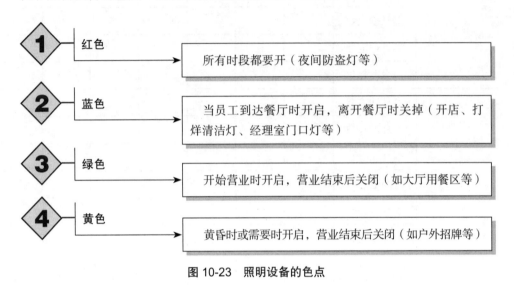

图 10-23　照明设备的色点

（2）空调设备的色点　空调设备的色点如图10-24所示。

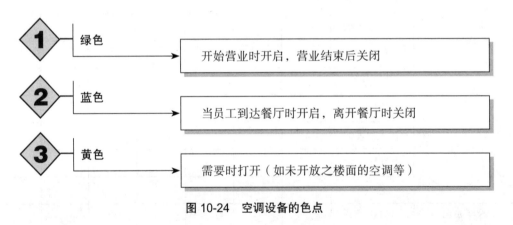

图 10-24　空调设备的色点

节约能源成本的重点在于随时将可关掉的电源关掉。必须确定所有的管理组成员都了解餐厅的色点系统的重要性，并会使用。

10.14.3.3　设备开启时间表

关掉无需使用的设备可节约能源，关键便在于每日或每周营业额低的时段中，找出哪些设备是不需要开启的。为生产区、服务区各项设备拟定"设备开机时间表"（见表10-34），以餐厅的营业形态为基础，并另行准备一份"设备关机时间表"，以应对其他状况，例如午后低峰时或处于严寒天气时等。

为生产区、服务区中所有电器、煤气设备拟定开机时间表，是减低电力需求的真正机会，这些设备的暖机耗电量比达到作业温度所耗的电量更多。一次启动一项设备，等暖机结束后，再开启另一项设备可使用电量减至最低。

表10-34　设备开机时间表

设备名称	预热时间	开机时间	备注

如：开业时间有变，请相应变化。

10.14.4　能源控制

10.14.4.1　能源控制的三种方式

管理能源时，可采用三种控制方式：调整控制、开启–关闭控制及维护控制。如图10–25所示。

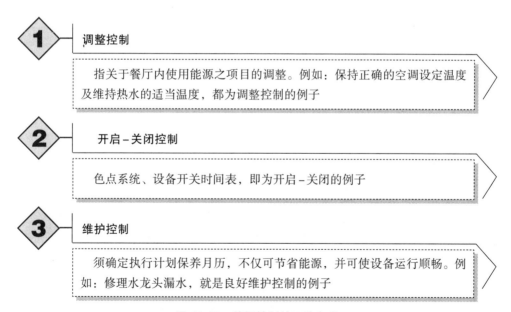

图 10-25　能源控制的三种方式

另外，餐厅可以利用"能源使用情况评估表"（见表10–35）进行自我评估，以定期检讨餐厅在能源使用上的进展并附分析及行动计划。

表10-35 能源使用情况评估表

餐厅_____ 评估日期_____ 评估人_____

项目	评估标准	实际结果
水	（1）清洗间水流量　　标准：/分 （2）热水/开水水温　　标准：82℃/87℃ （3）最近一次热水器的维护　　标准：每月一次 （4）供水系统漏水检修　　标准：0处 （5）每月用水情况记录和分析（能源使用情况表）	
电	（1）采用最新色点系统控制照明 （2）采用最新色点系统控制空调 （3）及时更新设备开启、关闭时间表并张贴公布 （4）餐厅用餐区温度检查。标准：冬季20℃，夏季26℃ （5）餐厅工作区温度检查。标准：冬季20℃，夏季26℃ （6）冷冻、冷藏货物进货状况检查符合要求 （7）最近一次冷冻、冷藏系统设备的维护保养 （8）最近一次空调保养时间 （9）电力设备系统漏电检修　　标准：0处 （10）每月用电情况记录（能源使用情况表）	
煤气及其他能源	（1）每月煤气使用情况记录（能源使用情况表） （2）当月煤气设施完好 （3）其他能源使用状况，请具体说明	
设备保养日历	（1）设备温度标准符合计划需求 （2）设备清洁度符合计划要求 （3）设备维护、保养记录	
其他	（1）管理组会议、员工会议上回顾讨论能源使用情况 （2）能源使用图的张贴及更新 （3）当月能源费用控制状况是否合乎预估要求，如否，请附分析及行动计划	

　　上述所有控制能源耗用量的方法，有赖于餐厅人员的训练及警觉性。人员，才是餐厅健全能源管理的关键所在。作为餐厅的管理者，应为训练及建立能源警觉性投资时间，比其他任何能源投资，更具有增加利润的潜力。

10.14.4.2 餐厅各主要系统的能源消耗降低细节

　　下列为使用调整控制、开启–关闭控制、维护控制的明确方法，以降低餐厅各主要系统的能源消耗。

　　（1）空调设备

　　①调整控制。餐厅冷热气的流出，主要是受到建筑物内、外温差的影响。所以设定

空调开关上的正确温度，才能节省餐厅的能源。依国际标准来说，在冬季使用暖气时，室内温度应设为20℃；在夏季使用冷气时室内温度应设为26℃，多数人在此温度下更舒适。用餐区温度的测量以顾客坐下时，头部的高度为准。厨房区温度的测量，则是以服务员站立时头部高度为准。为维持适宜温度，在夏冬两季调整空调开关的设定温度。其他季节依餐厅外的天气状况及温度做合理调整。另外，餐厅也须依照楼面开启情况、营运状况，适时地调整空调的开启和关闭。

②开启－关闭控制。如果餐厅拥有独立式空调设备，可拟定间隔式启动的时间表，一次开启1台或2台空调，使用间隔式启动时间表作业，则每日可节省数小时的运作时间。

打烊后，请关闭排油烟机，可避免餐厅的热气/冷气流失或吸入。

③维护控制。空调设备维护的基本时间表，列于计划保养月历中，严格遵守时间表作业非常重要。图10-26所示为空调设备维护控制的要点，不仅可确保空调设备的流畅使用，更可降低其能源费用。

保持清洁的空调设备

尘土是大自然中最佳的绝缘体之一，它能阻塞冷冻线圈及其他零件，而使设备的使用效率大为减低。保持空调设备良好运行最重要最简易的方法为：每星期至少清洁一次空气过滤网和冷凝器散热网，必要时及时更换

定期检查空调设备内部

注意是否有裂缝腐蚀、螺丝松落或其他损坏，有无异响、异味，并及时予以维修

每周检查空气入口及回风装置

根据一般的清洁时间表即可。清理上述装置不仅可改善餐厅外观，更可确保空调设备的功能。调整空气流向，勿使其直接向下或对着墙壁及其他障碍物

清洁面板内的恒温器

用软毛刷将恒温器及其毛细管、护盖上的灰尘油垢清除掉。发现毛细管卷曲，应及时予以更换（注意，须关闭电源开关）

图 10-26

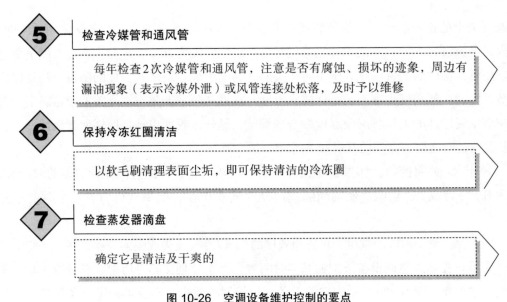

图 10-26　空调设备维护控制的要点

（2）冷藏、冷冻系统　在维持半成品品质方面，冷冻库及冷藏库扮演着极为重要的角色。为维持经济适当的温度范围，管理者必须定期检视这两个系统。

①调整控制。应设定冷冻库、冷冻柜（冰箱）控制除霜周期的计时器，以节约能源，设定时间有4个周期，所选定的除霜时间，至少应卡在进货后2小时，或是人员不会进出冷库或开启冰箱的时间为宜。其设定周期须至少间隔4小时，应避免高峰电力需求的时段（例如早上6:00、下午6:00、凌晨12:00的时段）。

冷藏库化霜时间为15 ～ 30分钟，冷冻库化霜时间为60分钟。

②开启-关闭控制。大型冷冻库进货时，不要关闭压缩机，因为卸货后再使冷库降温，这比让机组继续运作花费高。在进货或盘点时，不让冷库的门开着，空气帘则保持在适当位置，不可为了进出的方便而将它推到旁边或取下。应鼓励人员进出冷库前做好计划，以减少往返次数。

③维护控制。与空调一样，良好保养的冷藏、冷冻系统，是降低能源成本最有效率的方法，也有助于延长设备的流畅运作。

要求员工遵行计划保养月历中的保养计划，并牢记图10-27所列事项。

（3）生产区设备　餐厅的生产区设备为主要的能源消耗者，占总能源费用的50% ～ 60%，餐饮店如想节省餐厅能源的消耗，就该从此处着手。对使用独立电表及煤气的餐厅而言，管理者应从实际度数中分析生产区设备实际的能源用量。

以良好的能源管理（及产品品质）来说，确保所有生产区设备经过校准、清洁、有计划的维护保养，是非常重要的。必须确认餐厅有彻底执行日常的清洁程序。

①调整控制。对良好的能源管理来说，保持所有生产区设备的适度调整非常重要，生产区调整程序，也有助于减低能源成本。白天不需使用的设备也应予以覆盖或关闭。

每周检查冷冻库、冷藏库、冰箱的门垫是否完整。清除尘垢或食物残渣，并注意是否有裂缝及损坏情形。同时需检查冷藏门边的加热器是否运行正常，以防结冰

（1）定期以纸币检查冷藏（冻）/冰箱设备之垫圈。方法是：轻轻打开冷藏（冻）/冰箱门，将纸币贴着门边，再关上门时，纸币便会夹在外墙与橡胶垫圈中。关上门后，将被夹住之纸币抽出，如能轻易取出，则垫圈太松，如果垫圈紧密适度，纸币需用力才能取出。在每一扇门两边之顶端及底部重复此一测试。在测试大型冷藏库时，同样让纸币夹入，关门后，注意门边四周是否有滴漏的现象

（2）损毁的垫圈，松弛的弹簧，或破裂的铰链，都可能造成门缘的滴漏情形。如有上述任何一种情形出现，都应立即处理

所有冷藏（冻）机组的冷凝器及散热器线圈也应保持清洁。大型冷库与冷藏库也一样。如线圈位置近厨房排风口，便易于堆积油垢，而油垢正如磁场般易于吸附尘土。应使用手电筒检查线圈内部的清洁，同时也要检查水冷式冷凝器，以避免浪费能源或水

检查除霜计时器上的时间设定是否正确

每周检测一次冷库/冰箱温度。如温度不符要求，则调整温度控制开关直到符合要求为止

图 10-27　冷藏、冷冻系统的维护控制事项

生产区设备最重要的调整技巧为温度校准。

②开启-关闭控制。餐厅的整体设备，是依高峰营运的负载量而设计的。既然餐厅营运不会一直处于高峰期，一天中某些时段关闭部分设备，也是合乎逻辑的做法。

在营运平缓时注意生产区设备，在适当时段内找出关闭设备的机会，以早先讨论过的"设备关机时间表"协助管理者来拟定时间表，须保证每位服务员都彻底地了解时间表及使用设备的适当程序，并明白应以最有效率的方式来完成任务。在设备所需暖机的时间下尽量延迟关机时间。

管理者需花费一番心血才能决定最佳的生产区例行工作，最好的能源效率时间表或许比所惯用的要复杂许多，但请各位管理者记住这一点，每节省一元能源，就会增加一元的利润。

③维护控制。如其他耗用能源的设备一样，正确地维护生产区设备，能使餐厅更经济地运用它。具体要参阅设备保养手册，以了解下列重要作业的正确程序，具体如图10-28所示。

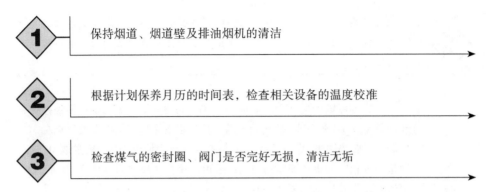

图 10-28　重要作业的正确程序

（4）照明系统　餐厅的照明设备其实是一种行销工具，餐厅要保持明亮、愉悦，而且光线充足，这些都有助于吸引顾客进入餐厅。新开业餐厅，或是在重新装潢的餐厅里，可使用较浅的颜色、镜子、更多的开放空间，以减少照明所需。以已装修好的餐厅来说，选用节能灯泡，是控制照明能源的主要方法。

①调整控制。日光灯较白炽灯（即普通灯泡）效率为高，使用时也会产生较低的热能。唯有大厅及用餐区的装饰照明可使用灯泡，并应选择合适的最低瓦数灯泡为宜。

换置日光灯管时，须使用高效能之灯管。

②开启-关闭控制。在拟定照明设备的时间表时，无需考虑开启或暖机等重要因素，一般来说，不需照明时，即关闭。

③维护控制。正确维护热水器，是餐厅控制加热给水的重要关键。必须遵行维护保养月历的维护时间表，每月应对热水器进行例行检查，如有出水量减少、漏气、漏水现象应立即报修，同时定期更换热水器的干电池。

下面提供几份餐饮店实施节能控制的范本，仅供读者参考。

【他山之石03】某酒店餐饮部节能降耗实施方案

某酒店餐饮部节能降耗实施方案

餐饮部节能降耗方案由各部门指定专人负责，落实到人。管理人员加强检查力度，随时抽查员工对所属区域能源的使用及节约情况，并遵照各部门《开关灯制度》《节能降耗方案》等制度，加强部门对员工节能降耗的培训，杜绝浪费现象。从思想到实践，从小事到大事，处处有节约意识，提高每位员工的主人翁意识，从我做起，从点滴做起，注意随手随时关水电气，关设施设备等。在要求节能降耗的同时，工作区域和营业区域不能影响正常工作和经营，避免事故发生。餐饮部节能降耗具体实施方案见下表。

餐饮部节能降耗具体实施方案

项目	部门	节能措施
节约用电	中餐厅	（1）包房　中午、晚上按开餐时间（11:20或5:20）对灯光控制的执行标准如下 ①客人未到时开1组灯，客人到来时灯全开完 ②客人走后开1组灯，关掉其他灯，人走完后灯全关 ③针对有窗的房间，开餐前不开灯，特别在夏天或晴朗天气时不用开灯 （2）音乐　收餐后按音乐控制标准关闭（有客人打开，无客人关掉），拔掉电源 （3）电器设备　针对各区域各点的客人到来或离开情况开启关闭设备，收餐后饮水机、电视机、毛巾柜等电器插头拔掉，并通知保安部作收餐检查。办公室打印机在没用时应关闭，电脑显示屏在没使用时应关闭 （4）设立部门节能专职人员，不断加强节能意识的培训 （5）过道　客人少时，或天气好的情况，电梯间只开1组照明，另外××府在无人时只开应急灯 （6）××府大厅　每日午市、晚市在开餐前及收餐后都要求只打开A、B区的各1组灯带的照明。开餐（11:20或5:20）才把所有灯光打开，另在午市1:00、晚市8:00左右根据实际来客情况把4组大花灯关掉。再如A区前部分没有客人，就把前部分灯关掉，后部分有客人就开上。但如果哪个区只余下一两桌时，除关花灯外还要把相邻区的筒灯关闭，最后只开亮1组灯带，只要工作完成就关掉所有电源 （7）空调　有客人才开，××府中午只开1组，其余各区域均如此，晚上客人走后余下少部分时就可以关闭空调 （8）人走灯灭，下班时拔掉该拔的插头，关掉电源，有人时也尽量少开灯，比如日光充足时尽量不开灯，减少电器的开关次数
	会议中心	（1）过道　主要针对过道节能，在开会的情况下（3个会议以上），过道除花灯外，其他灯光保持全开。会议室全满或有重要接待除中间吊灯外，其他灯全开 （2）在没有会议和用餐时过道及会议室灯光应保持关闭状态，只留应急照明灯 （3）在会议室内进行会前布置或会后收台时只开1组节能灯 （4）在会议进行中，过道应关掉花灯2组，留1组花灯和节能灯 （5）会议室　所有会议室在开会的情况下应保持灯光全开，也可根据客人要求对会议的灯光做适当的调整和关闭 （6）设立部门节能专职人员，不断加强节能意识的培训 （7）空调　会议中心空调开半个小时或一小时，气温凉快后就可关闭，之后温度有上升时再开启 （8）人走灯灭，下班时拔掉该拔的插头，关掉电源，有人时也尽量少开灯，比如日光充足时尽量不开灯，减少电器的开关次数

续表

项目	部门	节能措施
节约用电	西餐厅	（1）电器　开启时间标准如下 ①毛巾箱和咖啡炉中午11:00至12:30开，晚上5:00至6:30开 ②罗马路灯冬季早上6:15至8:00开、夏季早上6:15至7:00开，冬季晚上5:30至9:00开、夏季晚上7:15至9:00开 ③满天星灯早上6:15至10:00开，晚上5:30至9:00开 ④明档吊灯早上6:15至10:00开，中午11:30至2:00开，晚上5:00至9:00开 ⑤音响早上6:15至10:00开，中午11:30至2:00开，晚上5:30至9:00开 ⑥A、B区台灯冬季晚上5:30至9:00开、夏季晚上7:00至9:00开 ⑦C区玫瑰灯和水晶灯早上6:15至10:00开，中午11:30至2:00开，晚上5:30至9:00开 （2）××包房如有预订请工程部开启或关闭空调 （3）电器设备　针对各区域各点的客人到来或离开情况开启关闭设备，收餐后饮水机、电视机、毛巾柜等电器插头拔掉，并通知保安部作收餐检查。办公室打印机在没用时应关闭，电脑显示屏在没使用时应关闭 （4）设立部门节能专职人员，不断加强节能意识的培训 （5）音乐　收餐后按音乐控制标准关闭（有客人打开，无客人关掉），拔掉电源 （6）每次结束白天照明处于关闭节能状态，晚上结束只留吧台收银台的台灯1组 （7）人走灯灭，下班时拔掉该拔的插头，关掉电源，有人时也尽量少开，比如日光充足时尽量不开灯，减少电器的开关次数
	传菜部	（1）灯　库房早上10:00开灯，中午及晚上营业时间将库房灯关闭，如要拿东西保持随时关灯 （2）早上在3楼员工电梯口折叠毛巾时开电梯口2组灯，完后关闭 （3）每次翻台风机房的灯打开后，将桌子运出风机房后立即关灯 （4）在包房或会议室翻台时，夏天有窗户的将窗帘拉开，尽量不开灯，冬天开1～2组日光灯，不开花灯 （5）每日开餐时间将二三楼过道灯全打开，收档时随手关闭 （6）每日值班人员最后收档时将二三楼传菜部灯全部关闭 （7）设立部门节能专职人员，不断加强节能意识的培训 （8）电器设备　人走灯灭，下班时拔掉该拔的插头，关掉电源，有人时也尽量少开，比如日光充足时尽量不开灯，减少电器的开关次数

续表

项目	部门	节能措施
节约用电	管事部	（1）灯　各个楼层洗碗间上班时将灯打开，中午做厨房或过道清洁后将过道灯关闭 （2）管事部下午4:00收餐完毕后将各个洗碗间的灯全部关闭，下午5:00由中班员工到岗后开启 （3）晚上11:00下班后将所有洗碗间灯全部关闭 （4）夜班员工在做各个楼层清洁时，在哪层清洁就开哪层的灯，人走关灯锁门 （5）五楼明档地方较宽，要求员工做一个明档开一个明档的灯，不能全部开启 （6）各种电器设备针对使用情况而定，打印机在没用时应关闭，电脑显示屏在没使用时应关闭 （7）设立部门节能专职人员，不断加强节能意识的培训 （8）电器设备　人走灯灭，下班时拔掉该拔的插头，关掉电源，有人时也尽量少开，比如日光充足时尽量不开灯，减少电器的开关次数
	宴销部	（1）灯　中午、晚上按开餐时间（中午11:20或下午5:20）对灯光控制的执行标准：中午11:20开灯，下午5:20开灯；下午1:20关灯，晚餐8:30关灯 （2）宴销部营业台早班天气较好时只开一组，营业时间再开射灯 （3）宴销部办公室只要人离开就立即关灯 （4）电器设备　针对使用情况而定，打印机在没用时应关闭，电脑显示屏在没使用时应关闭 （5）设立部门节能专职人员，不断加强节能意识的培训 （6）客人少时或天气较好的情况下，电梯间只开1组照明 （7）人走灯灭，下班时拔掉该拔的插头，关掉电源，有人时也尽量少开，比如日光充足时尽量不开灯，减少电器的开关次数
	厨房	（1）电器设备　在过高峰期后关掉部分电器设备，定时结合情况关闭抽风和鼓风机；无人区域关闭电灯；勤检修电器设备，保证设备良好运转 （2）各种电器设备针对使用情况而定，打印机在没用时应关闭，电脑显示屏在没使用时应关闭 （3）设立部门节能专职人员，不断加强节能意识的培训，规范烹调过程等环节操作 （4）人走灯灭，下班时拔掉该拔的插头，关掉电源，有人时也尽量少开，比如日光充足时尽量不开灯，减少电器的开关次数
节约用气	管事部	临时停气或有自助餐需用气罐时，保证每个气罐的气用完后方可更换气罐，气阀拧紧避免漏气
	厨房	（1）控制厨房蒸箱蒸柜用气，尽量不开二楼蒸柜，三楼蒸柜在非营业高峰期只开一个 （2）平日炒菜注意节约用气，炒菜完毕后拧紧气阀。

续表

项目	部门	节能措施
节约用水	中西餐厅	注意人走水关，避免细水长流，包房洗手间，客人离开时看见无人却在流水，应立即关掉水源
	酒水部	用水时尽可能节约不浪费，清洗水果等物品时尽可能少用水，人走水龙头要关闭，不能有滴水长流的现象
	管事部	冲洗餐具时高压水枪及水管要做到"用时开，不用则关，节约用水，杜绝浪费"的原则
	宴销部	注意宴销部营业台桶装水的使用量，客人到营业台订餐时应及时给客人倒水，一般倒半杯或三分之二杯即可
	厨房	（1）严格把关炒菜时的流水和菜品的撇水、冲洗等用水量 （2）减少原料解冻降温的用水量，自然解冻
节约低值易耗品	中西餐厅	（1）员工不能用客用物品（餐巾、牙签等） （2）低值易耗品能回收的需回收（例如筷套、零钱袋等） （3）餐厅库房合理控制低值易耗品的发放 （4）对餐厅客人未使用的餐巾纸、牙签回收，"计划经济"该区有多少餐位就配多少用品（如牙签20支以下，纸巾每人2张左右，一次性手套每人一次，火柴2盒），各区的备量不过量，每餐完后及时补充，客人走后先巡视台面有否干净完好的牙签、火柴、纸巾等，回收后再次使用 （5）延长低值易耗品的使用寿命，控制领用量
	管事部	（1）员工不能用客用物品 （2）控制药水的使用量 （3）延长低值易耗品的使用寿命，控制领用量
	宴销部	（1）员工不能使用客用物品 （2）低值易耗品要注意重复利用，如用过一面的A4纸可以重复使用背面 （3）延长低值易耗品的使用寿命，控制领用量
	厨房	（1）控制保鲜膜、一次性手套、塑料袋等低值易耗品的使用量；注意回收装饰鲜花和假山，减少成本浪费等 （2）员工不能用客用物品 （3）延长低值易耗品的使用寿命，控制领用量
节约人力成本	各部门	（1）员工未按质完成工作，拖延时间上下班不能报补休和加班 （2）根据餐厅预计情况让酒店合理欠员工休息时间，生意淡季时再补回 （3）应科学安排人员上班，尽量减少员工加班，提高工作效率 （4）严格考勤，严禁迟到早退，淡季上午尽量安排人员休息 （5）加强技能培训，提高员工劳动技能和熟练程度 （6）各部门尽量做到"减人增工作量"，一人多专的效果

续表

项目	部门	节能措施
节约直接材料成本	各部门	建立严格的报损丢失制度，对于原料、烟酒的变质损坏、丢失制定严格的报损制度，对于餐具制定合理的报损率，超过规定的部门必须分析说明原因
	楼面	配合厨房控制成本，如鲍汁、翅汁没有用完的回收到厨房，跟料、酱料适当准备，用小味碟出品，客人不足时及时增加
	宴销部	配合厨房控制成本，如厨房需急推的菜品，宴销人员在配菜时应及时配在菜单里推销
	厨房	（1）有效控制调味料、辅料成本；紧密配合财务部、采购部控制采购成本，科学合理安排使用原材料，做好边角料的综合利用；餐饮部厨师长与财务部定期对市场原辅料及菜品进行市场调查，掌握市场价格动态，及时调整原材料的进货价格 （2）对于贵重原材料（如龙虾、象拔蚌、鲍等）由行政总厨专人管理，并建立标签制，以便与财务核算控制
节约办公及其他支出	各部门	（1）对使用物资尽量各部门互相借用，尽量减少采购，坚持资源共享的原则 （2）对领用物资严格把关 （3）对办公用品合理使用、爱护、保养，延长使用寿命 （4）对办公用品管理，杜绝浪费 （5）对办公电话实行个人负责制 （6）维护爱惜设施设备，勤保养，减少维修率 （7）减少餐具或其他物资的破损，杜绝违规操作，客人损坏的需照价赔偿，员工损坏的需做好记录进行赔偿 （8）减少搬运中的振动和碰撞，工作要按程序操作，避免物资受损

【他山之石 04】某餐厅节能实施方案

某餐厅节能实施方案

餐厅为了充分控制好全年的餐饮各项成本，同时倡导能源节约，让部门每一个员工积极参与并有良好的节约意识，本着"节约能源从我做起"的原则，为严格贯彻节约精神，特制定部门各项节能实施细则及处罚规定。

一、楼面

（1）服务员在为客人提供服务的时候，要严格控制好餐巾纸的使用量，领班级主管监督标准使用量和领用量，杜绝用餐巾纸擦桌子、私自用餐巾纸当手纸或私拿。

（2）服务员在开菜单的时候，点菜单要做到合理使用，严禁使用点菜单当稿纸或下单不规范造成浪费。

（3）服务员在为客人服务的时候，要注意观察客人的各种餐食使用量，对各种符合卫生的剩余食品要进行回收，杜绝服务员乱收台，将所有食品收台到管事部倒掉。

（4）在为客人提供送餐服务时，服务员要做到餐具需清点，并按量配备纸巾、各种调料、一次性筷子、勺等，要做到谁送谁回收的原则，并检查餐具的使用情况是否有破损及回收漏收的情况。

（5）服务员在当班时杜绝餐厅长明灯现象，餐厅在开餐前10分钟开启餐厅大厅零点餐区域的灯光电源，根据天气情况当班领班掌握空调开启时间及温度，餐厅营业工作结束后及时关掉餐厅大厅的灯光电源及空调电源，当班领班每日在收尾工作时负责检查；如有包厢接待，包厢当值服务人员根据宾客用餐时间提前20分钟开启灯光电源及电视，根据天气情况开启包厢空调，每日由当班领班负责检查督促；保障包厢接待结束后确保足够的光线做收尾工作的情况下，服务员应及时关掉部分的灯或全部灯及关闭空调、电视避免电源浪费；中餐厅走廊灯的开启时间规定为早上6:30～7:30、晚上7:00～10:00。

（6）服务员在回收餐具和玻璃器皿时应统一、分类摆放，轻拿轻放，杜绝服务员在工作当中打闹玩耍造成餐具破损。

（7）服务员在清洗玻璃器皿时要轻拿轻放、轻擦，避免杯具碰撞造成破损。

（8）服务员在清洁卫生时避免水龙头长流水，每日按标准用量领取洗洁精，杜绝浪费。

（9）服务员在收台工作时应当细心操作，避免汤汁洒在台布上，干净的台布应二次利用，降低洗涤成本。

（10）服务员要合理使用和维护保养餐厅的咖啡机、饮料机、榨汁机，延长设备的使用寿命，避免违规操作造成的损坏。

（11）服务员在清洁工作结束后应及时晾晒抹布及拖把，延长使用寿命。

（12）每日及时送洗餐厅布草，避免脏布草积压发霉损坏。

（13）餐厅酒水管理员要加强管理酒水及休闲食品，按照先进先售原则，杜绝积压过期和损坏现象。

（14）服务员在为客人冲泡茶水时，要按量使用茶叶和开水，避免浪费。

（15）加强管理及控制餐厅的打包盒、打包袋、一次性筷子、汤勺，杜绝浪费及私用情况。

（16）加强管理餐厅餐巾纸的使用，避免客人携带餐巾纸出餐厅、工作人员私用餐巾纸，杜绝服务员用餐巾纸擦桌等现象。

（17）楼面主管及经理每天都要加强服务员的综合能力培训，要严格避免开错单、走错菜或漏埋单现象，从而造成出品成本损失。

二、厨房

（1）所有厨师在正常操作设备时，一定要严格按照出品所需，进行有效控制水、电、气的合理使用，杜绝长流水、长明电、长明火。

（2）各厨房厨师长每日都要严格加强厨师对设施设备操作的监督和培训，严禁违规操作造成设施设备的损坏，无出品制作时，一定要关闭所有设备。

（3）每位厨师要严格遵守食品卫生，加强对厨师制服及厨帽的爱惜，制服是隔天一换，厨帽是7天一个。

（4）所有厨师在原材料加工及制作时，要做到物尽其用，原料粗加工时要争取二次选料、三次选料后才做餐厨垃圾处理，厨师在菜肴制作过程当中严禁偷吃、偷拿，或因操作不当造成原材料浪费。

（5）每天厨师长要严格加强开档收档的检查，要保证所有原材料在收档时能妥善储存，并加强对各档口的原材料检查，所有储存在冰箱的原材料严格遵守先进先出的原则，并按分类需求进行高低温储存，避免原材料储存不当造成腐败、变质等。

（6）厨师长每天要配合财务部、收货员加强对原材料的验收、抽检及食品卫生的把关，严禁短斤缺两、徇私舞弊、腐败变质的食品。

（7）厨师长每天要监督员工食堂的伙食，要求厨师做到按量制作，打菜员要做到按量打取，并严格加强剩菜的回收利用，对楼面的团队及包厢要多加强监督检查，对符合食品卫生的剩饭剩菜要督促服务员加强回收利用。

（8）部门经理每天要联合厨师长对各厨房的保鲜膜、锡纸、洗洁精以及相关物料的领用情况进行监督和检查，严格控制使用量，并督促各分部做到最低使用标准。

（9）加强对厨师的食品卫生培训力度，严格执行HACCP食品卫生标准，杜绝因食品卫生造成的退单、投诉、食物中毒等带来的巨大损失。

（10）厨师长每日要严格监督厨师在出品时各种厨具及餐具做到轻拿轻放，厨房所有的厨具、餐具转送到管事部时要分类，并提醒管事员注意小心打碎。

（11）厨师长每日要加强与楼面的沟通和协调，积极推陈出新并做好沽清单，监督厨师与服务员在下单时保持良好沟通，避免因交接不清或沟通不畅造成出品浪费。

（12）要严格监督厨师，无论做粗加工、卫生清洁还是制作时，杜绝使用大量的水源冲洗、化冻、浸泡等。

（13）每日加强对设施设备的检查和保养，与工程部加强良好沟通，对设备有不好的状态时，及时通知工程部加强维保和检修，避免设备进一步恶化造成资产损失。

（14）厨师长每天加强监督厨师要正确使用冰箱设备，不要经常打开造成压缩机长期工作，从而造成电源浪费。

（15）部门经理要经常检查员工宿舍的空调，制定出空调开关制度，严格要求按时开关，杜绝浪费电源。

三、管事部

（1）管事部领班每天都要加强对管事员的培训，包括设施设备的操作、各种餐具厨具清洗的标准操作程序、各种化学制剂的使用配比，做到每个管事员都能熟练操作并掌握各项专业技术。

（2）领班每天要严格控制洗洁精、清洁布、清洁球、机用洗碗液、机用快干剂等的使用量及领用量，并定期检查洗碗机的电脑分配器是否工作正常，杜绝一切非正常使用造成的浪费。

（3）在日常工作时，领班要加强检查管事员的工作程序是否合理，杜绝大量使用水源冲洗餐具，在工作完毕时及时关掉洗碗机电源，杜绝长流水、长明电。

（4）在日常工作中，领班监督管事员在清理餐厨垃圾时要仔细查看，避免将小型餐具如瓷勺、筷子架、不锈钢勺、筷子、味碟等误倒入垃圾桶内，并经常查看垃圾桶是否有餐具误倒，避免餐具流失浪费。

（5）管事员在餐具、厨具的洗涤、运输、存放的过程当中，应注意分类运输存放，并始终遵守轻拿轻放的原则，严禁因运输及存放不当造成餐具厨具的破损。

（6）管事员在员工食堂回收餐具及剩余餐食时，一定要经过厨师长检查后方可将剩余餐食倒掉，在收到楼面回收的餐厨垃圾时，要查看是否有符合卫生、可以再次利用的食品及时收到厨房作二次使用处理，禁止工作不严谨、把关不严、责权不清所造成的浪费。

（7）管事部领班在处理餐厨垃圾时，可以对垃圾分类，对于一些可回收的垃圾要收集起来集中处理，积攒下来的垃圾费可以购买管事员的工鞋、围裙等。

（8）餐饮部所有员工都有职责一起监督员工食堂的员工餐食浪费情况、空调开启时间、电视机的使用情况，发现餐食浪费问题要积极处理并举报，员工用餐后要及时关闭空调、电视机、照明灯，杜绝浪费电源。

（9）管事部领班要严格执行二级库的相关管理制度，加强防潮、过期食品及灭四害的管理力度，对快要过期的食品提前一个月告知相关分部门及时处理使用，并经常保持库房的卫生和通风。

（10）管事部领班要加强各分部的货物领用的检查，对领用出现异常的货物有权禁止出货，并严格按照各分部使用最低标准予以监督，超出使用量不发货。

（11）管事部领班每月底配合财务资产管理员做好破损记录，对破损率持续增长的部门将进行处罚并全面培训，直到破损率下降为止。

四、办公室

（1）部门经理要全面监督部门的办公用品使用量，各种纸张如非需要，要做到两面使用，圆珠笔发放到人，谁丢失谁自己购买补充，并严控领用制度。

（2）配合文秘加强对办公设备的监管，禁止使用电脑做与工作无关的事，如打游戏、网购、炒股等。在不使用时应设置屏保和密码，下班时应关闭电源。

（3）部门经理要全面加强对各分部的电话监管，可依据财务每月电话清单对相关分机监督检查，对电话费超出的分机要分析调查，属于私打电话的将严厉处罚。

（4）办公室文秘要严格配合管事领班，加强对部门存放的高档烟酒、高档干货的监管，禁止出现发霉、过期、受潮等。

（5）部门要配合工程保安部，全面加强员工的品德和安全教育，防止安全事故发生而造成酒店重大损失。

五、奖罚条例

（1）部门将对各分部不定期监督检查，属于员工轻微过失造成的损失，我们将责成口头教育和培训。

（2）属于员工操作不当或工作不细致造成损失的，将按原价赔偿，并加强教育和培训。

（3）属于故意损坏造成损失的，除原价赔偿外，将报请人事部做开除处理。

（4）各分部在日常物耗及成本控制方面，连续2个月出现超预算的，将对分部负责人书面警告并处罚；连续3个月节省的，将报请人事部通报表扬并奖励。

【他山之石05】餐厅节能减耗细则

餐厅节能减耗细则

一、空调与灯光

空调不得在包厢无预订时使用，当有预订时可提前打开包厢内空调并将其调至适宜的温度。灯光在有预订时可提前打开一部分亮度较低的灯光，待客人进入包厢后可打开大多数灯光，当客人上桌开餐后可打开餐桌上的主灯。待客人离开后应第一时间关闭空调、电磁炉与电视机以及餐桌上的主灯。待做好卫生摆台完毕后应关闭所有灯光。

二、口布等消耗品的节约

餐厅日常的卫生中，应尽量避免使用口布去做卫生。当必须使用口布时应注意口布的使用，将卫生完成的同时尽量节约使用的口布数量。纸巾在上桌后客人未使用的也予以回收使用，以节约成本。

三、餐具的日常保养

在使用餐具时注意轻拿轻放，且在使用时注意不得冷热混用以避免餐具炸裂。在收拾餐具的过程中不得随意堆放，应按照大小等堆放整齐，且避免餐具在送去清理的过程中互相碰撞导致破损。在擦拭餐具时用力不应过猛，以避免餐具在擦拭中出现破损。

四、配料的分量

在打取套料时，香辣酱和葱姜汁都按照两平勺的分量打取。海鲜汁则倒至三分之二处以下，以避免丸类在蘸汁时溢出。在散点时，香辣酱等同样器皿的小料统一按照大汤勺一勺半的分量打取。泰椒圈等相同器皿的小料全部打满即可，不要堆出器皿太高。香菜、葱花、泰椒圈要注意保持湿度，打好后要套上保鲜膜，以避免开餐时发生干枯变黄等现象。

五、日常工作中的细节节约

厅面及时告知其余部门预订情况，以及退换菜品时迅速与其他部门进行沟通，以避免退回的菜品因时间较长失去水分与口感。传菜部应按照预订情况通知厨房汤类的备量，以避免每日准备过多导致浪费。在各种单据的使用时尽量与其他部门沟通，以节约人力去做重复的事。各种采购和申领以及维修的单据不应重复下单，责任到申请人，如迟迟未能解决应自己去催促而非重复下单造成成本浪费。

第11章

图解精益管理之质量控制

11.1 保证餐饮原料的质量

11.1.1 制定原料采购规格标准

餐饮原料的质量通常是指原料的新鲜度、成熟度、纯度、清洁卫生、固有的质地等。原料的质量要求既包括食品的品质要求，同时还包括使用要求。为了避免口头叙述产生的理解误差，提高采购的有效性，通常采用书面形式加以说明，这就是习惯所称的采购规格标准。在制定规格标准时，叙述要简明扼要、言简意明，尽量避免使用模棱两可的词语。

11.1.1.1 采购规格标准内容

采购规格标准内容如图11-1所示。

餐饮原料名称

　　注明所需采购的食品的具体名称。原料的名称，一般使用较通俗的、常用的商业名称。比如，鸡，就应写明老母鸡、肉用鸡、仔鸡、光鸡、活鸡等

质量要求

　　主要是指原料的品质、等级、商标、产地等内容。餐饮原料的品质应注明其新鲜度、成熟度、纯度、清洁程度和质地等特征，注明等级可省去许多叙述，可直接标明一级还是二级。对于一些原料，有关部门还未正式规定等级的，可作适当说明，标明质量特征。商标是不可忽视的，有些原料在购买时要认准商标，以防假冒产品。产地表示原料是否正宗。另外，对于原料的上市状态也应作一定的说明。比如，原料是新鲜的还是冰冻的；是淡干品还是咸干品；是加工制品还是非加工制品等。对于质量要求的说明要详细具体，不可含糊其词

图 11-1

规格要求

主要是指原料的大小规格、重量规格、容器规格和包装外形等。规格的确定一要依据生产需求量的大小，二要根据市场的价格。比如，淀粉，市场上有500克一袋的，也有20千克一袋的。如果生产量大，则可购20千克一袋的，因为小袋装的价格要高于大袋装的价格。反之，生产使用量小，如果单纯从价格角度考虑，往往会造成不必要的浪费

特殊要求

对原料特殊要求的说明，可依次列在备注上。比如，原料是国产货还是进口货、包装标记、代号、送货要求、其他服务要求等

图 11-1　采购规格标准的内容

11.1.1.2　采购规格标准的作用

采购规格标准的作用主要在于如图11-2所示的几个优点。

促使有关管理者预先确定每一种原料的质量要求，以防止盲目进货或不恰当进货

便于原料统一规格，满足生产需要，保证菜肴质量，有助于食品成本控制

向各个供应商分发采购规格标准，便于供货商及供货单位及时了解餐饮店对原料的质量要求，进行投标供货，使餐饮店有机会选择最优价格进货

可以提高工作效率，减少工作差错。可免去每次订货时向供货商或供货单位重复解释原料的质量要求与规格

便于对所采购的原料进行标准验收

可减少采购部与厨房之间的矛盾。采购规格标准是随着企业经营项目、经营要求、市场行情等方面变化而变化的

图 11-2　采购规格标准的作用

总之，采购规格标准应成为采购的依据、购货的指南、供货的准则、验收的标准。而且，采购规格标准应随着菜肴的变化需要不断地改进和完善。

11.1.1.3 采购规格标准的几种具体形式

（1）肉类采购规格标准 要获得适用的肉类原料，在制定肉类规格标准时，应着重明确以下几点。

①原料的新鲜度。

②原料的用料部位。

③肉品的嫩度。

④肉品的脂肪含量。

⑤卫生状况。

⑥对于包装的肉品，还应注明其生产厂家、商标及质量标准等。

肉类采购规格标准见表11-1。

表11-1 肉类采购规格标准

品名	规格	质量要求	备注
猪里脊肉	1.5 ~ 2千克/条	每条猪里脊肉不得超过规格范围，不得带有脂肪层，新鲜的或冻结良好的，无异味	送货时应予以低温冷冻
猪肋排	25千克/箱	带肋排骨，不带大排肥膘、奶脯。块形完整，不夹碎肉，净重与商标规定相符	送货时予以低温冷冻

（2）禽类采购规格标准 禽类的质量有肥瘦、老嫩、肉用型和非肉用型、新鲜和冰冻等区别。禽类的生长期与肥瘦老嫩有关。禽类的品种决定其含脂量、出肉量的多少以及鲜美程度，因此，在制定禽类规格标准时，应对禽类的品种、新鲜度、购买形态、生长期、重量、包装等作详细要求。禽类采购规格标准见表11-2。

表11-2 禽类采购规格标准

品名	规格	质量说明	备注
箱装肉用鸡	1000 ~ 1250克/只	去头颈爪、内脏，并将肫、肝、心整理后装入腹腔内，冻结良好，外观白净无异味	低温运输
活老母鸡	1250 ~ 1500克/只	两眼有神，羽毛紧贴、不掉毛、叫声响亮，爪子细，2年半至3年生的散养老鸡（草鸡）	

（3）水产类采购规格标准 水产类食品包括各种鱼类、虾类、贝类等。水产品的质量最重要的是新鲜度。因为水产品含水量多，组织细嫩，自身酶和外界细菌的侵蚀，极

易使其变质而产生腥臭味，即使在冷藏温度下也是如此。因此，新鲜度应作为水产品制定规格标准的重点，具体如表11-3所示。

表11-3　水产品采购规格标准

品名	规格	质量要求	备注
鲫鱼	300～350克/条	鲜活（草鲫）	带水送货
青鱼	1.5～2千克/条	新鲜、鳞片完整，腹不鼓胀，无异味	低温冷冻
螃蟹	200～250克/只	鲜活，阳澄湖大闸蟹，肉质坚实，壳硬，背青腹白	
甲鱼	500～550克/只	鲜活，爬行利落、肥壮，腹部无红印、无针孔，禁止注射水	
黑鱼	1～1.5千克/条	鲜活	

（4）加工制品采购规格标准　加工制品是指经过专营厂商加工后的各类餐饮原料。比如，肉制品、蔬果制品、奶制品、调味品等。此类制品的上市形态有罐装、腌制、干货、冷冻等形态。在制定加工制品的采购规格标准时，首先应了解所需加工制品的名称、商标名称、制品等级、食品的净重、大小重量、产品形态以及出厂日期和产地等。特别是对加工制品的包装商标要熟悉。包装商标可说明产品的规格、数量、价格，同时还表明制品的形态和生产时间以及生产厂家等内容，具体如表11-4所示。

表11-4　加工制品采购规格标准

品名	规格	质量要求	备注
金华火腿	2.5～4千克/只	特级，表皮黄亮、整齐、干爽，腿爪细、腿心饱满、油头小，无哈喇味	送货时防污染
番茄沙司	净重397克/瓶	××商标，××罐头厂出品，出厂期在6～8个月之内	

11.1.2　加强食品原料验收

11.1.2.1　食品原料质量检验的方法

食品原料质量检验的方法有五种，如图11-3所示。

11.1.2.2　验收要求与要领

（1）冷冻冷藏品　冷冻冷藏品的验收要领如图11-4所示。

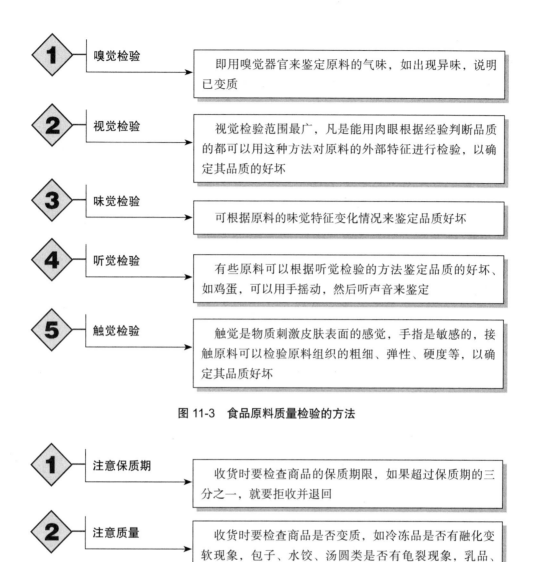

图11-3 食品原料质量检验的方法

图11-4 冷冻冷藏品的验收要领

（2）蔬果的验收要求 蔬果应具有该品种应有的特征，包括色泽、味道、形状等，要求新鲜、清洁、无异味、无病虫损害、成熟适度、无外伤。收货时要扣除包装物重量，但不能随意扣重。

对于果蔬类原料，验收人员每日必须索取检验报告单。所有果蔬类原料在验收时都必须倒袋换筐，所有有颜色的胶袋都必须去除，采用菜篮盛装。

　　果蔬类原料的总体要求为无腐烂、无过老，规格均匀，无冻伤，无失水，无严重机械伤，无病虫害，无过多黄叶，利用率高，气味正常，无泥沙、无外来杂物等。

　　（3）肉类检验验收要求　肉类验收要求如图11-5所示。

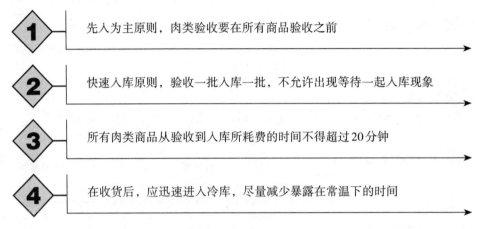

图11-5　肉类验收要求

　　（4）不符合验收标准的情况　对于食品验收，要求商品外包装完好无损，商标图案等清晰明了，保质期不超过1/3。如存在图11-6所示的情况均属于不合标准。

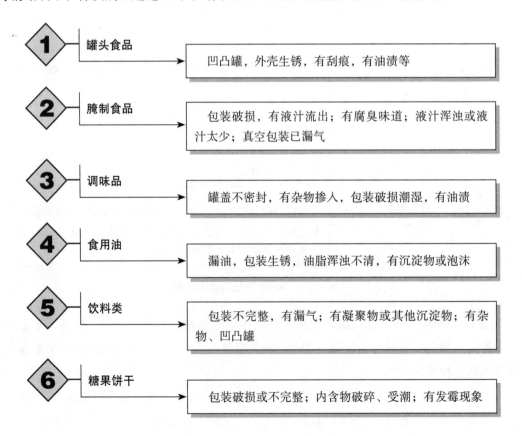

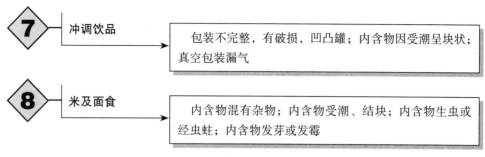

图 11-6　不合验收标准的情况

11.1.3　食品原料储藏的质量控制

11.1.3.1　原料的储藏分类

餐饮原料因质地、性能的不同，对储存条件的要求也不同。同时，因餐饮原料使用的频率、数量不同，对其存放的地点、位置、时间要求也不同。为此，餐饮企业应将原料分门别类地进行储存。根据原料性质的不同，可分为食品类、酒水类和非食用物资类储存；按原料对储存条件的要求，又可分为干货库储藏、冷藏库储藏、冷冻库储藏等。

11.1.3.2　餐饮原料干藏管理要求

餐饮原料干藏管理的基本要求如图11-7所示。

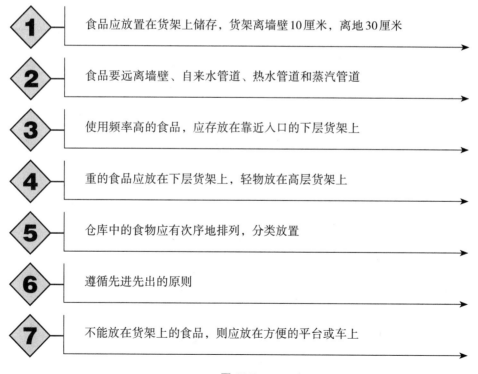

图 11-7

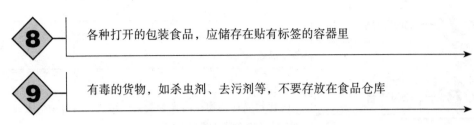

⑧ 各种打开的包装食品，应储存在贴有标签的容器里

⑨ 有毒的货物，如杀虫剂、去污剂等，不要存放在食品仓库

图 11-7　餐饮原料干藏管理的基本要求

11.1.3.3　餐饮原料冷藏管理

（1）餐饮原料冷藏基本要求　餐饮原料冷藏基本要求如图11-8所示。

① 冷藏食品应经过初加工，并用保鲜纸包裹，以防止污染和干耗，存放时应用合适的盛器盛放，盛器必须干净

② 热食品应待凉后冷藏，盛放的容器需经消毒，并加盖存放，以防止食品干燥和污染，避免熟食吸收冰箱气味，加盖后要易于识别

③ 存放期间为使食品表面的冷空气自由流动，放置时要适当间隔距离，不可堆积过高，以免冷气透入困难

④ 包装食品在储存时不要碰到水，不可存放在地上

⑤ 易腐的果蔬要每天检查，发现腐烂时要及时处理，并清洁存放处

⑥ 鱼虾类要与其他食品分开放置，奶品要与有强烈气味的食品分开

⑦ 存、取食品时需尽量缩短开启门或盖的时间；要减少开启的次数，以免库温产生波动，影响储存效果

⑧ 随时和定期地关注冷藏的温度

⑨ 定期进行冷藏间的清洁工作

图 11-8　餐饮原料冷藏基本要求

（2）不同原料的冷藏温湿度要求　不同原料的冷藏温湿度要求，如表11-5所示。

表 11-5 不同原料的冷藏温湿度要求

食品原料	温度/℃	相对湿度/%
新鲜肉类、禽类	0 ~ 2	75 ~ 85
新鲜鱼、水产类	-1 ~ 1	75 ~ 85
蔬菜、水果类	2 ~ 7	85 ~ 95
奶制品类	3 ~ 8	75 ~ 85
厨房一般冷藏	1 ~ 4	75 ~ 85

11.1.3.4 餐饮原料冻藏管理

（1）餐饮原料冻藏管理的基本要求 餐饮原料冻藏管理的基本要求如图11-9所示。

1 冰冻食品到货后，应及时置于-18℃以下的冷库中储藏，储藏时要连同包装箱一起放入，因为这些包装材料通常是防水气的

2 所有新鲜食品中需冻藏的应先速冻，然后妥善包裹后再储存，以防止干耗和表面受污染

3 存放时要使食品周围的空气自由流动

4 冷冻库的开启要有计划，所需要的东西要一次性拿出，以减少冷气的流失和温度波动

5 需要除霜时应将食品移入另一冷冻库内，以利于彻底清洗冷冻库，通常应选择库存最少时除霜

6 取用时应实行先进先出的原则，轮流交替存货

7 任何时候都要保持货架整齐清洁

8 定期检查冷冻库的温度情况

图 11-9 餐饮原料冻藏管理的基本要求

对餐饮原料冻藏，餐饮店可以运用表11-6对冷冻库进行管理。

表11-6　冷冻库温度检查表

月份：

日期　温度　时间	7:00	9:00	11:30	14:00	17:00	20:00	22:00	检查人员
1								
2								
3								
4								
5								
…								
31								

（2）冻藏原料库存时间　冻藏原料库存时间，如表11-7所示。

表11-7　冻藏原料库存时间

原料名称	库存时间
牛肉	9个月
小牛肉	6个月
羊肉	6个月
猪肉	4个月
家禽	6个月
鱼	3个月
虾仁鲜贝	6个月
速冻水果和蔬菜	3个月

11.1.3.5　做好酒水保管与储藏

酒水保管与储藏的要点如图11-10所示。

葡萄酒

（1）酒瓶必须斜放、横躺或倒立，以便酒液与软木塞接触，以保持软木塞的湿润

（2）理想的储酒温度在 10 ~ 16℃，湿度在 60% ~ 80%，但湿度超过 75% 时酒瓶上的商标容易发霉

（3）恒温比低温更重要，要远离热源如厨房、热水器、暖炉等

（4）避免强光、噪声及震动的伤害

（5）避免与有异味、难闻的物品如汽油、溶剂、油漆、药材等放置在一起，以免酒吸入异味

白酒

白酒的保存是很讲究的，保存得好的话，酒就会越放越香。在白酒保存的过程中，要讲究温度、湿度和密封度，还要注意装酒的容器，容器的封口要严密，防止漏酒和"跑度"。环境温度不得超过 30℃

啤酒

储藏啤酒的仓库应保持场地清洁、干燥、通风良好，严防日光直射，仓库内不得堆放杂物，储运温度宜在 5 ~ 20℃

果酒

果酒在保藏时，桶装和坛装最容易出现干耗和渗漏现象，还容易遭到细菌的侵扰，应注意其清洁卫生和封口牢固。温度应保持在 8 ~ 25℃，相对湿度在 75% ~ 80%。不能与有异味的物品混杂。酒瓶不能受阳光直射，因为阳光会加速果酒的质量变化

黄酒

（1）黄酒最适宜的温度是环境凉爽，温度变化不大，一般在 20℃ 以下，相对湿度是 60% ~ 70% 之间；黄酒的储存温度不是越低越好，如低于零下 5℃，就会受冻、变质，甚至结冻破坛。所以，黄酒不宜露天存放

（2）黄酒堆放应平稳，酒坛、酒箱的堆放高度一般不得超过 4 层，每年夏天倒一次坛

（3）黄酒不宜与其他有异味的物品或酒水同库储存

（4）黄酒储存时不宜经常受到震动，不能有强烈的光线照射

（5）不可用金属器皿储存黄酒

图 11-10　酒水保管与储藏的要点

11.2 菜品加工环节的质量控制

11.2.1 制定厨房菜品质量标准

生产的菜品必须有标准，没有标准就无法衡量，就没有目标，也无法进行质量控制。制定标准，是对厨师在生产制作菜品时的要求，也是管理者检查控制菜品质量的依据。这类标准常有以下几种。

11.2.1.1 标准菜谱

标准菜谱是统一各类菜品的标准，它是菜品加工数量、质量的依据，使菜品质量基本稳定。使用它可节省制作时间和精力，避免食品浪费，并有利于成本核算和控制。标准菜谱基本上是以条目的形式，列出主辅料配方，规定制作程序，明确装盘形式和盛器规格，指明菜肴的质量标准、成本、毛利率和售价。制定标准菜谱的要求是：菜谱的形式和叙述应简单易做，原料名称应确切并按使用顺序列写。配料同季节的原因需用替代品的应该说明。叙述应确切，尽量使用本地厨师比较熟悉的术语，不熟悉或不普遍使用的术语应详细说明。由于烹调的温度和时间对菜点质量有直接影响，应列出操作时加热温度和时间范围，以及制作中菜点达到的程度。还应列出所用炊具的品种和规格，因为它是影响烹好菜点质量的一个因素，说明产品质量标准和上菜方式要言简意赅。标准菜谱的制定形式可以变通，但一定要有实际指导意义，它是一种菜肴的质量控制手段和厨师的工作手册。

11.2.1.2 菜点投料单

菜点投料单是根据菜肴的基本特点以简单易懂的方式列出主、配料及各种调味料的名称和数量。投料单以文字表格的方式放在配菜间明显的位置。

11.2.1.3 标量菜单

标量菜单就是在菜单的菜品下面，分别列出每个菜肴的用料配方，以此来作为厨房备料、配份和烹调的依据。由于菜单同时也送给客人，使客人清楚地知道菜肴的成分及规格，不仅作为厨房选料的依据，同时也起到了让客人监督的作用。

11.2.1.4 出品质量标准

出品质量标准是指各类菜品出品时的口味、分量、装盘方面的标准，如表11-8所示。

表 11-8 出品质量标准

序号	类别	出品质量标准
1	凉菜	（1）所有凉菜制作必须按冷荤食品安全操作程序制作菜肴，确保无残留农药、无交叉污染等食品安全事故的发生 （2）不得使用腐烂变质、过期以及无检验合格的食材原料 （3）生吃类食品要新鲜，确保卫生、无菌、无沙土、无蚊虫

序号	类别	出品质量标准
1	凉菜	（4）凉拌的菜品温度要符合该菜品的制作要求但不结冰 （5）青菜类凉拌菜必须保证既熟亦脆，色要青绿，口感脆爽 （6）菜肴必须按"出品标配卡"要求（包含顾客要求）制作 （7）菜肴必须按高标准出菜，做到分量不足不出、不合标准不出（原料在切制时必须大小、粗细、厚薄一致，配菜时主料与配料的比例要按"成本卡"标准量化，配置同一菜肴、同一规格应始终如一，绝不能今天多，明天少，规格质量和样式风格都要保持其统一性） （8）菜肴出品时（特殊器皿除外）都必须装盘，并且装盘要饱满、自然、挺拔，点缀和围边也不能喧宾夺主，菜肴的盛装也不得占用盘子的边缘 （9）菜肴的成品中不得出现杂物、异物、害虫、飞虫等 （10）菜肴的所有出品无原料不新鲜、腐败变质等现象 （11）不得使用违反国家食品安全规定的食品添加剂 （12）菜肴的出品盛装卫生标准，必须做到盛器无污垢、无缺口、无破损 （13）上菜必须按顺序先来先做，每道凉菜制作时间不得超过10分钟 （14）为需配备作料的菜肴配齐相应的作料（如酱牛肉等菜肴） （15）必须掌握好咸淡：菜品口味要温性、中性，要平和平淡，要体现出复合味来，绝不能咸或偏淡（复合味是几种味复合在一块，吃起来很舒服，多数人都能接受，体现不出哪种具体味来，味和味之间相互影响，总体口味比较中和）
2	烧腊	（1）不得使用腐烂变质、过期以及无检验合格的食材原料 （2）菜品出品时温度必须达到：卤水、烧烤类必须达到60～70℃ （3）菜肴必须按出品标准要求（包含顾客要求）制作 （4）菜肴必须按高标准出菜，做到分量不足不出、刀工不匀不出、不合标准不出 （5）烧烤类成品应呈金黄色，并且皮酥里嫩 （6）菜肴出品时（特殊器皿除外）都必须装盘，并且装盘要饱满、自然、挺拔，点缀和围边也不能喧宾夺主，菜肴的盛装也不得占用盘子的边缘 （7）菜肴的成品中不得出现杂物、异物、害虫、飞虫等 （8）菜肴的所有出品无原料不新鲜、腐败变质等现象 （9）不得使用违反国家食品安全规定的食品添加剂 （10）菜肴的出品盛装卫生标准，必须做到盛器无污垢、无缺口、无破损 （11）为需配备作料的菜肴配齐相应的作料（如烧鹅等菜肴） （12）要求菜品体现该菜肴的风味特色，突出特色风味的色、香、味，同时口味避免过重（如过咸、过辣、过酸、过甜、过苦，更不允许有异味，腥、膻、臭味等） （13）上菜必须按顺序先来先做，每道菜品制作时间不得超过20分钟
3	热菜	（1）不得使用腐烂变质、过期以及无检验合格的食材原料 （2）菜肴必须按"出品标配卡"要求（包含顾客要求）制作 （3）菜肴必须按高标准出菜，做到分量不足不出、不合标准不出（原料在切制时必须大小、粗细、厚薄一致，配菜时主料与配料的比例要按"成本卡"标准量化，配置同一菜肴、同一规格应始终如一，绝不能今天多，明天少，规格质量和样式风格都要保持其统一性）

续表

序号	类别	出品质量标准
3	热菜	（4）热菜要熟，要烂、酥、软、滑、嫩、清、鲜、脆，不得有半生不熟的现象出现 ①青菜必须保证既熟亦脆，色要青绿，口感脆爽，不能炒得过火，口味主要靠油来突出，靠少量复合油的复合味（葱姜油、花椒油、麻油）来体现 ②芡汁要薄要少要均匀，要包得住，要有亮度，盘底不许有油有汤汁，杜绝青菜过分出水现象发生 ③白灼菜口味鲜咸微辣，白灼汁不能太多（盘子深度的1/5），浇油要热要少，菜品要整齐美观 ④上汤菜口味要清鲜，汤汁乳白，原料要2/3浸入汤中，不能出现浮油现象 （5）肉类的菜要烂，口味要香而不腻，口感要富有弹性。严禁使用亚硝酸钠等化学原料，严格控制松肉粉、食粉的用量 （6）炸类的菜品要酥，要金黄色，油不能大，不能腻。个别外焦里嫩的菜要保持好原料的水分和鲜嫩度，严格控制炸油的重复使用次数 （7）海鲜类必须新鲜，口味清淡，料味不能浓，保持原汁原味，不能老、咬不动，绝对不能牙碜、不能腥 （8）必须掌握好咸淡：菜品口味要温性、中性，要平和平淡，要体现出复合味来，绝不能咸或偏淡（复合味是几种味复合在一块，吃起来很舒服，多数人都能接受，体现不出哪种具体味来，味和味之间相互影响，总体口味比较中和，为体现复合味可在允许加糖的菜里加适量的糖。） （9）汤菜的要求 ①汤菜盛入盛器中不能太满，以8分满或8分半满为宜 ②汤菜原料和汤的比例，根据菜的性质不同，比例也不同，但是原料的比例不能超过汤的比例 ③汤菜的口味要求 ——清汤菜品：以鲜为主，入口首先体现鲜味而后要体现咸味或其他口味，必须体现原汁原味，不能有油或油绝不能大 ——浓汤菜品：以香为主，入口首先体现香味而后要有咸味或其他口味，但绝不能加油来体现，要靠汤汁熬出的鲜香味和相关佐辅料来体现 ——其他口味汤菜：以突出要求口味为主，但不能太烈，必须大多数都能接受，加少量油来体现复合味和香味 ——甜汤菜品：甜度不能太大、太浓，最好不加油 ④汤类菜如果勾芡，浓稠度以原料刚好不下沉为度，不能太稠或太稀，可在允许加胡椒的汤中加少许胡椒粉来体现鲜香味 （10）菜肴必须按高标准出菜，做到分量不足不出、不合标准不出（原料在切制时必须大小、粗细、厚薄一致，配菜时主料与配料的比例要按"成本卡"标准量化，配置同一菜肴、同一规格应始终如一，绝不能今天多，明天少，规格质量和样式风格都要保持其统一性） （11）菜肴颜色应体现出原料的本身颜色，以自然色和接近自然色为主；严禁使用色素及任何食品添加剂等

序号	类别	出品质量标准
3	热菜	（12）菜肴出品时（特殊器皿除外）都必须装盘，盘饰点缀要精致、简单、新鲜，要配合好菜肴的特点，并且装盘要饱满、自然、挺拔，点缀和围边也不能喧宾夺主，菜肴的盛装也不得占用盘子的边缘 （13）热菜一定要热、要烫。炒是热炒，爆炒要用旺火、大火，快速烹制出品，菜肴出品时必须保持60～70℃ （14）煲仔类菜品（除特殊跟明炉外）必须烧热，温度必须达到70～80℃以上 （15）菜肴的成品中不得出现杂物、异物、害虫、飞虫等 （16）菜肴的所有出品必须无原料不新鲜、腐败变质等现象 （17）不得使用违反国家食品安全规定的食品添加剂 （18）菜肴的出品盛装卫生标准，必须做到盛器无污垢、无缺口、无破损 （19）上菜必须按顺序先来先做，每道热菜制作时间不得超过25分钟 （20）为需配备作料的菜肴配齐相应的作料（如白灼虾等菜肴） （21）每道热菜出品必须掌握好咸淡：菜品口味要温性、中性，要平和平淡，要体现出复合味来，绝不能咸（复合味是几种味复合在一块，吃起来很舒服，多数人都能接受，体现不出哪种具体味来，味和味之间相互影响，总体口味比较中和）
4	面点	（1）不能使用腐烂变质、过期以及无检验合格的食材原料 （2）点心部产品出品时温度应达到出品（炸类：60～70℃，烤类：60～70℃，蒸类：50～60℃，煎炸类：60～70℃）的标准温度 （3）发面类点心制作完成的成品应表面发亮，内心松软 （4）烤制类点心制作完成的成品应表面金黄，酥皮类成品应入口酥化、内心软滑 （5）象形类点心制作完成的成品应形象相似、生动 （6）煎炸类点心制作完成的成品应表面金黄，内心软化 （7）现做类出品制作时间应不超过30分钟；半成品类出品制作时间应不超过15分钟，烤制类出品制作时间应不超过25分钟 （8）点心部所有出品不得有面生、半生不熟、煎炸过火等现象 （9）点心部的所有出品必须无原料不新鲜、腐败变质等现象 （10）点心出品的盛装卫生标准，必须做到盛器无污垢、无缺口、无破损 （11）点心部的产品必须按出品标准要求（包含顾客要求）制作 （12）不得使用违反国家食品安全规定的食品添加剂 （13）点心出品时（除特殊器皿外）都必须装盘，并且装盘要饱满、自然、挺拔，点缀和围边也不能喧宾夺主，菜肴的盛装也不得占用盘子的边缘 （14）点心部所有点心必须按高标准出品，做到分量不足不出、不合标准不出 （15）必须掌握好咸淡。菜品口味要温性、中性，要平和平淡，要体现出复合味来，绝不能咸或偏淡（复合味是几种味复合在一块，吃起来很舒服，多数人都能接受，体现不出哪种具体味来，味和味之间相互影响，总体口味比较中和，为体现复合味可在允许加糖的菜里加适量的糖。） （16）为需配备作料的面点配齐相应的作料（如萝卜丝饼等菜肴）

11.2.2 加工环节的质量检查与质量监督

11.2.2.1 建立自觉有效的质量监督体系

建立自觉有效的质量监督体系的要点如图11-11所示。

强化"内部顾客"意识

"内部顾客"意识，即员工与员工之间是客户关系，每下一个生产岗位就是上一个生产岗位的客户，或者说是每上一个生产岗位就是下一个生产岗位的供应商。比如初加工厨师所加工的原料不符合规定的质量标准，那么切配岗位的厨师不会接受，其他岗位之间可以依此类推。采用此种方法，可以有效控制每一个生产环节，将不合格"产品"消除，从而保证菜品的质量

建立质量经济责任制

将菜品质量的好坏、优劣与厨师的报酬直接联系到一起，以加强厨师菜品加工过程中的责任心。有的餐饮店规定，如果有被客人退回的不合格菜品，当事人不但要按照该菜肴的销价埋单，还要接受等量款额的处罚，并且记入考核成绩

图 11-11 建立自觉有效的质量监督体系的要点

11.2.2.2 发挥质量检查部门的作用

餐饮企业可以通过图11-12所示的措施来发挥质量检查部门的作用。

确定监督检查的项目和检查标准

制定一套质量监督检查标准，科学合理地选取监督检查的点（操作环节），确定每个检查点的质量内容和质量标准，以此可以避免检查的随意性，保证监督检查过程有据可依

评估菜品质量

评价已常销的菜品质量优劣，具体要根据上下班次的交接记录、不合格品的状况、食材的出成和使用情况等来评估

有效监督

采用常规性检查与非常规性检查相结合。常规性检查要做到多层面、多角度、全方位、全过程的检查，非常规性检查要经常化，比如客户回访、聘请客人暗访、对新老客户进行调查、征询顾客意见等

4 分析原因，制定纠正措施

> 在发现质量问题后要积极协助厨房认真分析出现质量问题的原因，并对解决质量问题制定相应的纠正措施，监督厨房工作人员按照纠正措施实施，以便使质量问题得到真正解决，避免类似的质量问题再次发生

图 11-12 发挥质量检查部门作用的措施

11.2.3 厨房出品质量控制方法

厨房出品质量受多种因素影响，其变动较大。餐饮业经营者要确保各类出品质量的可靠和稳定，要采取各种措施和有效的控制方法来保证厨房产品品质符合要求。

11.2.3.1 阶段控制法

（1）原料阶段控制

①要严格按规格采购各类菜肴原料。

②全面细致验收，保证进货质量。

③加强储存原料管理，防止原料因保管不当而降低其质量标准。

（2）菜点生产阶段的控制 菜点生产阶段主要应控制申领原料的数量和质量，菜点加工、配份和烹调的质量，具体如图11-13所示。

1 菜点加工

> （1）严格计划领料，并检查各类原料的质量，确认可靠才可加工生产
> （2）对各类原料的加工和切割，一定要根据烹调的需要，制定原料加工规格标准，保证加工质量
> （3）对各类浆、糊的调制建立标准，避免因人而异的盲目操作

2 配份

> （1）准备一定数量的配菜小料即料头。对大量使用的菜肴主、配料的控制，则要求配份人员严格按菜肴配份标准，称量取用各类原料，以保证菜肴风味
> （2）随着菜肴的翻新和菜肴成本的变化，及时调整用量，修订配份标准，并督导执行

3 烹调

> （1）开餐经营前，将经常使用的主要味型的调味汁，批量集中兑制，以便开餐烹调时各炉头随时取用，以减少因人而异出现的偏差，保证出品口味质量的一致性
> （2）根据经营情况确定常用的主要味汁，并加以定量化

图 11-13 菜点生产阶段的控制

（3）菜点消费阶段的控制　菜点消费阶段的控制要点如图11-14所示。

备餐要为菜肴配齐相应的作料、食用和卫生器具及用品。一道菜肴配一到两个味碟，一般由厨房配制，按每个人头配制，多在备餐时配制。对备餐也应建立一些规定和标准，督导服务，方便顾客

服务员上菜服务，要及时规范，主动报菜名。对食用方法独特的菜肴，应对客人作适当介绍或提示

图 11-14　菜点消费阶段的控制要点

11.2.3.2　岗位职责控制法

利用岗位分工，强化岗位职能，并施以检查督促，对厨房产品的质量也有较好的控制效果。岗位职责控制法的具体操作手段如图11-15所示。

所有工作均应有所落实

（1）厨房所有工作应明确划分，合理安排，毫无遗漏地分配至各加工生产岗位

（2）厨房各岗位应强调分工协作，每个岗位所承担的工作任务应该是本岗位比较便利完成的，厨房岗位职责明确后，要强化各司其职、各尽其能的意识

（3）员工在各自的岗位上保质保量及时完成各项任务，其菜品质量控制便有了保障

岗位责任应有主次

（1）将一些价格昂贵、原料高档，或针对高规格、重要身份顾客的菜肴的制作，以及技术难度较大的工作列入头炉、头砧等重要岗位职责内容，在充分发挥厨师技术潜能的同时，进一步明确责任

（2）对厨房菜肴口味，以及对生产面上构成较大影响的工作，也应规定给各工种的重要岗位完成。如配兑调味汁、调制点心馅料、涨发高档干货原料等

（3）员工要认真对待每一项工作，主动接受督导，积极配合、协助完成厨房生产的各项任务

图 11-15　岗位职责控制法的具体操作手段

11.2.3.3　重点控制法

重点控制法应从图11-16所示的几个方面进行控制。

重点岗位、环节控制

（1）对厨房生产运转进行全面细致的检查和考核

（2）对厨房生产和菜点质量的检查，可采取餐饮业经营者自查的方式，凭借"顾客意见征求表"或向就餐顾客征询意见等方法

（3）聘请有关行家、专家、同行检查，进而通过分析，找出影响菜品质量问题的主要症结所在，并对此加以重点控制，改进工作，从而提高菜点质量

 重点客情、重要任务控制

（1）从菜单制定开始就要有针对性，就要强调有针对性地在原料的选用到菜点的出品的全过程中，重点注意全过程的安全、卫生和质量可靠

（2）餐饮业经营者要加强每个岗位环节的生产督导和质量检查控制，尽可能安排技术好、心理素质好的厨师为其制作

（3）对于每一道菜点，除了尽可能做到设计构思新颖独特之外，还要安排专人跟踪负责，切不可与其他菜点交叉混放，以确保制作和出品万无一失

（4）在客人用餐后，还应主动征询意见，积累资料，以方便今后的工作

 重大活动控制

（1）从菜单制定着手，充分考虑各种因素，开列一份（或若干）具有一定特色风味的菜单

（2）精心组织各类原料，合理使用各种原料，适当调整安排厨房人手，计划使用时间和厨房设备，妥善及时地提供各类出品

（3）厨房生产管理人员、主要技术骨干均应亲临第一线，从事主要岗位的烹饪制作，严格把好各阶段产品质量关

（4）有重大活动时，前后台配合十分重要，走菜与停菜要随时沟通，有效掌握出品节奏

（5）厨房内应由餐饮业经营者负责指挥，统一调度，确保出品次序

（6）重大活动期间，加强厨房内的安全、卫生控制检查，防止意外事故发生

图 11-16　重点控制法的控制要领

11.2.4　有效控制异物

11.2.4.1　菜品异物类型及原因分析

客人在进餐时，偶尔会在菜品中发现异物，属于严重的菜点质量问题。菜肴中异物的混入往往给就餐的客人带来很大的不满，甚至会向餐厅提出强烈的投诉，如果处理不

当，就会严重影响餐饮企业的形象和声誉。

常见的异物主要有以下几种。

（1）金属类异物　清洁球丝、螺丝钉、书钉等。

（2）头发、纸屑、烟蒂等。

（3）头发、羊毛、猪毛等动物毛。

（4）布条、线头、胶布、创可贴。

（5）杂草、木屑、竹刷棍等。

（6）碎玻璃碴、瓷片。

（7）骨头渣、鱼骨刺、鱼鳞。

（8）砂粒、石渣、泥土等。

（9）小型动物　苍蝇、蚊虫、飞虫、蜘蛛。

菜品中混入杂物、异物，首先造成菜品被有害物质污染，尽管有的异物可能不等于有害细菌，但给客人的感觉是反感的，有些异物在进餐中如果不小心的话，可以给客人造成直接肉体伤害，如碎玻璃碴、螺丝钉等。

11.2.4.2　有效的控制措施

（1）提高全体人员卫生质量意识　强化菜品加工人员、传菜人员、服务人员（分餐人员）的个人卫生的管理，具体措施如图11-17所示。

 所有与菜品接触的员工必须留短发，男生不许留胡子

 厨房员工上班必须头发打发胶，戴帽，服务人员喷发胶等预防措施，避免头发落入菜中

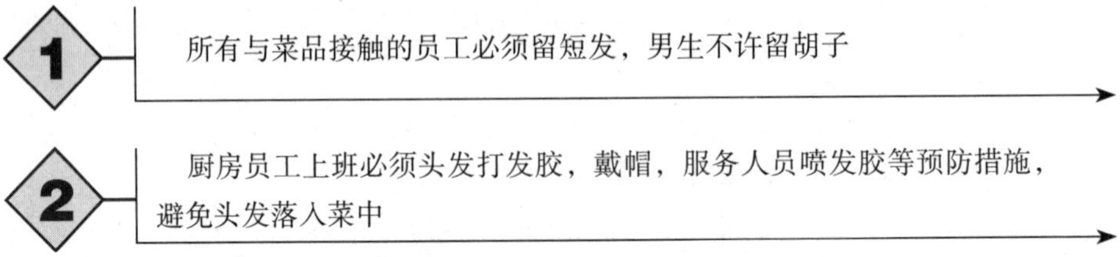

图 11-17　提高全体人员卫生质量意识的措施

（2）严格作业时的操作规程和卫生标准

①原料初加工的过程，必须将杂物剔出干净，尤其是蔬菜类的择选加工。

②切割好的原料放置专用盒中，并加盖防护，避免落入异物。

③抹布的使用要特别注意，避免线头等混入菜料中。

④传菜过程中必须盖上盖。

⑤洗涤器皿时，使用清洁球时一定要严格管理，避免将断下的钢丝混入菜中。

⑥后勤人员保养维护烹饪设备时要严禁将螺丝钉、电线头、玻璃碴等乱扔乱放。

（3）加强对厨房、餐厅废弃物的管理　严禁员工随地乱扔、乱放、乱丢废弃不使用的零散物品、下脚料及废弃物等，也是防止异物、杂物混入菜品中的卫生管理的重要内容之一。

①所有废弃物必须使用专门设备存放，并且要加盖防护。

②有专人按时对垃圾桶进行清理。

③餐厅内应设专门的隐藏式废弃物桶，严禁服务人员将废纸巾、牙签、烟头等乱扔乱倒，尤其要禁止将餐厅内的废物与餐饮具混放在一起。

（4）加强对菜品卫生质量的监督检查　平常菜品中的异物都是由于对菜品的加工、传递过程中缺少严格的监督与检查造成的，因此必须加强各个环节对菜品卫生质量的监督与检查，具体操作要领如图11-18所示。

建立专门的质检部门，并设专职菜品卫生质量检查员

从初加工、切配、打荷、烹制、划菜、传菜、上菜、分餐等环节的岗位员工，必须对原料或菜品成品认真检查，杜绝一切可能混入菜品中的杂物

每下一工序或环节对上一工序或环节的卫生质量进行监督，发现卫生问题，立即退回重新加工处理

实行卫生质量经济责任制。对菜品中发现的异物、杂物的混入事件进行严肃处理与处罚，以引起全体员工的重视

图 11-18　对菜品卫生质量监督检查的操作要领

11.3　楼面服务质量控制

楼面服务的质量要得到提升，必须进行全方位的管理，包括餐厅的环境、用品、设备、卫生及员工服务都能得到控制。

11.3.1　制定餐厅环境质量标准

餐厅环境质量体现在三个方面：门前环境、室内环境、微小气候。对于质量标准的制定也要从以下三个方面出发，具体如图11-19所示。

门前环境

　　餐厅门前应整齐、美观，过道、门窗、玻璃清洁卫生，餐厅名称、标志牌安装与摆放端庄，位置适当，设计美观，中英文对照，字迹清楚。适当位置有候餐等候座椅。高档餐厅、宴会厅门口有客人衣帽寄存处和休息室。进门处有屏风、盆栽盆景，设计美观、大方、舒适，整个门前环境优雅，赏心悦目，客人有舒适感

图 11-19

室内环境

餐厅室内环境与餐厅类型、菜品风味和餐厅等级规格相适应，装饰效果独具风格，能够体现餐厅特点，具有民族风格和地方特色。天花板、地面、墙面及家具设备的材料选择和装饰效果与餐饮店标准相适应。整体布局协调美观，餐桌坐椅摆放整齐，各服务区域分区布置合理，花草盆景、字画条幅装饰相得益彰。用餐环境舒适典雅，餐厅气氛和谐宜人。整个室内环境与饮食文化相结合，各具特色

微小气候

餐厅的空气应新鲜、气候宜人。冬季温度不低于18℃，夏季温度不高于24℃，用餐高峰客人较多时不超过26℃，相对湿度40%～60%。风速0.1～0.4米/秒，一氧化碳含量不超过5毫克/米^3。二氧化碳含量不超过0.1%。可吸入颗粒物不超过0.1毫克/米^3。新风量不低于200米^3/人·小时，用餐高峰期不低于180米^3/人·小时。细菌总数不超过3000个/米^3。自然采光照度不低于100勒克斯，各服务区域的灯光照度不低于50勒克斯。电源灯光可自由调节。餐厅噪声不超过50分贝

图11-19　餐厅环境质量标准

11.3.2　餐厅用品配备质量标准

餐厅用品配备质量标准如图11-20所示。

餐茶用品

餐厅餐具、茶具、酒具配备与餐厅等级规格、业务性质和接待对象相适应。瓷器、银器、不锈钢和玻璃制品等不同类型的餐茶用具齐全，种类、型号统一。其数量以餐桌和坐位数为基础，一般餐厅不少于3套，高档餐厅和宴会厅不少于4～5套，能够适应洗涤、周转需要。有缺口、缺边、破损的餐具及时更换，不能上桌使用。新配餐具与原配餐具在型号、规格、质地、花纹上基本保持一致，成套更换时方可更新。各种餐具专人保管，摆放整齐，取用方便

服务用品

餐厅的台布、口布、餐巾纸、开瓶器、打火机、五味架、托盘、茶壶、围裙等各种各类服务用品配备齐全，数量充足、配套，分类存放，摆放整齐，专人负责，管理制度健全，供应及时、领用方便

客用消耗品

　　餐厅需要的酒精、固体燃料、鲜花、调味品，蜡烛灯具、牙签等各种客人用餐使用的消耗物品按需配备，数量适当，专人保管，摆放整齐，领用方便。开餐时根据客人需要及时供应，无因配备或领用不全造成上桌供应不及时而影响客人需要的现象发生

清洁用品

　　餐厅清洁剂、除尘毛巾、擦手毛巾、餐茶具洗涤用品等各种清洁用品配备齐全，分类存放，专人管理，领用方便，需要专用的各类清洁用品无混用、挪用现象发生。无因专用洗涤剂使用不当，造成银器、铜器、不锈钢餐具、茶具、酒具出现污痕、褪色、斑点无法洗涤等现象发生。有毒清洁用品由专人保管，用后收回，无毒气扩散或污染空气现象发生

图 11-20　餐厅用品配备质量标准

11.3.3　餐厅设备质量及日常保养标准

餐厅设备质量及日常保养标准如图11–21所示。

门面与窗户

　　（1）餐厅门面宽大，选用耐磨、防裂、抗震、耐用的玻璃门、醇酸瓷漆、环氧树脂或原木制作，装饰美观大方、舒适典雅。门前左侧配中英文对照标志牌，设计美观、大方。标志牌上餐厅名称、经营风味、营业时间等内容书写整齐、美观

　　门：安全、有效、无破损、无灰尘、无污迹

　　门头、门板：完好无损，无破损、无灰尘、无污迹

　　门锁：完好有效，无破损、无灰尘、无污迹

　　门把手：完好，色泽光亮，无破损、无灰尘、无污迹

　　（2）餐厅窗户宽大舒适、光洁明亮，自然采光充足良好，有经过化学处理或本身具有阻燃性质的装饰窗帘或幕帘。门窗无缝隙，遮阳保温效果良好，开启方便自如，无杂音和噪声

　　窗户：窗台、窗框、窗钩、窗把手应完好、有效，无破损、无灰尘、无污迹

墙面与地面

　　（1）餐厅墙面满贴高级墙纸或选用耐磨、耐用、防刮损的装饰材料，易于整新与保洁

图 11-21

（2）墙面配有大型或中型壁画装饰，安装位置合理、紧固、美观，尺寸与装饰效果同餐厅等级规格相适应

（3）墙壁完好，无破损、无灰尘、无污迹

（4）地面选用大理石、木质地板、水磨石或地毯装饰，装饰材料与酒店星级标准相适应，防滑防污

（5）地毯铺设平整，图案、色彩简洁明快，柔软耐磨，有舒适感

（6）地面完好，无油污，无灰尘，无污迹，不打滑

 天花板与照明

（1）天花板选用耐用、防污、反光、吸音材料，安装紧固，装饰美观大方，无开裂起皮、脱落、水印等现象发生

（2）天花板应无裂缝、无水泡、无塌陷、无水迹

（3）餐厅宫灯、顶灯、壁灯选择与安装位置合理，灯具造型美观高雅，具有突出餐厅风格的装饰效果。各服务区域灯光光源充足，照度不低于50勒克斯，适合客人阅读菜单和看报的需要。灯光最好可自由调节，能够形成不同的用餐气氛

（4）灯具完好、有效，无灰尘、无污迹

 冷暖与安全设备

采用中央空调或分离式大空调箱，安装位置合理，表面光洁，风口美观，开启自如，性能良好。室温可随意调节。噪声低于40分贝。餐厅暖气设备隐蔽，暖气罩美观舒适，室内通风良好，空气新鲜，换气量不低于30米³/人·小时。餐厅顶壁设有烟感器、自动喷淋灭火装置、紧急出口及灯光显示。安全设施与器材健全，始终处于正常状态，符合酒店安全消防标准。客人有安全感

 通信与电器设备

餐厅配有程控电话，能够适应客人订餐、订座和工作需要。有紧急呼叫系统、音响系统和备用电话插座。各系统线路畅通，音响、呼叫声音清楚，无杂音，使用方便

 工作台与收款设备

餐厅适当位置设接待台、工作台、收款台，台型美观大方。收款机、信用卡压卡机、订餐簿、办公用品齐全，摆放整齐，备用餐具或展品分类存放或展示，形象美观舒适

7 餐桌椅

　　餐厅餐桌椅数量齐全，样式、高度、造型与餐厅性质和接待对象相适应。桌椅配套，备有儿童坐椅。各餐厅餐桌椅摆放整齐、美观舒适。空间构图采用规则形、厢坐形、中心图案形或其他造型，根据需要确定。桌椅之间信道宽敞，布局合理，线路清晰，便于客人用餐进出和服务员上菜需要

8 配套设备与装置

　　高档餐厅配不小于 20 英寸电视、钢琴及演奏台、衣架、盆栽盆景。进门处设屏风。各种配套设备与装置设计美观，安装位置合理，与餐厅整体装饰协调。小单间有自动闭门器，厨房和餐厅之间有隔离防油烟装置

9 客用卫生间

　　餐厅附近设有公共卫生间，设施齐全，性能良好，专人负责清洁卫生和为客人服务。始终保持清洁、无异味、无蚊蝇，客人有舒适感

10 设备配套与完好程度

　　餐厅各种设施设备配套，同一餐厅、同一种类的设备在造型、规格、型号、色彩、质地上保持风格统一，整体布局美观协调，空间构图典雅大方，环境气氛舒适宜人。各种设施设备维修制度、维修程序健全、具体，日常维护良好，损坏或发生故障维修及时，设备完好率趋于 100%，不低于 98%

图 11-21　餐厅设备质量及日常保养标准

11.3.4　餐厅卫生质量标准

　　餐厅的卫生体现在日常卫生、餐具用品卫生、员工卫生、操作卫生、客用卫生间的卫生，质量控制应从这五个方面着手，所以，也应制定这五个方面的质量标准，如图 11–22 所示。

1 日常卫生

　　餐厅卫生每餐整理。天花板、墙面无蛛网灰尘，无印迹、水印、掉皮、脱皮现象。地面边角无餐纸、杂物，无卫生死角。地面每日拖擦不少于 3 次。地毯地面每日吸尘不少于 3 次。整个地面清洁美观。门窗、玻璃无污点、印迹、光洁明亮，餐桌台布、口布无油污脏迹，整洁干净。门厅、过道无脏物、杂物，畅通无阻。盆栽盆景新鲜舒适，无烟头、废纸。字画条幅整齐美观，表面无灰尘。配套卫生间专人负责日常卫生，清洁舒适、无异味

图 11-22

餐具用品卫生

各餐厅餐具、茶具、酒具每餐消毒。银器、铜器餐具按时擦拭,无污痕,表面无变色现象发生。瓷器、不锈钢餐具和玻璃制品表面光洁明亮,无油滑感。托盘、盖具每餐洗涤,台布、口布每餐换新,平整洁净。各种餐茶用具、用品日常保管良好,有防尘措施,始终保持清洁

操作卫生

各餐厅服务员把好饭菜卫生质量关。每餐工作前洗手消毒,装盘、取菜、传送食品使用托盘、盖具。不用手拿取食品。面包、甜品用托盘、夹子,冰块用冰铲。保证食品卫生安全,防止二次污染。服务过程中禁止挠头、用手捂口咳嗽、打喷嚏。餐厅内食品展示柜清洁美观,展示的食品新鲜。服务操作过程中始终保持良好卫生习惯

员工卫生

各餐厅员工每半年体检1次,持健康证上岗。有传染性疾病者不得继续上岗。员工勤洗澡、勤洗头、勤理发,勤换内衣,身上无异味。岗位服装整洁、干净,发型大方,头发清洁无头屑。岗前不饮酒、不吃异味食品。工作时间不吸烟、不嚼口香糖。不在食品服务区域梳理头发、修剪指甲,不面对食品咳嗽或打喷嚏。女服务员不留披肩长发,不戴戒指、手镯、耳环及不合要求的发夹上岗,不留长指甲和涂指甲油,不化浓妆,不喷过浓香水。男服务员不留长发、大鬓角。个人卫生做到整洁、端庄、大方

客用卫生间卫生

(1)客用洗手间是直接接待客人的岗位,要求清洁人员能为客人提供良好的卫生环境和高效的优质服务

(2)客用洗手间的卫生要求 台面、镜面、地面无水珠;地面、墙壁无灰尘、无污迹;小便池无水迹污垢、无杂物;洗手台无污迹、无头发、无杂物;卫生间门窗光亮无灰尘;不锈钢设备光亮不发黑;碱油盒无污迹、无头发,不漏碱油;坐便器不积杂物,无臭味,通风,空气感觉好;各设备完好无损

图 11-22　餐厅卫生质量标准

11.3.5　服务态度统一标准

服务人员接待客人的态度也相当重要,如何将欢迎及感谢的态度迅速而确实地展现出来,让顾客感受至深,是决定这家餐饮店服务水准的主因。所以应对餐厅接待动作乃

至于谈吐，设定出一套参考的基准。也就是从等候、迎接、引导、点餐、上菜、询问、巡视、欢送、回收到整理的十项步骤中，明确定出谈吐和动作的规范，这就称之为"定型服务"。连锁性餐饮店尤其必须推行这套方法，餐饮店也参照表11-9所示的内容来统一标准。

表11-9　服务态度统一标准

项目	言语	动作	重点
等候	（在规定位置待命，不可与同事聊天）	注目玄关方向，采用舒适自然的姿势，不得坐在椅子上或偏倚柜台、柱子	（1）任何时候，只要顾客驾临，要表现出由衷欢迎的姿势 （2）脑中要记住几号桌跟几号房是空的
迎接导引	（1）明朗有朝气地说："欢迎光临" （2）"有几位呢？"确认人数 （3）"请走这边。"由衷含笑着欢迎之意（高峰时段用手掌……）	（1）轻轻点头（15°）行礼，两手自然下垂，手指拢在 （2）走在顾客之前，慢步到席位 （3）轻拉椅子，用手指点	（1）以正确姿势表达由衷欢迎之意的行礼 （2）引导至合乎顾客的席位。携带小孩到小房间，情侣同伴则带至不引人注目的席位，要商谈事情的顾客则到安静的席位，单一顾客则至2人用桌席
接受点菜	（1）再一次说："欢迎光临" （2）郑重地说："请点菜。" （3）重复再说一遍："您点的菜是×××，×份，××，×份。" （4）"是，遵命。"以感谢之语气说："麻烦您；稍候一会儿。"	（1）轻轻点头 （2）提供毛巾、冰水或茶（一直要从顾客看菜单到点菜为止，在旁等待） （3）在传票上记载顾客点的菜式 （4）注目顾客眼睛，等候回答 （5）轻轻点头、退下 （6）将点菜单送到厨房	（1）桌上必须摆置菜单 （2）要判断顾客中谁有点菜的决定权 （3）必要确认所点的项目及数量 （4）必要时请示饮料，尤其是咖啡或果汁究竟要在用餐之前、中、后的什么时候提供 （5）牛排等要请教几分熟 （6）冰水、茶等容器必须持下端，不可将手指插进容器内来移动 （7）要迅速！让人等候是最大败笔
上菜	（1）"打搅您。" （2）"让您久候了，这是××。" （3）要有精神，说："是！"笑容回答："请稍候。" （4）"可以撤下吗？"	（1）做好配合各式样菜肴的安排 （2）退下 （3）将菜端上桌。以正确姿势，不可扭转身子或做出夸张的姿势 （4）补充顾客的冰水或茶水（顾客中途呼叫时） （5）将空下的器皿撤下到厨房	（1）必须记住不可弄错点菜的人和所点的菜 （2）热的要趁热，冰的要趁冰，迅速上菜 （3）上菜前检查菜的装盛，要提供正常的菜 （4）冰水、茶水要趁顾客要求之前斟好 （5）烟灰缸要换

续表

项目	言语	动作	重点
上菜			（6）即使喝完、吃完也必须待顾客答允，才可撤下 （7）上菜时，原则上要从顾客的左肩方向
送客	（1）以感谢之心，明朗地说："多谢您照顾。" （2）"恭候您再度光临。"会这么说，则你是老手！	（1）走到靠近玄关 （2）以感谢之意行礼（直到顾客完全走出玄关为止，采取欢送的姿势）	（1）检查席位，是否有顾客忘带的东西 （2）以充满感谢之意欢迎，务必要做到能使顾客心想"下次我还想再来"，"意"跟"笑容"最重要！

11.3.6　餐厅服务质量检查

对于连锁餐饮企业而言，连锁总部一般应制定质量三级检查制，如果只是单店经营，也应制定店内的质量检查制度。连锁餐饮企业的三级质量考核检查包括连锁总部对各连锁店的检查、连锁店之间的互查、连锁店自身的自查。

以下介绍某连锁餐饮企业的三级质量检查制。

11.3.6.1　连锁总部对各连锁店的综合检查

（1）组织形式与职责　连锁总部由连锁企业管理部牵头组织相关人员组成检查考核小组，负责对所属连锁店餐厅服务的检查考核。检查考核小组根据各项服务检查标准对连锁店进行检查，将检查情况进行整理、归纳，如实填写各项检查表单及"连锁总部每季度检查情况报告表"，及时将结果上报连锁总部领导。

（2）检查考核的内容、方式和时间

①检查内容。服务质量、卫生质量、服务人员的仪表仪容、餐厅设备设施等。

②检查方式与时间

——由检查考核小组事先通知进行实地检查（1次/季度）。

——由检查考核小组进行随时检查。

——由连锁总部聘请秘密顾客进行调查（2次/年）。

——发放"宾客满意度调查表"（发放的宾客满意度调查表以餐位数的10%为准）（1次/季度）。

③检查结果。连锁总部对各连锁店的综合检查结果将以一定的权重进入连锁总部对连锁店的考核评价中。

重大节日活动期间的检查由连锁企业管理部主要负责。

11.3.6.2　连锁店之间的互查

（1）组织形式与职责　由各连锁店组织相关人员组成检查考核互查小组，负责在连锁总部规定的区域内对各连锁店的餐厅服务进行检查和考核，并根据检查情况如实填写连锁总部连锁企业管理部统一发放的"连锁店互查每月情况报告表"。

（2）检查考核的内容、方式和时间

①检查内容　服务质量、卫生质量、服务人员的仪表仪容、餐厅设备设施等。

②检查方式与时间

——由检查考核小组事先通知进行实地检查（1次/月）。

——由检查考核小组进行随时检查。

——发放"宾客满意度调查表"（发放的宾客满意度调查表以餐位数的5%为准）（1次/月）。

③检查结果　连锁店之间的互查结果将以一定的权重进入连锁总部对连锁店的考核评价中。

11.3.6.3　连锁店自身的自查

连锁店自身的自查不仅体现于连锁店上级对下级的检查，还应体现于各服务岗位对于自身工作的自检。

（1）餐厅各服务岗位自检　在日常的餐厅服务中，各服务岗位人员（迎宾员、服务员、传菜员、洗碗工）负责对其岗位的服务标准和操作规范负责，严格按标准和规范执行，自行检查，以保证服务的规范和质量。

（2）领班检查　各餐厅领班对所在班组的服务人员的服务标准、操作规范执行、操作情况和服务质量情况进行检查，并详细记录、考核相应人员，保证所在班组的优质服务。

（3）连锁店总经理、餐厅经理检查

①组织形式与职责　由连锁店总经理组织领导，组成自查考核小组，负责对本连锁店的各项工作进行检查、考核，并根据检查考核情况如实填写连锁总部统一发放的"连锁店自查每旬情况报告表"。

②检查考核的内容、方式和时间

——检查内容：服务质量、卫生质量、服务人员的仪表仪容、餐厅设备设施等。

——检查方式与时间：由检查考核小组事先通知进行实地检查（1次/旬）；由检查考核小组进行随时检查；发放"宾客满意度调查表"（发放的宾客满意度调查表以餐位数的15%为准）（1次/旬）。

③检查结果。连锁店自查的结果将以一定的权重进入连锁总部对连锁店的考核评价中。

11.3.7 进行顾客意见调查

11.3.7.1 顾客动机调查

为了使顾客光顾餐饮店并且能及时提供适当的服务，首先必须确定顾客的动机，这将是经营餐饮店的基础，并且是改进服务的基本资料。

为调查顾客的使用动机，可分发如下表所示的问卷调查表，请顾客填写。

问卷调查表

请您从下列答案中选择您光临本店的3个主要理由：

□交通方便　　　　　　　　□菜色味道不错

□外观使人见了愉快　　　　□清洁卫生

□颇有名气　　　　　　　　□对服务人员印象良好

□经人介绍　　　　　　　　□装潢设备不错

□适合约会聊天　　　　　　□音乐设备不错

□清静、不拥挤　　　　　　□备有受欢迎的报纸杂志

□适合洽谈公事

各餐饮店可依其性质的不同，做适当的增删。此问卷应分平日、假日、高峰、清淡时间来调查，但这可能相当困难，所以不妨在开收据时请顾客填写，或是赠送小礼物等商请顾客合作。

11.3.7.2 餐饮店诊断

在同类型的餐饮店竞争之下，如何从"劲敌"中脱颖而出是相当重要的。欲使餐饮店大受顾客欢迎，经营者首先应亲自对本店做一番审视。下面"餐饮店诊断表"可帮助进行这种检查。

餐饮店诊断表

以下问题是有关顾客对店的印象，请把左栏你认为是最适合的数字圈起来（非常好+2，稍好+1，普通0，稍不好-1，非常不好-2）。无法决定时，请圈0。

	非常好	稍好	普通	稍不好	非常不好
（一）外部					
1. 外观是否比其他店有特征	+2	+1	0	-1	-2
2. 外观上是否配合周围环境？	+2	+1	0	-1	-2
3. 门口是否便于顾客进去？	+2	+1	0	-1	-2

4．从远处看招牌是否明显？	+2	+1	0	−1	−2
5．样品及菜单是否让人看得懂？	+2	+1	0	−1	−2
6．是否有多余的食物妨碍观瞻？	+2	+1	0	−1	−2

（二）内部

7．室内空调设备是否良好	+2	+1	0	−1	−2
8．内部摆设是否恰当？	+2	+1	0	−1	−2
9．整个色调是否适当？	+2	+1	0	−1	−2
10．照明是否适合房间？	+2	+1	0	−1	−2
11．柜台是否整洁？	+2	+1	0	−1	−2
12．厨房是否清理干净？	+2	+1	0	−1	−2
13．地板是否清扫干净？	+2	+1	0	−1	−2
14．花卉与盆栽是否配合得当？	+2	+1	0	−1	−2
15．桌椅颜色是否适当？	+2	+1	0	−1	−2
16．座椅是否舒适？	+2	+1	0	−1	−2
17．音乐音量与选曲是否适当？	+2	+1	0	−1	−2
18．洗手间是否清洁悦目？	+2	+1	0	−1	−2
19．收银柜周围是否清洁？	+2	+1	0	−1	−2

（三）桌子上

20．桌子是否清洁整齐？	+2	+1	0	−1	−2
21．糖罐、烟灰缸与餐巾盒等必需品是否齐备？	+2	+1	0	−1	−2
22．杯子与汤匙的花纹、颜色是否适当？	+2	+1	0	−1	−2

（四）商品

23．本店是否有诱客商品？	+2	+1	0	−1	−2
24．早餐服务与优待券等是否有独特性？	+2	+1	0	−1	−2
25．与其他店比较是否味道好？	+2	+1	0	−1	−2
26．与其他店比较是否价格公道？	+2	+1	0	−1	−2
27．与其他店比较是否种类丰富？	+2	+1	0	−1	−2
28．样品与菜单照片是否与商品有差异？	+2	+1	0	−1	−2

（五）菜单

29．墙上及桌上菜单是否让顾客看得清楚？	+2	+1	0	−1	−2
30．是否设计美观、保持干净？	+2	+1	0	−1	−2
31．追加餐饮是否优待（如第2杯价格打折）？	+2	+1	0	−1	−2

（六）员工

32．服装是否保持干净？	+2	+1	0	−1	−2

33. 讲话与态度是否良好？	+2	+1	0	−1	−2
34. 叫菜是否会弄错？	+2	+1	0	−1	−2
35. 要求供应冰水或者烟是否欣然接受？	+2	+1	0	−1	−2
36. 是否面带笑容、服务态度良好？	+2	+1	0	−1	−2
37. 是否有互相私语？	+2	+1	0	−1	−2
38. 是否与特定顾客过于亲密？	+2	+1	0	−1	−2

（七）附属设备

39. 是否备有报纸杂志？	+2	+1	0	−1	−2
40. 点唱机是否有方便顾客自助使用的方法？	+2	+1	0	−1	−2
41. 电视机等是否尊重顾客的意思放映？	+2	+1	0	−1	−2

（八）营业服务

42. 营业时间是否配合顾客？	+2	+1	0	−1	−2
43. 叫餐饮是否迅速送到？	+2	+1	0	−1	−2
44. 是否有回头消费优惠券等服务？	+2	+1	0	−1	−2
45. 叫接电话、店内广播是否亲切？	+2	+1	0	−1	−2
46. 提供小毛巾等服务是否适当？	+2	+1	0	−1	−2
47. 冰水的追加服务是否确实在做？	+2	+1	0	−1	−2

（九）整个情况

48. 整个店是否有温暖的气氛？	+2	+1	0	−1	−2
49. 店名是否易懂、有亲切感？	+2	+1	0	−1	−2
50. 光顾本店的是否都是好顾客？	+2	+1	0	−1	−2

说明：

依照诊断核对表的全部项目评分，然后看综合分数的正负。如果是负数，就应引起注意，综合分至少应该有50分以上，否则就难免会倒闭。

11.3.7.3 顾客反映调查

几乎大部分的餐饮店都未曾准备"顾客意见卡"，而且几乎大部分的顾客也无填卡的习惯，但这并不一定表示顾客对该店十分满意。所以采取设法调查顾客意见的某些措施，是绝对必要的。

最简单的方法，是利用账单的背面作为"顾客意见栏"，或是设计意见卡，放在桌子上，以方便顾客填写。其内容除了对餐饮店的评估之外，最好还包括顾客的姓名、地址，并附加"为了方便特别优惠日或举办各种酬宾活动通知，务请填写本卡"的字句。

顾客意见卡

敬爱的贵宾：

　　承蒙光临，本餐厅为求提供更美好的服务，请您惠赐宝贵的意见，作为本餐厅提高餐饮水准的参考。另本餐厅每三个月抽出50张顾客的意见卡，给抽中的顾客赠送一份精美小礼物，谢谢您的协助及合作。

姓名：_____　年龄：_____　职业：_____　电话：_____

地址：_____

	非常满意	满意	普通	不满意	很不满意
场所					
舒适愉快	☐	☐	☐	☐	☐
清洁方面	☐	☐	☐	☐	☐
设备方面	☐	☐	☐	☐	☐
服务					
服务迅速	☐	☐	☐	☐	☐
服务礼貌	☐	☐	☐	☐	☐
服务效率	☐	☐	☐	☐	☐
出纳态度	☐	☐	☐	☐	☐
饮料					
饮料品质	☐	☐	☐	☐	☐
饮料味道	☐	☐	☐	☐	☐
饮料分量	☐	☐	☐	☐	☐

您的建议：_____

_____

_____

　　总之，作为餐饮店的经营者，必须经常提醒自己用顾客的眼睛展望店的前途。并且只要顾客有批评及建议反映给店方，就应随即采纳并迅速进行改善，如此才能受到大众的欢迎。

11.3.8　开展服务质量评估

11.3.8.1　设定服务品质评估标准

服务流程标准与服务态度，可作为各项职务评估等级的工作底稿。明确定出各等级标准，再进一步导入服务中，并可根据观察出来的重要指标数，作为标准的评断，如表11-10所示。

表 11-10　评估登记表

做法	依照现有的餐厅经营型态，给予下列两类不同服务品质标准的评分
评分	A 表示最重要，B 表示重要，以下类推

服务流程	服务态度
（1）顺应性 （2）投入性 （3）时机性 （4）动线顺畅 （5）双向沟通 （6）顾客反映 （7）现场督导	（1）态度 （2）称呼顾客姓名 （3）关心 （4）指引顾客点菜 （5）说话语气 （6）推荐菜色 （7）肢体语言 （8）机智反应 （9）解决顾客的问题

11.3.8.2　服务品质评估的指标

若要改善服务品质，就必须事先清楚描绘出所希望的服务人员的行为表现模式，然后才能够据此去评断他们的表现。表 11-11 所列即为各项服务品质评估标准的重要指标示例。

表 11-11　服务品质标准指标

服务品质标准	重要指标示例
服务的时机性	（1）顾客进入餐厅坐下后，服务人员在6秒内趋前致意 （2）西餐服务色拉用完后，4～5分钟内便上主菜
服务动线顺畅	（1）领台人员带位时灵活机动 （2）在餐厅内每个服务区的服务环节先后进度不同
制度可顺应顾客的需求	（1）菜单可替换及合并点菜 （2）顾客要求的事项，近9成是可以实现的
预期顾客的需求	（1）主动替顾客添加饮料 （2）主动为幼儿提供儿童椅
与顾客及服务同仁做有效的双向沟通	（1）每道菜都是顾客所点的菜 （2）服务人员彼此间相互支持
寻求顾客反映及意见	（1）服务人员至少问候1次用餐团体菜色或服务的意见 （2）服务人员将顾客意见转述给经营者
服务流程的督导	（1）每个服务楼面有1位主管现场督导 （2）现场主管至少与每桌顾客接触问候1次

续表

服务品质标准	重要指标示例
服务人员表现出正面的服务态度	（1）服务人员脸上常挂着微笑 （2）服务人员百分之百友善地对待顾客
服务人员表现出正面的肢体语言	（1）与顾客交谈时，必须双眼正视对方 （2）服务人员的双手尽可能远离顾客的脸部
服务人员是发自内心来关心顾客	（1）每天至少有 10 位顾客提及服务良好 （2）顾客指定服务人员
服务人员要做有效的菜色推荐	服务人员对每桌顾客所点每道菜的特色能做正确的说明
服务人员是优良的业务代表	除主菜之外，建议再点 1 道菜（例如饭后甜点、饭后酒、开胃菜）
服务人员说话语调非常的友善、亲切	主管认为服务人员的说话语调是满分的
服务人员使用适时合宜的语言	使用正确的语法，避免用俚语
称呼顾客的名字	顾客用餐中，至少称呼其名 1 次
对于顾客抱怨处理得当	所有抱怨的顾客都可以得到满意的解决

当完成上述的工作底稿后，接着应对每一种职务的服务标准给予等级排序，并针对每种标准列出一种以上可观察到的重要指标。

一旦获得上述的服务标准及其相关性的指标后，接下来则与现在的经营管理标准予以对照，考虑是否契合。如果能更清楚地强调所要求的服务标准，员工将更有效地提供所期望的服务水准。

因此，为了清楚划分出什么是明确可计算的指标，什么是无法计算的指标，表 11-12 详尽加以列出，以比较两者的差异性。

表 11-12　可计算及无法计算的服务指标比较

可计算的指标	无法计算的指标
主动替客人添茶水或其他饮料	服务员先行一步提供服务
新到客人入座后 6 秒内，服务员即趋前打招呼，1 分钟内帮客人点菜	服务员掌控服务范围得宜
带位时与客人沟通	领台对待客人和蔼可亲
每桌至少多卖 1 道菜	服务员示范推荐销售的技巧
服务员口头上相互间支持	服务员有良好的团队精神
当班时，必须持续与每桌客人保持招呼	服务员精力充沛

续表

可计算的指标	无法计算的指标
出菜后1分钟内及时上菜	服务员的脚程很迅速
每晚至少有10位客人给予肯定的意见	客人自得其乐
头发梳理整齐，指甲干净，制服整洁熨平，仪容干净	服务员穿戴整齐干净
经营者亲自倾听并回答客人的询问	倾听客人的诉求

11.3.8.3　进行服务评估

在进行服务评估前，得先理清现行提供给顾客的服务是什么，衡量的标准是什么，也就是找出现行的服务准则，并指出现行服务标准的强势及弱势点，借此反映问题的症结所在，同时也可比较出提供顾客服务现行标准与理想期望值之间的差距。尤其身为餐饮经营者，必须将服务的一般观念，转换成为具体的服务手法，并依其重要性加以排序。

表11-13所讨论的服务评估，是依据"走动式管理"而来，以鼓励餐饮经营者能确切投身于服务流程中，检查营运管理的运作情形。

表 11-13　服务评估范例

服务动线的整合	投入性
（1）每桌服务流程的步骤不同 （2）服务员服务步调大方稳重 （3）厨房或吧台准时递送商品 （4）客人于特定时间内获得服务	（1）当客人杯中尚余1/4的饮料时，已给客人多加另一杯饮料 （2）随时可提供确切的东西或设备 （3）客人无需要求任何种类的服务，服务员已自动提供
时机性	微笑的肢体语言
（1）客人入座后6秒内，即有服务员趋身向前招呼 （2）客人点酒后3分钟内即可送上 （3）主菜于色拉碗用毕后3分钟内上桌 （4）于最后一道菜收拾完毕后，3分钟内给账单 （5）客人用餐完毕离席后，桌面重新摆设，于1分钟内完成	（1）全体服务员符合工作时的服装仪容标准 （2）全体服务员面带微笑 （3）举止行为文雅、平稳、收敛、有精神 （4）在客人面前不抽烟、不嚼口香糖 （5）与客人交谈时，双眼注视对方 （6）手臂动作收敛 （7）面部表情适当
顺应性	友善的语调
（1）菜色顺应客人要求而调整 （2）将特殊客人的要求转达给经理 （3）顺应行动不便客人的要求 （4）特殊节庆的认定及处理	服务员说话语气随时保持精力充沛及热情

续表

督导	客人反映
（1）餐厅楼面随时可见一位经理于现场督导 （2）经理亲自处理客人抱怨问题 （3）经理当班时征询用餐客人的意见	（1）上菜后2分钟内询问客人意见 （2）请求客人于用餐完毕后给予评语
双向沟通	肯定的态度
（1）服务员填写菜单时，字迹清晰、整齐，使用正确的简写 （2）服务员说话语气清楚 （3）服务员具备倾听技巧	（1）服务员完全地表现出愉悦及协调性 （2）服务员完全地表现出高度服务热情 （3）服务员乐于工作 （4）服务员相互合作无间
有效的销售技巧	机智的用字
（1）服务员有效推荐菜色，使得客人充分了解商品特色 （2）推荐某样菜色时，服务员可以说出其特色及其优点	（1）遣词用字正确 （2）使用正确的文法 （3）服务员之间避免使用俚语 （4）服务员之间避免摩擦
称呼客人的名字	圆滑地解决问题
（1）称呼常客的名字 （2）假如以某人登记订位时，一律尊称所属的某团体 （3）客人使用信用卡结账后，一律称呼客人的名字	（1）抱怨的客人在离开餐厅时，问题都能圆满地解决 （2）经理亲自与抱怨的客人洽谈 （3）问题的解决方式，能针对客人所提出的问题来解决
关 心	备 注
（1）关心每桌客人的不同需求 （2）关心年长客人的需求 （3）尊重客人消费额度	评分：C→持续性的 I→非持续性的 N→不存在的

11.3.8.4 提供顾客反映、认知及奖励措施

（1）施行奖励措施的益处 顾客对某员工给予正面的评价，餐厅因此给予该员工奖励，是一种正面的推动力量。这种正面的推动力量，可以不断地活跃整个服务流程。

换句话说，如果某种服务方式被赋予负面评价时，这种服务方式自然会逐渐消失。受到正面评价的服务方式，则肯定会受到经理人以及服务人员的重视，并且将此种服务方式视为自己所期望的服务品质的标准。

在这样的工作环境下，大家的注意力会集中在谁将事情做好做对，而不会去挑毛病。

（2）奖励措施的要点

①给予特殊或促销项目某一比例的现金，回馈奖励。

②给予一笔现金，奖励某项销售成绩。

③以销售量为基准，给予某一比例的红利。

④针对团体所共创的业绩，可给予团体奖励。

⑤制定利润分享制度，来鼓励团体共创业绩。

⑥针对每月、每季最佳销售人员，提供特殊的奖励。

⑦给予文化活动的招待券，额外给予休假。

⑧给予礼券及免费运动衣。

⑨公布得奖人姓名、业绩，赠予奖牌或加薪。

⑩团体旅游活动。

⑪给予特殊成就标志的别针。

⑫给予优先选择工作轮班时段。

⑬交由主管予以口头奖励。

下面提供一份"管理者每日工作检查表"，仅供读者参考。

【他山之石】管理者每日工作检查表

管理者每日工作检查表

检查时间	检查内容	检查结果
10:00 例行 工作	1．人员是否准时上班？各部门（未休假）人员是否到齐 2．营业前的勤务工作是否安排妥当 3．勤务工作执行状况如何？是否有疏漏？时间及重点掌握是否确实 4．是否有未分配到的工作？并分配人员完成 5．10:30各项勤务工作应已完成，准备换装及用餐 6．10:35巡视勤务工作的善后，并安排员工午膳 7．11:00全体同仁用餐完毕	
11:00 前例行 工作	1．店面前的骑廊与马路均视为清洁区域，应保持整洁 2．店面前的海报架、订席牌、脚踏垫是否清洁，并定位 3．地毯是否清洁完毕？阶梯铜条是否擦拭，大理石地面是否做好了清洁 4．灯光和空调是否调整正常（含灯泡是否有损坏并更换） 5．蒸馏水及冰块是否补充正常？银水壶擦拭过了没有 6．送洗衣物、厂商送达的部件是否有归定位 7．出纳、柜台、沙发是否整理确实	

续表

检查时间	检查内容	检查结果
11:00前例行工作	8. 出纳播放的音乐是否正确 9. 出纳菜单是否有整理并摆放定位 10. 各服务台上的备品是否补充齐全（盅、桶、托盘、瓷盘及作料等） 11. 各桌面是否摆放正确且清洁（餐具、口布纸、餐垫纸、水杯、胡椒盐罐、烟灰缸、意见卡、台卡、调味罐、花瓶、面包盘、台心布等），餐椅擦拭及排放是否整齐 12. 备餐区色拉、冰箱内废口布纸是否有清理？并关上玻璃门和开电 13. 吧台各项备品是否准备充分（含各项饮料、水果、吸管、口香糖、奶粒、咖啡粉、台面，并至库房补足所有备品及酒） 14. 卫生间是否清洁（含卷桶纸、擦手纸、镜面、台面、地板、小便斗、马桶等） 15. 饭菜是否准备妥当，人员着装完毕并就位，准备用餐	
上午营业前及营业中例行工作	1. 是否有餐前集合 2. 人员的工作和区域是否分配妥当 3. 员工用餐的桌面是否有指定人员完成整理 4. 各区域人员是否就位，并进入状况（如备餐区，前菜、色拉、汤、面包、碗、盘的补充） 5. 勤务工作未完成事项是否已指派人员补充完成 6. 服务是否有缺失（含①迎客；②带位；③推拉椅子；④为客人披挂外套；⑤上湿纸巾；⑥加水；⑦上菜单；⑧点菜；⑨出餐；⑩酒类服务；⑪点烟；⑫换烟灰缸；⑬餐中加水；⑭口巾；⑮结账；⑯送客） 7. 出菜是否正常（含太快、太慢及吧台附餐和单点饮料） 8. 客人用餐状况及反映 9. 食品是否有缺失 10. 人员服务是否亲切（微笑、口语及动作有无漏失） 11. 各区域人员的工作量及服务量是否平均？有无调动支持的必要 12. 空调是否保持正常（有否太冷或不足） 13. 音乐是否保持正常（有否过于大声、太小声或中断） 14. 卫生间是否随时保持清洁（含卷桶纸、擦手纸、镜面、台面、地板、小便斗、马桶各项备品的补充） 15. 上午营业前是否将灯光调至较柔和的亮度 16. 地毯是否随时保持清洁 17. 客人桌面是否随时保持清洁（含空杯子、换烟灰缸、调味罐、废口布纸等） 18. 对人员及客人的状况是否随时掌握确实 19. 上午收尾工作是否于13:30分派妥当 20. 人员及工作是否准时分派妥当	

续表

检查时间	检查内容	检查结果
上午营业前及营业中例行工作	21．人员执行状况如何；是否有遗漏；时间掌握是否确实 22．是否有特殊工作应完成，并分派人员执行 23．现场客人是否有人服务？有无遗漏 24．13:50备餐区人员是否将备品回收厨房 25．13:50人员是否集合擦餐具（含银盘及各类餐具），并归定位 26．13:50是否分派人员全场埋单，有否彻底执行 27．13:50收尾工作的最后检查，如收尾工作未完成，是否指派人员补充完成	
13:55收尾工作	1．人员各项工作是否准时完成并汇报 2．各服务台的备品是否收存妥当，并台面擦拭干净（含餐具包、盅、桶、作料及杂物） 3．灯光、空调是否有调整 4．备餐区是否整理清洁（含保温汤架是否关电，煎板烤箱煤气是否关妥，是否有餐具未送洗，汤、面包、作料是否有送回，有否杂物堆置，备餐间是否清洁等） 5．吧台是否确定整理过（含酱杯的清洗、台面的整理等） 6．餐具是否擦拭清洁并归定位（含餐具及银盘） 7．桌面摆设是否正常（含餐具、口布纸、餐垫纸、水杯、胡椒盐罐、牙签罐、烟灰缸、烛台、台卡、意见卡、花瓶、面包盘、椅子、台心布） 8．出纳结账是否完成 9．蒸馏水、湿纸巾、糖缸是否补充完成 10．吧台餐具是否擦拭清洁并归定位 11．瓷盘是否擦拭清洁并补充至各位置 12．人员未完成工作是否指派人员补充完成 13．水电、煤气开关是否关妥 14．空班留守人员是否安排妥当，有否交待事项并交办完成	
17:00例行工作	1．马路、走廊、踏垫、门面玻璃（含窗台）是否清洁光亮 2．地毯是否清洁，地上物是否摆放定位（含服务台、婴儿椅、餐桌、椅子、海报架、蒸馏水、桶架、订席牌等） 3．灯光、空调是否调整正常（含灯泡是否有损坏，并安排人员更换） 4．蒸馏水及冰块是否补充正常 5．出纳柜台、沙发是否整理清洁 6．出纳菜单是否整理确实，并摆放定位 7．各服务台上的备品是否补充齐全（含盅、桶、托盘、瓷盘、作料等） 8．各桌面摆设是否正确（含餐具、口布纸、餐垫纸、水杯、胡椒盐罐、牙签罐、烟灰缸、意见卡、台布、台心布、台卡、柜台、调味罐、花瓶、面包盘等） 9．备餐区用品是否准备完成	

续表

检查时间	检查内容	检查结果
17:00 例行工作	10. 吧台煤气是否点了火，水壶及保温箱水位是否正常 11. 员工饭菜是否准备妥当 12. 人员是否着装完毕并准备用餐	
下午营业 前及营业 中例行 工作	1. 是否有餐前集合 2. 人员的工作和区域是否分配妥当 3. 员工用餐的桌面是否有指定人员完成整理 4. 各区域人员是否就位，并进入状况（如备餐区，前菜、沙拉、汤、面包、碗、盘的补充） 5. 勤务工作未完成事项是否有指派人员补充完成 6. 服务是否有缺失（含①迎客；②带位；③推拉椅子；④为客人披挂外套；⑤上湿纸巾；⑥加水；⑦上菜单；⑧点菜；⑨出餐；⑩酒类服务；⑪点烟；⑫换烟灰缸；⑬餐中加水；⑭口巾；⑮结账；⑯送客） 7. 出菜是否正常（含太快、太慢及吧台附餐和单点饮料） 8. 客人用餐状况及反映 9. 食品是否有缺失 10. 人员服务是否亲切（微笑、口语及动作有无漏失） 11. 各区域人员的工作量及服务量是否平均，有无调动支持的必要 12. 空调是否保持正常（有否太冷或不足） 13. 音乐是否保持正常（有否过于大声、太小声或中断） 14. 卫生间是否随时保持清洁（含卷桶纸、擦手纸、镜面、台面、地板、小便斗、马桶及各项备品的补充） 15. 晚上营业前是否将灯光调至较柔和的亮度 16. 地毯是否随时保持清洁 17. 客人桌面是否随时保持清洁（含空杯子、换烟灰缸、调味罐、废口布纸等） 18. 对人员及客人的状况是否随时掌握确实 19. 下午收尾工作是否于20:30分派妥当 20. 开始安排营业后收尾工作 21. 指示单位主管开始分派人员执行例行工作 22. 现场的客人仍需指定专人服务 23. 人员执行状况如何，是否有遗漏，时间掌握是否确实 24. 是否有特殊工作应完成，并分派人员执行 25. 现场客人是否有人服务，有否遗漏 26. 21:00备餐区人员是否将备品回收厨房 27. 21:45人员集合擦餐具（含银盘及各类餐具），并归定位 28. 21:50是否分派人员全场埋单，有否彻底执行 29. 21:50收尾工作的最后检查	

检查时间	检查内容	检查结果
21:50 收尾 工作	1．人员各项工作是否确实完成并汇报 2．各服务台的备品是否有收妥当（含餐具包、盅、桶、杂物等） 3．各服务台的台面是否已擦拭，并更换置物格内的废口布纸 4．备餐区是否整理清洁（餐具是否送洗，作料及色拉是否送回厨房，备餐间地板有否刷洗等） 5．调味罐是否补充及擦拭确实，并摆放定位 6．各服务台置物格内的调味罐是否正确摆放 7．灯罩、烛台是否清理，并归定位 8．花瓶是否收回定位，并将花冰放妥当 9．桌面是否摆设确实（含餐具、口布纸、餐垫纸、水杯、胡椒盐罐、烟灰缸、意见卡、台卡、调味罐、面包盘、椅子等） 10．口布是否有清洗，并置放定位 11．吧台糖缸是否有补充，餐具是否有擦拭并归定位 12．垃圾是否确实倾倒，含垃圾桶周围是否清理 13．托盘是否清洗、清洁并置定位 14．餐具是否擦拭清洁并归定位（含银盘及各类餐具） 15．香槟桶架及银水壶是否已倒水，并放置定位 16．盅、桶及调味盅是否清洗干净，并放置定位 17．吧台整理是否确实（含杯盘的清洗、台面的整理、地板的刷洗等） 18．出纳是否完成结账工作 19．依未离去客人的人数，所在位置适度调整灯光、冷气 20．是否准时通知人员做营业后检讨会，并准时就位 21．会后未完成的收尾工作是否安排人员补充完成	
22:00 下班前例 行检查	1．下班前先确认次日休假与服务人员名单，并检查煤气总开关是否有关妥 2．未用完的食品是否妥善收藏，冰箱门是否关妥并上锁 3．是否确实熄灭所有火烛 4．台面的煤气开关是否关妥 5．内场烤箱是否关闭，冰箱是否正常运转 6．内场是否确实熄灭所有火烛及火种 7．内场后门是否关妥 8．内场灯光是否全关妥 9．库房门是否关妥，灯是否关妥 10．空调是否关妥 11．踏垫等物品是否自门口收回店内 12．铁卷门是否关妥 13．各项灯光是否确实关妥 14．机房及更衣室的灯是否关妥 15．铁门上锁后监控信号是否正常与公安联线 16．离开前整个店面的外观再巡视一遍	

第12章

图解精益管理之餐厅安全

12.1 餐厅人财物的安全防范

安全是有序生产的前提，安全是实现餐饮企业效益的保证，是保护员工利益的根本。餐饮企业要确保人财物的安全，必须做好防抢、防偷、防意外、防火、防台风、防爆、防地震工作。

12.1.1 防抢

平时就应强化员工的警觉性，对于出入店内的人、事、物都要提高警觉，适时地向顾客寒暄，眼神的接触可以让歹徒心虚，进而预防抢劫案的发生。所以专业的、完善的营运管理，训练员工正确的现金控制流程，灌输以公司为事业的理念，必能防患于未然。

12.1.1.1 遇抢应变措施

（1）遇抢的应变通则　抢劫多发生在打烊后或深夜时刻，面对抢劫案发生，当事人第一时间就是想办法尽快让歹徒离去，因为歹徒停留在店内的时间越久，对员工及顾客造成伤害的概率就越大。所以抢劫案发生当时的处理方式，是以避免暴力行为发生为关键。其处理通则如图12-1所示。

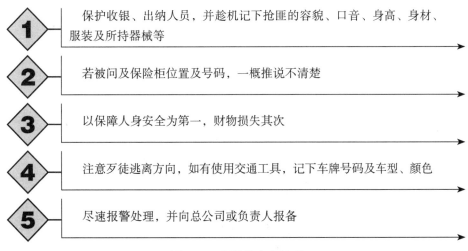

图 12-1　遇抢的应变通则

（2）各级人员的处理细则　各级人员的处理细则如图12-2所示。

 收银人员

尽量配合歹徒的要求，将钱交出，切勿反抗，以免引发其杀机；不可与歹徒争执，也不必主动提供资讯，只需简短回答其问话即可

 其他员工

保持冷静，不要乱跑，以免歹徒受到惊吓，而引发其暴力倾向，当然更应尽可能地离歹徒越远越好；要机警，并仔细观察记下歹徒的特征

图 12-2　各级人员遇抢的处理细则

12.1.1.2　被抢善后处理原则

（1）各级管理人员

①马上通知警方抢劫案发生的地点及时间，并提供有关抢劫案事件发生的始末及任何有关歹徒的线索，如面貌、口音、身高、身材、服装、所持器械、交通工具的车号、车型、颜色及歹徒逃逸方向等。

②确定损失的金额。

③把门锁上，尽量保持案发现场的完整，直到警方人员抵达。

④要求员工镇静，不要讨论所发生的事件。

（2）所有员工　远离案发现场，不要触碰任何东西，不要彼此讨论所发生的事件。

12.1.1.3　可疑情形及应对措施

许多时候只要防范得宜，不给歹徒留下可乘之机，则抢劫案自无发生之虞。所以餐厅在日常营业时，应教育员工密切注意抢劫的可疑情形，并了解应对措施，以消弭抢劫案于无形。常见可疑情形及应对措施，具体如图12-3所示。

 当你在处理金钱的时候，这位顾客老是在你面前出现

（1）与这位顾客寒暄，设法打听其住处、姓名、工作地点等，让他知道你已在注意他

（2）避免钱财露白，切勿在顾客面前数钞票

 单独用餐的顾客，用完餐后还停留在店内迟迟不肯离去

（1）请服务人员上前礼貌地问候："请问还需要点什么东西吗？"

（2）与顾客寒暄并闲话家常，此举可以吓阻歹徒打消犯案意图

3 顾客在餐厅高峰时刻，进出餐厅好几次

（1）通知其他工作人员，加强注意
（2）礼貌地问候顾客有什么可以效劳的地方
（3）上前寒暄与问候

4 在酷热气候下，还穿着外套者，可能藏有器械

（1）通知其他工作人员观察他（她）
（2）礼貌性地上前问候交谈，并询问店内的温度他（她）可否满意

5 车子停泊在店门口或停车场上，而有人在车上等候

（1）试着确认车上的人是否是正在等候店内用餐的顾客
（2）如有可能，观察并记录该车的车号、车型、颜色及停留时间

6 打烊后还有车子停在店外或停车场

（1）观察驾驶人并记下该车的车号、车型、颜色及停留时间
（2）确认车上的人是否在等候店内同伴

7 有人或一群人在餐厅门外闲荡逗留

（1）密切观察其有无可疑的行为，并记下身材特征
（2）如果有充分理由，可礼貌地请对方离开，以确保安全
（3）如果对方持续在店外闲荡，则可视情况通知警方

8 打烊后，有人敲门

（1）应装设保安系统
（2）打烊后，勿让任何人进来（如借用厕所或借打电话等）

图12-3 常见可疑情形及应对措施

12.1.2 防偷

12.1.2.1 防止员工偷窃

餐厅中人多事杂，对于员工的偷窃行为发生时，其处理通则为如下。

（1）明令规定贵重物品严禁携至店中，如有必要，则交由柜台保管。

（2）发薪日现金或薪资支票锁于保险柜中，下班的员工方可领回，领完钱最好随即

离店，勿在店中无事逗留。

（3）抓到偷窃者立即开除，绝不姑息。

12.1.2.2 防止外人偷窃

（1）餐厅硬件设备方面　餐厅硬件设备方面措施，具体如图12-4所示。

门窗

（1）后门要加装猫眼，利用猫眼来确认想要从后门进来的任何人，并且后门最好保持锁着的状态

（2）如果后门没有猫眼装置，则请想从后门进来的人改从前门进入

（3）后门的门面不要有手把或其他类似零件，要使后门只能从店内打开

（4）检查门窗万一有玻璃破损及任何螺丝脱落的情况，应立即找人修理

（5）控制餐厅钥匙的数量，只限店长、经理或开店及打烊的管理人员持有

（6）建立钥匙记录簿，务必要求钥匙持有人签名

（7）当钥匙数量多到无法控制时，最好赶快换锁

储藏间和巨型铁质垃圾桶

储藏间须上锁，巨型铁质垃圾桶确认维修良好，并保持紧闭

灯光照明

充足的灯光可以吓阻店内和店外犯罪行为的发生

（1）在阴雨天和天将黑时，要打开外围的灯光

（2）在天黑时，要打开屋顶招牌灯

（3）投射灯须能照到走道、后门、前门及外围景观

（4）营业时间用餐区须打开灯光

（5）坏掉的灯需随时换新

店面外的景观

经常检查建筑物的前后及室外垃圾处理区（如果有的话），尤其有庭院的餐厅还要检查是否杂草丛生，一旦植物生长过高或过于茂盛，不但影响视野的清晰度，更易成为歹徒躲藏之处

图12-4　餐厅硬件设备方面措施

（2）营运安全管理

①餐厅开店的安全。每天第一个抵达餐厅的工作人员，应先环绕店面四周，检查窗户是否破损，门是否打开，巨型铁质垃圾桶是否开着，以及任何其他可疑的征兆。然后将车停在餐厅前门而非后面，从前门进入餐厅。在餐厅营业之前，再将车子移到餐厅后面，将餐厅前面的停车位留给顾客使用。

②打烊的安全步骤。打烊的安全步骤如图12-5所示。

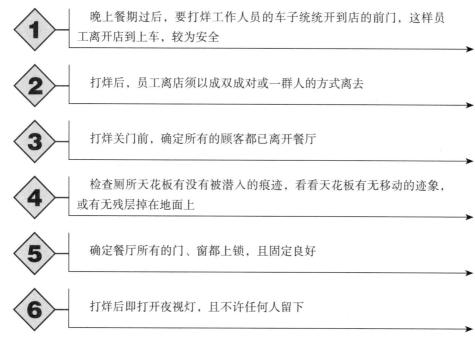

1 晚上餐期过后，要打烊工作人员的车子统统开到店的前门，这样员工离开店到上车，较为安全

2 打烊后，员工离店须以成双成对或一群人的方式离去

3 打烊关门前，确定所有的顾客都已离开餐厅

4 检查厕所天花板有没有被潜入的痕迹，看看天花板有无移动的迹象，或有无残层掉在地面上

5 确定餐厅所有的门、窗都上锁，且固定良好

6 打烊后即打开夜视灯，且不许任何人留下

图 12-5 打烊的安全步骤

③垃圾处理。将所有垃圾集中在后门，然后再一次将所有的垃圾丢到巨型铁质垃圾桶（或垃圾集中场），这样可以减少开门及锁门的次数。尤其在犯罪率较高的地区，夜晚可以不必将所有垃圾清理干净，除非有另一个员工可以协助。

12.1.3 防意外

12.1.3.1 预防措施

（1）一旦地面有油渍、水渍、汤汁或食物，必须要马上清理干净。

（2）清除在工作区、走道、储藏区及进出口的障碍物。

（3）修理或更换有缺口的桌、椅和其他安装物。

（4）修理破裂的地毯。

（5）确保高脚椅十分稳固。

（6）去除装潢物、家具及工作台的尖角外缘。

（7）更换有缺口或破损的器皿、器具或设备。

（8）刀叉等尖锐用具及厨房器具正确使用及储存。

（9）训练员工正确的搬货举物技巧。

（10）笨重物品储存正确及稳固。

（11）训练相关人员各项电器设备的正确使用、保养及清洁方法。

（12）定期检查插座、插头、电线、电路开关，万一有破损，应立即请专人修理。

12.1.3.2　急救箱

餐厅急救箱应摆放固定位置，以防意外发生时可迅速取用。急救箱大致置放的医疗用品有：胶布、胶带；纱布；OK绷带；棉花、棉花棒；烫伤药膏；剪刀及小钳子；急救手册；双氧水；擦伤药水。

12.1.4　防火

12.1.4.1　防火措施

"慎防火灾"这句警语用在厨房中是最恰当不过的，因为厨房烹饪食物，燃烧使用火种频繁，稍有不慎，极容易引发火灾。不过发生火灾的原因除烹饪燃烧火种外，还有吸烟烟蒂、电线漏电、电动机机械损坏、煤气漏气、油料外泄与罪犯纵火等。而"星星之火，可以燎原"，事先做好预防最重要。现将防火应注意事项，分述如下。

（1）厨房本该保持清洁，染有油污的抹布、纸等杂物，应随时清除，炉灶油垢常清洗，以免火层飞散，引起火灾。

（2）炒菜时切勿随便离开，或分神处理其他厨务，或与人聊天，这些都是很危险的。

（3）油锅起火时，应立即关闭炉火，除去热源，并将锅盖紧闭，使之缺氧而熄灭；锅盖不密封时，就近用酵粉或食盐倾入，使火焰熄灭。

（4）工作时切勿抽烟，抽烟已经是违规，而将未熄灭的烟蒂随便放置，更是严重错误，切忌之。

（5）易燃、易爆危险物品不可靠近火源附近，例如酒精、汽油、木柴、煤气钢瓶、火柴等，不可放置在炉具或电源插座附近。

（6）电动机动力机器使用过久，常会生热起火，应切实注意定期检修维护保养。

（7）确定所有的开关及插座都有覆盖壳。

（8）所有有关电的工程，都由合格电工完成。

（9）用电烹煮食物，须防水分烧干起火，用电切勿利用分叉或多口插座同时使用多项电器，以免超过负荷，而致电线走火。

（10）电线配线老旧、外部绝缘体破裂或插座头损坏，应立即更换或修理。发现电线走火时，迅速切断电源，切勿用水泼覆其上，以防导电。

（11）使用煤气炉、煤气管线，勿靠近电气线路或电源插座装置。炉具及钢瓶凡未经检验合格者，不可使用。

（12）使用煤气钢瓶不可横放，管线及开关不可有漏气现象。遵照点火及熄火方法，点火之前切忌大量煤气喷出，以免产生爆炸的危险。熄火时，关闭气瓶开关（断绝煤气来源即熄），不可用口吹熄，否则忘记关闭，使煤气泄溢室内，引起火灾或中毒。

（13）平日可用肥皂水检查煤气管及接头处是否有漏气现象，煤气管以金属品代替橡胶品，可防虫咬或鼠咬。

（14）抹布尽量不要摆在烤箱、煎板或正在煮的锅上烘干。

（15）如闻到烟味，应即察看热源处，并搜寻每一个垃圾桶中是否有未熄灭的烟蒂或火柴。

（16）每日工作结束时，必须清理厨房，检查电源及煤气、热源火种等开关是否确实关闭。防火检查不可遗忘，以防万一。

（17）平时宜加强员工消防宣导，灌输员工救灾常识，实施救灾编组，训练正确使用消防器材，如"泡沫式"不可直接喷入燃烧的液体内，仅让泡沫轻轻落于火焰表面；"二氧化碳式"尽可能接近火焰直接喷射；"SOPAACID气体灭火器"及"干化学剂"直接喷于火焰基部。灭火器及消防水栓应常检验，以免失效。太平门、安全梯的安全检查，亦属必要措施。

12.1.4.2 火灾应变措施

（1）如遇店内火警，应立刻切断煤气及电源，如火势不大，可用灭火器灭火，切勿惊慌大叫，影响营业。

（2）如火势太大，无法控制，应立即打119报警处理，并打开安全门，让顾客循序逃出，店内员工应保持镇定，稳定外场秩序，并检查卫生间是否有未逃出的顾客，派遣两名男性员工保护出纳人员携财务及会计资料离去，员工最后再循序离去，并报备管理层。

（3）如隔壁或楼上发生火灾，应查看火势大小是否会波及本店，处理方式同（1）及（2），切勿惊慌失措。

（4）电线走火除立刻切断电源外，切勿用水乱泼，以免蔓延火势，并尽量隔离空气灭火。

（5）万一是煤气漏气，尚未酿成火灾，应立刻切断煤气总开关，打开门窗，并尽速切除火源、电源，等煤气散尽再开电源，以免发生爆炸。

（6）一旦煤气泄漏引起火灾，灭火方法为：断绝煤气之源；断绝空气供给；降低周围温度；用泡沫灭火器灭火。

12.1.4.3 火灾疏散顾客引导要领

（1）利用广播向客人告知火灾地点。

（2）从最靠近火灾处所的顾客优先疏散。

（3）老弱妇孺优先疏散。

（4）疏散当中如遇浓烟迫近时要使用湿手帕、湿毛巾将鼻、口掩住，必要时使用室内消防栓射水援护。

（5）疏散时不可使用电梯。

（6）在火灾楼层下面的顾客，指导其至各安全（门）楼梯向下层疏散。

（7）在火灾楼层的顾客，指导其至离开火灾地点反方向的安全（门）楼梯向下面楼层疏散。

（8）在火灾楼层上面的顾客，如安全（门）楼梯间无烟火冒出时，指导向下面楼层疏散。如遇烟火时，则改由反方向的安全（门）楼梯向下面楼层疏散。

（9）指导疏散时要注意安全，不可混乱，而且必须大声呼叫、指示。

（10）一旦疏散至安全地带后，禁止顾客返回取物。

（11）关闭火灾区域的防火门，在此之前要先确认有无人员未疏散。

（12）检查厕所、餐厅内是否还有人。

12.1.5　防台风

（1）检查门窗是否坚固，铰链有无锈蚀失灵。

（2）关闭非必要的门窗，如属中强度台风，风力达1.2级以上，迎风面的门窗应加钉木板，以防玻璃破碎，并准备强黏胶带，以备粘贴玻璃门窗。

（3）检查电路、煤气，注意炉火，慎防火灾。

（4）准备照明手电筒及电池（不可使用蜡烛），以防停电。

（5）多备二三日的食物蔬菜，并节省用水。

（6）房屋外、庭院内各种悬挂物件、盆花及零星物件易被吹落者，应即取下收藏，以防伤人。

（7）如因风害有财物损失，立即通知财务部。

（8）台风后，立刻整理环境，清除污物，喷洒消毒药品。

（9）台风若引起水灾，应将易浸坏的用具、设备、物品垫高，或移往高处。

（10）若水已淹人，不可开电源，以免触电。

12.1.6　防爆

为防范歹徒以放置爆炸物遂行恐吓勒索或扰乱秩序，减轻损害至最低程度。防范措施如下。

（1）各部门办公室门应随时保持关闭状态，尽量不在办公室内接待访客，遇有访客至办公室须询明身份，绝对不接受寄存任何物品，如必须接受寄存物品时，应了解寄存人身份，记明寄存时间，在该寄存物上标示明白。

（2）离开办公室，如非短时间可返回时，抽屉及经管的橱柜务必加锁。

（3）下班后务必关窗、关门、关灯。

（4）办公室、仓库随时保持整洁，一切物品对象均须有一定的放置位置，便于发现可疑物，凡发现不属于本餐厅的物品或可疑对象，切勿移动，应立即通报店长。

（5）电话总机、主管办公室、秘书小姐为最可能接获恐吓电话者，如接获歹徒电话时，要保持镇静，切忌慌乱，尽可能延长通话时间，以轻松、和缓的语气与其周旋。

（6）接获歹徒恐吓电话，除立即报告店长外，不得向任何人透露（包含隶属主管），绝对保守秘密，以免招致慌乱发生其他意外。

（7）任何人员发现可疑物或可疑情况时，应立即通报店长，对该可疑物或可疑情况严密监视，不触摸、不移动，尽可能保持现状，等待警察前来处理。

12.1.7　防地震

餐饮企业对地震的预防与应变措施如图12-6所示。

预防措施

（1）不使用电器设备时，应养成随手拔掉插头的习惯

（2）电器上面或其附近如有易燃物，应除掉

（3）易燃物附近及靠近出入口的地方，绝不使用电器用具及用火器具

（4）危险物品不要放置在高架上

（5）吊起来的盛物架，要尽量增强其强度

（6）玻璃容器或器皿应尽量放置在盛物架的下面

（7）盛物栅架前面应设置防止物品滑落的栏栅

应变措施

（1）地震时，应即切断电源

（2）依由近而远的顺序，将使用中的"火"（包括香烟、蜡烛）熄掉

（3）赶快旋紧、关掉、切断所有的煤气、液化气炉等气阀

（4）赶快切断电炉器具的电源

（5）千万不可惊叫，保持冷静，并稳定顾客的情绪，不要慌慌张张地从楼上向楼下跑或跑到外面

（6）地震非常强烈时，应协助顾客用携带的衣物覆盖头部或隐藏于桌下

（7）不可乘坐电梯，如人已在电梯里，不要随便按电梯里面的键，最好坐在电梯底部

（8）炉灶附近如有掉下易燃物时，应立即清除

图12-6　餐饮企业对地震的预防与应变措施

12.2 餐厅突发事件应急处理

突发事件就是意外的突然发生的重大或敏感事件。在餐厅内可能会发生的突发事件有烫伤、烧伤、腐蚀性化学制剂伤害、电伤、客人突然病倒、客人跌倒、顾客出言不逊、客人丢失财物、顾客打架闹事、突然停电等，对于这些，餐饮企业应能够事先预见，并制定应急处理措施，并对员工进行培训、演练。

12.2.1 烫伤

（1）将被烫伤的部位用流动的自来水冲洗或是直接浸泡在水中，以使皮肤表面的温度可以迅速降下来。

（2）在被烫伤的部位充分浸湿后，再小心地将烫伤表面的衣物去除，必要时可以利用剪刀剪开，如果衣物已经和皮肤发生粘连的现象，可以让衣物暂时保留，此外，还必须注意不可将伤部的水泡弄破。

（3）继续将烫伤的部位浸泡在冷水中，以减轻伤者的疼痛感。但不能泡得太久，应及时去医院，以免延误了治疗的时机。

（4）用干净的布类将伤口覆盖起来，切记千万不可自行涂抹任何药品，以免引起伤口感染和影响医疗人员的判断与处理。

（5）尽快送医院治疗。如果伤势过重，最好要送到设有整形外科或烧烫伤病科的医院。

12.2.2 烧伤

（1）如果顾客身上着火，应该告知顾客用双手尽量掩盖脸部，并让其立即倒地翻滚将火熄灭，或者立刻拿桌布等大型布料将伤者包住、翻滚，将火熄灭。

（2）等到火熄灭后，再以烫伤的急救步骤来处理。

12.2.3 腐蚀性化学制剂伤害

（1）无论是哪种化学制剂，都应该以大量的清水加以冲洗，而且清洗的时间至少要维持30分钟，才可以冲淡化学制剂的浓度，尤其当眼睛已受到伤害时，更要立即睁开眼睛用大量清水来冲洗。

（2）立刻送医院治疗。

12.2.4 电伤

（1）先切断电源或是用绝缘体将电线等物移开，接着应立即检查伤者是否有呼吸和心跳，如果呼吸与心跳停止，应该立即进行人工呼吸救助。

（2）若是电伤的伤害程度较深，应该直接送往医院急救。

12.2.5　客人突然病倒

顾客在餐饮店用餐，任何意外都有可能发生，突然病倒就是其中一项。遇到就餐客人突然病倒时，服务员应按照以下方法去解决。

（1）保持镇静。对于突然发病的客人，服务员要保持镇静，首先要打电话通知急救部门，再通知餐馆的有关部门，采取一些可能的抢救措施。

（2）如果客人昏厥或是摔倒，不要随意搬动客人。如果觉得客人躺在那儿不雅观，可以用屏风把病者围起来。服务员还要认真观察病人的病情，帮助客人解开领扣，打开领带，等待急救医生的到来，并按医生的吩咐，做一些力所能及的事情，协助医生的工作。

（3）对于有些客人在进餐过程中，或是进餐后尚未离开餐馆时，就突然出现肠胃不适等病症的人，服务员也要尽量帮助客人。这种时候，服务员可以帮助客人叫急救车，或是帮助客人去洗手间，或是清扫呕吐物等。

（4）与此同时，服务员不要急于清理餐桌，要保留客人食用过的食品，留待检查化验，以便分清责任。

（5）当客人突然病倒，服务员不要当着客人的面随便判定，随便下结论，也不要自作主张地给客人使用药物。

12.2.6　客人跌倒

客人在餐饮店跌倒，服务员应主动上前扶起，安置客人暂时休息，细心询问客人有无摔伤，严重的马上与医院联系，采取措施，事后检查原因，引以为鉴，并及时汇报，做好登记，以备查询。

12.2.7　顾客出言不逊

个别的客人由于各种各样的原因，对服务员出言无礼，甚至出口伤人，这种事情也时有发生。

情况不同，对待和处理的方式也不一样。如果是客人自身的素质低，不懂得在公共场合保持应有的言行举止，服务员可以冷静地对待，一般不要计较，如果实在太过分，服务员可以冷静地指出，让客人收敛其言行，有必要的话，还可以报告上级领导和有关部门，出面协助处理。

如果客人是出于受到怠慢而出言不逊，作为服务员或餐饮店方面，应该立即弥补自己服务上的失误，不要去计较客人在言语上的过激与无礼。

总之，遇到出言不逊的顾客，服务员首先仍应以礼相待，晓之以理，若情况并无好转，也不能以粗对粗，而应及时通知有关部门协助处理，用文明的方式方法解决纠纷。

12.2.8　客人丢失财物

为了防止顾客丢失财物现象的发生，当顾客来餐饮店就餐时，服务员就应当热心地、适度地提醒客人，注意他们的财物。

在顾客的整个就餐过程中，服务员应经常提醒顾客注意保管好自己的财物。

顾客丢失了财物，服务员应表现出同情与关心，尽量帮助客人查找，一定要让客人感到服务员是在尽力诚心实意地帮他。

如果顾客在餐饮店里丢失了财物，一时没有找到，服务员应问清客人当时用餐的具体位置、餐桌的台号、物品的件数和特征等情况，并且当着客人的面登记备查，或是通知有关部门帮助协查寻找。

经过寻找，一时仍无着落的，可以请客人留下联系地址和电话号码等，以便一有信息可以及时通报。

有的顾客因丢失物品，难免会对餐饮店的环境或是服务员产生怀疑，有时甚至当场说些"过头话"，作为服务员应从同情和理解的角度出发，坦诚相待，不急不恼，认真查找，以自己的实际行动来替客人排忧解难，这样，便会化解客人的愤怒，有助于事情的解决。

12.2.9　顾客打架闹事

如果打架闹事者根本不听劝告，继续斗殴，比较严重的，餐饮店应马上报告公安局，请警察采取适当措施，以维持餐饮店的秩序。

（1）服务员在劝阻顾客打架闹事时，要注意方法，态度上要尊敬对方，言语上用词恰当，自己不要介入到纠纷中去，不要去评判谁是谁非。

（2）一般来说，打架闹事的人多是出于一时的冲动，逞一时之勇，即使是故意、有目的打架斗殴，只要服务员能及时、恰当地劝阻，一般都会解决。

（3）制止打架斗殴，不但是为餐饮店的安全和名誉着想，也是为打架的双方着想。如果闹事者是冲着捣乱餐饮店而来的，更应该保持冷静，而不要中了圈套。

（4）若是事态严重的，要立即拨打"110"，并注意保护现场以便审案时作证。

　　星期天，小童跟好友打电话，本想约好友去一家之前常去的餐厅见面的，刚讲出那家餐厅的名字，就听好友立刻神经质地说："不要去!那家餐厅很邪的，以后都不会去的了。"小童心想：奇怪了，原来你一直觉得那家餐厅很好的呀，又干净，服务员也好，菜也不错，今天怎么就变了呢？于是小童就问她："原来你不是很喜欢去那里的吗？怎么……"好友压低声音说："你还不知道吧？那家餐厅里刚死过人呀!"

　　"啊？!"小童的脑子飞快地闪过电影里杀人的镜头：暗杀？黑社会？追捕逃犯？朋友见小童没吭声，接下去说："一个月前，餐厅里来了两位中年男顾客，一边喝酒一边谈话。不知怎的，两人就吵起来了，差点还要动手，被餐厅的保安和楼面经理给拉开了。但谁知其中一人突然面色发青，双手捂胸就倒下去了。开始大家还以为他被对方弄伤，后来发现情形不对，才赶快拨打120。等急救车赶到时，医生说他已经死了，是心脏受了刺激，突发而死的。那个跟他吵架的人也被带走了。人死在餐厅里，人人都很惊慌，吃饭的人不管吃没吃完都赶紧结账走了，剩下一堆吓得不知所措的服务员。"好友一口气讲到这里，停了停，又接着讲下去："餐厅死了人的事马上就被传开了。谁还敢去呀？反正到处都有餐厅。所以那家餐厅几天前就关门停业了。"

12.2.10　突然停电

开餐期间如遇到突然停电，服务人员要保持镇静，首先要设法稳定住客人的情绪，请客人不必惊慌，然后立即开启应急灯，或者为客人餐桌点燃备用蜡烛，并说服客人不要离开自己座位，继续进餐。自己则马上与有关部门取得联系，搞清楚断电的原因，如果是餐饮店供电设备出现了问题，就要立即要求派人检查、修理，在尽可能短的时间内恢复供电。如果是地区停电，或是其他一时不能解决的问题，应采取相应的对策。对在餐饮店用餐的客人要继续提供服务，向客人表示歉意，并暂不接待新来的客人。

傍晚，某餐厅正在举办寿宴。天逐渐地暗了下来，寿宴正进行得热烈而隆重。

突然，餐厅漆黑一片，停电了。短暂的沉寂之后，迎来了此起彼伏的喊声："服务员，怎么停电了？""服务员，赶紧去看看！""服务员，什么时候来电？"……

领班小张反应迅速，来到库房抓了两包红蜡烛，跑回楼面。立刻安排12名服务员站成两排，点燃蜡烛，整齐地排好，走到宴会厅。同时他手持扩音器，说道："尊敬的宾客，幸福的寿星！今晚，我们酒楼特别策划送上别致、独到的烛光晚宴，祝寿星及来宾在此吃得开心！"霎时间，掌声雷动，整个宴会厅充满了温馨浪漫的气氛。客人们非常高兴，赞不绝口。

服务员逐个把蜡烛放到烛台上，然后退到大厅的各个区域。宴会继续进行，气氛依然热烈。

在平时，餐饮店里的备用蜡烛应该放在固定的位置，以便取用方便。如备有应急灯，应该在平时定期检查插头、开关、灯泡是否能正常工作。

CHAPTER THREE

第3部分

图解餐饮企业之过程控制

第13章

过程控制解析

13.1 什么是过程

过程是指通过使用资源和管理，将输入转化为输出的活动，如图13-1所示。一个过程的输入通常是其他过程的输出，企业中的过程只有在受控条件下策划和执行，才具有价值。

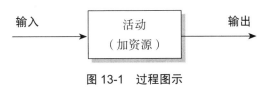

图 13-1 过程图示

（1）资源 资源主要是指活动运行中所需要的人员、设施、设备、材料、作业方法、环境等。

（2）管理 管理是指对活动中所使用的资源实施计划（Plan）、实施（Do）、检查（Check）、分析改进（Action）的循环控制。

（3）输入 输入是指活动运行前应该收到的活动指令、要求。

（4）输出 输出是指活动实施后的结果、收获等。

13.2 过程的分类

过程主要分为管理过程、客人导向过程、支持性过程，如图13-2所示。

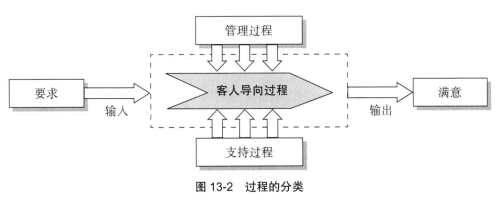

图 13-2 过程的分类

13.2.1 客人导向流程

客人导向过程包括以下几个方面。

（1）任何与餐饮企业及其客人的接口直接相关的过程，如采购原料、现场服务、客人反馈。

（2）实现客人满意的过程。如制作、保证服务。

（3）以客人要求作为输入至以满足客人要求作为输出的过程。如市场调查、菜品研发、菜品制作、验证/确认等。

客人导向过程的基本模式，见图13-3和图13-4。

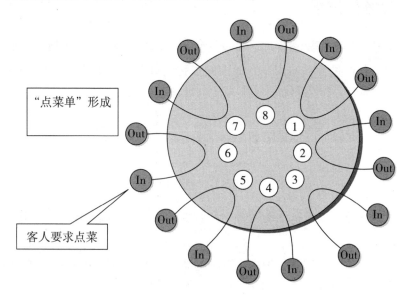

图 13-3　客人导向过程模式

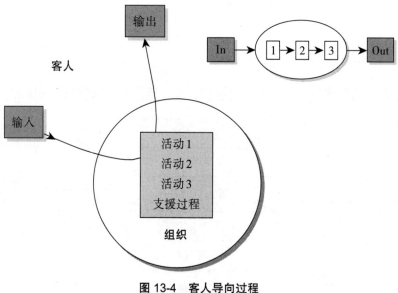

图 13-4　客人导向过程

IATF建议的客人导向过程清单如下。

（1）市场调查。

（2）菜品制作。

（3）交付客人。

（4）服务推销。

（5）付款。

（6）菜品研发开发。

（7）保证/服务。

（8）验证/确认。

（9）售后/客人反馈。

（10）其他。

13.2.2　支持过程

每个关键过程都会有一个或多个支持过程来补充，支持过程一般都有内部顾客和供方。支持过程一般有以下内容。

（1）培训过程。

（2）文件控制过程。

（3）记录控制过程。

（4）顾客满意度控制过程。

（5）内部审核过程。

（6）服务管理过程。

（7）采购过程。

12.2.3　管理过程

管理过程可以是支持过程，一般是对组织或其质量体系进行管理的过程。管理过程一般有以下内容。

（1）业务计划过程。

（2）质量策划过程。

（3）管理评审过程。

13.3　过程分析的工具——龟形图

对各单一过程的分析，IATF推荐的"龟形图"是最佳的分析工具，见图13-5。

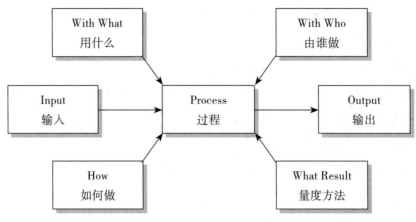

图 13-5　龟形图

龟形图填写要求如下。

（1）过程（Process）　填写过程的名字及主要活动。

（2）输入（Input）　填写过程实施前收到的信息、指令，如计划、文件、通知单、要求。

（3）输出（Output）　填写过程实施后获得的结果，如产品、报告、记录、信息等。

（4）由谁进行（With Who）　填写活动的责任人，以及其能力、技能、培训要求。

（5）用什么（With What）　填写活动所需要的设备、材料、设施、资金等。

（6）如何做（How）　填写活动所需要的方法，如过程及有关过程的程序文件、指引。

（7）量度方法（What Result）　评价过程有效性的方法，如KPI指标、内审等。

在进行业务流程调查、确定及审核的工作中，可预先制定表格来进行，如表13-1所示。

表 13-1　过程确定表

部门/区域：	日期：
制定人员：	审核：
简述过程，过程的活动或作业是什么？（过程的顺序） 过程： 主要活动：	流程图

过程的输入要求和内容：（什么时候开始？资源、信息、材料等）	
过程的支持性活动是什么？	
使用什么方式？（材料、设备）	如何做？（方法/程序/技术）
谁进行？（能力/技能/培训）	使用关键准则是什么？（测量/评估）
过程的输出要求是什么？（信息、产品、可交付的产品等）什么时候完成或结束？改进时机？	

13.4　过程识别的结果——流程图

对餐饮企业的各项业务过程识别的结果通常是以流程图的形式呈现。

流程图是用几何图形将一个过程各步骤的逻辑关系展示出来的一种图示技术。只要有过程，就有流程。过程是将一组输入转化为输出的相互关联的活动，流程图就是描述这个活动的图解。

13.5　过程控制的方法——PDCA循环

过程控制是指：使用一组实践方法、技术和工具来策划、控制和改进过程的效果、效率及适应性，包括过程策划、过程实施、过程监测（检查）和过程改进（处置）四个部分，即PDCA循环四阶段。PDCA（Plan-Do-Check-Act）循环又称为戴明循环，是质量管理大师戴明在休·哈特统计过程控制思想基础上提出的。如图13-6所示。

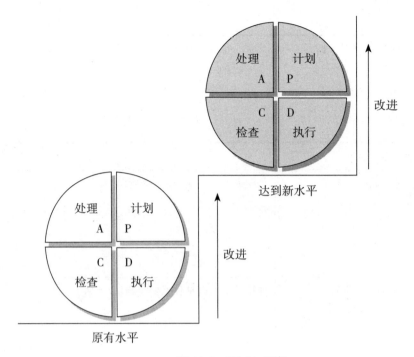

图 13-6　PDCA 循环

13.5.1　过程策划（P）

（1）从过程类别出发，识别企业的价值创造过程和支持过程，从中确定主要价值创造过程和关键支持过程，并明确过程输出的对象，即过程的顾客和其他相关方。

（2）确定过程顾客和其他相关方的要求，建立可测量的过程、绩效目标（即过程质量要求）。

（3）基于过程要求，融合新技术和所获得的信息，进行过程设计或重新设计。

13.5.2　过程实施（D）

（1）使过程人员熟悉过程设计，并严格遵循设计要求实施之。

（2）根据内外部环境、因素的变化和来自顾客、供方等的信息，在过程设计的柔性范围内对过程进行及时调整。

（3）根据过程监测所得到的信息，对过程进行控制，例如：应用SPC（Statistial Process Control，统计过程控制）控制过程输出（服务）的关键特性，使过程稳定受控并具有足够的过程能力。

（4）根据过程改进的成果，实施改进后的过程。

13.5.3　过程监测（C）

过程监测包括过程实施中和实施后的监测，目的在检查过程实施是否遵循过程设计，达成过程的绩效目标。

13.5.4　过程改进（A）

过程改进分为两大类："突破性改进"是对现有过程的重大变更或用全新的过程来取代现有过程（即创新）；而"渐进性改进"是对现有过程进行的持续性改进，是集腋成裘式的改进。

第14章

菜品研发管理流程

14.1 菜品研发流程

菜品研发流程见图14-1。

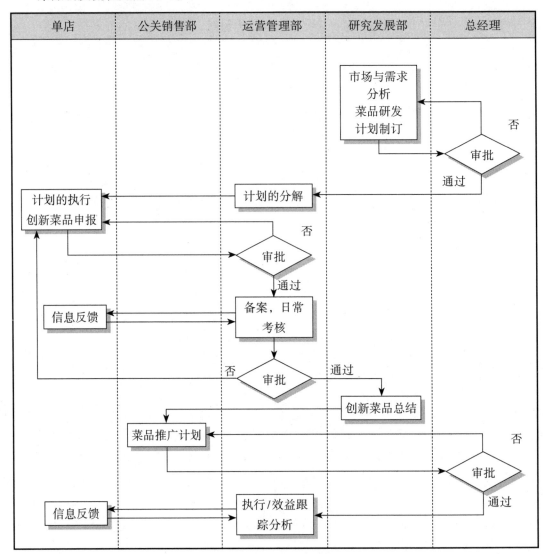

图 14-1 菜品研发流程

14.2 特色菜认定流程

特色菜认定流程见图14-2。

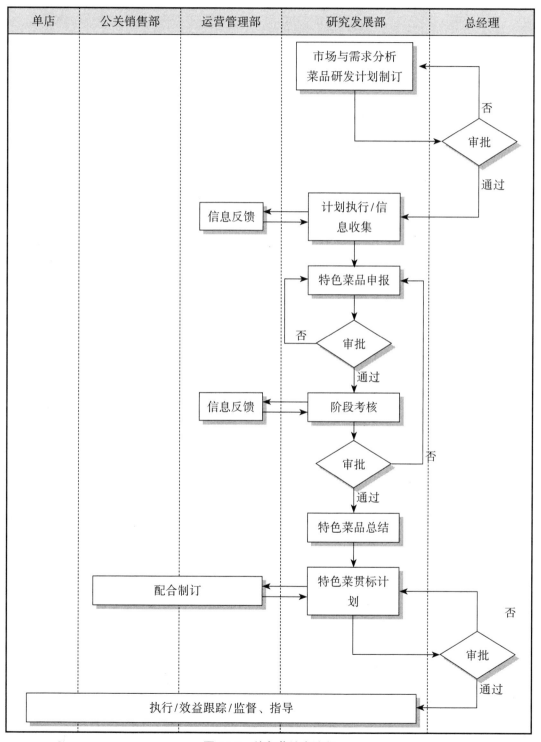

图 14-2 特色菜认定流程

14.3 自营菜认定流程

自营菜认定流程见图14-3。

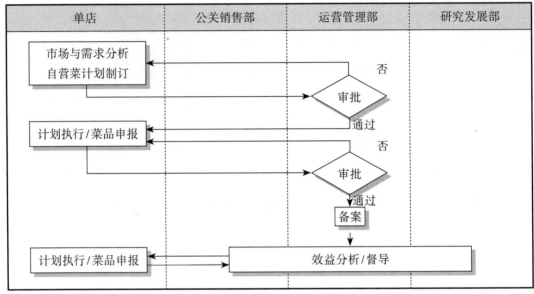

图 14-3 自营菜认定流程

14.4 菜品质量管理流程

菜品质量管理流程见图14-4。

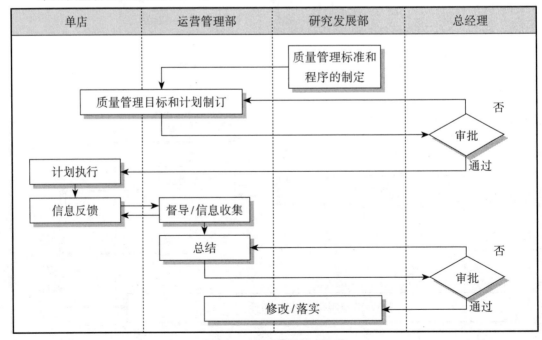

图 14-4 菜品质量管理流程

14.5　菜单设计流程

菜单设计流程见图14-5。

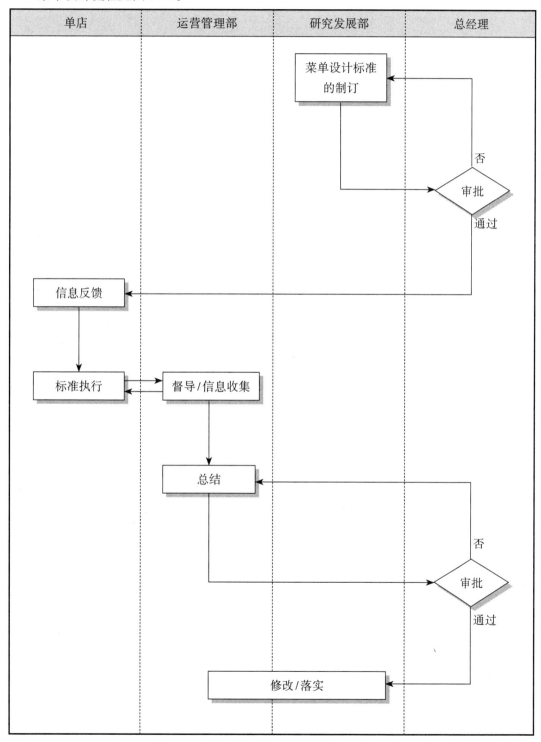

图 14-5　菜单设计流程

第15章

采购管理流程

15.1 订购管理流程

订购管理流程见图15-1。

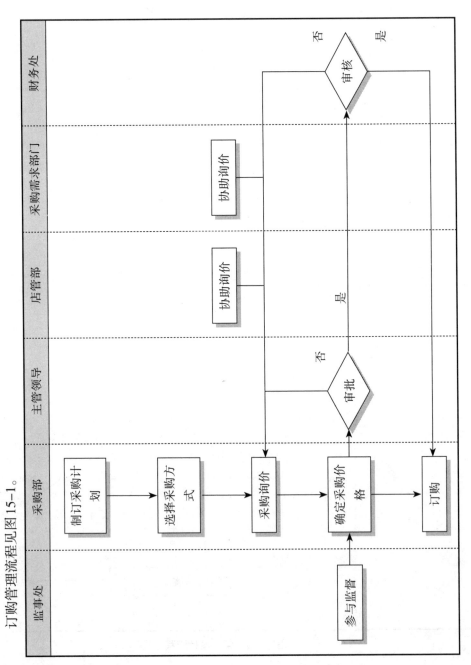

图 15-1　订购管理流程

15.2 采购管理流程

采购管理流程见图15-2。

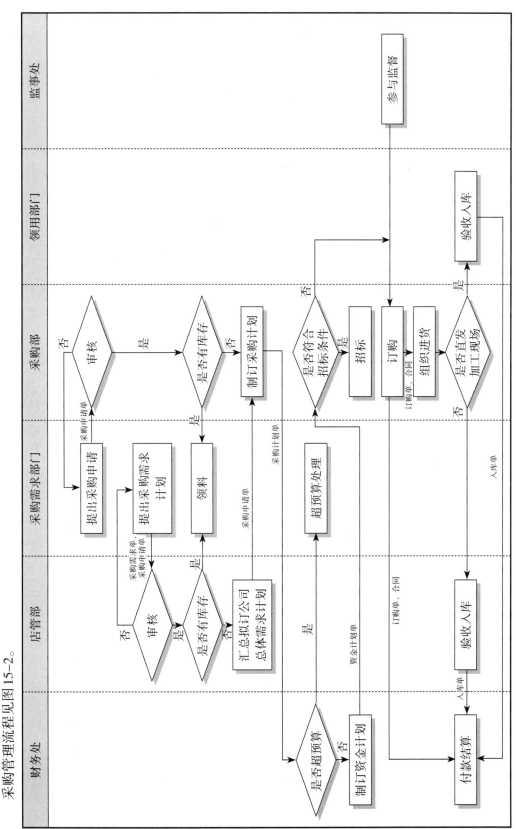

图15-2 采购管理流程

15.3 采购计划制订流程

采购计划制订流程见图15-3。

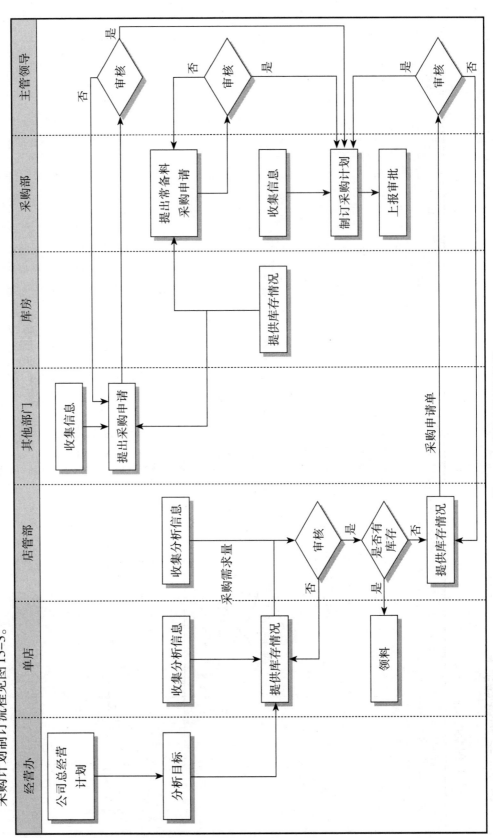

图15-3 采购计划制订流程

15.4 采购物品入库检验流程

采购物品入库检验流程见图15-4。

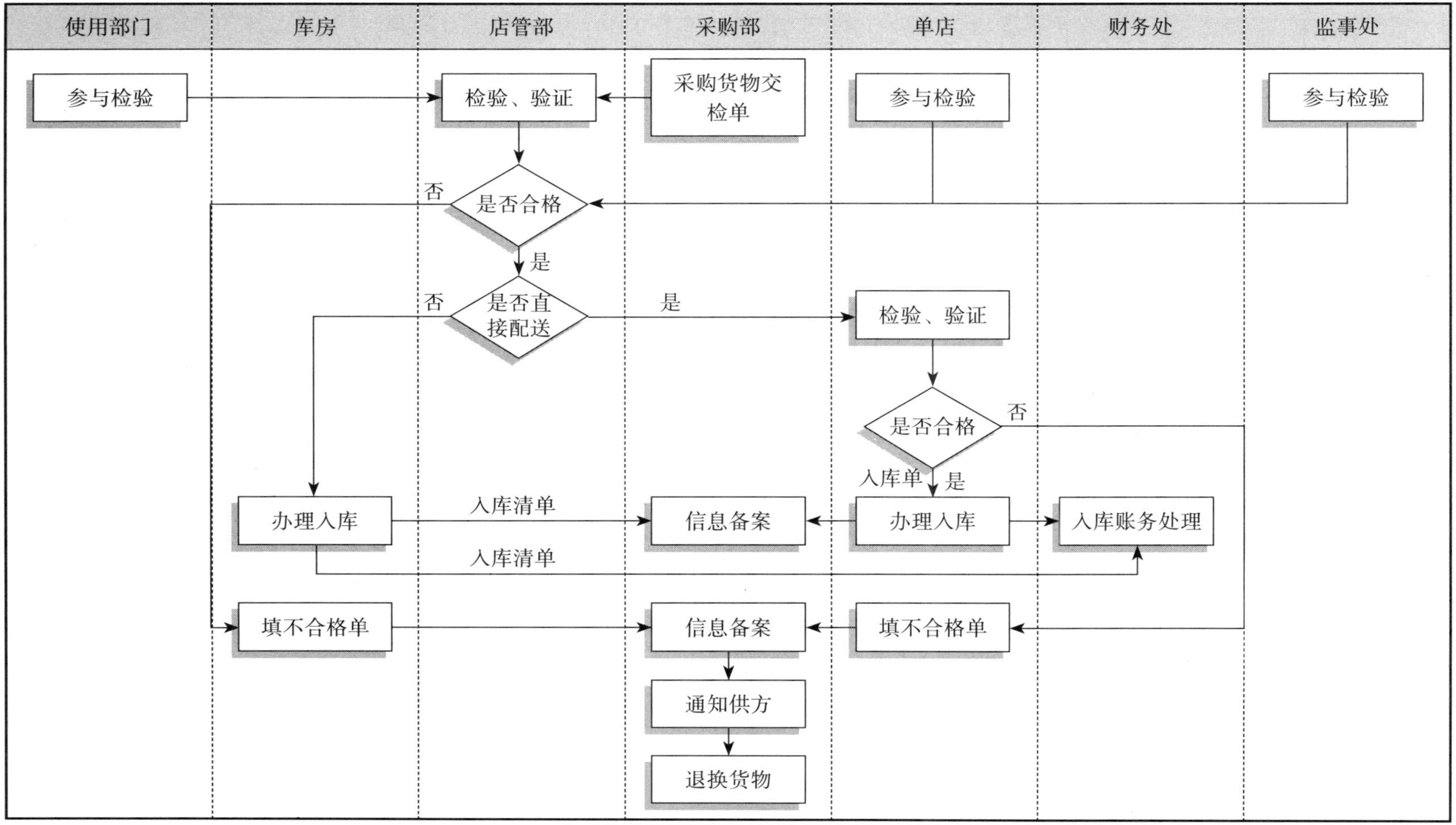

图15-4 采购物品入库检验流程

15.5 领料管理流程

领料管理流程见图 15-5。

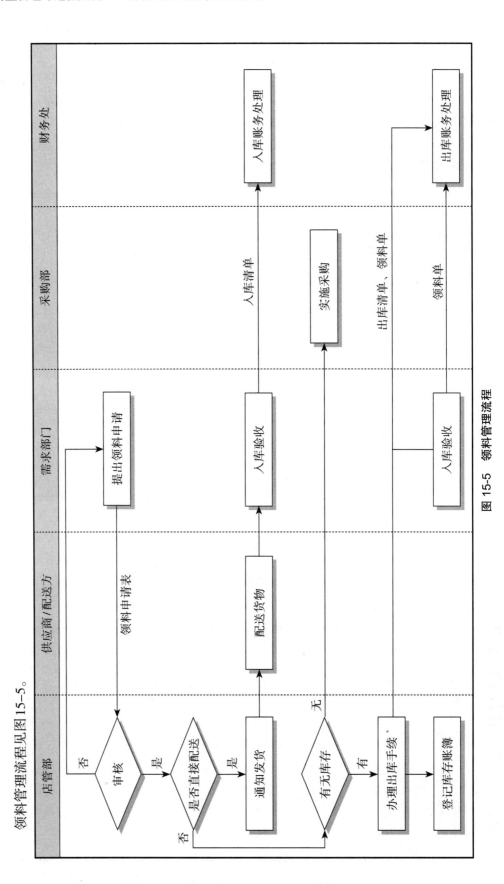

图 15-5 领料管理流程

15.6 采购价格平台制定流程

采购价格平台制定流程见图15-6。

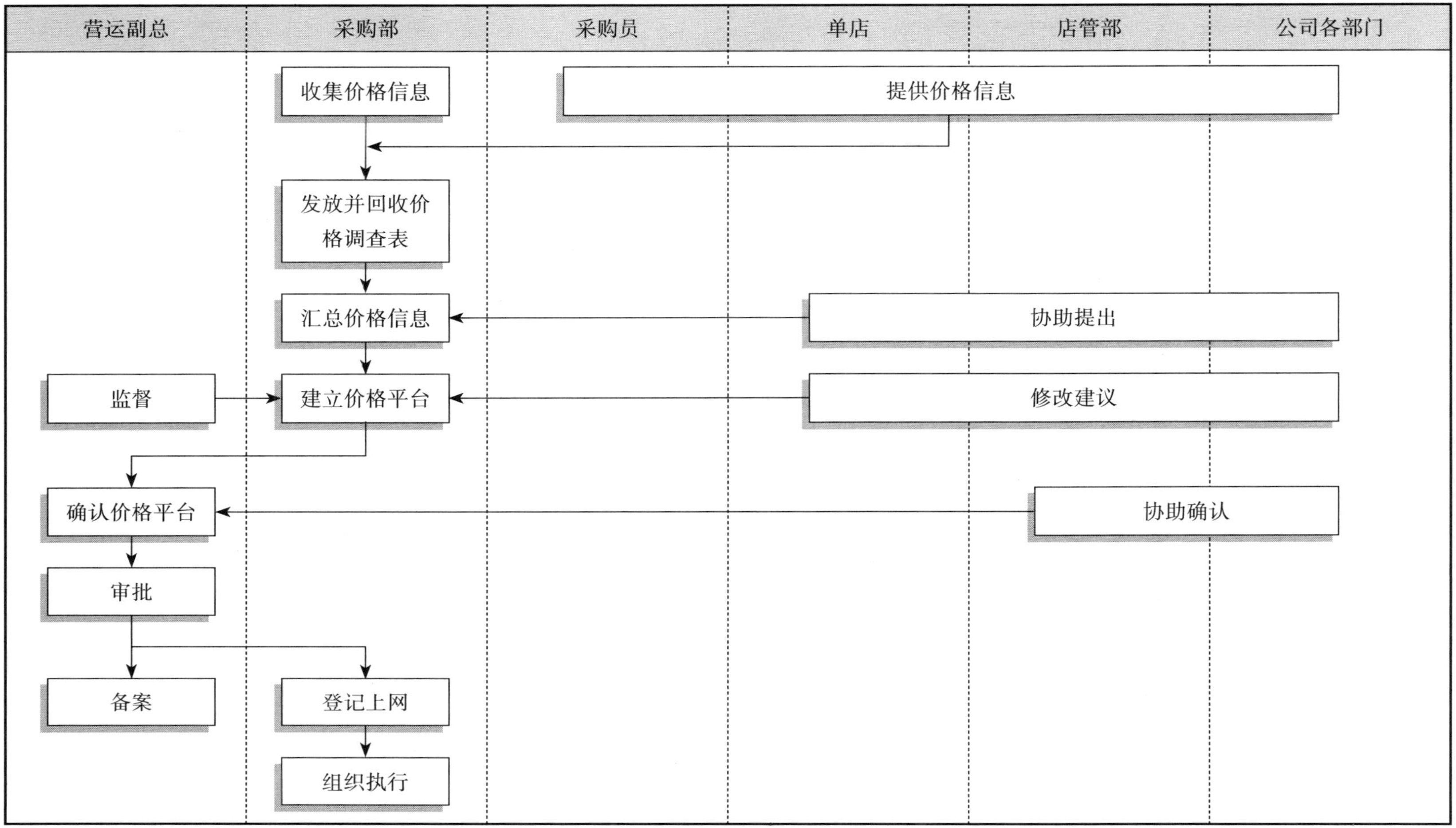

图 15-6 采购价格平台制定流程

15.7 采购付款结算流程

采购付款结算流程见图15-7。

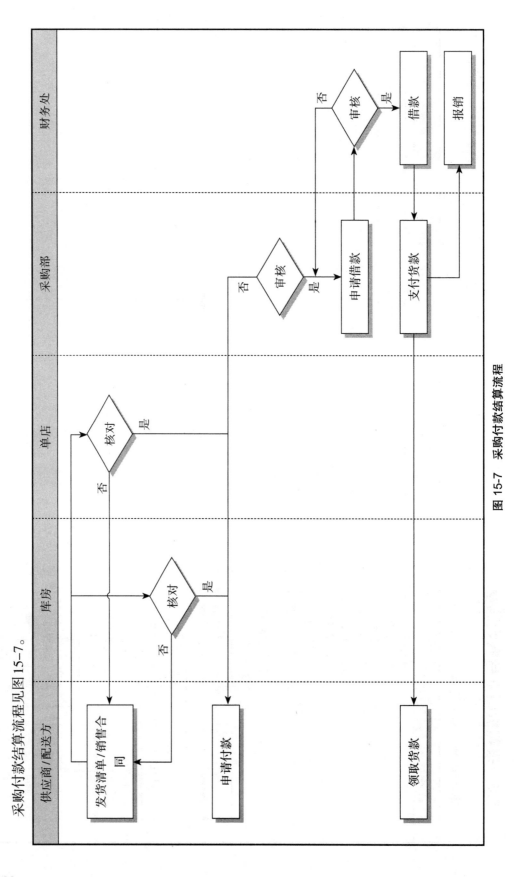

图 15-7 采购付款结算流程

15.8　新供应商选择流程

新供应商选择流程见图15-8。

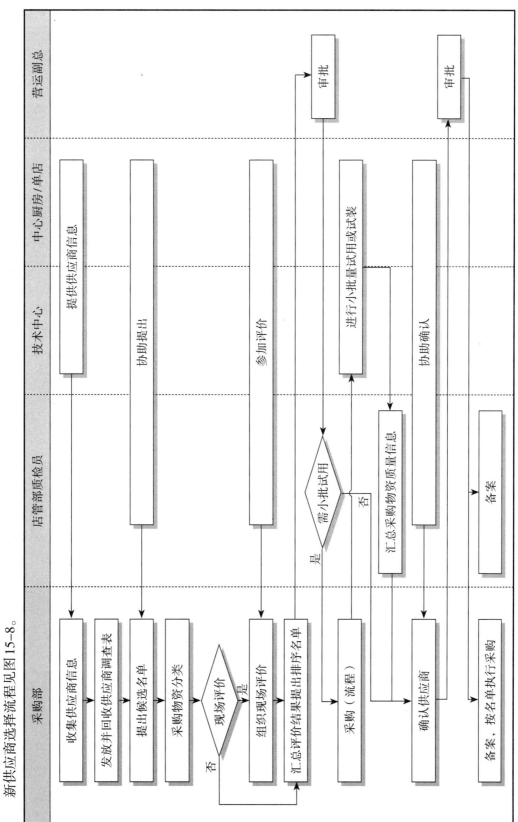

图 15-8　新供应商选择流程

15.9 供应商管理流程

供应商管理流程见图15-9。

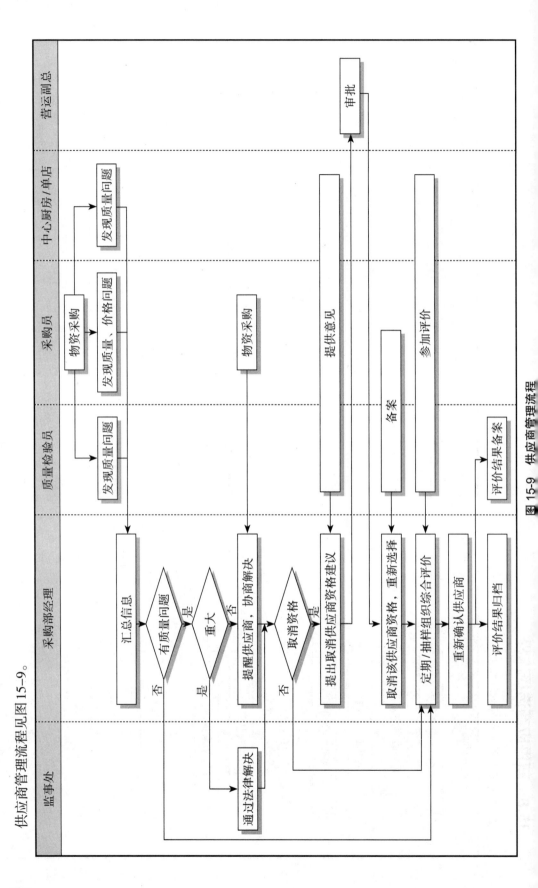

图15-9 供应商管理流程

15.10 采购招标流程

采购招标流程见图15-10。

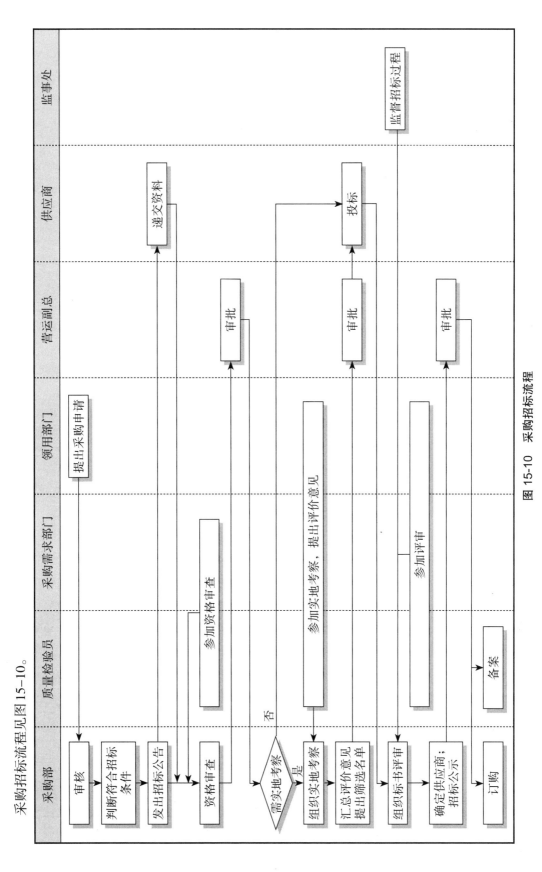

图15-10 采购招标流程

第16章

餐饮企业财务管理流程

16.1 单店营业收入结算流程

单店营业收入结算流程见图16-1。

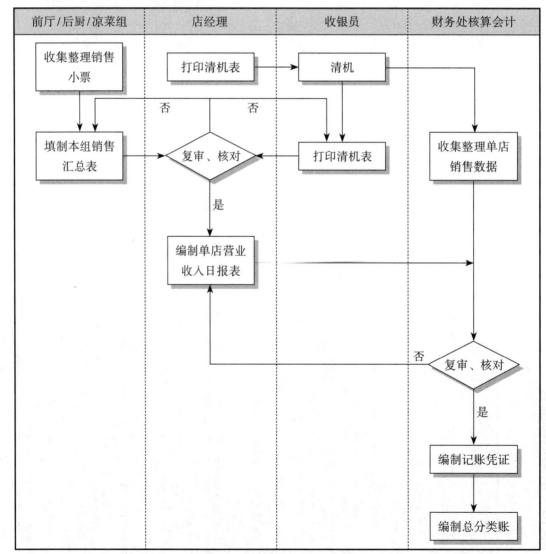

图 16-1 单店营业收入结算流程

16.2 单店营业现金结算流程

单店营业现金结算流程见图16-2。

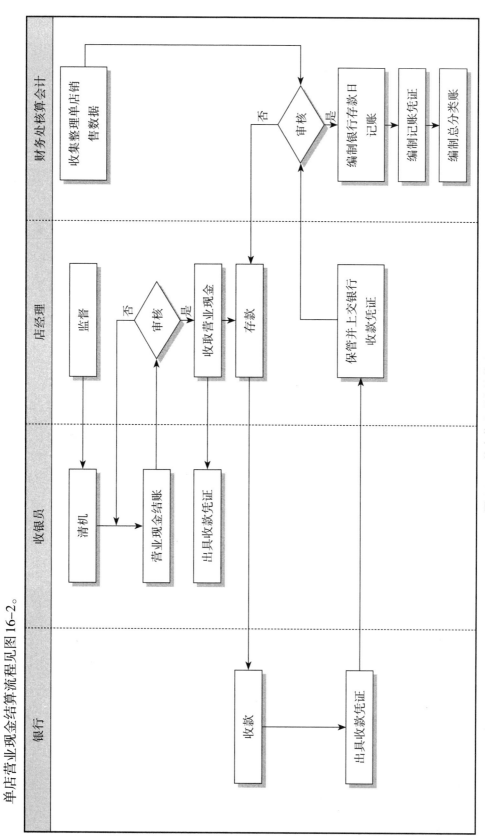

图16-2 单店营业现金结算流程

16.3 单店物料成本结算流程

单店物料成本结算流程见图16-3。

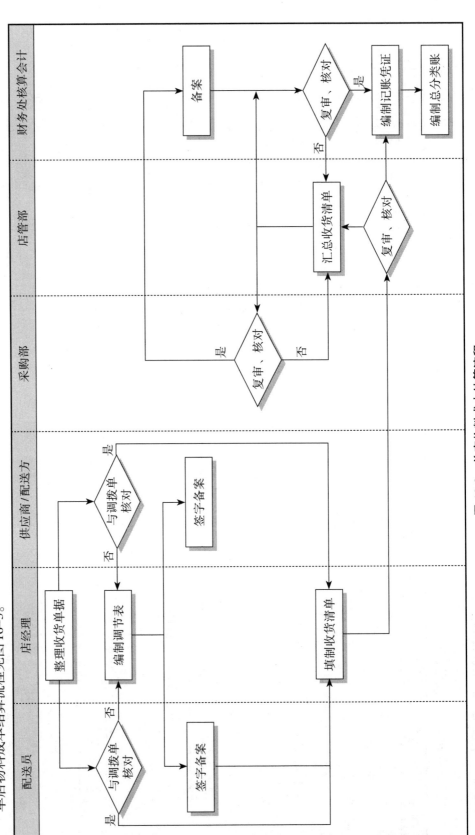

图16-3 单店物料成本结算流程

16.4　单店费用结算流程

单店费用结算流程见图16-4。

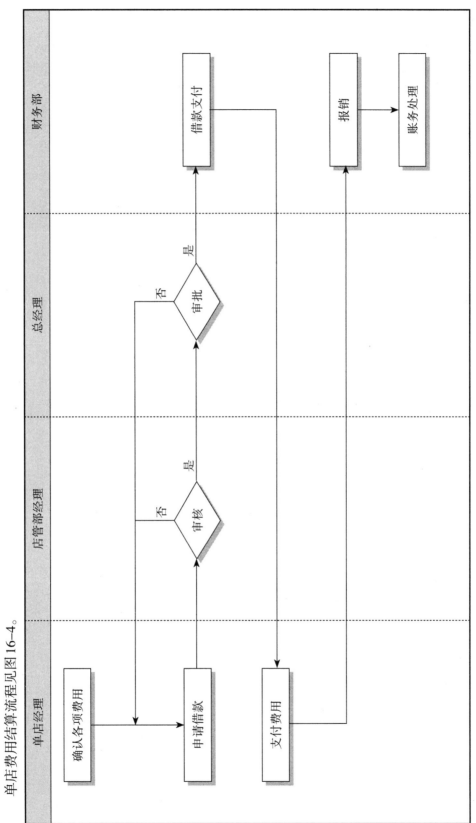

图16-4　单店费用结算流程

16.5 预算编制流程

预算编制流程见图16-5。

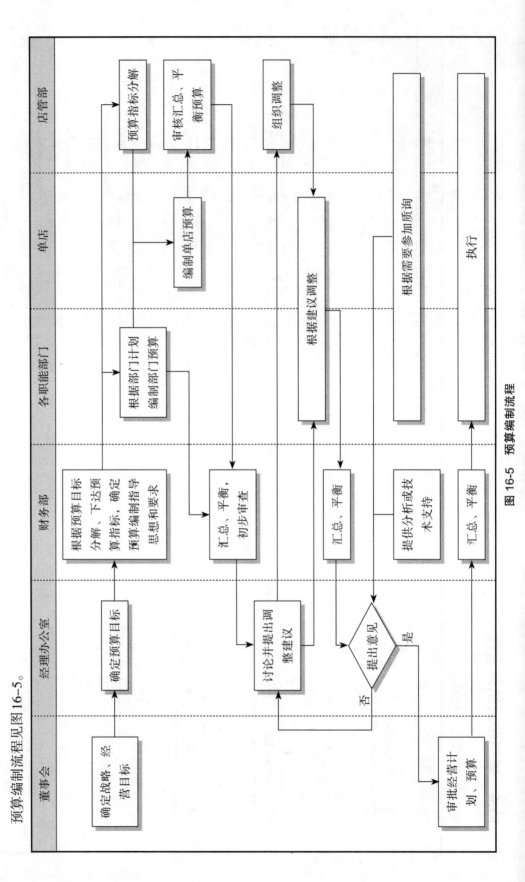

图16-5 预算编制流程

16.6　预算执行监督流程

预算执行监督流程见图16-6。

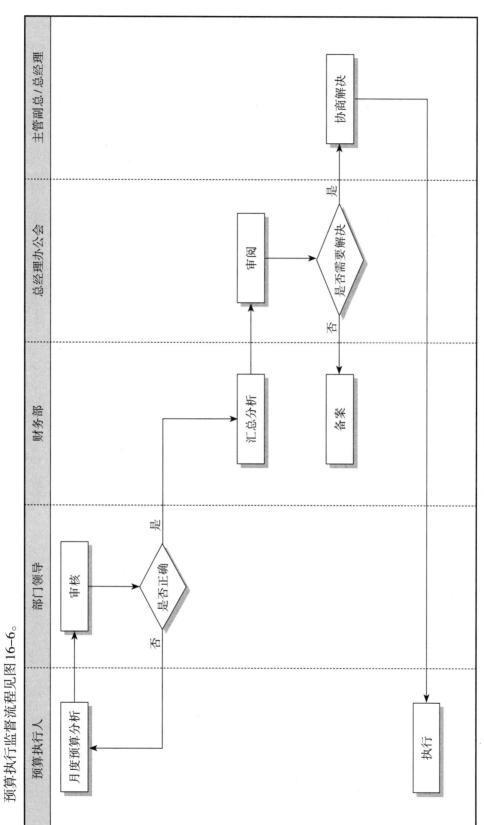

图16-6　预算执行监督流程

16.7 预算调整流程

预算调整流程见图16-7。

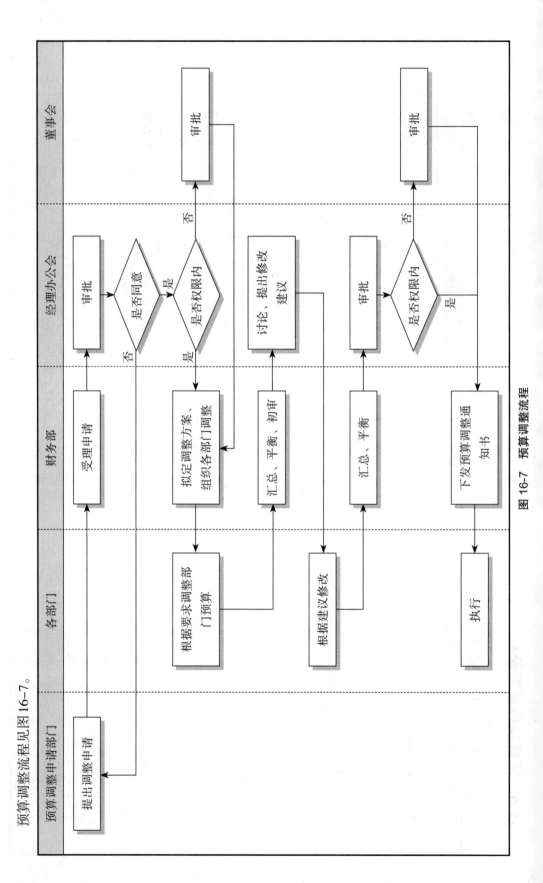

图16-7 预算调整流程

16.8 预算内资金一般审批流程

预算内资金一般审批流程见图16-8。

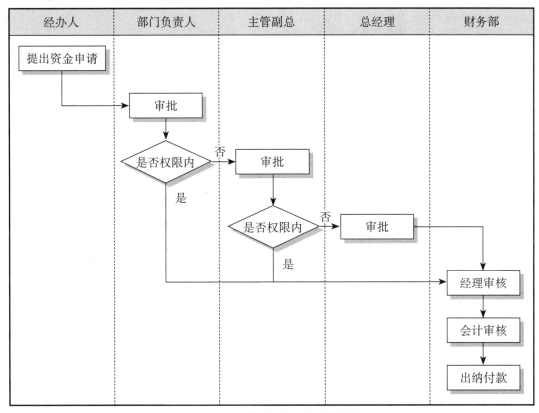

图 16-8 预算内资金一般审批流程

16.9 预算外资金一般审批流程

预算外资金一般审批流程见图16-9。

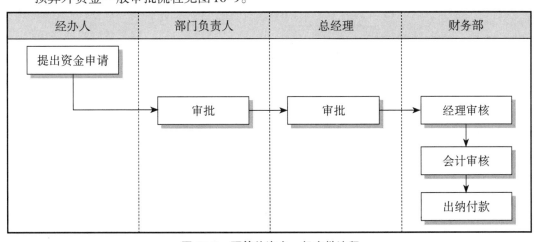

图 16-9 预算外资金一般审批流程

16.10 财务报销管理

16.10.1 各部门管理人员报销流程

各部门管理人员报销流程见图16-10。

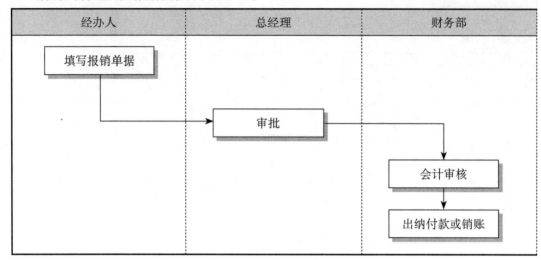

图 16-10 各部门管理人员报销流程

16.10.2 其他人员报销流程

其他人员报销流程见图16-11。

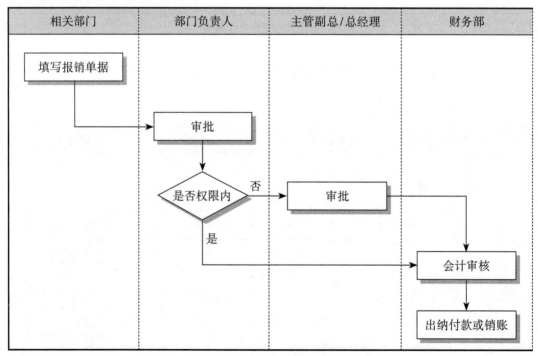

图 16-11 其他人员报销流程

第17章

餐饮企业人力资源管理流程

17.1 用人申请流程

用人申请流程见图17-1。

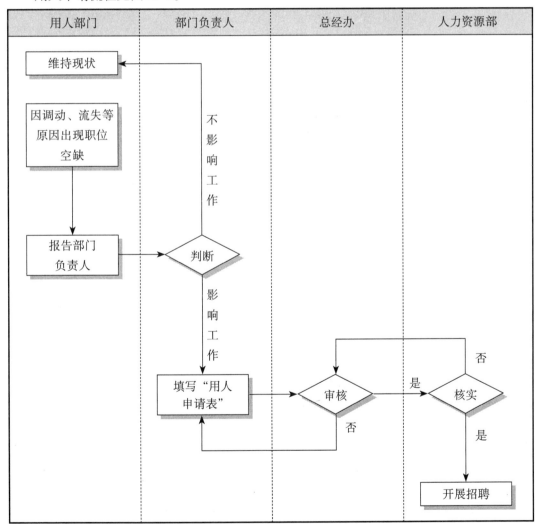

图 17-1 用人申请流程

17.2 公司内部招聘流程

公司内部招聘流程见图17–2。

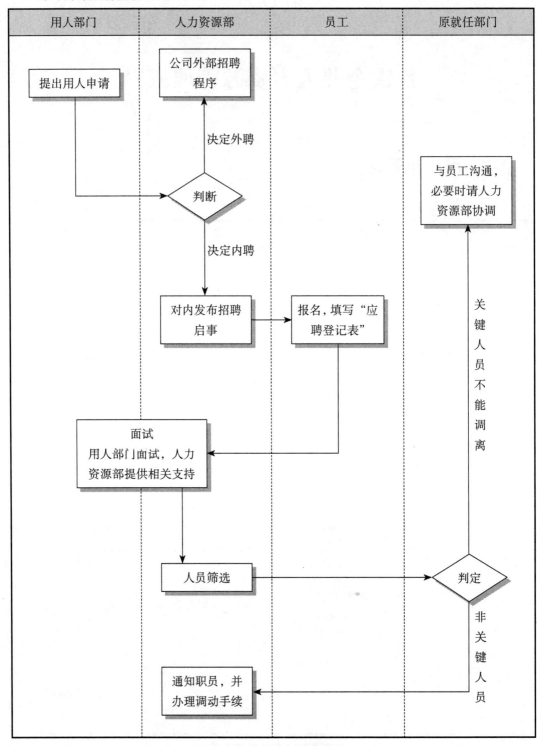

图 17-2 公司内部招聘流程

17.3 公司外部招聘流程

公司外部招聘流程见图17-3。

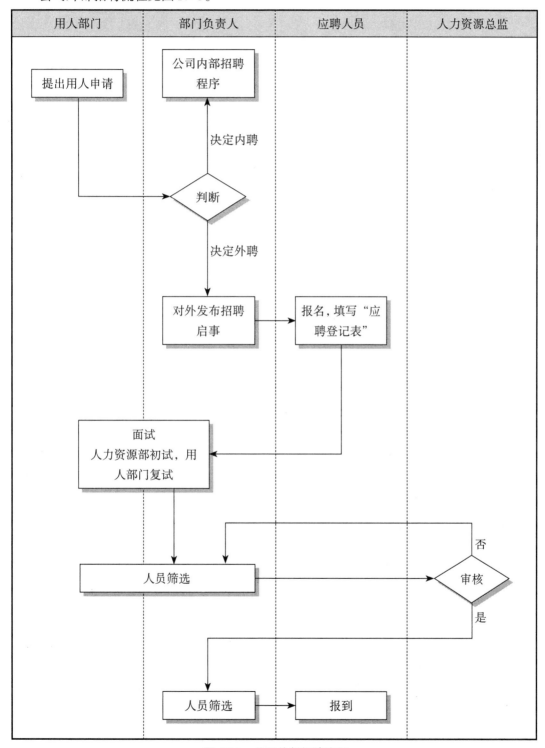

图 17-3 公司外部招聘流程

17.4 新员工入职流程

新员工入职流程见图17-4。

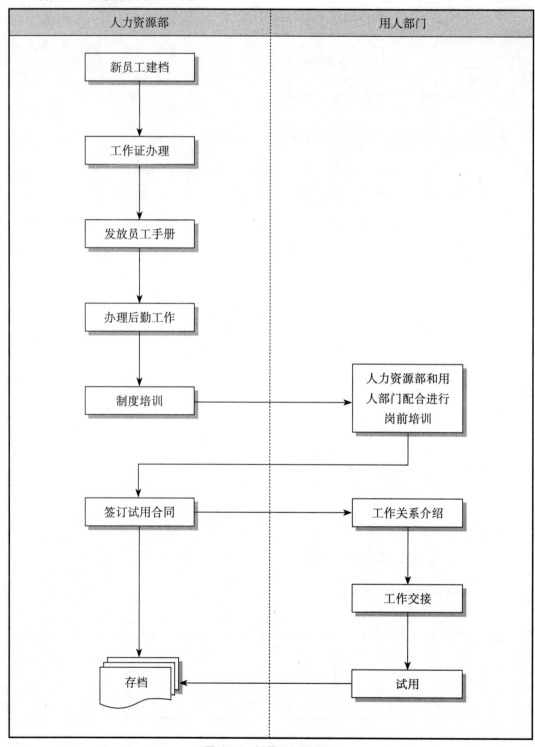

图 17-4 新员工入职流程

17.5　劳动合同管理流程

劳动合同管理流程见图 17–5。

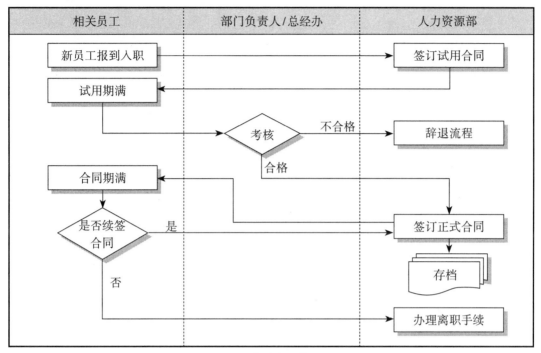

图 17-5　劳动合同管理流程

17.6　新员工试用期满转正流程

新员工试用期满转正流程见图 17–6。

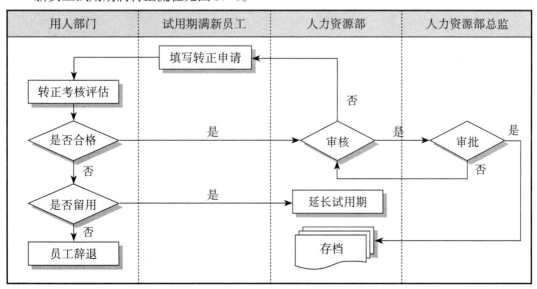

图 17-6　新员工试用期满转正流程

17.7 岗位轮换流程

岗位轮换流程见图17-7。

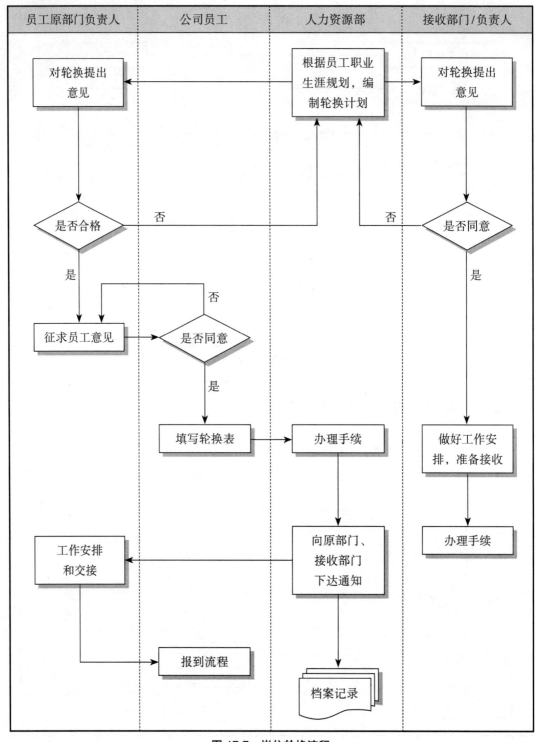

图 17-7 岗位轮换流程

17.8　员工工作调动流程

员工工作调动流程见图17-8。

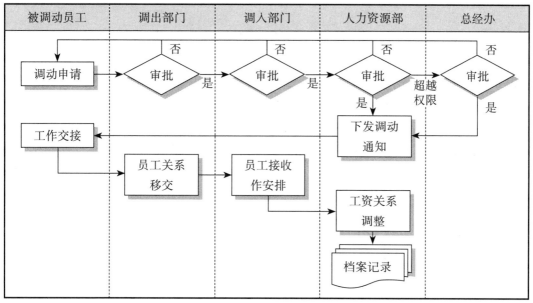

图 17-8　员工工作调动流程

17.9　考勤管理流程

考勤管理流程见图17-9。

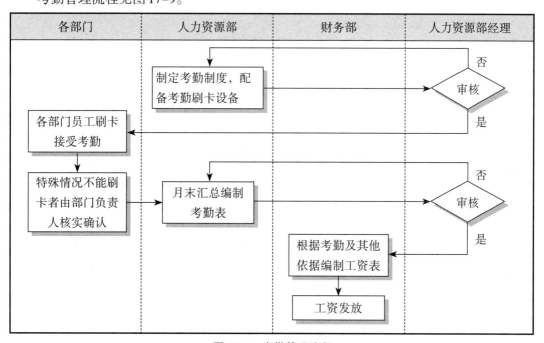

图 17-9　考勤管理流程

17.10 员工加班申请流程

员工加班申请流程见图17-10。

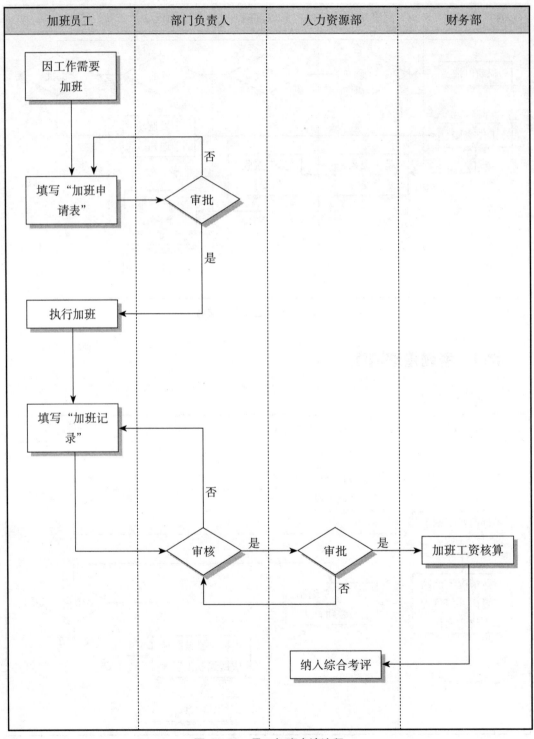

图 17-10 员工加班申请流程

17.11　员工请假管理流程

员工请假管理流程见图17-11。

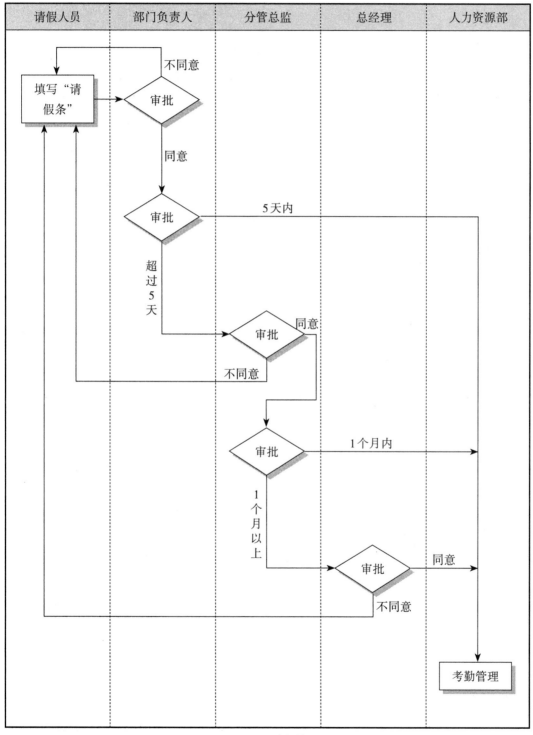

图 17-11　员工请假管理流程

17.12 员工出差管理流程

员工出差管理流程见图17-12。

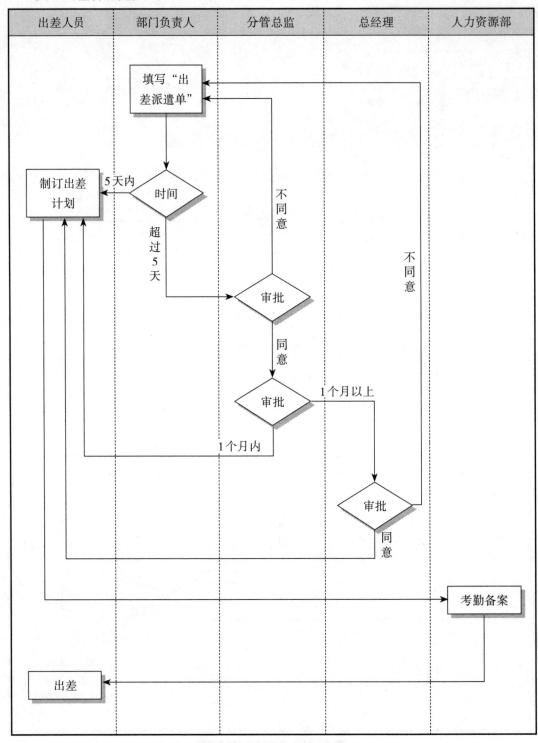

图 17-12　员工出差管理流程

17.13　绩效管理工作流程

绩效管理工作流程见图17-13。

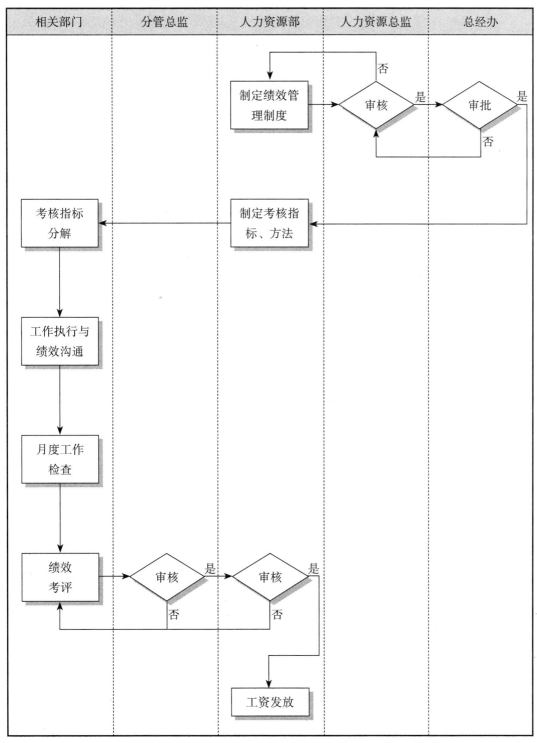

图 17-13　绩效管理工作流程

17.14 员工绩效考核流程

员工绩效考核流程见图17-14。

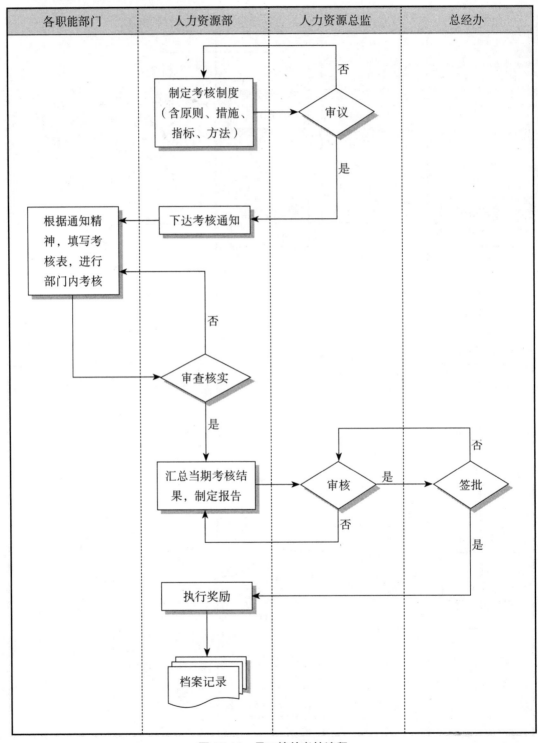

图 17-14 员工绩效考核流程

17.15　薪酬方案审批流程

薪酬方案审批流程见图17-15。

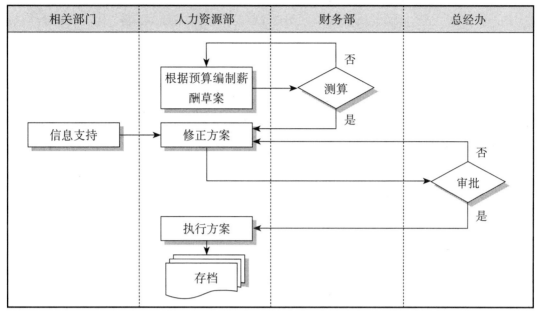

图 17-15　薪酬方案审批流程

17.16　工资发放流程

工资发放流程见图17-16。

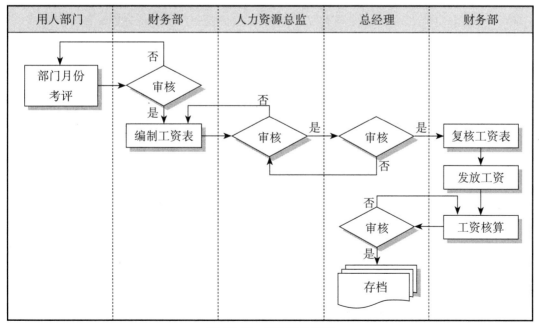

图 17-16　工资发放流程

17.17 员工奖励流程

员工奖励流程见图17-17。

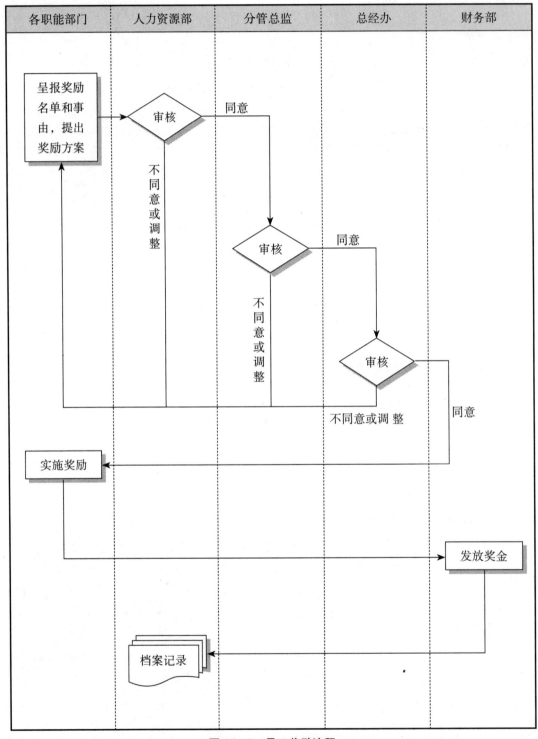

图 17-17 员工奖励流程

17.18 员工申诉流程

员工申诉流程见图17-18。

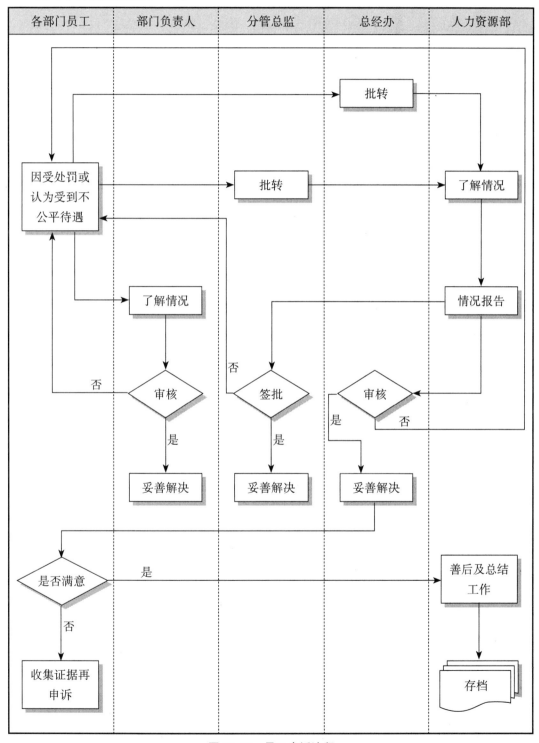

图 17-18 员工申诉流程

17.19 培训管理总体流程

培训管理总体流程见图17-19。

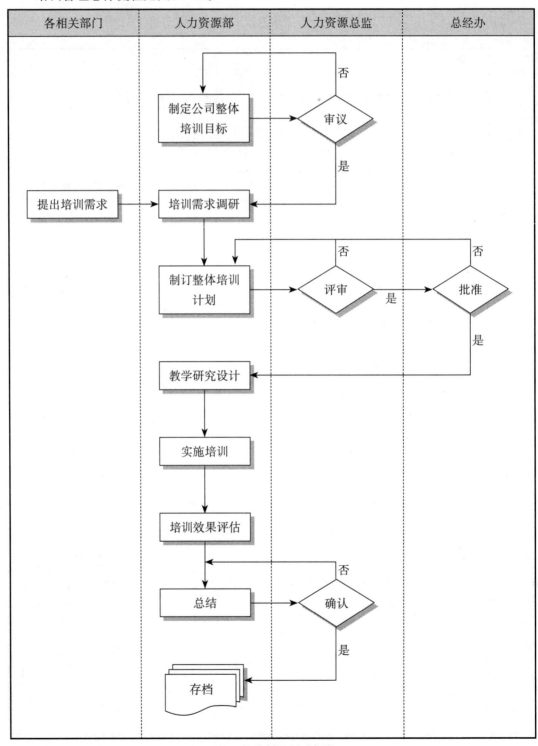

图 17-19 培训管理总体流程

17.20 培训计划流程

培训计划流程见图17-20。

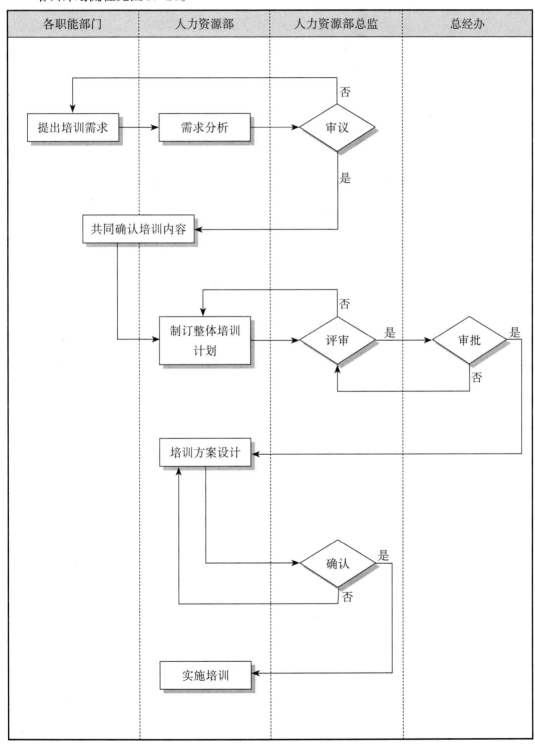

图 17-20 培训计划流程

17.21 培训方案制定流程

培训方案制定流程见图17-21。

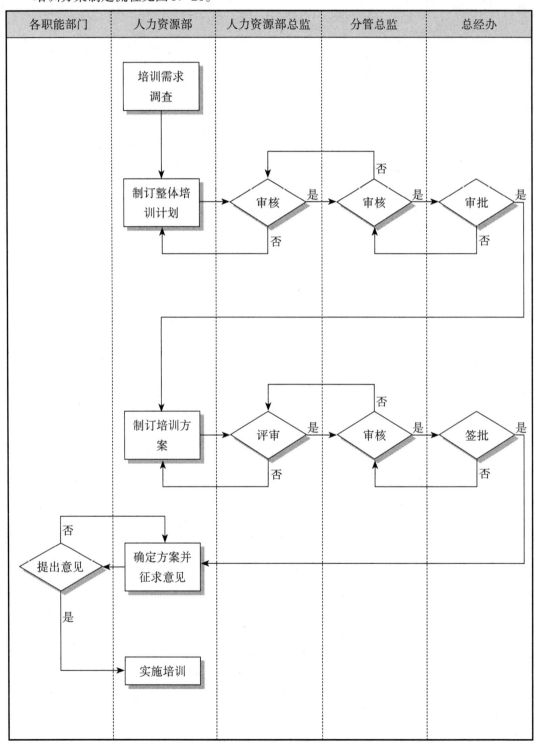

图 17-21　培训方案制定流程

17.22　培训实施流程

培训实施流程见图17-22。

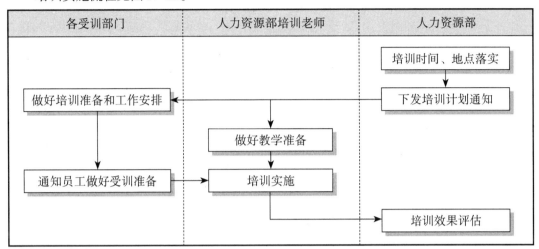

图 17-22　培训实施流程

17.23　培训效果评估流程

培训效果评估流程见图17-23。

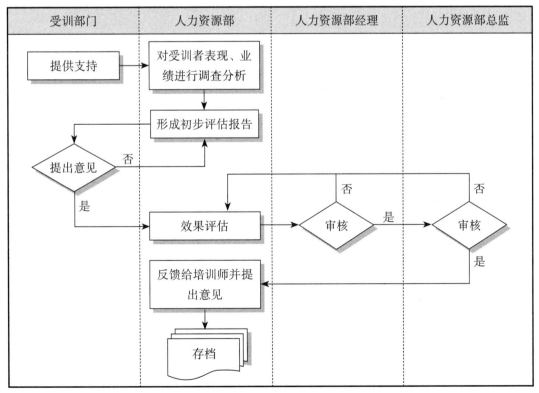

图 17-23　培训效果评估流程

17.24　岗前培训流程

岗前培训流程见图17-24。

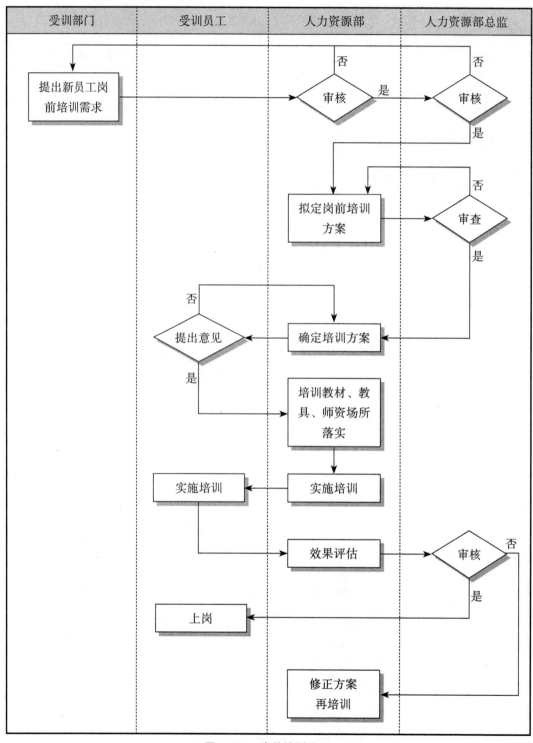

图 17-24　岗前培训流程

17.25　单个部门专项培训流程

单个部门专项培训流程见图17-25。

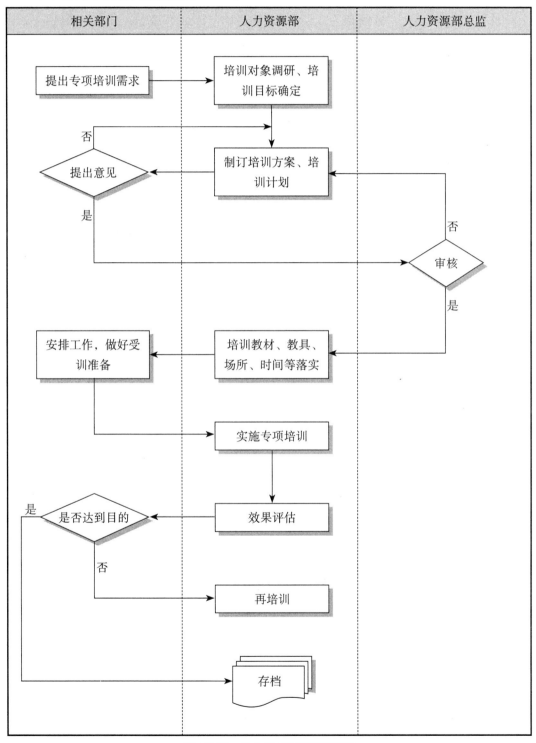

图 17-25　单个部门专项培训流程

17.26 外派培训管理流程

外派培训管理流程见图17–26。

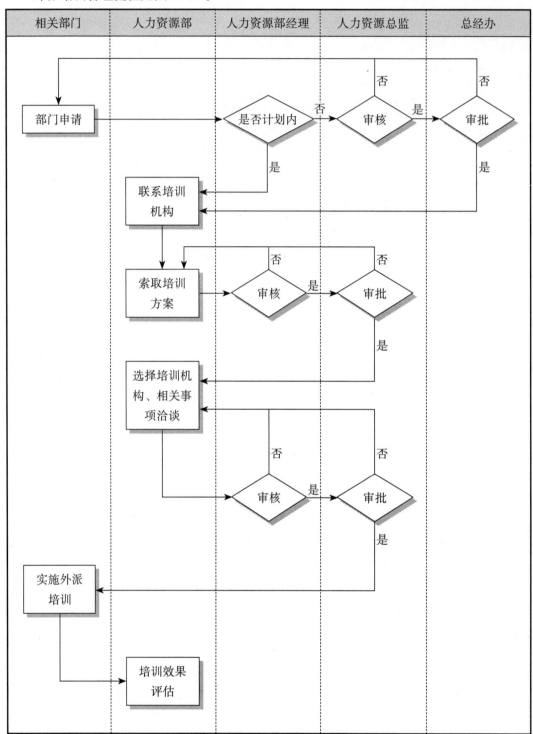

图 17-26 外派培训管理流程

17.27　培训资料管理流程

培训资料管理流程见图 17-27。

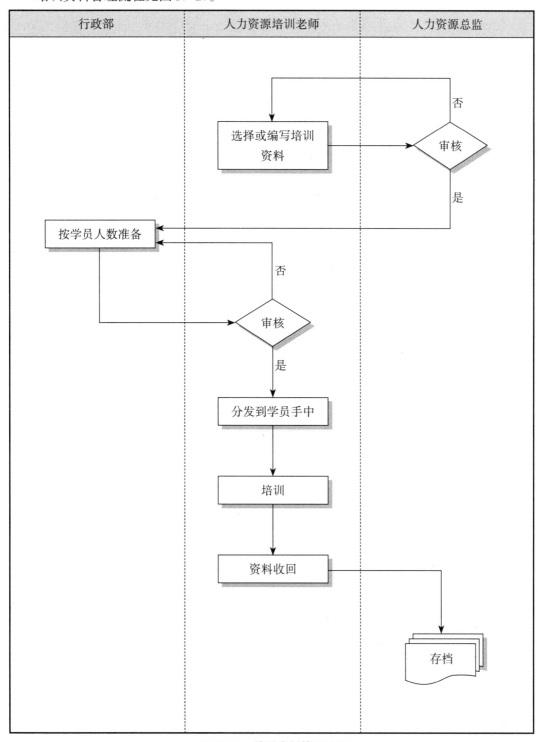

图 17-27　培训资料管理流程

17.28 员工辞职审批流程

员工辞职审批流程见图17-28。

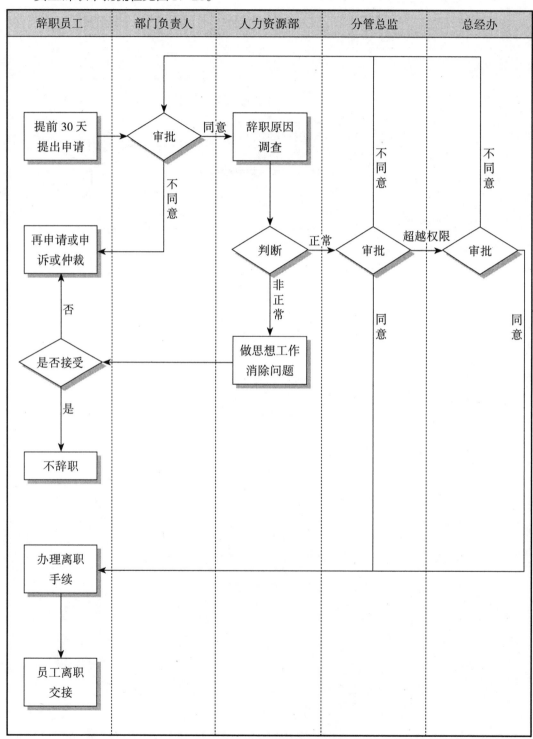

图 17-28 员工辞职审批流程

17.29 员工辞退审批流程

员工辞退审批流程见图17-29。

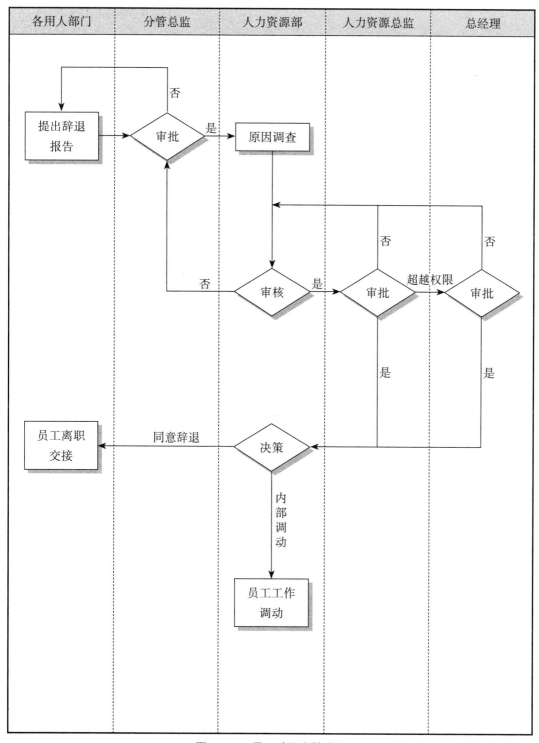

图 17-29 员工辞退审批流程

17.30 员工离职交接流程

员工离职交接流程见图17-30。

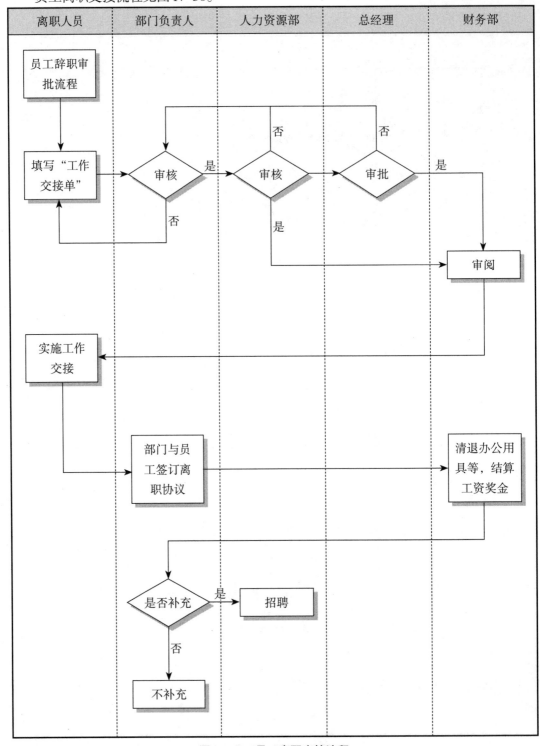

图 17-30 员工离职交接流程

第18章

楼面服务作业流程

18.1 楼面班前会召开流程

楼面班前会召开流程如图18-1所示。

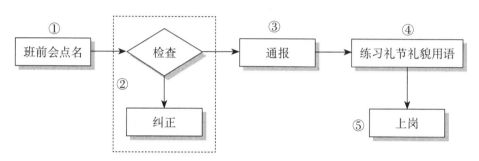

图 18-1 楼面班前会召开流程

楼面班前会召开流程说明如表18-1所示。

表18-1 楼面班前会召开流程说明

编码	关键节点	服务标准
①	班前会点名	9:30分店有员工到餐厅前厅处集合点名
②	检查、纠正	（1）由当班主管检查所有员工的仪容仪表、个人卫生及"四带"（带笔、带启瓶器、带工牌、带打火机） （2）检查到不符合规范的立即告知该员工进行改正
③	通报	通报总结上日工作情况，通报当天预订情况，对重要顾客接待做服务安排
④	练习礼节礼貌用语	调少许员工带领其他员工练习礼节礼貌用语的规范使用
⑤	上岗	所有员工统一念经营理念后列队到岗

18.2 吧台餐前准备工作流程

吧台餐前准备工作流程如图18-2所示。

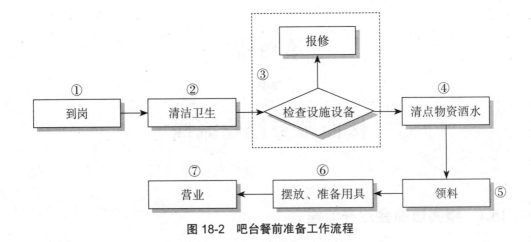

图 18-2　吧台餐前准备工作流程

吧台餐前准备工作流程说明如表18-2所示。

表18-2　吧台餐前准备工作流程说明

编码	关键节点	服务标准
①	到岗	吧员参加完班前会后，到吧台核对上日晚结存酒水与账目是否相符，准备当天的工作
②	清洁卫生	吧员先将负责的吧台等区域的卫生打扫干净
③	检查设施设备	（1）再检查负责的区域范围内的设施设备是否完好 （2）若发现有损坏的设施设备应立即打印维修单，通知工程部维修
④	清点物资酒水	吧员检查酒水、低耗物品等是否够用，开出需领取的物料单
⑤	领料	到相应的库房凭领料单领相应物品
⑥	摆放、准备用具	将物品分门别类地摆放整齐，并准备好用具用品
⑦	营业	准备营业

18.3　酒水发放作业流程

酒水发放作业流程如图18-3所示。

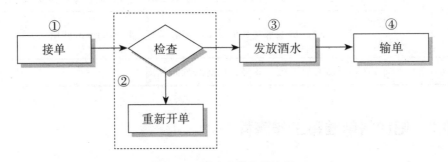

图 18-3　酒水发放作业流程

酒水发放作业流程说明如表18-3所示。

表 18-3　酒水发放作业流程说明

编码	关键节点	服务标准
①	接单	吧员接到服务员开出的酒水单
②	检查	（1）仔细确认单据的时间、酒水名、数量、金额是否有误 （2）若发现有未按规定书写的应立即要求服务员重新开单，直至正确为止
③	发放酒水	吧员根据服务员开出的酒水单据发出相应的酒水
④	输单	吧员将所有收到的单据分门别类地整理，并放在指定的位置

18.4　吧台输单作业流程

吧台输单作业流程如图18-4所示。

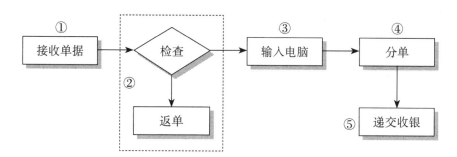

图 18-4　吧台输单作业流程

吧台输单作业流程说明如表18-4所示。

表 18-4　吧台输单作业流程说明

编码	关键节点	服务标准
①	接收单据	吧员接到服务员开出的单据
②	检查	（1）检查开出的单据是否符合规范 （2）若不符合规范返回服务员重开
③	输入电脑	吧员将已确认的单据，准确无误地输入电脑的收银记录
④	分单	将已输入电脑的单据盖章，分类将酒水单第二联收集在一起
⑤	递交收银	将酒水单第一联及加菜单递交收银员

18.5 吧台餐后结束作业流程

吧台餐后结束作业流程如图18-5所示。

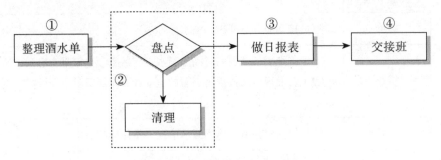

图 18-5　吧台餐后结束作业流程

吧台餐后结束作业流程说明如表18-5所示。

表 18-5　吧台餐后结束作业流程说明

编码	关键节点	服务标准
①	整理酒水单	吧员将当日开出的单据进行整理归类
②	盘点	（1）对吧台剩余酒水进行盘点，检查库存与销售酒水情况是否相符 （2）若发现吧台物品与盘点数据不相符合应立即对吧台所有物品重新盘点
③	做日报表	根据盘点数据做好当日工作日报表
④	交接班	做好交接班记录

18.6 吧台营业报表填写递送作业流程

吧台营业报表填写递送作业流程如图18-6所示。

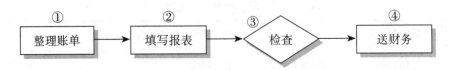

图 18-6　吧台营业报表填写递送作业流程

吧台营业报表填写递送作业流程说明如表18-6所示。

表 18-6　吧台营业报表填写递送作业流程说明

编码	关键节点	服务标准
①	整理账单	把账单依照单据号从0至X号依次排列

续表

编码	关键节点	服务标准
②	填写报表	填写报表：由收银员把整理出来的账单依次填写（在下午4:30填中午，晚上营业结束填写晚上的）
③	检查	（1）自行检查：按照收银员制作报表的方法和要求检查报表上下左右加出的数字是否一致 （2）若有错误的报表重新核对，账单再做整理
④	送财务	次日早上10点前送到财务审单员手上

18.7 吧台领用物品作业流程

吧台领用物品作业流程如图18-7所示。

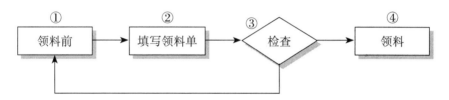

图 18-7 吧台领用物品作业流程

吧台领用物品作业流程说明如表18-7所示。

表 18-7 吧台领用物品作业流程说明

编码	关键节点	服务标准
①	领料前	吧台根据昨日所售出物品数量来统计今日需领的物品数量、品名、规格，以统计出的数据开领料单
②	填写领料单	（1）吧员填写领料单 （2）填写领料单时应写清楚品名、规格、数量 （3）领料单填写完整后由部门经理签字确认
③	检查	检查领料单是否填写正确和有无经理签字，如领料单不合格则须重新填写
④	领料	（1）酒水、饮料须到酒水库房领取 （2）领取低值易耗物品须到物料房领取

18.8 电话预订作业流程

电话预订作业流程如图18-8所示。

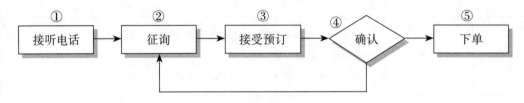

图 18-8　电话预订作业流程

电话预订作业流程说明如表18-8所示。

表18-8　电话预订作业流程说明

编码	关键节点	服务标准
①	接听电话	接待员在电话响起3声内接听电话，礼貌地向对方客人进行问候，并报出所在的部门的名称
②	征询	聆听客人提出的问题，并详细征询客人的需求
③	接受预订	将客人的需求记录在预订本上
④	确认	向客人复述其所预订的内容，若有不清楚的地方应立即向客人询问、确认
⑤	下单	根据预订本记录的情况，将单据下放到相应的部门

18.9 餐厅接待客人当面预订作业流程

餐厅接待客人当面预订作业流程如图18-9所示。

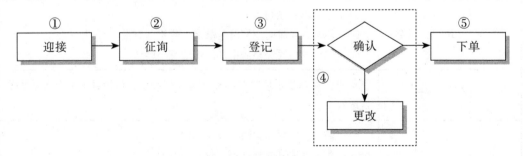

图 18-9　餐厅接待客人当面预订作业流程

餐厅接待客人当面预订作业流程说明如表18-9所示。

表18-9 餐厅接待客人当面预订作业流程说明

编码	关键节点	服务标准
①	迎接	接待员礼貌地将客人迎领至接待处
②	征询	询问客人就餐的标准、时间、人数及其他要求
③	登记	登记客人的姓名、单位、联系电话到订餐本
④	确认	（1）接待员在做好记录后向客人确认记录的内容是否有误 （2）若有误应立即更改并重新记录，并致谢
⑤	下单	根据客人的需求将预订单下到相应的部门

18.10 团体宴订餐作业流程

团体宴订餐作业流程如图18-10所示。

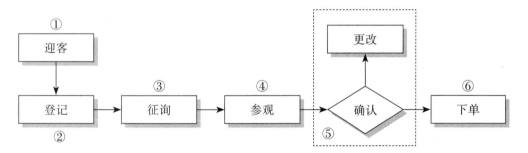

图 18-10 团体宴订餐作业流程

团体宴订餐作业流程说明如表18-10所示。

表18-10 团体宴订餐作业流程说明

编码	关键节点	服务标准
①	迎客	接待员礼貌地将客人迎领到接待台
②	登记	登记客人的姓名、单位、联系电话到订餐本
③	征询	询问客人就餐的标准、时间、人数及其他要求
④	参观	引领客人到与客人要求相适应的包间进行参观并讲解
⑤	确认	（1）接待员在做好记录后向客人确认记录的内容是否有误 （2）如有误应立即更改并重新记录
⑥	下单	根据客人的要求将单下放到相应的部门

18.11　预订更改作业流程

预订更改作业流程如图18-11所示。

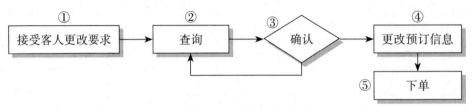

图 18-11　预订更改作业流程

预订更改作业流程说明如表18-11所示。

表 18-11　预订更改作业流程说明

编码	关键节点	服务标准
①	接受客人更改要求	接待员接到客人提出的更改要求
②	查询	仔细聆听后，查阅预订本，是否有客人需要的相关信息，查询到符合客人的信息后马上进行登记
③	确认	（1）核对客人重新提出的要求 （2）若与客人重新提出的要求有不符合的地方应重新询问并记录
④	更改预订信息	根据客人的新要求更改预订单
⑤	下单	将更改的预订单下发到各部门并详细记录

18.12　接待部取消预订作业流程

接待部取消预订作业流程如图18-12所示。

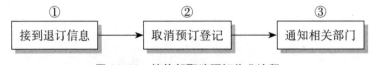

图 18-12　接待部取消预订作业流程

接待部取消预订作业流程说明如表18-12所示。

表 18-12　接待部取消预订作业流程说明

编码	关键节点	服务标准
①	接到退订信息	接待员接到取消预订的信息，询问需取消预订的客人的姓名、内容、时间、地点
②	取消预订登记	在预订本上取消该记录
③	通知相关部门	接待员将取消的信息以口头或文字的方式通知本部门各岗位

18.13　接待部餐前准备工作流程

接待部餐前准备工作流程如图18–13所示。

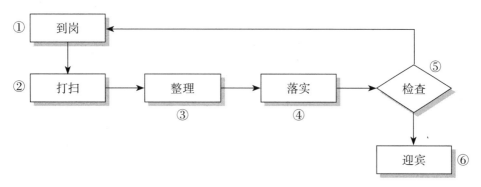

图 18-13　接待部餐前准备工作流程

接待部餐前准备工作流程说明如表18–13所示。

表 18-13　接待部餐前准备工作流程说明

编码	关键节点	服务标准
①	到岗	接待人员每天早上9:30开完班前会后迅速回到各自工作岗位
②	打扫	将负责的工作区域的卫生做全面的清扫
③	整理	负责整理每天所用单据、客人的订餐记录
④	落实	查看客户预订并落实下单情况
⑤	检查	由当班领班检查卫生情况，若不合格则返工重做
⑥	迎宾	准备工作就绪，等候客人

18.14　餐厅迎接客人作业流程

餐厅迎接客人作业流程如图18–14所示。

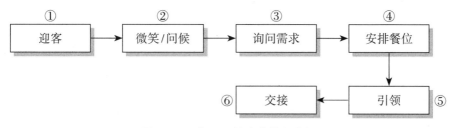

图 18-14　餐厅迎接客人作业流程

餐厅迎接客人作业流程说明如表18–14所示。

表18-14　餐厅迎接客人作业流程说明

编码	关键节点	服务标准
①	迎客	
②	微笑/问候	接待员面带微笑按照"客到、微笑到、敬语到"的要求迎接客人
③	询问需求	询问客人是否有预订，并说"先生、小姐请问有预订吗？"
④	安排餐位	根据客人提供的信息需求为客人安排餐位
⑤	引领	引领客人至相应的包间或餐位（引领客人应侧身走在右前方，间距1米远，用眼睛余光随时观察客人的动向）
⑥	交接	将客人交由值台服务人员，迅速回到本岗位

18.15　餐厅恭送客人作业流程

餐厅恭送客人作业流程如图18-15所示。

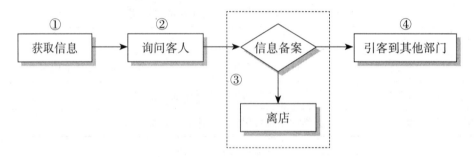

图18-15　餐厅恭送客人作业流程

餐厅恭送客人作业流程说明如表18-15所示。

表18-15　餐厅恭送客人作业流程说明

编码	关键节点	服务标准
①	获取信息	（1）接待员从服务员手里接过客人 （2）客人自己从包间离开来到门口
②	询问客人	（1）询问客人对酒店的服务及菜品是否满意 （2）询问客人是否需要到其他部门消费
③	信息备案	如客人不需要其他消费就送客离店（谢谢光临请走好、欢迎下次光临）
④	引客到其他部门	送客到所消费的部门，并协同部门接待介绍消费项目

18.16　餐前准备作业流程

餐前准备作业流程如图18-16所示。

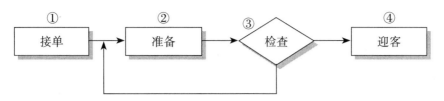

图 18-16　餐前准备作业流程

餐前准备作业流程说明如表18-16所示。

表 18-16　餐前准备作业流程说明

编码	关键节点	服务标准
①	接单	服务员接到预订通知单，认真阅读通知单的内容
②	准备	服务人员清扫卫生，根据预订要求准备餐具及摆台，并整理备餐柜
③	检查	（1）当班的领班对准备工作进行检查 （2）如检查不合格，便督促服务人员重新进行准备
④	迎客	一切准备妥当后，服务人员迎接客人的到来

18.17　点菜服务作业流程

点菜服务作业流程如图18-17所示。

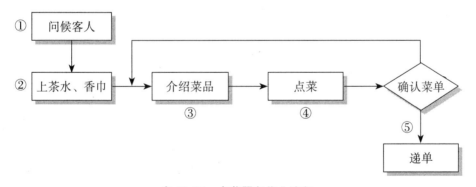

表 18-17　点菜服务作业流程

点菜服务作业流程说明如表18-17所示。

表 18-17　点菜服务作业流程说明

编码	关键节点	服务标准
①	问候客人	服务员礼貌地向客人问候
②	上茶水、香巾	迅速为客人送上茶水及香巾
③	介绍菜品	递上菜谱，询问客人的人数、对菜品的要求，根据客人的口味、喜好为客人推荐符合客人需求的菜品

续表

编码	关键节点	服务标准
④	点菜	（1）记录客人所点菜品 （2）如客人所点菜品没有，应立即告诉客人，以便客人重新点菜 （3）客人点菜完毕后为其重述所点菜品，以示确认
⑤	递单	将客人确认过后的四联菜单的第1联递送至收银台，第2联递送至划菜处，第3联递送至厨房，第4联服务员留存

18.18　餐厅服务员对客服务工作流程

餐厅服务员对客服务工作流程如图18-18所示。

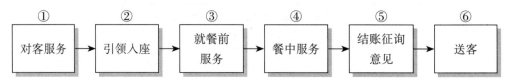

图 18-18　餐厅服务员对客服务工作流程

餐厅服务员对客服务工作流程说明如表18-18所示。

表 18-18　餐厅服务员对客服务工作流程说明

编码	关键节点	服务标准
①	对客服务	接待人员在前厅迎接客人的到来
②	引领入座	接待人员引领客人到指定餐位
③	就餐前服务	服务员为客人提供香巾、茶水服务
④	餐中服务	为客人提供酒水服务，服务员为客人提供菜品服务，同时为客人提供三轻、四勤和餐中客人其他需求服务
⑤	结账征询意见	服务员为客人提供结账服务并征询客人意见
⑥	送客	恭送客人，提醒客人带好随身物品，（说请慢走，欢迎下次光临）送至餐厅门口

18.19　团队客人服务作业流程

团队客人服务作业流程如图18-19所示。

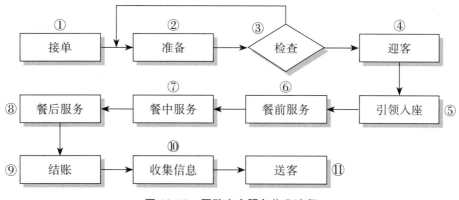

图 18-19 团队客人服务作业流程

团队客人服务作业流程说明如表18-19所示。

表 18-19 团队客人服务作业流程说明

编码	关键节点	服务标准
①	接单	服务人员接到订单
②	准备	服务人员进行准备，包括清扫卫生、摆台、准备餐具等
③	检查	由当班领班对准备情况进行检查，若不合格，则让服务员立即整改
④	迎客	准备就绪后，由接待人员迎接客人到来
⑤	引领入座	接待员引领客人到指定位置，并安排入座
⑥	餐前服务	服务员为客人提供茶水、香巾服务
⑦	餐中服务	（1）服务员为客人提供酒水、菜品服务 （2）服务员为客人提供其他服务
⑧	餐后服务	（1）服务人员提供水果、香巾等服务 （2）服务人员为客人提供其他服务
⑨	结账	服务员为客人提供结账服务，并提醒带好随身物品
⑩	收集信息	服务员收集客人就餐信息
⑪	送客	服务员送客并致谢

18.20 婚宴客人服务作业流程

婚宴客人服务作业流程如图18-20所示。

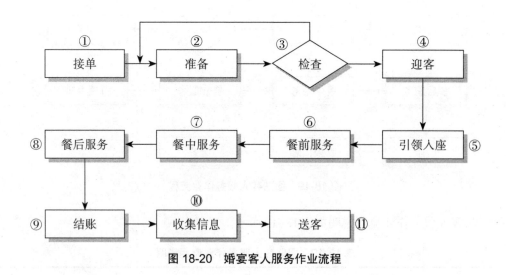

图 18-20　婚宴客人服务作业流程

婚宴客人服务作业流程说明如表18-20所示。

表18-20　婚宴客人服务作业流程说明

编码	关键节点	服务标准
①	接单	服务人员接到订单，认真阅读，掌握订单上的信息
②	准备	服务人员进行准备，包括清扫卫生、摆台、舞台布置、接待台布置，备孝敬茶4杯、交杯酒2杯
③	检查	由当班领班对准备情况进行检查，若不合格，则让服务员立即整改
④	迎客	准备就绪后，由接待人员迎接客人到来
⑤	引领入座	接待员引领客人到指定位置，并安排入座
⑥	餐前服务	服务员为客人提供茶水、香巾服务
⑦	餐中服务	（1）婚礼仪式完毕，确认桌数，通知后厨上热菜 （2）服务员为客人提供酒水、饮料服务 （3）服务员为客人提供其他服务
⑧	餐后服务	服务员为客人提供水果及其他服务
⑨	结账	由当班领班对该团体负责人进行跟单，并对其提供结账服务
⑩	收集信息	服务员收集客人就餐信息
⑪	送客	服务员送客并致谢

18.21 VIP客人接待作业流程

VIP客人接待作业流程如图18-21所示。

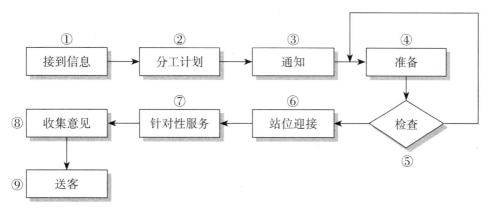

图 18-21 VIP 客人接待作业流程

VIP客人接待作业流程说明如表18-21所示。

表 18-21 VIP 客人接待作业流程说明

编码	关键节点	服务标准
①	接到信息	部门经理接到营销部下发VIP的接待通知单，仔细阅读后做详细记录
②	分工计划	部门经理根据上级的接待计划，召集本部门管理人员制定接待流程，并分工落实责任
③	通知	通知参加的服务人员，落实接待任务，传达VIP客人人数、姓名、身份、标准、在店时间、活动过程等，并要求服务人员熟记
④	准备	服务人员按VIP接待要求做餐前准备
⑤	检查	（1）各级管理人员逐级检查下级准备工作完成情况 （2）不合格的，要求相关人员及时整改
⑥	站位迎接	（1）管理人员到餐厅门口站位迎接客人 （2）服务人员在本岗位站位迎接客人
⑦	针对性服务	（1）按照VIP服务要求及餐中服务要求，由领班及领班级以上人员为VIP客人提供餐中服务 （2）根据VIP接待要求清理桌面，对客人进行餐后服务 （3）根据接待通知书进行结账服务
⑧	收集意见	部门经理向客人征询意见并致谢
⑨	送客	部门管理人员恭送客人至餐厅门口

18.22　结账服务作业流程

结账服务作业流程如图18-22所示。

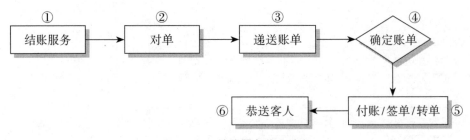

图 18-22　结账服务作业流程

结账服务作业流程说明如表18-22所示。

表 18-22　结账服务作业流程说明

编码	关键节点	服务标准
①	结账服务	客人招呼或呼唤要求埋单
②	对单	当客人要求埋单时，服务员应迅速到吧台核单，检查账单、台号、人数、食品及饮品消费是否正确
③	递送账单	服务员将账单放在收银夹内，从主人右侧送到主人面前
④	确定账单	请主人检查确认账单消费内容，并询问客人是否签单、转单，还是现金结账和信用卡结账
⑤	付账/签单/转单	（1）如果是客人签单，则需到吧台让收银员核对客人是否可以签单，是签章客户，为客人递上笔，并礼貌示意客人需写清电话、姓名及单位；如不能签单则轻声通知客人："先生、小姐，对不起！由于我们工作不完善暂时没有和你们单位办理签单业务。"提示客人是否用其他方式结账 （2）如果是现金付账，则将客人费用账单及现金一并收齐交收银处，将账单及付款零钞发票交给客人 （3）如果是划卡，则需礼貌请客人等候，并将信用卡或IC卡送到收银处，待划卡，从主人右侧将收据、账单及信用卡递给客人，并递上笔，请客人在账单及信用卡上签字，同时真诚地感谢客人 （4）如果是转单，则需要客人确认并签字后，将账单送至所转单位，经对方签字确认
⑥	恭送客人	礼貌送客人至大门口

18.23　客人遗失物品处理流程

客人遗失物品处理流程如图18-23所示。

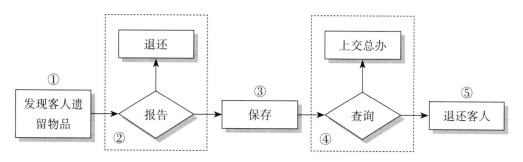

图 18-23　客人遗失物品处理流程

客人遗失物品处理流程说明如表18-23所示。

表 18-23　客人遗失物品处理流程说明

编码	关键节点	服务标准
①	发现客人遗留物品	客人用餐结束后，服务员应迅速检查有无客人遗留物品
②	报告	如客人尚未离店，迅速报告领班并将物品交还客人
③	保存	如客人已离店，服务员应将物品交吧台保管
④	查询	由吧台查询客人情况，根据查询结果请营销经理或部门经理将物品转交客人；如无法查询客人，应将物品上交总办
⑤	退还客人	—

18.24　团体客人结账服务作业流程

团体客人结账服务作业流程如图18-24所示。

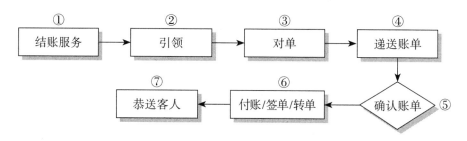

图 18-24　团体客人结账服务作业流程

团体客人结账服务作业流程说明如表18-24所示。

表 18-24　团体客人结账服务作业流程说明

编码	关键节点	服务标准
①	结账服务	—
②	引领	当客人用餐完毕后，当班领班应迅速到吧台核单，领班引领客人到吧台结账
③	对单	检查账单台号、桌数、食品及饮品消费是否正确
④	递送账单	收银员递账单到客人面前
⑤	确认账单	请主人确认账单消费内容
⑥	付账/签单/转单	根据预订单确认客人签单、转单或现金结账 （1）如果是现金结账，则直接收取现金 （2）如果是转单，则需要客人确认并签字后，将账单送到所转部门，经对方签字确认 （3）如果是客人签单，应先通知对该团体接单的营销人员，确认可以签单后为客人递上笔，并礼貌提示客人需写清电话、姓名及单位
⑦	恭送客人	礼貌地恭送客人离开

18.25　处理客人投诉作业流程

处理客人投诉作业流程如图 18-25 所示。

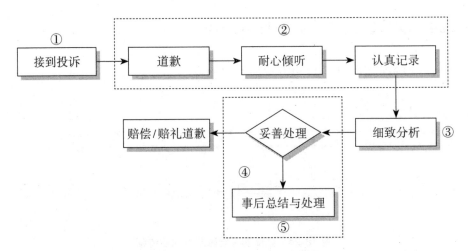

图 18-25　处理客人投诉作业流程

处理客人投诉作业流程说明如表 18-25 所示。

表18-25 处理客人投诉作业流程说明

编码	关键节点	服务标准
①	接到投诉	相关人员接到客人投诉之后，立即到达现场
②	耐心倾听并认真记录	相关人员（经理、主管或领班）详细了解客人投诉的原因、内容，并做记录
③	细致分析	（1）相关人员做现场处理，现场不能处理的向客人承诺在一定时间内作出明确答复 （2）如有必要，可请示老总出面处理投诉
④	妥善处理	部门主管将相关投诉和处理情况做详细记录
⑤	事后总结与处理	处理投诉完毕后，召集相关人员开会总结，并视情节轻重对当事人做出处理

18.26 值班人员作业流程

值班人员作业流程如图18-26所示。

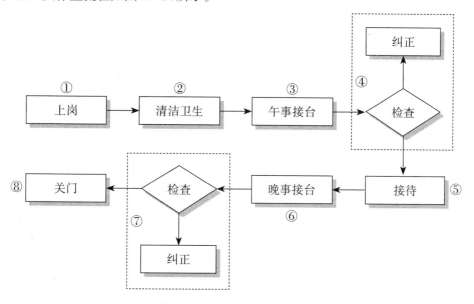

图 18-26 值班人员作业流程

值班人员作业流程说明如表18-26所示。

表18-26 值班人员作业流程说明

编码	关键节点	服务标准
①	上岗	与保安交接开门，点清酒水，打扫卫生，准备早餐
②	清洁卫生	9:30早餐，打扫卫生，与大厅服务员交接

续表

编码	关键节点	服务标准
③	午事接台	14:00时清点接待所用餐具，若有客人，要与值台员工交接清楚所有的客人需求等，打扫卫生
④	检查	（1）检查所有餐厅内的水、电、气关闭情况，卫生的清洁度，打扫情况 （2）如果水、电、气未关完，清洁卫生未打扫完返回重做
⑤	接待	接听来电，并接待所有来店的客人
⑥	晚事接台	21:00时清点接待所用餐具，若有客人，要与值台员工交接清楚所有的客人需求等，打扫卫生，并到各包房内洒上消毒药水
⑦	检查	（1）检查所有的水、电、气是否关闭，并与吧台人员交接酒水 （2）如果水、电、气未关完，清洁卫生未打扫完返回重做
⑧	关门	请有关部门到场，并与保安部交接酒水

18.27　传菜部作业流程

传菜部作业流程如图18-27所示。

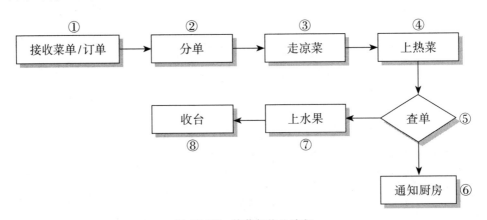

图 18-27　传菜部作业流程

传菜部作业流程说明如表18-27所示。

表 18-27　传菜部作业流程说明

编码	关键节点	服务标准
①	接收菜单/订单	传菜员接到订单/菜单
②	分单	迅速准确地将菜单分配到凉菜房、小吃房、热菜房
③	走凉菜	在客人到来前5分钟内将凉菜上桌

续表

编码	关键节点	服务标准
④	上热菜	得到通知按照"五不出"的原则，走热菜时先将头菜上桌，然后按炸、烧、蒸、炖、汤的顺序将菜品依次上桌
⑤	查单	菜品上完后传菜员到相应包间与服务人员核对是否有漏洞
⑥	通知厨房	若有未上菜品应立即通知厨房补齐
⑦	上水果	菜品上完后通知凉菜房将水果送到包间
⑧	收台	待客人离座后服务员应立即通知传菜员到相应包间/餐台协助服务员收拾台面

18.28　传菜部递单作业流程

传菜部递单作业流程如图18-28所示。

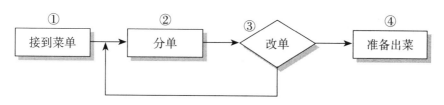

图 18-28　传菜部递单作业流程

传菜部递单作业流程说明如表18-28所示。

表 18-28　传菜部递单作业流程说明

编码	关键节点	服务标准
①	接到菜单	传菜员接到服务员或厨房所配的菜单
②	分单	传菜员将菜单夹好夹子后分发到凉菜房、小吃房和热菜房、值台服务员处
③	改单	（1）如果遇客人改菜，服务员通知传菜部，传菜部及时地将信息反馈到厨房，并在各部门菜单上做相应的改动 （2）如厨房临时沽清菜品，传菜部获得信息后及时地将信息反馈到服务员处，征询客人，并在相应的部门菜单上做相应改动
④	准备出菜	整理好单据，准备出菜

18.29 传菜部出菜作业流程

传菜部出菜作业流程如图18-29所示。

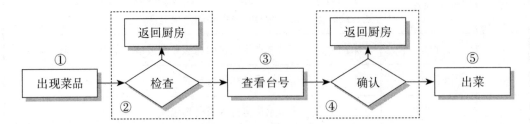

图 18-29 传菜部出菜作业流程

传菜部出菜作业流程说明如表18-29所示。

表18-29 传菜部出菜作业流程说明

编码	关键节点	服务标准
①	出现菜品	厨房做出菜品
②	检查	（1）遵照菜品"五不出"原则对菜品实际检查 （2）如果不符合标准，将返回厨房重新制作
③	查看台号	查看该道菜品是属于哪个地方的，确认台号
④	确认	（1）在确认了台号以后，到划单员处确认该桌是否走菜，该道菜是否可走 （2）如果不是该桌菜或还不可走该道菜，退回厨房并阐明事由
⑤	出菜	端出菜品到相应地方

18.30 收台作业流程

收台作业流程如图18-30所示。

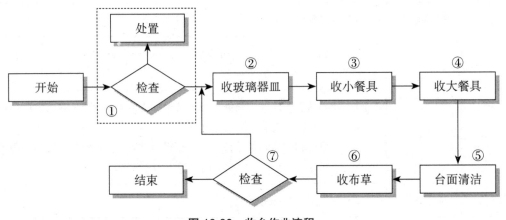

图 18-30 收台作业流程

收台作业流程说明如表18-30所示。

表18-30 收台作业流程说明

编码	关键节点	服务标准
①	检查	（1）客人就餐结束，相关人员、送客服务员检查有无遗留物品，并及时关闭主灯，留筒灯 （2）若有遗留物品，上交吧台/退还客人
②	收玻璃器皿	服务员先收玻璃器皿
③	收小餐具	（1）接着收小餐具送至小餐具洗涤间 （2）金器由服务人员用专用器皿收取自行洗涤并保管
④	收大餐具	（1）大餐具收取顺序，先从大到小，先厚后薄，玻璃大盘、铁盘、异形盘分筐收取 （2）传菜员将大餐具收至大餐具洗涤间
⑤	台面清洁	服务员清洁台面
⑥	收布草	（1）服务员将脏的台布及口布撤下，折好送至库房 （2）库房检查布草是否破损和核对数量，并做登记签字
⑦	检查	当班领班检查收台情况，不合格的要求服务员重新收拾

18.31 小餐具洗涤、消毒作业流程

小餐具洗涤、消毒作业流程如图18-31所示。

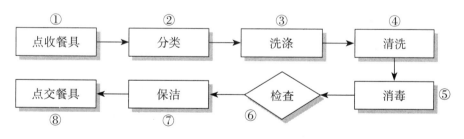

图 18-31 小餐具洗涤、消毒作业流程

小餐具洗涤、消毒作业流程说明如表18-31所示。

表18-31 小餐具洗涤、消毒作业流程说明

编码	关键节点	服务标准
①	点收餐具	洗碗工与服务员当面清点餐具，并做记录，签字确认
②	分类	对餐具按玻璃、瓷器、瓦罐等进行分类

续表

编码	关键节点	服务标准
③	洗涤	按照先玻璃器皿再瓷器的原则用洗涤剂对餐具进行洗涤
④	清洗	洗涤完毕后按照先玻璃再瓷器的原则对餐具进行清洗
⑤	消毒	将餐具分类码放进行消毒工作
⑥	检查	服务员对清洗完毕的餐具进行检查，不合格的要求重新洗涤
⑦	保洁	将餐具放入保洁柜保洁
⑧	点交餐具	将洗净的餐具点交于服务人员，并签字确认

18.32 大餐具管理流程

大餐具管理流程如图18-32所示。

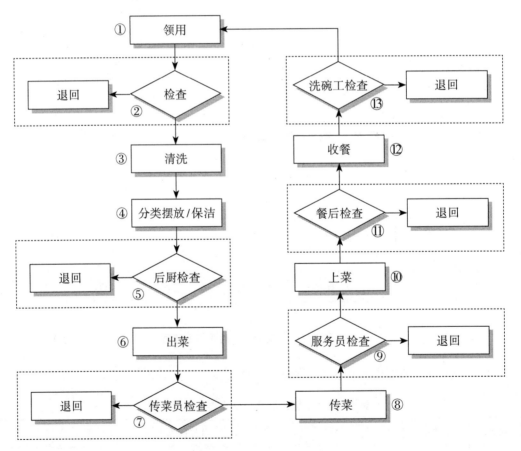

图 18-32 大餐具管理流程

大餐具管理流程说明如表18-32所示。

表18-32　大餐具管理流程说明

编码	关键节点	服务标准
①	领用	新购进餐具由餐厅经理到库房领用
②	检查	领用时检查餐具有无破损，有破损退回库房
③	清洗	领出餐具交洗碗工清洗
④	分类摆放/保洁	洗碗工将清洗好的餐具分类摆放/保洁待用
⑤	后厨检查	后厨人员对待用餐具进行检查，如有破损退回洗碗间
⑥	出菜	后厨人员将菜品装盘出菜
⑦	传菜员检查	传菜员对出菜餐具进行检查，如有破损退回厨房
⑧	传菜	传菜员将菜品传递至包间
⑨	服务员检查	服务员接到菜品时对餐具进行检查，如有破损退回传菜员
⑩	上菜	服务员上菜
⑪	餐后检查	客人用餐完毕，服务员对餐具进行检查，如客人有损坏餐具报收银台请客人赔偿或报损
⑫	收餐	传菜员回收餐具
⑬	洗碗工检查	洗碗工收到传菜员回收的餐具时应检查，如有破损不予接收

18.33　送餐作业流程

送餐作业流程如图18-33所示。

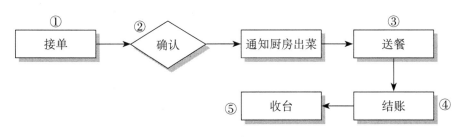

图 18-33　送餐作业流程

送餐作业流程说明如表18-33所示。

表18-33　送餐作业流程说明

编码	关键节点	服务标准
①	接单	由前厅接待员将通知单送至传菜部
②	确认	（1）划菜员确认需送餐客人的地点、时间、人数、餐标后告知厨房 （2）若有不明确的地方应立即将单返回接待部重新确认
③	送餐	（1）传菜员按照客人要求的时间、地点送菜品 （2）传菜员到吧台领取送餐收银单
④	结账	（1）现金埋单 （2）客人签字确认后将收银单转至该部门，由该部门收银员签字确认
⑤	收台	接到送餐部门收餐通知后，传菜员将餐具收回到餐厅

18.34　库管工作流程

库管工作流程如图18-34所示。

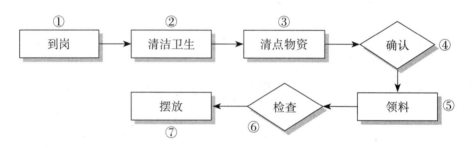

图18-34　库管工作流程

库管工作流程说明如表18-34所示。

表18-34　库管工作流程说明

编码	关键节点	服务标准
①	到岗	库管员参加班前会后，到库房准备当天的工作
②	清洁卫生	库管员将库房的区域卫生打扫干净
③	清点物资	（1）库管员检查库房所备物品是否齐全 （2）若发现所备物品已发放完，及时到总库领用所缺物品，库管员认真、仔细填写领料单（字迹工整）
④	确认	库管员将领料单请部门经理签字确认
⑤	领料	库管员到相应的库房凭领料单领相应物品

续表

编码	关键节点	服务标准
⑥	检查	检查物品数量、质量是否符合要求
⑦	摆放	将物品分类摆放整齐

18.35　布草管理作业流程

布草管理作业流程如图18-35所示。

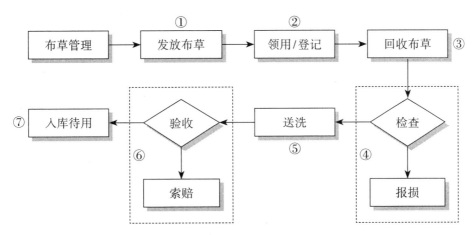

图18-35　布草管理作业流程

布草管理作业流程说明如表18-35所示。

表18-35　布草管理作业流程说明

编码	关键节点	服务标准
①	发放布草	库管员将布草发放到服务员手中
②	领用/登记	服务员领用布草，按物品领用表如实登记
③	回收布草	营业结束后服务员将布草回收到库房
④	检查	（1）库管员检查其收回的布草有无破损 （2）如布草有破损的，对其进行调查、核对、处理
⑤	送洗	库管员将收回的布草送到干洗房
⑥	验收	（1）库管员对洗净的布草进行检查验收并点清数量（洗涤后的布草是否有损坏） （2）如在洗涤过程造成布草的损坏，将由干洗房对布草进行赔偿
⑦	入库待用	对验收完的布草入库，并分类摆放

18.36 餐具管理作业流程

餐具管理作业流程如图18-36所示。

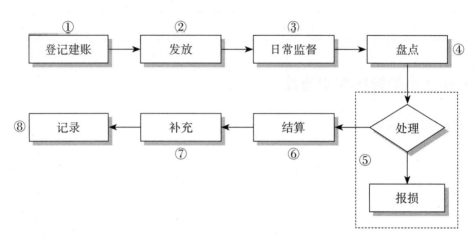

图 18-36 餐具管理作业流程

餐具管理作业流程说明如表18-36所示。

表 18-36 餐具管理作业流程说明

编码	关键节点	服务标准
①	登记建账	库管对所有餐具进行登记建账
②	发放	库管根据各区域营业需要寻找餐具进行发放
③	日常监督	库管对日常损耗进行监督，并记录赔偿
④	盘点	每月月末，库管对餐具进行盘点
⑤	处理	（1）对盘点结果进行处理 （2）库管对破损餐具进行赔偿并申报资产员核查报损
⑥	结算	库管根据破损、赔偿进行结算
⑦	补充	根据需要进行补充
⑧	记录	库管对所有餐具的发出、报损赔偿等全过程做详细记录

18.37 临时申购物品作业流程

临时申购物品作业流程如图18-37所示。

图 18-37　临时申购物品作业流程

临时申购物品作业流程说明如表18-37所示。

表 18-37　临时申购物品作业流程说明

编码	关键节点	服务标准
①	填写	库管员填写申购单（明确物品规格、数量、特殊需要）
②	确认	（1）部门经理签字确认 （2）请总经理批示 （3）办公室主任签字确认
③	购买	将签字后的申购单交于采购部购买

18.38　清洁卫生作业流程

清洁卫生作业流程如图18-38所示。

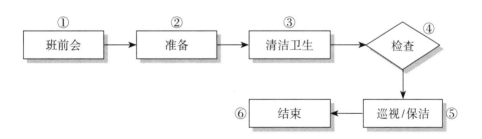

图 18-38　清洁卫生作业流程

清洁卫生作业流程说明如表18-38所示。

表 18-38　清洁卫生作业流程说明

编码	关键节点	服务标准
①	班前会	清洁工按时参加班前会听取当天接待安排并接受工作
②	准备	准备当天工作用具/洁具
③	清洁卫生	对公共区域的地面卫生和公共厕所进行清扫

编码	关键节点	服务标准
④	检查	领班、主管对工作进行检查，不合格者要求其重新打扫
⑤	巡视/保洁	营业时间，清洁工要随时巡视公共地面卫生和公共厕所卫生，随时保持整洁
⑥	结束	客人走后，检查公共区域和公共厕所卫生，整理用具，并整齐摆放

18.39 信息收集保存作业流程

信息收集保存作业流程如图18-39所示。

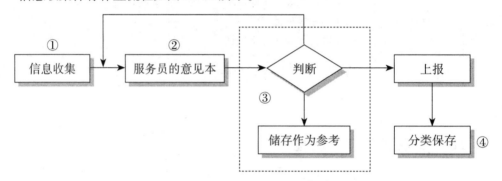

图 18-39 信息收集保存作业流程

信息收集保存作业流程说明如表18-39所示。

表18-39 信息收集保存作业流程说明

编码	关键节点	服务标准
①	信息收集	每日午市、晚市到结束时进行信息收集
②	服务员的意见本	每位服务员在值台服务过程中收集本包间的意见，然后在收餐结束后进行统计，并写清后交到主管处
③	判断	主管根据每位服务员的意见本进行判断，将重要信息及时上报，一般信息作为日常信息储存，如遇有一部门信息不明白，及时询问包间服务员并重新填写
④	分类保存	收集到的重要信息及时分类保存在档案本内并注明编号，以便查阅

18.40 客人特殊（合理）要求处理流程

客人特殊（合理）要求处理流程如图18-40所示。

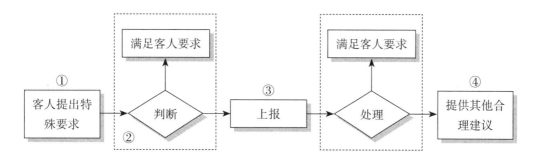

图 18-40　客人特殊（合理）要求处理流程

客人特殊（合理）要求处理流程说明如表18-40所示。

表 18-40　客人特殊（合理）要求处理流程说明

编码	关键节点	服务标准
①	客人提出特殊要求	当客人提出特殊要求时，服务员须礼貌、认真倾听
②	判断	判断客人所提要求，如果是服务员权限范围内能予以满足的应予以满足
③	上报	如服务员权限范围内不能解决，应迅速上报主管或领班；如主管与领班不能解决的上报经理
④	提供其他合理建议	经理、主管、领班能够满足的应予以满足，如不能，应向客人致歉并说明原因，或向客人提供其他能解决问题的合理建议

18.41　客人醉酒处理流程

客人醉酒处理流程如图18-41所示。

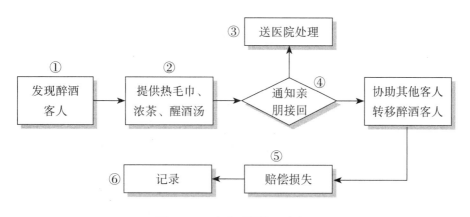

图 18-41　客人醉酒处理流程

客人醉酒处理流程说明如表18-41所示。

表18-41　客人醉酒处理流程说明

编码	关键节点	服务标准
①	发现醉酒客人	发现客人醉酒，应扶客人到沙发上休息
②	提供热毛巾、浓茶、醒酒汤	根据情况提供热毛巾、浓茶、醒酒汤
③	送医院处理	严重的应及时送医院救治
④	通知亲朋接回	一般的可通知亲朋接回或带走
⑤	赔偿损失	客人离开包间后，迅速检查包间，如有遗留物品应迅速交还，如有损坏餐具及时报告吧台请客人赔偿
⑥	记录	记录当天工作情况

18.42　香巾流放管理操作流程

香巾流放管理操作流程如图18-42所示。

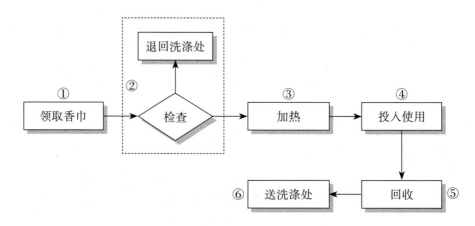

图 18-42　香巾流放管理操作流程

香巾流放管理操作流程说明如表18-42所示。

表18-42　香巾流放管理操作流程说明

编码	关键节点	服务标准
①	领取香巾	服务员检查香巾柜是否整洁、完好，然后到洗涤处根据当天订餐情况领取适量香巾，并登记签字

编码	关键节点	服务标准
②	检查	领取香巾时检查香巾是否完好、整洁，如有不合格的退回洗涤处
③	加热	将香巾加热待用，或冷却待用
④	投入使用	服务员在客人到达后及时上香巾（上香巾要求见服务员操作规范）
⑤	回收	客人使用完香巾后及时回收、点数
⑥	送洗涤处	将使用后的香巾送交洗涤处，洗涤消毒同时登记签字

18.43　客人二次消费引领及转单流程

客人二次消费引领及转单流程如图18-43所示。

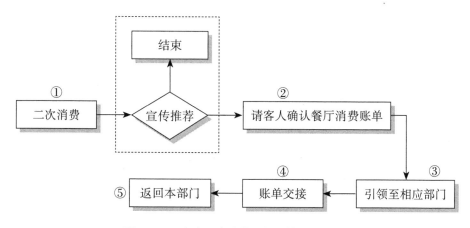

图18-43　客人二次消费引领及转单流程

客人二次消费引领及转单流程说明如表18-43所示。

表18-43　客人二次消费引领及转单流程说明

编码	关键节点	服务标准
①	二次消费	当客人用餐完毕后，服务员可简单介绍本店其他消费项目，促进客人二次消费
②	请客人确认餐厅消费账单	如客人要求二次消费，请客人确认餐厅消费账单并签字
③	引领至相应部门	引领员带账单，并引领客人到相应部门，将客人交给该部门接待人员安排，并请其签字
④	账单交接	与相关部门或吧台交接账单
⑤	返回本部门	引领员返回本部门

第19章

厨房各岗位作业流程

19.1 厨师长工作流程

厨师长工作流程如图19-1所示。

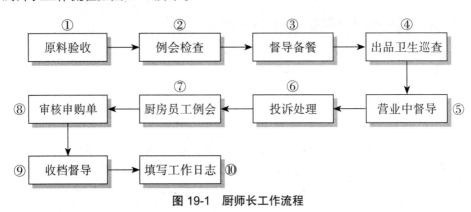

图 19-1　厨师长工作流程

厨师长工作流程说明如表19-1所示。

表 19-1　厨师长工作流程说明

编码	关键节点	服务标准
①	原料验收	（1）按验菜时间（上午8:30）到达验菜地点（单店指定） （2）按《采购制度与流程》中的原料验收标准，对申购原料质量、数量进行验收，质量不达标的原料立即退回（立刻再买或沽清）
②	例会检查	（1）检查各部门的班前会是否准时召开 （2）查验员工打卡情况，检查各部门人员是否到齐 （3）检查员工着装情况和个人卫生
③	督导备餐	（1）按照《厨师长营业前巡查内容》要求，进行餐前准备情况督导 （2）备餐情况在正式营业前，向店长汇报厨房准备情况
④	出品卫生巡查	上午11:00，下午5:00开始检查后厨卫生，同时按《出品标准菜谱》检查或抽查菜品质量及重量
⑤	营业中督导	（1）督导、检查各部门原材料在加工过程中的利用情况，合理使用安排剩余物料，有效控制成本

编码	关键节点	服务标准
⑤	营业中督导	（2）检查出品质量，发现质量有缺陷的出品及时返工、修正完善 （3）现场督导、协调各部门出品顺序，防止出现脱节或抢先出品现象 （4）及时与前厅经理沟通了解客情，合理调整厨房员工，保证出品速度，提高工作效率 （5）及时把沽清菜品、急推特色菜品和备货过多的菜品情况通知给前厅经理 （6）检查各部门各工序的操作卫生，督促员工利用空隙随时清理环境卫生 （7）巡视各部门员工的工作情况，督导员工按规范操作，按标准出品 （8）随时查看安全隐患
⑥	投诉处理	（1）配合前厅处理菜品投诉，及时退换菜 （2）根据投诉具体情况，要在第一时间解决处理好投诉 （3）了解前厅反馈给厨房的各种信息并做好记录，作为工作参考
⑦	厨房员工例会	每日下午4:30按时召开员工例会，进行工作总结，表扬先进，树立榜样，介绍工作经验，布置下一阶段工作
⑧	审核申购单	（1）指导各部门根据自己部门明日各种菜品备份量，盘存今日库存后再进行申购 （2）检查审核各部门申购单，确认签字后交库房
⑨	收档督导	按《厨师长营业后巡查内容》要求安排、检查收尾工作
⑩	填写工作日志	（1）向厨房值班员交接工作 （2）总结当日工作，填写工作日志 （3）检查交接班及值班工作

19.2　厨房切配工作流程

厨房切配工作总流程如图19-2所示。

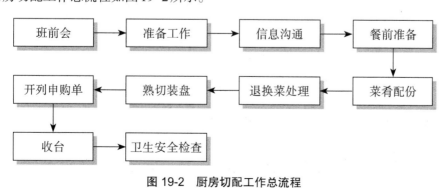

图19-2　厨房切配工作总流程

19.2.1 切配厨师班前会

切配厨师班前会工作流程如图19-3所示。

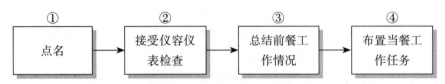

① 点名 → ② 接受仪容仪表检查 → ③ 总结前餐工作情况 → ④ 布置当餐工作任务

图 19-3 切配厨师班前会流程

切配厨师班前会流程说明如表19-2所示。

表19-2 切配厨师班前会流程说明

编码	关键节点	服务标准
①	点名	切配厨师与全体厨房员工一起列队站立，接受厨师长点名，要做到应答声音洪亮、刚劲有力
②	接受仪容仪表检查	切配厨师与全体厨房员工一起列队站立，接受厨师长仪容仪表检查，具体要求如下 （1）工装整齐洁净。工作服、工作帽、围裙无污点油渍，无皱褶破损，工作帽直立挺拔，工作服衣扣清洁齐整，无破损、短缺 （2）领结打结符合规定标准 （3）工号牌应佩戴在胸前工作服左上方的位置，并保持平整 （4）鞋子干净，无污渍、破损 （5）头发短而齐整，不留胡须，不戴任何首饰 （6）不留长指甲，指甲内无污秽物 （7）工作服内的衬衣领口、袖口干净，无污渍、灰尘
③	总结前餐工作情况	切配厨师与全体厨房员工听取行政总厨或厨师长对上一餐各班、各岗位作业中存在问题的工作总结，表扬工作突出的员工，并根据餐厅提供的文字信息，对顾客意见进行通报与分析，主要内容如下 （1）对工作突出的员工进行口头表扬 （2）对顾客反馈的主要意见如菜点的质量、上菜速度、菜点口味、菜点中异物等问题进行分析 （3）对主要岗位作业过程中所出现的误差进行批评、纠正 （4）对存在的问题在分析的基础上，提出具体的修正、改进意见 （5）切配岗位的厨师应认真听取行政总厨或厨师长的工作总结，并及时反映切配工作中存在的问题与改进建议
④	布置当餐工作任务	切配厨师与全体员工听取行政总厨或厨师长布置当餐的工作任务与工作调整，主要内容如下

编码	关键节点	服务标准
④	布置当餐工作任务	（1）简要传达部门经理例会的主要内容与精神 （2）对个别岗位厨师轮休、病休的工作空缺进行调整、安排 （3）对可能出现的就餐高峰提出警示

19.2.2 准备工作

准备工作流程如图19-4所示。

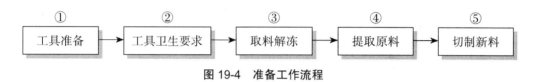

图 19-4 准备工作流程

准备工作流程说明如表19-3所示。

表 19-3 准备工作流程说明

编码	关键节点	服务标准
①	工具准备	工具准备可分为以下三个方面 （1）检查电冰箱、恒温柜运转功能是否正常，若出现故障，应及时自行排除或报修 （2）将头一天消毒过的刀、墩、抹布、各种不锈钢或塑料盒等放置切配台或原料架上 （3）将洗涤间洗涤干净的菜肴配料盘放置在切配台的适当位置上，以方便使用为准
②	工具卫生要求	所有用具、工具必须符合卫生标准，具体卫生标准如下 （1）各种用具、工具干净，无油腻、无污渍 （2）电冰箱、恒温柜清洁卫生，无异味 （3）抹布应干爽、洁净，无油渍、污物，无异味 （4）切配台整洁干净，各种盛料盘干净无污渍，摆放的位置合理，便于操作使用
③	取料解冻	主配厨师根据当餐或当天经营的需要，将电冰箱内存放的肉类冷冻原料取出，放置专用的不锈钢水槽，使其自然解冻
④	提取原料	将粗加工厨师加工过的原料提取到切配台上
⑤	切制新料	砧板厨师按日常的切料分工，将从粗加工间提取的当日新料及解冻的原料按"菜品配制表"与《菜品作业指导书》中的规定进行原料切割处理，并将切好的原料分别用料盒盛放，然后摆放在原料架上

19.2.3 切配厨师信息沟通

由于切配厨师承担整个热菜厨房原料的准备与供应工作，开餐前必须主动与订餐台及海鲜池等部门进行信息沟通，特别是了解当餐及当天宴会的预订餐情况，以便做好充分准备。信息沟通工作流程如图19-5所示。

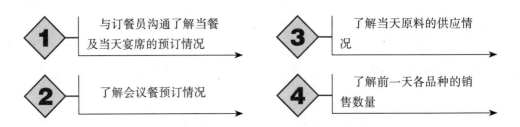

图 19-5　信息沟通工作流程

19.2.4 切配厨师餐前检查

切配厨师餐前检查工作流程如图19-6所示。

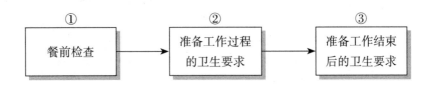

图 19-6　切配厨师餐前检查流程

切配厨师餐前检查流程说明如表19-4所示。

表 19-4　切配厨师餐前检查流程说明

编码	关键节点	服务标准
①	餐前检查	餐前检查的主要项目如下 （1）各种原料是否已经备齐 （2）菜肴配份料盘是否已经备好
②	准备工作过程的卫生保持	准备工作与原料切制加工过程要保持良好的卫生状况，废弃物与其他垃圾随时放置专用垃圾箱内，并随时将桶盖盖紧，以防垃圾外溢。料理台面随手用抹布擦拭，墩台与刀具也要随时擦拭，以保持清洁，并做到每隔20分钟全面整理一次卫生。 具体要求是：台面无油腻、无下脚料、无杂物，刀具、墩干爽无污渍

编码	关键节点	服务标准
③	准备工作结束后的卫生要求	所有准备工作结束后对卫生进行全面清理 （1）将一切废弃物放置垃圾桶内，并及时清理掉 （2）对料理台面、不锈钢货架及各种用具的卫生进行全面整理、擦拭，刀具、墩放置固定位置，便于使用 （3）使用完的料盘要清洗干净，放置规定位置，一切与作业过程无关的物品均应从料理台上清理干净

19.2.5 切配厨师菜肴配份

切配厨师菜肴配份工作流程如图19-7所示。

① 接单确认 → ② 按量配份 → ③ 配份原料传递 → ④ 展示台样品补充配份

图 19-7 切配厨师菜肴配份工作流程

切配厨师菜肴配份工作流程说明如表19-5所示。

表19-5 切配厨师菜肴配份工作流程说明

编码	关键节点	服务标准
①	接单确认	接到点菜员传递过来的点菜单，要首先进行确认工作，确认工作的内容如下 （1）确认菜单上的名称、种类、数量 （2）确认点菜单上的桌号标识是否清楚无误 （3）确认工作应在0.5～1分钟内完成
②	按量配份	确认工作结束，主配厨师进行配份 （1）需要现场切制的原料立即通知切制厨师切料 （2）按《标准食谱》规定的配份用量取配原料 （3）凡不符合质量规格的原料一律不用 （4）配份应在1分钟内完成
③	配份原料传递	（1）将配份完整的菜肴原料按先后顺序放置在配料台的固定位置上，由打荷厨师及时取走 （2）如果属于客人催要或加急的菜肴，应及时通知打荷厨师，以便优先加工烹制

编码	关键节点	服务标准
④	展示台样品补充配份	开餐后，由专门配份厨师随时对餐厅展示柜内陈列的菜肴样品进行跟踪观察，当某种菜肴样品被客人点到取走后展示柜内不足4份时，应及时按《标准菜谱》规定的投料规格进行配份，并将配份好的原料装盘，用保鲜膜封好，补充到展示柜内

19.2.6 切配厨师退换菜处理

切配厨师退换菜处理工作流程如图19-8所示。

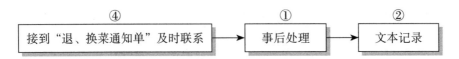

图 19-8 切配厨师退换菜处理流程

切配厨师退换菜处理流程说明如表19-6所示。

表 19-6 切配厨师退换菜处理流程说明

编码	关键节点	服务标准
①	接到"退、换菜通知单"及时联系	砧板厨师在接到餐厅传来的"退、换菜通知单"后，应立即与打荷厨师联系，将退或换的菜肴生料退回，并快速将换新的菜肴生料进行配份，交给打荷厨师
②	事后处理	对退、换菜的事件应进行事后处理，如果属于砧板配料的责任，如配料差错、重量欠缺等，则应在核实责任人后对当事人进行处理，并按处理条例的规定进行处罚
③	文本记录	所有退、换菜都必须有详细的文本记录，每一环节的处理结果必须有处理人员签字

19.2.7 切配厨师熟切装盘

切配厨师熟切装盘工作流程如图19-9所示。

接受站灶厨师制作好的、打荷厨师传递过来的需要刀切的熟制菜

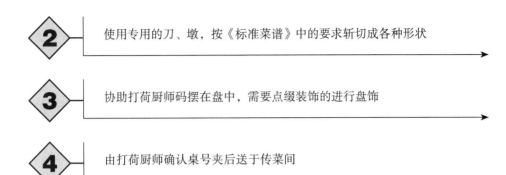

图 19-9　切配厨师熟切装盘工作流程

19.2.8　切配厨师开列申购单

切配厨师开列申购单工作流程如图19-10所示。

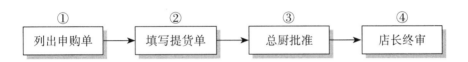

图 19-10　切配厨师开列申购单工作流程

切配厨师开列申购单工作流程说明如表19-7所示。

表 19-7　切配厨师开列申购单工作流程说明

编码	关键节点	服务标准
①	列出申购单	主配厨师根据电冰箱内剩余的原料数量及当天的销售情况，将下一个工作日所需的各种原料按计划列出申购单
②	填写提货单	总厨或主厨将负责所需食品、副食品、用品等填写提货单，填写应注意以下方面 （1）所需货物量是否与第二天需求量相符 （2）仔细检查是否带有重复提货项目 （3）提货项目要分类填写
③	总厨批准	厨师将提货单交总厨批准，并按以下审核 （1）提货货品量是否与第二天所需量相符 （2）检查是否有重复项目 （3）次日是否有临时团队，如有将所需货品及需求量加上 （4）总厨审核后批准

续表

编码	关键节点	服务标准
④	店长终审	总厨批准后之货单上交店长做最终审核 （1）店长将所提货物仔细检查 （2）签字批准前，查看是否接到新团队的通知，如有马上通知总厨 （3）审核通过后签字批准 （4）次日上午各部门将提货单取回安排提货 （5）发货部将检查提货单是否符合提货标准，签字是否合格，最后才发货
备注		对于漏开或少开的原料，报采购部或采购员应急采购，食品仓库保管员和主管厨师必须将漏开和少开的原料重新补写原料申购单，交总厨批准，餐饮总监签字，以备验收部门核对

19.2.9　切配厨师收台

切配厨师收台流程如图19-11所示。

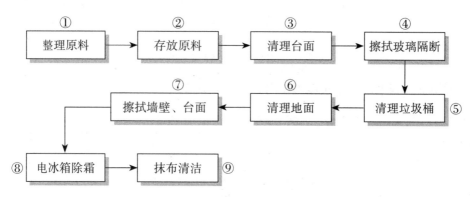

图 19-11　切配厨师收台流程

切配厨师收台流程说明如表19-8所示。

表19-8　切配厨师收台流程说明

编码	关键节点	服务标准
①	整理原料	当最后一个菜肴的配份结束后，将剩余的各种原料分类，用专用料盒盛装后，用保鲜膜封好，放入冰箱或恒温柜内存放
②	存放原料	（1）存放原料时应遵循肉类原料与水产类分开、异味大的与异味小的分开、熟料与生料分开的原则 （2）存放原料的冰箱由主配厨师负责管理，应做到每天清理一次，每周除霜清洁一次

编码	关键节点	服务标准
③	清理台面	将原料架上与切配台上的料盒、盛料盆及刀、墩等一一清洗干净,用干抹布擦干水分,放回货架固定的存放位置或储存柜内
④	擦拭玻璃隔断	将热菜烹调间与粗加工间相连的玻璃隔断,按从内到外的顺序用蘸过餐洗净的湿抹布将铝合金墙架擦拭干净,然后用干抹布蘸酒精把玻璃擦拭干净
⑤	清理垃圾桶	将垃圾桶内的盛装废弃物的塑料袋封口后,取出送共享垃圾箱内,然后将垃圾桶内外及桶盖用清水冲洗干净,用干抹布擦拭干净,用消毒液内外喷洒一遍,不用擦拭,以保持消毒液干燥时的杀菌效力
⑥	清理地面	先用扫帚扫除地面垃圾,用浸泡过热碱水或清洁剂溶液的拖把拖一遍,再用干拖把拖干地面,然后把打扫卫生使用的工具清洗干净,放回指定的位置晾干
⑦	擦拭墙壁、台面	将砧板厨师负责的墙壁卫生区,按自上而下的顺序先用蘸过餐洗净的抹布把墙壁擦拭一遍,再用干净的湿抹布擦拭一遍,最后再用干抹布擦拭一遍,切配台面及电冰箱外表也用湿抹布分别擦拭干净
⑧	电冰箱除霜	将电冰箱内所有物品取出,关闭电源,使电冰箱自然解冻,然后用抹布反复擦拭2~3遍,使电冰箱内无污物、水渍,再将物品放回原处,接通电源
⑨	抹布清洁	所有抹布先用热碱水或餐洗净溶液浸泡、揉搓,捞出拧干后,用清水冲洗两遍,拧干后放入微波炉高火加热3分钟,取出晾干
卫生清理标准		(1)墙壁每周彻底擦洗一次,其他工具、设备、用品每餐结束后彻底擦拭一次,机械设备要保证无干垢、无污渍 (2)电冰箱每周进行一次除霜、清洗处理,保持电冰箱内无腥臭等异味 (3)地面无杂物、无积水 (4)抹布清洁、无油渍、无异味

19.2.10 切配厨师卫生安全检查

切配厨师卫生安全检查流程如图19-12所示。

图19-12 切配厨师卫生安全检查流程

切配厨师卫生安全检查流程说明如表19-9所示。

表 19-9　切配厨师卫生安全检查流程说明

编码	关键节点	服务标准
①	卫生检查	按卫生清理标准进行检查，合格后进行设备安全检查
②	安全检查	检查电器设备、照明设备、通信工具功能是否正常
③	消毒处理	热菜厨房间卫生清理及安全检查工作结束后，打开紫外线消毒灯，照射 20～30 分钟后，将灯关闭，工作人员离开工作间后锁门

19.3　厨房炉台工作流程

厨房炉台工作总流程如图 19-13 所示。

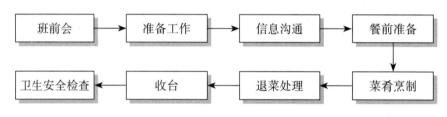

图 19-13　厨房炉台工作总流程

19.3.1　炉台厨师班前会

炉台厨师班前会工作流程如图 19-14 所示。

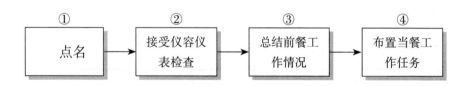

图 19-14　炉台厨师班前会工作流程

炉台厨师班前会工作流程说明如表 19-10 所示。

表 19-10　炉台厨师班前会工作流程说明

编码	关键节点	服务标准
①	点名	炉台厨师与全体厨房员工一起列队站立，接受厨师长点名，要做到应答声音洪亮、刚劲有力

编码	关键节点	服务标准
②	接受仪容仪表检查	炉台厨师与全体厨房员工一起列队站立，接受厨师长仪容仪表检查，具体要求如下 （1）工装整齐洁净。工作服、工作帽、围裙无污点、油渍，无皱褶、破损，工作帽直立挺拔，工作服衣扣清洁齐整，无破损、短缺 （2）领结打结符合规定标准 （3）工号牌应佩戴在工作服左上方的位置，并保持平整 （4）鞋子干净，无污渍、破损 （5）头发短而齐整，不留胡须，不戴任何首饰 （6）不留长指甲，指甲内无污秽物 （7）工作服内的衬衣领口、袖口干净，无污渍、灰尘
③	总结前餐工作情况	炉台厨师与全体厨房员工听取膳食经理和厨师长对上一餐各班组、各岗位作业中存在问题的工作总结，表扬工作突出的员工，并根据餐厅提供的文字信息，对顾客意见进行通报与分析，主要内容如下 （1）对工作突出的员工进行口头表扬 （2）对顾客反馈的主要意见如菜点的质量、上菜速度、菜点口味、菜点中异物等问题进行分析 （3）对主要岗位作业过程中所出现的误差进行批评、纠正 （4）对存在的问题在分析的基础上，提出具体的修正、改进意见 （5）炉台岗位的厨师应认真听取膳食经理和厨师长的工作总结，并及时反映炉台工作中存在的问题与改进建议
④	布置当餐工作任务与工作调整	炉台厨师与全体员工听取膳食经理和厨师长布置当餐的工作任务与工作调整，主要内容如下 （1）简要传达部门经理例会的主要内容与精神 （2）对个别岗位厨师轮休、病休的工作空缺进行调整、安排 （3）对可能出现的就餐高峰提出警示

19.3.2 炉台厨师准备工作

炉台厨师准备工作流程如图 19-15 所示。

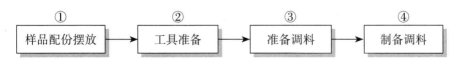

图 19-15 炉台厨师准备工作流程

炉台厨师准备工作流程说明如表 19-11 所示。

表 19-11　炉台厨师准备工作流程说明

编码	关键节点	服务标准
①	样品配份摆放	样品配份摆放主要有以下要求 （1）各炉台厨师将自己所分工负责的菜肴品种，按《标准菜谱》中规定的投料标准和刀工要求进行配份，将一道配份完整菜肴的各种原料按主、辅料的顺序依次码放于规定的餐具中，然后用保鲜膜封严，作为菜肴的样品 （2）将自己加工好的所有菜肴样品摆放于餐厅冷藏式展示柜划定的区域内，并放好价格标签 （3）样品的码盘、摆放要美观大方，引人注目 （4）要保持好各自展示柜内样品摆放区域的干净卫生 （5）在展示柜内样品摆放的数量为 2 ~ 3 份，样品的加工与摆放必须在规定的时间内完成，具体时间是上午 10:30；下午 5:00
②	工具准备	工具准备可分为以下几个方面 （1）检查炉灶　通电通气，检查炉灶、油烟排风设备运转功能是否正常，若出现故障，应及时自行排除或报修 （2）炉灶用具　将手勺放入炒锅内，将炒锅放在灶眼上，漏勺放于油滗上，垫布放于炒锅左侧，炊帚、筷子、抹布等用具备好，放于炒锅右侧 （3）炉灶试火　打开照明灯，先点火放入灶眼中，再打开燃气（或油）开关，调整风量，打开水龙头，注满水盒后，调整水速，保持流水降温，试火后仅留 1 ~ 2 个用于熟处理的共享火眼，其他关闭 （4）调料用具　各种不锈钢、塑料调料盒是否摆放整齐 （5）所有用具、工具必须符合卫生标准，具体卫生标准如下 ①所有用具、工具干净，无油腻、无污渍 ②炉灶清洁卫生，无异味 ③抹布应干爽、洁净，无油渍、污物，无异味
③	准备调料	在打荷厨师的协助下，将烹调时所需的各种成品调味品检验后分别放入专用的调料盒内
④	制备调料	自制的调味料主要有调味油、酱、汁等 （1）制作调味油　按《标准菜谱》的要求制作葱油、辣椒油、花椒油、葱姜油、明油等常用的调味酱油 （2）制作调味酱　按《标准菜谱》的要求制作煲仔酱、黑椒酱、XO酱、蒜茸酱、辣甜豆豉酱、辣椒酱等常用的调味酱 （3）制作调味汁　按《标准菜谱》的要求制作煎封汁、素芡汁、精卤汁、白卤汁、西汁、鱼汁、烧烤汁等常用的各种调味汁

19.3.3 炉台厨师信息沟通

由于炉台厨房承担整个餐饮店炉台制作与供应的任务，开餐前必须主动与其他部门进行信息沟通，特别是了解当餐及当天宴会的预订餐情况，以便做好充分准备。信息沟通工作流程如图19-16所示。

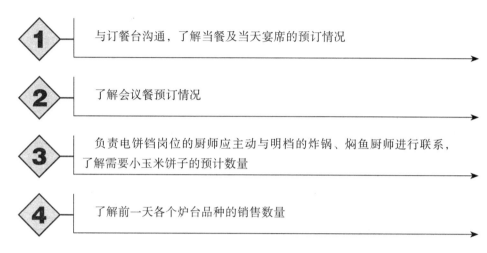

图 19-16 炉台厨师信息沟通工作流程

19.3.4 炉台厨师餐前准备

炉台厨师餐前准备工作流程如图19-17所示。

图 19-17 炉台厨师餐前准备工作流程

炉台厨师餐前准备工作流程说明如表19-12所示。

表19-12 炉台厨师餐前准备工作流程说明

编码	关键节点	服务标准
①	餐前检查	检查的主要项目有以下几项 （1）炉灶是否进入工作状态 （2）油、气、电路是否正常 （3）提前30分钟将其他炉灶点燃

续表

编码	关键节点	服务标准
②	准备工作过程的卫生要求	准备样品、工具与预热加工过程要保持良好的卫生状况，废弃物与其他垃圾随时放置专用垃圾箱内，并随时将桶盖盖紧，以防垃圾外溢。炉灶台面随手用抹布擦拭，各种用具要保持清洁，做到每隔20分钟全面整理一次卫生，具体要求是：台面无油腻、无杂物，炊具、抹布干爽无油渍
③	准备工作结束后的卫生要求	所有准备工作结束后，应对卫生进行全面清理 （1）将一切废物放置垃圾箱内，并及时清理掉 （2）对灶面及各种用具的卫生进行全面整理、擦拭 （3）使用完的料盘要清洗干净放置规定位置，一切与作业过程无关的物品均应从灶台上清理干净 （4）对灶前的地面或脚踏板应进行清洁处理，发现有油渍等黏滑现象应及时处理干净

19.3.5 炉台厨师菜肴烹制

炉台厨师菜肴烹制工作流程如图19-18所示。

图 19-18 炉台厨师菜肴烹制流程

炉台厨师菜肴烹制流程说明如表19-13所示。

表 19-13 炉台厨师菜肴烹制流程说明

编码	关键节点	服务标准
①	接料确认	接到打荷厨师传递配份好的菜肴原料或经过上浆、挂糊及其他处理过的菜料，首先确认菜肴的烹调方法，确认工作应在10～20秒内完成
②	菜肴烹调	（1）根据《标准菜谱》的工艺流程要求，按打荷厨师分发的顺序对各种菜肴进行烹制，烹制成熟后，将菜肴盛放在打荷厨师准备好的餐具内 （2）炉台厨师烹制相同的菜肴时，每锅出品的菜肴为1～2份 （3）如果有催菜、换菜需优先烹制的菜肴应在打荷厨师的协调下优先烹制

编码	关键节点	服务标准
③	装盘检查	炉台厨师将烹制好的菜肴装盘后，应在打荷厨师整理、盘饰前进行质量检查，检查的重点是菜肴中是否有异物或明显的烹饪异常情况，一旦发现应立即予以处理

19.3.6　炉台厨师退菜处理

炉台厨师退菜处理工作流程如图19-19所示。

图 19-19　炉台厨师退菜处理流程

炉台厨师退菜处理流程说明如表19-14所示。

表 19-14　炉台厨师退菜处理流程说明

编码	关键节点	服务标准
①	接受退菜	无论出于什么原因，对客人提出的退菜、换菜要求应立即接受并及时进行处理，炉台厨师不得寻找任何理由予以拒绝
②	分类处理	对退菜的原因事后要进行分析，并对分析结果进行分级处理 （1）退菜、换菜的直接责任完全是因为菜肴的质量问题，责任由炉台厨师承担，按厨房部的奖惩制度对责任人进行处罚 （2）退菜的原因不完全属于菜肴出品质量，但炉台厨师有部分责任，则对炉台厨师进行部分内处罚 （3）属于客人故意找茬，菜肴没有质量问题，则无需对炉台厨师进行处罚
③	制定纠正措施	炉台厨师应对出现的问题进行认真全面的分析，找出原因，由本人制定出相应的纠正或避免类似问题再次发生的措施，报告厨师长签字备案，确保不再发生同样或类似事件

19.3.7　炉台厨师收台

炉台厨师收台工作流程如图19-20所示。

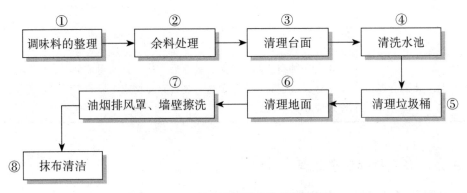

图19-20 炉台厨师收台工作流程图

炉台厨师收台工作流程说明如表19-15所示。

表19-15 炉台厨师收台工作流程说明

编码	关键节点	服务标准
①	调味料的整理	调味料整理程序与要求如下 （1）将调料盒里剩余的液体调味料用保鲜膜封好后，放入恒温柜中保存 （2）粉状调料及未使用完的瓶装调料加盖后存放在储藏柜中
②	余料处理	没有使用完的食油、水淀粉等在打荷厨师的协助下分别进行过滤、加热处理，然后放置油缸或淀粉盒内
③	清理台面	将灶台上的调料盒、盛料盆及漏勺、手勺、炊帚、筷子等用餐洗净溶液洗涤，用清水冲洗干净，用干抹布擦干水分，放回固定的存放位置或储存柜内
④	清洗水池	先清除水池内的污物杂质，用浸过餐洗净溶液的抹布内外擦拭一遍，然后用清水冲洗干净，再用干抹布擦干
⑤	清理垃圾桶	将垃圾桶内的盛装废弃物的塑料袋封口后，取出送共享垃圾箱内，然后将垃圾桶内外及桶盖用清水冲洗干净，用干抹布擦拭干净，用消毒液内外喷洒一遍，不用擦拭，以保持消毒液干燥时的杀菌效力
⑥	清理地面	先用扫帚扫除地面垃圾，用浸泡过热碱水或清洁剂溶液的拖把拖一遍，再用干拖把拖干地面，然后把打扫卫生使用的工具清洗干净，放回指定的位置晾干，如果有脚踏板，也要进行同样的清洗过程
⑦	油烟排风罩、墙壁擦洗	炉台上方的油烟排风罩，按从内到外、自上而下的顺序先用蘸过餐洗净的抹布擦拭一遍，然后用干净的湿抹布擦拭一遍，最后用干抹布擦拭一遍；炉台间的墙壁，按自上而下的顺序先用蘸过餐洗净的抹布擦拭一遍，然后用干净的湿抹布擦拭一遍，最后再用干抹布擦拭一遍
⑧	抹布清洁	所有抹布先用热碱水或餐洗净溶液浸泡、揉搓，捞出拧干后，用清水冲洗两遍，拧干后放入微波炉用高火力加热3分钟，取出晾干

19.3.8　炉台厨师卫生安全检查

炉台厨师卫生安全检查工作流程如图19–21所示。

图 19-21　炉台厨师卫生安全检查流程

炉台厨师卫生安全检查流程说明如表19–16所示。

表 19-16　炉台厨师卫生安全检查流程说明

编码	关键节点	服务标准
①	卫生检查	按卫生清理标准进行检查，合格后进行设备安全检查
②	安全检查	检查电器设备、排油烟设备、照明设备功能是否正常，检查炉灶的气阀或气路总阀是否关闭
③	消毒处理	整个热菜厨房的卫生清理及安全检查工作结束后，由专人负责打开紫外线消毒灯，照射20～30分钟后，将灯关闭，工作人员离开工作间，然后锁门

19.4　厨房打荷工作流程

厨房打荷工作总流程如图19–22所示。

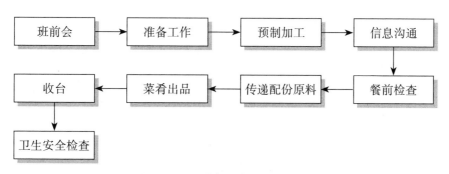

图 19-22　厨房打荷工作总流程

19.4.1　打荷厨师班前会

打荷厨师班前会工作流程如图19–23所示。

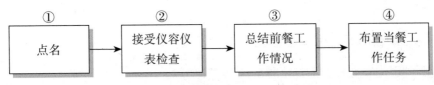

图 19-23 打荷厨师班前会工作流程

打荷厨师班前会工作流程说明如表19-17所示。

表 19-17 打荷厨师班前会工作流程说明

编码	关键节点	服务标准
①	点名	打荷厨师与全体厨房员工一起列队站立，接受厨师长点名，要做到应答声音洪亮、刚劲有力
②	接受仪容仪表检查	打荷厨师与全体厨房员工一起列队站立，接受厨师长仪容仪表检查，具体要求如下 （1）工装整齐洁净。工作服、工作帽、围裙无污点、油渍，无皱褶、破损，工作帽直立挺拔，工作服衣扣清洁齐整，无破损、短缺 （2）领结打结符合规定标准 （3）工号牌应佩戴在工作服左上方的位置，并保持平整 （4）鞋子干净，无污渍、破损 （5）头发短而齐整，不留胡须，不戴任何首饰 （6）不留长指甲，指甲内无污秽物 （7）工作服内的衬衣领口、袖口干净，无污渍、灰尘
③	总结前餐工作情况	打荷厨师与全体厨房员工听取膳食经理和厨师长对上一餐各班组、各岗位作业中存在问题的工作总结，表扬工作突出的员工，并根据餐厅提供的文字信息，对顾客意见进行通报与分析，主要内容如下 （1）对工作突出的员工进行口头表扬 （2）对顾客反馈的主要意见，如菜点的质量、上菜速度、菜点口味、菜点中异物等问题进行分析 （3）对主要岗位作业过程中所出现的误差进行批评、纠正 （4）对存在的问题在分析的基础上，提出具体的修正、改进意见 （5）打荷岗位的厨师应认真听取膳食经理和厨师长的工作总结，并及时反映打荷工作中存在的问题与改进建议
④	布置当餐工作任务	打荷厨师与全体员工听取膳食经理和厨师长布置当餐的工作任务与工作调整，主要内容如下 （1）简要传达部门经理例会的主要内容与精神 （2）对个别岗位厨师轮休、病休的工作空缺进行调整、安排 （3）对可能出现的就餐高峰提出警示

19.4.2　打荷厨师准备工作

打荷厨师准备工作流程如图19-24所示。

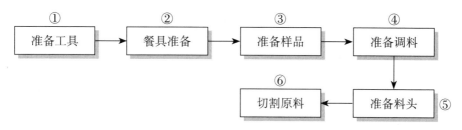

图19-24　打荷厨师准备工作流程

打荷厨师准备工作流程说明如表19-18所示。

表19-18　打荷厨师准备工作流程说明

编码	关键节点	服务标准
①	准备工具	将消毒过的刀、墩、小料盒、抹布、盛器等用具放在打荷台上的固定位置，将干净筷子、擦盘子的干净毛巾放于打荷台上的专用盘子内。所有用具、工具必须符合卫生标准，具体卫生标准如下 （1）各种用具、工具干净，无油腻、无油渍 （2）抹布应干爽、洁净，无油渍、污物，无异味 （3）打荷台台面干净，无油腻，无污物
②	餐具准备	将消毒过的各种餐具放置打荷台上或储存柜内，以取用方便为准
③	准备样品	所有青菜类菜肴的样品加工与摆放由打荷厨师完成 （1）将洗涤消毒过的各种青菜按《标准菜谱》规定的投料标准用台秤称重，然后用保鲜膜分别包好封严，作为摆放餐厅展示柜的菜肴样品 （2）将加工包装好的所有菜肴样品摆放于餐厅冷藏式展示柜划定的区域内，并放好价格标签 （3）样品的包装、摆放要美观大方，引人注意 （4）要保持好展示柜内菜肴样品摆放区域的卫生 （5）在展示柜内样品摆放的数量不少于4份，样品的加工与摆放必须在规定的时间内完成。具体时间是冬季上午10:30，下午5:00；夏季上午10:30，下午5:30
④	准备调料	（1）按《原料质量规格书》中规定的质量标准，对领取的当日所需要的各种调味料进行质量检验 （2）配合炉台厨师添加、补充各种调味料 （3）需要自制的调味酱、调味汁、调味油，协助炉台厨师按《标准菜谱》中规定的用料比例和调制方法进行调制

编码	关键节点	服务标准
⑤	准备料头	（1）按《料头切制规格》规定的标准和要求切制料头，并将切好的各种料头放入固定的料头盒内 （2）料头的种类和数量应根据实际需要准备，每种料头要求大小、粗细、长短、厚薄一致
⑥	切割原料	为了确保砧板岗位切配厨师按时对各种原料的切制准备，打荷厨师在完成自己任务的前提下，协助砧板厨师进行原料的切制工作，原料的切制标准按"菜品配置表"中的具体规定进行

19.4.3　打荷厨师预制加工

打荷厨师预制加工工作流程如图19-25所示。

①糊浆预制　→　②饰品预制　→　③高汤预制

图 19-25　打荷厨师预制加工工作流程

打荷厨师预制加工工作流程说明如表19-19所示。

表 19-19　打荷厨师预制加工工作流程说明

编码	关键节点	服务标准
①	糊浆预制	（1）制慢糊浆　面粉50克，干生粉5克，马蹄粉5克，花生油20克，盐2克，老面20克，碱面适量，加水55克，调拌均匀，放置5～7小时使用 （2）制快糊浆　按比例现调现用
②	饰品预制	（1）根据盘饰的需要雕刻、制作各种花卉、叶片等用品及青菜叶等分别放入不同的盛器内，用清水浸泡备用，确保清洁卫生 （2）每餐雕刻、制作的花卉种类与数量根据需要确定，饰品要求花形精致美观，数量充足，保证卫生
③	高汤预制	制作高汤的投料比例为：原料5千克，加水10千克，煮制2～3小时，出汤5～7千克。具体操作方法如下

编码	关键节点	服务标准
③	高汤预制	（1）制奶汤 将鸡鸭骨架、翅膀、猪蹄、猪腿骨（应敲碎）等放入凉水锅中，用旺火烧开，打去浮沫，加葱、姜、料酒后加盖，煮沸后一直用旺火加热，使水保持沸腾，煮制汤呈乳白色为止 （2）制清汤 与煮制奶汤相同，区别是先用旺火烧开，再改用小火熬制，至动物的蛋白质、氨基酸等溶于水中成为鲜汤后，捞出骨骼，过滤即成 （3）吊汤 将煮制的毛汤经过滤后放入锅内，先加入红臊（鸡腿肉剁成细泥）烧沸后，待肉茸全部浮起，捞出，再加白臊（鸡脯肉剁成的细泥）加热，待肉茸浮时用漏网捞净，并用手勺将其压成肉饼，再放入汤中浸泡2～3小时，然后用洁净的纱布过滤即成

19.4.4 打荷厨师信息沟通

由于打荷厨师要为炉台厨师和备餐间准备调料及小料，开餐前必须主动与餐厅进行信息沟通，特别是了解当餐及当天宴会的预订餐情况，以便做好充分准备。信息沟通工作流程如图19-26所示。

图 19-26 信息沟通工作流程

19.4.5 打荷厨师餐前检查

打荷厨师餐前检查工作流程如图19-27所示。

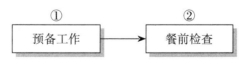

图 19-27 打荷厨师餐前检查工作流程

打荷厨师餐前检查流程说明如表19-20所示。

表19-20　打荷厨师餐前检查流程说明

编码	关键节点	服务标准
①	预备工作	开餐前根据菜肴调味的需要，将制备好的各种调味酱、调味汁和调味油，分别用小调味碟盛好，送到出菜口的备餐间，以供传菜员跑菜时取用
②	餐前检查	检查的主要项目如下 （1）各种餐具是否已经备齐 （2）各种调味料、料头是否已经到位、足量

19.4.6　打荷厨师传递配份原料

打荷厨师传递配份原料工作流程如图19-28所示。

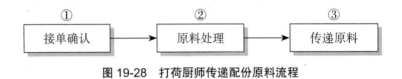

图19-28　打荷厨师传递配份原料流程

打荷厨师传递配份原料流程说明如表19-21所示。

表19-21　打荷厨师传递配份原料流程说明

编码	关键节点	服务标准
①	接单确认	接到砧板主配厨师传递过来的菜料，要首先进行确认工作，确认工作的内容如下 （1）确认菜肴的名称、种类、烹调方法 （2）确认桌号标示是否清楚无误 （3）确认工作应在0.5～1分钟内完成
②	原料处理	确认工作结束，按《标准菜谱》的工艺要求对应进行腌制、上浆、挂糊等处理的原料进行预制处理
③	传递原料	（1）按主配厨师的传递顺序，将配好的或经过上浆、挂糊、腌制等处理的菜肴原料传递给炉台厨师烹调加工 （2）如果接到催菜的信息，经核实该菜肴尚未开始烹调时，要立即协调炉台厨师优先烹调

19.4.7　打荷厨师菜肴出品

打荷厨师菜肴出品工作流程如图19-29所示。

图 19-29 打荷厨师菜肴出品工作流程

打荷厨师菜肴出品工作流程说明如表 19-22 所示。

表 19-22 打荷厨师菜肴出品工作流程说明

编码	关键节点	服务标准
①	准备餐具	在炉台厨师烹制菜肴的过程中，打荷厨师应根据菜肴的出品盛装要求，准备相应的餐具，并且要确保餐具的卫生
②	检查成品	对炉台厨师装盘完毕的菜肴进行质量检查，主要检查是否有明显的异物等，检查过程要迅速、认真
③	盘饰处理	根据审美需求及菜式格调，对装盘的菜肴进行必要的点缀装饰。盘饰美化的原则是美观大方、恰到好处，以不破坏菜肴的整体美感为宜，并要确保菜肴的卫生安全
④	成菜出品	将烹制、盘饰完毕的菜肴经过严格的感官卫生检查，认为合格并确认无疑后，快速传递到备餐间，交给传菜员，如果属于催要与更换的菜肴，应特别告知传菜员

19.4.8 打荷厨师收台

打荷厨师收台工作流程如图 19-30 所示。

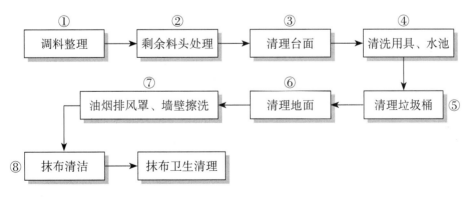

图 19-30 打荷厨师收台工作流程

打荷厨师收台工作流程说明如表 19-23 所示。

表19-23　打荷厨师收台工作流程说明

编码	关键节点	服务标准
①	调料整理	调味料整理程序与要求如下 （1）将调料盒里剩余的液体调味料用保鲜膜封好后，放入恒温柜中保存 （2）食油与粉状调料及未使用完的瓶装调料加盖后存放在储藏柜中
②	剩余料头处理	（1）将剩余料头盛放塑料盒内，包上保鲜膜，在恒温箱内存放，留作他用，而不能留作下一餐使用，下一餐所需的料头应重新切制 （2）剩余的面粉、淀粉、面包渣等，密封好后，放入打荷台的储存柜内储存，留作下餐使用
③	清理台面	将打荷台上的料盒、盛料盆及刀、墩等清洗干净，用干抹布擦干水分，放回货架固定的存放位置或储存柜内
④	清洗用具、水池	（1）将剩余的餐具送到洗刷间的储藏柜内，使用过的生料配碟送到餐具洗涤间洗涤，将打荷台上及储存柜内的用品与工具清理干净后，分别先用湿抹布擦拭两遍，再用干抹布擦拭一遍，再将用品与工具摆放回原处 （2）先清除水池内的污物杂质，用浸过餐洗净的抹布内外擦拭一遍，然后用清水冲洗干净，再用干抹布擦干
⑤	清理垃圾桶	将垃圾桶的盛装废弃物的塑料袋封口后，取出送共享垃圾箱内，然后将垃圾桶内外及桶盖用清水冲洗干净，用干抹布擦拭干净，用消毒液内外喷洒一遍，不用擦拭，以保持消毒液干燥时的杀菌效力
⑥	清理地面	先用扫帚扫除地面垃圾，用浸泡过热碱水或清洁剂溶液的拖把拖一遍，再用干拖把拖干地面，然后把打扫卫生使用的工具清洗干净，放回指定的位置晾干
⑦	油烟排风罩、墙壁擦洗	协助炉台厨师将炉灶上方的油烟排风罩，按从内到外、自上而下的顺序先用蘸过餐洗净的抹布擦拭一遍，然后用干净的湿抹布擦拭一遍，最后用干抹布擦拭一遍；炉台间的墙壁，按自上而下的顺序先用蘸过餐洗净的抹布擦拭一遍，然后用干净的湿抹布擦拭一遍，最后再用干抹布擦拭一遍
⑧	抹布清洁	所有抹布先用热碱水或餐洗净溶液浸泡、揉搓，捞出拧干后，用清水冲洗两遍，拧干后放入微波炉用高火力加热3分钟，取出晾干
	卫生清理标准	卫生清理的标准如下 （1）油烟排风罩、墙壁每周彻底擦洗一次，其他工具、设备、用品每餐结束后彻底擦洗一次，机械设备要保证无干垢，无油渍 （2）擦拭过的打荷台台面、工具要求无油渍、无污迹、无杂物 （3）地面无杂物、无积水 （4）抹布清洁、无油渍、无异味

19.4.9　打荷厨师卫生安全检查

打荷厨师卫生安全检查工作流程如图19-31所示。

①　卫生检查　②　安全检查　③　室内消毒

图 19-31　打荷厨师卫生安全检查工作流程

打荷厨师卫生安全检查工作流程说明如表19-24所示。

表 19-24　打荷厨师卫生安全检查工作流程说明

编码	关键节点	服务标准
①	卫生检查	按卫生清理标准进行检查
②	安全检查	合格后进行设备安全检查，检查电器设备、照明设备、通信工具功能是否正常
③	室内消毒	整个厨房的卫生清理及安全检查工作结束后，由专人负责打开紫外线消毒灯，照射20～30分钟后，将灯关闭，工作人员离开工作间，然后锁门再由专人将门锁钥匙送交规定的地方，并在登记簿上签字，第二天由值早班人员签字领取

19.5　厨房冷菜工作流程

厨房冷菜工作总流程如图19-32所示。

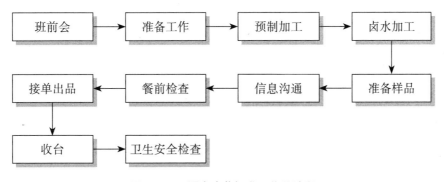

班前会　→　准备工作　→　预制加工　→　卤水加工

接单出品　←　餐前检查　←　信息沟通　←　准备样品

收台　→　卫生安全检查

图 19-32　厨房冷菜标准工作总流程

19.5.1　冷菜厨师班前会

冷菜厨师班前会工作流程如图19-33所示。

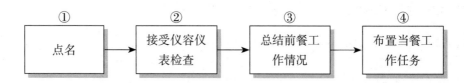

图 19-33　冷菜厨师班前会工作流程

冷菜厨师班前会工作流程说明如表19-25所示。

表 19-25　冷菜厨师班前会工作流程说明

编码	关键节点	服务标准
①	点名	冷菜厨师与全体厨房员工一起列队站立，接受厨师长点名，要做到应答声音洪亮、刚劲有力
②	接受仪容仪表检查	冷菜厨师与全体厨房员工一起列队站立，接受厨师长仪容仪表检查，具体要求如下 （1）工装整齐洁净。工作服、工作帽、围裙无污点、油渍，无皱褶、破损，工作帽直立挺拔，工作服衣扣清洁齐整，无破损、短缺 （2）领结打结符合规定标准 （3）工号牌应佩戴在工作服左上方的位置，并保持平整 （4）鞋子干净，无污渍、破损 （5）头发短而齐整，不留胡须，不戴任何首饰 （6）不留长指甲，指甲内无污秽物 （7）工作服内的衬衣领口、袖口干净，无污渍、灰尘
③	总结前餐工作情况	冷菜厨师与全体厨房员工听取膳食经理和厨师长对上一餐各班组、各岗位作业中存在问题的工作总结，表扬工作突出的员工，并根据餐厅提供的文字信息，对顾客意见进行通报与分析，主要内容如下 （1）对工作突出的员工进行口头表扬 （2）对顾客反馈的主要意见如菜点的质量、上菜速度、菜点口味、菜点中异物等问题进行分析 （3）对主要岗位作业过程中所出现的误差进行批评、纠正 （4）对存在的问题在分析的基础上，提出具体的修正、改进意见 （5）冷菜岗位的厨师应认真听取膳食经理和厨师长的工作总结，并及时反映冷菜工作中存在的问题与改进建议
④	布置当餐工作任务	冷菜厨师与全体员工听取膳食经理和厨师长布置当餐的工作任务与工作调整，主要内容如下 （1）简要传达部门经理例会的主要内容与精神 （2）对个别岗位厨师轮休、病休的工作空缺进行调整、安排 （3）对可能出现的就餐高峰提出警示

19.5.2　冷菜厨师准备工作

冷菜厨师准备工作流程如图19-34所示。

图19-34　冷菜厨师准备工作流程

冷菜厨师准备工作流程说明如表19-26所示。

表19-26　冷菜厨师准备工作流程说明

编码	关键节点	服务标准
①	工具准备	工具准备可分为以下三个方面 （1）炉灶用具　手勺、漏勺、油桶子、抹布等 （2）调料用具　各种不锈钢、塑料调料盒 （3）切配、预制加工用具　各种不锈钢盘（大、中、小）、各种塑料调料盒、墩、刀、废料盒、筷子等
②	检验设备	检查自动制冰机、冰柜运转是否正常，如果发现故障应及时排除或报修，检查炉灶供气线路是否正常
③	餐具准备	由专人到洗碗间搬取餐具，将消毒过的圆瓷盘与长方形盘及小冷菜碟放置操作台上或储存柜内，以取用方便为准，并要确保卫生干净
④	领取原料	（1）将值早班厨师到食品仓库领取的各种食品原料及调味料，按《原料质量规格书》中规定的质量标准对领取的各种原料进行品质检验，凡不符合质量要求的一律拒绝领用 （2）将原料进行分类处理，面粉等干料存放到面点间的临时仓库，对其他需要加工的原料进行加工 （3）将领用的水产、肉类等新鲜原料，领取后立即放入恒温箱中 （4）主要原料要按预计的业务量在头一天开列申购单，常规性原料一次性领足，调味料与辅助性原料可根据情况在下午补充领取一次
⑤	成品储存	将领取的罐头制品、熟肉制品应及时放置熟品专用的冰柜中保存，做到随用随取

19.5.3　冷菜厨师预制加工

冷菜厨师预制加工工作流程如图19-35所示。

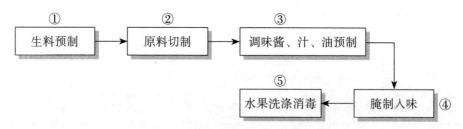

图 19-35　冷菜厨师预制加工工作流程

冷菜厨师预制加工工作流程说明如表19-27所示。

表 19-27　冷菜厨师预制加工工作流程说明

编码	关键节点	服务标准
①	生料预制	（1）需要进行预热处理的原料应将粗加工好的原料在炉灶上用沸水或热油分别进行焯水或过油处理，预热处理的质量标准可根据《菜品作业指导书》中规定的标准进行 （2）需运用其他熟制方法进行加工原料，则按相应的标准进行操作，具体标准按《菜品作业指导书》中规定的执行 （3）无需加热处理的生食原料，要进行严格的消毒处理，消毒一般使用0.5%的高锰酸钾溶液将生食原料浸泡10分钟，捞出用清水冲净，再进行切割处理 （4）加工人员应严格按照预热熟制的作业程序与生食原料的消毒操作规程进行预制
②	原料切制	将预热加工与消毒处理过的生食冷菜原料，进行刀工切割处理，按"菜品作业指导书"中规定的形态要求进行加工，无论丁、丝、条、块、段、片等，基本质量标准如下 （1）厚薄、长短一致，粗细、大小均匀 （2）形态、形状具有美感 （3）不同种类的原料要分开盛放 （4）容易氧化变色的原料应随时使用保鲜膜封严，或随用随切
③	调味酱、汁、油预制	根据不同的冷菜品种的需要，调制不同口味的调味酱、调味汁、调味油等 （1）需要调制的调味酱、汁、油使用的调味料种类、重量、比例及调制方法按《调味酱、汁、油调制规格书》中规定的具体要求执行 （2）易氧化变味的酱汁，如大蒜泥等，应现调现用，或限时放置冰柜内存放
④	腌制入味	需要腌制入味的品种应在切割结束后，立即在专用料盒中，按《标准菜谱》规定的味型与投料比例投放调味品，拌匀后用保鲜膜封严，放置货架上进行腌制入味

编码	关键节点	服务标准
⑤	水果洗涤消毒	需要洗涤消毒的水果，分别用清水洗涤干净后，再放入浓度为0.5%的高锰酸钾溶液中浸泡10～15分钟，捞出用清水漂洗干净，控干水分备用

19.5.4　冷菜厨师卤水加工

冷菜厨师卤水加工工作流程如图19-36所示。

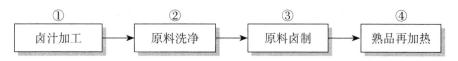

图 19-36　冷菜厨师卤水加工工作流程

冷菜厨师卤水加工工作流程说明如表19-28所示。

表 19-28　冷菜厨师卤水加工工作流程说明

编码	关键节点	服务标准
①	卤汁加工	（1）用料　根据卤水制品进行选择 （2）烧制　所用制品放入卤水中煮制 （3）预热　卤水如果长期不用，则应每天进行加热处理，晾凉后密封保存 （4）续加料　每次卤制制品结束后，卤水的味与汤量都将减少，应进行续加料处理，按减少的量根据用料比例添加用料及水，加热1小时，晾凉后密封保存
②	原料洗净	用于卤水制品的原料大多为动物下货与肉类，对原料的加工要求比较严格 （1）由于卤水制品加工由专人负责，领取原料后应在粗加工间内按《动物内脏粗加工标准》进行除渍、除污、洗净处理 （2）将洗净的原料在沸水锅里进行预热处理，捞出控净水
③	原料卤制	将预热处理过的各种原料一起放入卤锅内，先用旺火烧开，再用中火保持卤汁沸腾，加热1.5～2小时，视其成熟后，捞出控净卤汁，晾凉备用
④	熟品再加热	将上一个营业日或上餐剩余的卤水制品，从冰柜取出，放入卤水锅中重新加热至完全透彻，捞出控净卤汁，晾凉备用

19.5.5 冷菜厨师准备样品

冷菜厨师准备样品工作流程如图19-37所示。

图 19-37　冷菜厨师准备样品工作流程

冷菜厨师准备样品工作流程说明如表19-29所示。

表 19-29　冷菜厨师准备样品工作流程说明

编码	关键节点	服务标准
①	样品加工陈列	冷菜与卤水制品在明档设有销售窗口，由专人负责在明档间进行销售，并应在开餐前将冷菜（卤水）样品摆放在陈列台上 （1）冷菜厨师根据开餐时间，提前将所有冷菜品种调拌好，用不锈钢喷盛放运到明档冷菜货架上，并将所有品种装盘后，摆放在陈列台上，加盖透明玻璃罩，为销售样品 （2）卤水制品则将加工好的品种搬运到明档间，将所有品种现场切割装盘陈列在玻璃罩内，完成样品摆放的时间是上午11:30，下午5:30
②	准备工作结束后的卫生要求	（1）摆放在货架上的冷菜必须加盖或用保鲜膜密封 （2）切割熟食使用的墩、刀、抹布必须专用，并严格使用食用酒精或紫外线消毒处理，墩前加防护罩
③	明档加工销售卫生要求	（1）工作人员除按规定穿着工装外，在开餐作业中还应戴口罩和一次性塑胶手套 （2）所有冷菜样品必须有防护设施 （3）佩戴口罩及塑胶手套的具体时间是上午11:00至最后一个菜销售结束；下午6:00至最后一个菜销售结束

19.5.6 冷菜厨师信息沟通

由于冷菜厨房承担整个餐饮店冷菜制作与供应的任务，开餐前必须主动与其他部门进行信息沟通，了解预订餐情况，以便做好充分准备。信息沟通工作流程如图19-38所示。

与订餐台了解当餐及当天宴席的预订情况

 了解会议餐预订情况

 负责刺身（生吃）菜品加工的厨师了解海鲜池可以进行生吃加工的原料品种种类

 明档冷菜厨师根据上一个营业日的销售情况，分析、预测当日或当餐的销售量

图 19-38　冷菜厨师信息沟通工作流程

19.5.7　冷菜厨师餐前检查

冷菜厨师餐前检查工作流程如图19-39所示。

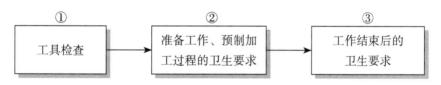

图 19-39　冷菜厨师餐前检查工作流程

冷菜厨师餐前检查工作流程说明如表19-30所示。

表 19-30　冷菜厨师餐前检查工作流程说明

编码	关键节点	服务标准
①	工具检查	检查的主要内容如下 （1）明档冷菜销售岗、生吃冷菜厨师岗的墩、刀、餐具、抹布是否进行了严格消毒处理及是否备齐 （2）自动制冰机中是否有足够量的冰块
②	准备工作、预制加工过程的卫生要求	准备工作与预制加工过程要保持良好的卫生状况，废弃物与其他垃圾随时放置专用垃圾箱内，并随时将桶盖盖严，以防垃圾外溢；灶台、料理台面随手用抹布擦拭，墩与刀具也要随时擦拭，以保持清洁；货架物品要保持整洁有序，并做到每隔20分钟全面整理一次卫生，具体要求是：台面无油腻、无下脚料、无杂物，刀具、墩干爽，无污渍

编码	关键节点	服务标准
③	工作结束后的卫生要求	所有准备工作结束后，将一切废弃物放置垃圾箱内，并及时清理掉，对灶台面、料理台面、不锈钢货架及各种用具的卫生进行全面整理、擦拭，刀具、墩放置固定位置，便于使用，一切与作业过程无关的物品均应从灶台、料理台上清理干净

19.5.8 冷菜厨师接单出品

冷菜厨师接单出品工作流程如图19-40所示。

图19-40 冷菜厨师接单出品工作流程

冷菜厨师接单出品工作流程说明如表19-31所示。

表19-31 冷菜厨师接单出品工作流程说明

编码	关键节点	服务标准
①	接单确认	无论明档岗、卤水岗、刺身岗、水果拼盘岗、宴席冷菜岗的厨师，接到点菜员传来的点菜单，首先要进行确认工作，确认工作的内容如下 （1）确认菜单上菜品的名称、种类、数量 （2）确认顾客桌号标示是否清楚无误 （3）取出相应的桌号夹夹在备好的餐具边缘 （4）确认工作应在0.5～1分钟内完成
②	按量配份	确认工作结束，要对制作的菜品按量配份、装盘 （1）明档冷菜厨师，按《标准菜谱》的配份用量，取出相应种类与数量的冷菜装盘，做到准确无误、迅速快捷，一般在1～2分钟内完成 （2）刺身岗厨师作业时应戴口罩和一次性塑胶手套，首先鉴定原料是否符合生吃食品规定的质量规格与卫生要求，如有质量问题，立即退回海鲜池，如无质量问题，则迅速对原料进行切割加工，放置配备好冰块的餐具中，夹上桌号夹，取适量已调好的专用调味汁盛味碟中，通知传菜员取菜上桌 （3）宴席冷菜的制备分为以下三种情况 ①提前预订并标明开宴时间的，应提前装盘组合好，于开宴前5分钟上桌

编码	关键节点	服务标准
②	按量配份	②提前预订但未标明开餐时间的，则随时听取餐厅服务员的起菜通知，接到起菜通知后15分钟内装盘上桌 ③临时接单的宴席，确认菜单后立即按标准配份菜盘，正常情况下所有冷菜应在接单后15分钟内上桌 （4）水果岗厨师作业装盘时应戴口罩和一次性塑胶手套，将消毒过的整形水果或是经过切割加工的水果按要求拼摆在水果盘中，然后夹上桌号夹，水果拼盘应在接单后5～10分钟出品 （5）口罩的卫生标准是洁白干净平整，无油渍污迹，每天进行一次消毒处理，用水洗涤后的可采用高温消毒，不洗涤的用紫外线灯进行消毒
③	冷菜装盘	（1）宴席使用的花色拼盘与卤水拼盘应根据冷菜转盘成形的要求，运用不同的刀法和手法，将各种冷菜熟料切割、拼摆成各种各样的艺术拼盘，并进行必要的装饰，如在盘内适当位置摆放花卉、菜叶等 （2）点缀美化的原则是美观大方、恰到好处，并要确保菜肴的卫生安全。盘饰的基本要求如下 ①不能掩盖或影响菜品原有的形态与美感 ②盘的饰物不能过多、过乱，甚至滥用装饰品 ③所有装饰物必须符合卫生要求 （3）冷菜装盘要求用料数量准确，刀工精细，造型富有美感

19.5.9 冷菜厨师收台

冷菜厨师收台工作流程如图19-41所示。

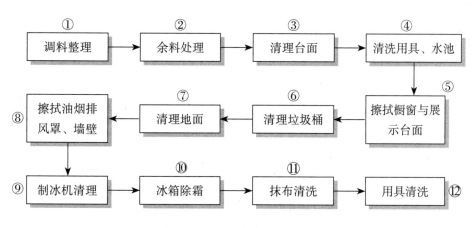

图19-41 冷菜厨师收台工作流程

冷菜厨师收台工作流程说明如表19-32所示。

表19-32　冷菜厨师收台工作流程说明

编码	关键节点	服务标准
①	调料整理	调味料整理与要求如下 （1）将调料盒里的剩余液体调味料分别用保鲜膜封好后，放入恒温柜中保存 （2）粉状调味料与尚未使用完瓶装调料加盖后存放在储存柜中 （3）对自己调制的剩余的调味酱、汁、油等，应用保鲜膜封严后，放入恒温柜中保存，留待下餐再用
②	余料处理	（1）将剩余的加工好的冷菜分别盛放塑料盒内，包上保鲜膜，放恒温箱内存放，留待下一餐再用 （2）将剩余的卤水制品用专用盛器装好，用保鲜膜封好，放置恒温箱内存放
③	清理台面	将调料汁盒、盆及漏勺、手勺、刀、墩等清洗干净，用干抹布擦干水分，放回货架固定的存放位置或储存柜内，将用过的餐具送到洗碗间进行清洗
④	清洗用具、水池	将剩余的餐具送回餐具洗刷间储存柜内，将电炸锅台面、料理台上及储存柜内、货架的用品与工具清理干净后，分别先用湿抹布擦拭两遍，再用干抹布擦拭一遍，再将用品与工具摆放回原处，先清除水池内的污物杂质，用浸过餐洗净的抹布内外擦拭一遍，然后用清水冲洗干净，再用干抹布擦干
⑤	擦拭橱窗与展示台面	明档橱窗玻璃按从内到外的顺序用干抹布蘸酒精擦拭干净，展示台台面则按从上而下的顺序分别先用湿抹布擦拭两遍，再用干抹布擦拭一遍
⑥	清理垃圾桶	将垃圾桶内的盛装废弃物的塑料袋封口后，取出送共享垃圾箱内，然后将垃圾桶内外及桶盖用清水冲洗干净，用干抹布擦拭干净，用消毒液内外喷洒一遍，不用擦拭，以保持消毒液干燥时的杀菌效力
⑦	清理地面	先用扫帚扫除地面垃圾，用浸泡过热碱水或清洁剂溶液的拖把拖一遍，再用干拖把拖干地面，然后把打扫卫生使用的工具清洗干净，放回指定的位置晾干
⑧	擦拭油烟排风罩、墙壁	油烟排风罩，按从内到外、自上而下的顺序先用蘸过餐洗净的抹布擦拭一遍，然后用干净的湿抹布擦拭一遍，最后用干抹布擦拭一遍；炉台间的墙壁，按自上而下的顺序先用蘸过餐洗净的抹布擦拭一遍，然后用干净的湿抹布擦拭一遍，最后再用干抹布擦拭一遍
⑨	制冰机清理	（1）每天由专人用湿、干抹布对自动制冰机的外表各擦拭一遍，保持制冰机的清洁卫生 （2）定期对制冰机内外进行清洁消毒处理，一般每周一次，清洁前关闭制冰机，待储冰盒内冰块用完，取出过滤器进行清洗，然后用餐洗净消毒液对制冰机内桶进行擦拭消毒，最后把外表擦拭干净

编码	关键节点	服务标准
⑩	冰箱除霜	将冰箱内所有物品取出,关闭电源,使冰箱自然解冻,然后用抹布反复擦拭2～3遍,使冰箱内无污物水渍,再将物品放回原处
⑪	抹布清洗	所有抹布先用热碱水或餐洗净溶液浸泡、揉搓,捞出拧干后,用清水冲洗两遍,拧干后放入微波炉用高火加热3分钟,取出晾干
⑫	用具清洗	用于熟食品切割和加工生吃菜肴的墩、刀及抹布,每餐结束清洗干净后,必须进行严格的消毒处理,一般使用食用酒精擦拭或紫外线照射消毒,然后把墩侧立,与刀、抹布一起放置专用的储存柜内,不要与其他工具一起存放,避免被有害物质污染
	卫生清理的标准	(1)油烟排风罩、墙壁每周彻底擦洗一次,其他工具、设备、用品每餐结束后彻底擦洗一次 (2)恒温箱每周进行一次除霜、清洗处理,保持恒温箱内无腥臭等异味 (3)擦拭过的台面、玻璃、工具要求无油渍、无污迹、无杂物 (4)地面无杂物、无积水 (5)炸锅锅底无油渣,用手触摸无污迹 (6)抹布清洁、无油渍、无异味

19.5.10 冷菜厨师安全卫生检查

冷菜厨师卫生安全检查工作流程如图19-42所示。

图19-42 冷菜厨师卫生安全检查工作流程

冷菜厨师卫生安全检查工作流程说明如表19-33所示。

表19-33 冷菜厨师卫生安全检查工作流程说明

编码	关键节点	服务标准
①	卫生检查	按卫生清理标准进行检查,合格后进行设备安全检查
②	安全检查	检查电器、照明设备、通信工具功能是否正常,检查炉灶前气阀和气路总阀是否关闭
③	室内消毒	明档工作间卫生清理及安全检查工作结束后,由专人负责打开紫外线消毒灯,照射20～30分钟后,将灯关闭,工作人员离开工作间,然后锁门

19.6 厨房蒸灶工作流程

厨房蒸灶工作总流程如图19-43所示。

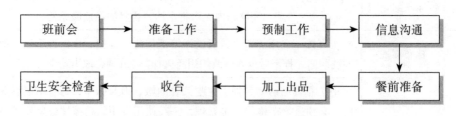

图 19-43 厨房蒸灶工作总流程

19.6.1 蒸灶厨师班前会

蒸灶厨师班前会工作流程如图19-44所示。

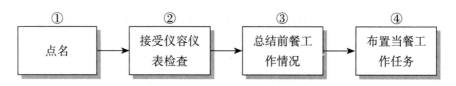

图 19-44 蒸灶厨师班前会工作流程

蒸灶厨师班前会工作流程说明如表19-34所示。

表 19-34 蒸灶厨师班前会工作流程说明

编码	关键节点	服务标准
①	点名	蒸灶厨师与全体厨房员工一起列队站立，接受厨师长点名，要做到应答声音洪亮、刚劲有力
②	接受仪容仪表检查	蒸灶厨师与全体厨房员工一起列队站立，接受厨师长仪容仪表检查，具体要求如下 （1）工装整齐洁净。工作服、工作帽、围裙无污点、油渍，无皱褶、破损，工作帽直立挺拔，工作服衣扣清洁齐整，无破损、短缺 （2）领结打结符合规定标准 （3）工号牌应佩戴在工作服左上方的位置，并保持平整 （4）鞋子干净，无污渍、破损 （5）头发短而齐整，不留胡须，不戴任何首饰 （6）不留长指甲，指甲内无污秽物 （7）工作服内的衬衣领口、袖口干净，无污渍、灰尘

编码	关键节点	服务标准
③	总结前餐工作情况	蒸灶厨师与全体厨房员工听取厨师长对上一餐各班组、各岗位作业中存在问题的工作总结，表扬工作突出的员工，并根据餐厅提供的文字信息，对顾客意见进行通报与分析，主要内容如下 　　（1）对工作突出的员工进行口头表扬 　　（2）对顾客反馈的主要意见如菜点的质量、上菜速度、菜点口味、菜点中异物等问题进行分析 　　（3）对主要岗位作业过程中所出现的误差进行批评、纠正 　　（4）对存在的问题在分析的基础上，提出具体的修正、改进意见 　　（5）蒸灶岗位的厨师应认真听取厨师长的工作总结，并及时反映蒸灶工作中存在的问题与改进建议
④	布置当餐工作任务	蒸灶厨师与全体员工听取厨师长布置当餐的工作任务与工作调整，主要内容如下 　　（1）简要传达部门经理例会的主要内容与精神 　　（2）对个别岗位厨师轮休、病休的工作空缺进行调整、安排 　　（3）对可能出现的就餐高峰提出警示

19.6.2　蒸灶厨师准备工作

蒸灶厨师准备工作流程如图19-45所示。

图19-45　蒸灶厨师准备工作流程

蒸灶厨师准备工作流程说明如表19-35所示。

表19-35　蒸灶厨师准备工作流程说明

编码	关键节点	服务标准
①	工具准备	工具准备分为以下几个方面 　　（1）通电通气检查，蒸箱运转功能是否正常，若出现故障，应及时自行排除或报修 　　（2）将用于蒸制菜肴过程中使用的金属盘、器皿、抹布等用具备好，放在操作台合适的位置上 　　（3）将各种不锈钢、塑料调料盒备好

续表

编码	关键节点	服务标准
①	工具准备	（4）所有用具、工具干净，无油腻、无污渍；蒸箱清洁卫生，无异味；抹布应干爽、洁净，无油渍、污物，无异味
②	餐具准备	将消毒过的圆瓷盘与长方形盘及小调味碟放置操作台上或储存柜内，放在操作台面上，均以取用方便为准
③	料头准备	（1）将蒸制菜肴所需要的各种料头，葱、姜、大蒜、辣椒、香菜等按《标准菜谱》中规定的规格切制加工，并将切好的料头分别使用专用的料盒盛放，摆放在料理台的固定位置上 （2）料头规格标准：葱段长7厘米，葱丝长5厘米、粗0.1厘米，葱花0.5厘米见方，姜片厚0.2厘米，姜丝粗0.1厘米、长4.5厘米，香菜段长3厘米，香菜末0.2厘米见方，蒜片厚0.1厘米，蒜米0.2厘米见方，辣椒丝长4厘米、粗0.2厘米，辣椒粒0.3厘米见方

19.6.3 蒸灶厨师预制加工

蒸灶厨师预制加工工作流程如图19-46所示。

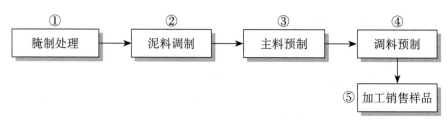

图 19-46　蒸灶厨师预制加工工作流程

蒸灶厨师预制加工工作流程说明如表19-36所示。

表 19-36　蒸灶厨师预制加工工作流程说明

编码	关键节点	服务标准
①	腌制处理	将切制成型的扣肉、排骨、肘子等块状原料根据《标准菜谱》中对调味料的使用标准和腌制时间进行提前腌制处理
②	泥料调制	用于制作蒸丸、饼一类的泥料，则需提前按《标准菜谱》中的规定进行调制酿制
③	主料预制	将腌制和调制好的块状料与泥料，按《标准食谱》的规定在碗或者其他器皿中装碗定型，然后根据不同的原料种类放入蒸锅中加热蒸制1.5～3小时，熟制后取出，以备开餐后使用

编码	关键节点	服务标准
④	调料预制	有些蒸制菜肴使用时需要配备小调味碟，如蒜泥、酱料、酱醋汁等，蒸箱初始应在开餐前加工，盛装准备好，并送到备餐间，以供开餐后随时使用。准备时间是上午11:00前，下午5:30前
⑤	加工销售样品	将提前预制加工好的蒸制菜肴分别按销售标准装盘，用保鲜膜封严，送明档固定的位置摆好，并放好价格牌

19.6.4 蒸灶厨师信息沟通

由于蒸箱厨房承担整个餐饮店蒸箱制作和供应的任务，开餐前必须主动与其他部门进行信息沟通，特别是了解当餐及当天宴会的预订情况，以便做好充分准备。信息沟通工作流程如图19-47所示。

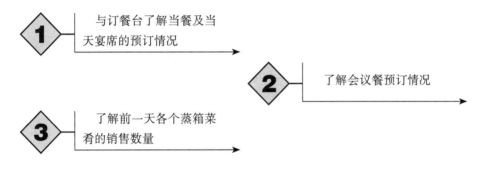

图 19-47 蒸灶厨师信息沟通工作流程

19.6.5 蒸灶厨师餐前检查

蒸灶厨师餐前检查工作流程如图19-48所示。

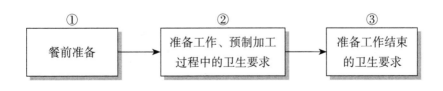

图 19-48 蒸灶厨师餐前检查工作流程

蒸灶厨师餐前检查工作流程说明如表19-37所示。

表19-37　蒸灶厨师餐前检查工作流程说明

编码	关键节点	服务标准
①	餐前准备	检查的主要项目如下 （1）蒸灶或蒸箱是否进入工作状态 （2）油、气、电路是否正常 （3）应提前预热、熟制的蒸箱品种是否已经完成
②	准备工作、预制加工过程中的卫生要求	（1）准备工作与预制加工过程要保持良好的卫生状态，废弃物与其他垃圾随时放置专用垃圾箱内，并随时将桶盖盖严，以防垃圾外溢；墩、料理台随时用抹布擦拭，墩与刀具要随时擦拭，以保持清洁，并做到每隔20分钟全面整理一次卫生 （2）具体要求是：台面无油腻、无下脚料、无杂物，刀具、墩干爽无污渍
③	准备工作结束的卫生要求	所有准备工作结束后，蒸灶厨师应对卫生进行全面清理 （1）将一切废弃物放置垃圾箱内，并及时清理掉 （2）对料理台面、不锈钢用具的卫生进行全面整理、擦拭，刀具、墩放置固定位置，便于使用 （3）使用完的料盘要清洗干净放置规定位置，一切与作业过程无关的物品均应从案板台面、料理台上清理干净

19.6.6　蒸灶厨师加工出品

蒸灶厨师加工出品工作流程如图19-49所示。

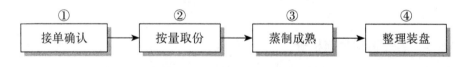

图19-49　蒸灶厨师加工出品工作流程

蒸灶厨师加工出品工作流程说明如表19-38所示。

表19-38　蒸灶厨师加工出品工作流程说明

编码	关键节点	服务标准
①	接单确认	接到点菜员传递过来的点菜单或是从水台传递来的经过加工的原料，要首先进行确认工作，确认工作的内容如下 （1）确认菜单上菜肴的名称、种类、数量 （2）确认桌号标识是否清楚无误

编码	关键节点	服务标准
①	接单确认	（3）确认水台传递的原料与菜单上的名称、种类、数量是否相符 （4）确认工作应在0.5 ~ 1分钟内完成
②	按量取份	确认工作结束，根据菜单的菜肴名称按量取用已经预制好的半成品原料，并对取用的原料进行质量检验，确认没有质量问题后拿桌号夹夹到盛器上
③	蒸制成熟	根据《标准菜谱》中规定的火候要求对不同的原料进行蒸制加热 （1）整鱼加热8 ~ 10分钟，整蟹加热12 ~ 15分钟 （2）水蛋小火加热15分钟 （3）贝类加热3 ~ 6分钟 （4）半成品加热3 ~ 5分钟
④	整理装盘	将蒸熟的菜肴取出后，要进行必要的整理装盘工作，具体内容如下 （1）应该去掉葱姜等料头的，将料头拣出 （2）需要更换盛器的则按规定更换盛器 （3）需要进行撒配料或浇汁的菜肴分别撒上配料或浇汁 （4）需要盘饰的菜肴则根据具体情况进行盘饰处理，然后上桌

19.6.7 蒸灶厨师收台

蒸灶厨师收台工作流程如图19-50所示。

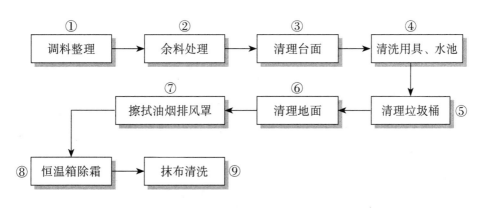

图 19-50 蒸灶厨师收台工作流程

蒸灶厨师收台工作流程说明如表19-39所示。

表19-39　蒸灶厨师收台工作流程说明

编码	关键节点	服务标准
①	调料整理	调味料整理程序与要求如下 （1）将调料盒里剩余的液体调味料用保鲜膜封好后，放入恒温柜中保存 （2）食油与粉状调料及未使用完的瓶装调料加盖后存放在储藏橱柜中
②	余料处理	将剩余的预制加工好的成品和馅料盛放塑料盒内，包上保鲜膜，放恒温箱内存放，留待下一餐再用
③	清理台面	将料理台上的调料盒、盛料盘及刀、墩等清洗干净，用干抹布擦干水分，放回货架固定的存放位置或储存柜内
④	清洗用具、水池	（1）将剩余的餐具送回餐具洗刷间储藏柜内，将料理台上及储存柜内、货架上的用品与工具清理干净后，分别先用湿抹布擦拭两遍，再用干抹布擦拭一遍，再将用品与工具摆放回原处 （2）将蒸箱切断气源，放净内部水分，用清水将内外清洗干净，然后用抹布擦干水分 （3）先清除水池内的污物杂质，用浸过餐洗净的抹布内外擦拭一遍，然后用清水冲洗干净，再用干抹布擦干
⑤	清理垃圾桶	将垃圾桶的盛装废弃物的塑料袋封口后，取出送共享垃圾箱内，然后将垃圾桶内外及桶盖用清水冲洗干净，用干抹布擦拭干净，用消毒液内外喷洒一遍，不用擦拭，以保持消毒液干燥时的杀菌效力
⑥	清理地面	先用扫帚扫出地面垃圾，用浸泡过热碱水或者清洁剂溶液的拖把拖一遍，再用干拖把拖干地面，然后把打扫卫生使用的工具清洗干净，放回指定位置晾干
⑦	擦拭油烟排风罩	蒸箱上面的油烟排风罩，按从内到外、自上而下的顺序先用蘸过餐洗净的抹布擦拭一遍，然后用干净的湿抹布擦拭一遍，最后用干抹布擦拭一遍；蒸箱间的墙壁，按从内到外、自上而下的顺序先用蘸过餐洗净的抹布擦拭一遍，然后用干净的湿抹布擦拭一遍，最后用干抹布擦拭一遍
⑧	恒温箱除霜	将恒温箱内所有物品取出，关闭电源，使恒温箱自然解冻，然后用抹布反复擦拭2～3遍，使恒温箱内无污物水渍，再将物品放回原处
⑨	抹布清洗	所有抹布先用热碱水或餐洗净溶液浸泡、揉搓，捞出拧干后，用清水冲洗两遍，拧干后放入微波炉用高火力加热3分钟取出晾干
卫生清理标准		（1）油烟排风罩、墙壁每周彻底擦洗一次，其他工具、设备、用品每餐后彻底擦拭一次，机械设备要保证无干垢、无污渍 （2）恒温箱每周进行一次除霜、清洗处理，保持恒温箱无腥臭等异味 （3）擦拭过的台面、玻璃、工具要求无油渍、无污迹、无杂物 （4）地面无杂物、无积水 （5）蒸箱、烤箱内无油渍、无水渍，用手触摸无污迹 （6）抹布清洁，无油渍、无异味

19.6.8 蒸灶厨师卫生安全检查

蒸灶厨师卫生安全检查工作流程如图19-51所示。

图 19-51 蒸灶厨师卫生安全检查工作流程

蒸灶厨师卫生安全检查工作流程说明如表19-40所示。

表 19-40 蒸灶厨师卫生安全检查工作流程说明

编码	关键节点	服务标准
①	卫生检查	按卫生清理标准进行检查，合格后进行设备安全检查
②	安全检查	检查电器、照明设备、通信工具功能是否正常，检查煲仔炉灶前气阀和气路总阀是否关闭
③	室内消毒	蒸灶工作间卫生清理及安全检查工作结束后，由专人负责打开紫外线消毒灯，照射20～30分钟后，将灯关闭，工作人员离开工作间，然后锁门

19.7 厨房面点工作流程

厨房面点工作总流程如图19-52所示。

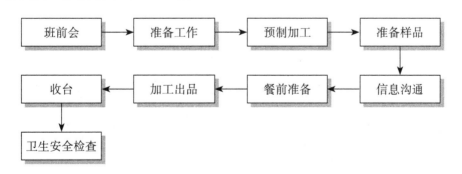

图 19-52 厨房面点工作总流程

19.7.1 面点厨师班前会

面点厨师班前会工作流程如图19-53所示。

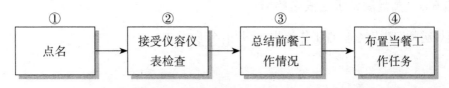

图 19-53　面点厨师班前会工作流程

面点厨师班前会工作流程说明如表 19-41 所示。

表 19-41　面点厨师班前会工作流程说明

编码	关键节点	服务标准
①	点名	面点厨师与全体厨房员工一起列队站立，接受厨师长点名，要做到应答声音洪亮、刚劲有力
②	接受仪容仪表检查	面点厨师与全体厨房员工一起列队站立，接受厨师长仪容仪表检查，具体要求如下 （1）工装整齐洁净。工作服、工作帽、围裙无污点、油渍，无皱褶、破损，工作帽直立挺拔，工作服衣扣清洁齐整，无破损、短缺 （2）领结打结符合规定标准 （3）工号牌应佩戴在工作服左上方的位置，并保持平整 （4）鞋子干净，无污渍、破损 （5）头发短而齐整，不留胡须，不戴任何首饰 （6）不留长指甲，指甲内无污秽物 （7）工作服内的衬衣领口、袖口干净，无污渍、灰尘
③	总结前餐工作情况	面点厨师与全体厨房员工听取厨师长对上一餐各班组、各岗位作业中存在问题的工作总结，表扬工作突出的员工，并根据餐厅提供的文字信息，对顾客意见进行通报与分析，主要内容如下 （1）对工作突出的员工进行口头表扬 （2）对顾客反馈的主要意见如菜点的质量、上菜速度、菜点口味、菜点中异物等问题进行分析 （3）对主要岗位作业过程中所出现的误差进行批评、纠正 （4）对存在的问题在分析的基础上，提出具体的修正、改进意见 （5）面点岗位的厨师应认真听取厨师长的工作总结，并及时反映面点工作中存在的问题与改进建议
④	布置当餐工作任务	面点厨师与全体员工听取厨师长布置当餐的工作任务与工作调整，主要内容如下 （1）简要传达部门经理例会的主要内容与精神 （2）对个别岗位厨师轮休、病休的工作空缺进行调整、安排 （3）对可能出现的就餐高峰提出警示

19.7.2 面点厨师准备工作

面点厨师准备工作流程如图19-54所示。

图 19-54 面点厨师准备工作流程

面点厨师准备工作流程说明如表19-42所示。

表19-42 面点厨师准备工作流程说明

编码	关键节点	服务标准
①	工具准备	（1）工具准备可分为以下几个方面 ①面点设备。通电通气检查，和面机、压片机、电饼机、电冰箱、蒸箱、煮灶、炸锅、电烤箱等运转功能是否正常，若出现故障，应及时自行排除或排除 ②炉灶用具。将用于炸、蒸、煮、烙、烤等使用的漏勺、手勺、锅铲、油桶子、烤盘、抹布等用具备好，放置在操作台的合适位置上 ③调料用具。各种不锈钢、塑料调料盒备好 ④其他用具。各种不锈钢盘（大、中、小）、各种塑料调料盒、墩、刀、废料盒、筷子等 （2）所有用具、工具必须符合卫生标准，具体卫生标准如下 ①各种用具、工具干净，无油腻、无油渍 ②各种机电设备清洁卫生，无异味 ③抹布应干爽、洁净，无油渍、污物，无异味 ④将案板清理干净，调和面团的盘、擀面杖、走槌等用具放于工作台合适的位置上，以便于操作
②	餐具准备	将消毒过的圆瓷盘与长方形盘及小调味碟放置在操作台上或储存柜内，将镂花纸垫放置操作台面上，均以取用方便为准
③	检验原料	检验原料的步骤如下 （1）将值早班厨师到食品仓库领取的各种食品原料及调味料，按《原料质量规格书》中规定的质量标准对其进行品质检验，凡不符合质量要求的一律拒绝领用 （2）将原料进行分类处理，面粉等干料存放在面点间的临时仓库，其他需要加工的原料进行加工 （3）将领用的水产、肉类等新鲜原料，领取后立即放入恒温箱内 （4）主要原料按预订的业务量在头一天开列申购单，常规性原料一次性领足，调味料与辅助性原料可根据具体情况在下午补充领取一次

19.7.3　面点厨师预制加工

面点厨师预制加工工作流程如图19-55所示。

①面团调制　→　②馅料预制　→　③熟品预制　→　④型坯预制　→　⑤味碟准备

图 19-55　面点厨师预制加工工作流程

面点厨师预制加工工作流程说明如表19-43所示。

表 19-43　面点厨师预制加工工作流程说明

编码	关键节点	服务标准
①	面团调制	（1）无论蒸箱、炉灶、炸锅等各分工初始，都要根据所加工面点品种的需要，按使用面粉的种类、重量及比例加入辅料、水，调和制成面团，反复搓揉后放置保温箱内醒面 （2）各种面团的具体投料标准与操作规程按《面点作业指导书》中的规定执行
②	馅料预制	（1）需要进行馅料加工的面点厨师，则应根据面点品种加工的规格要求和质量标准，把各种原料按比例调制成不同口味的馅料 （2）馅料的具体投料标准按《标准面点食谱》中规定调制标准执行 （3）调制馅料的一般程序如下 ①先分别将各种肉泥加入高汤与调味料制成肉馅，放恒温箱中酿制 ②容易出水的蔬菜类原料洗净，控干水分备用 ③使用馅料时，根据需要随时取出肉馅，把切好的蔬菜料拌入即可 （4）各种馅料的调制必须严格按《标准面点食谱》中规定的配比标准与操作规程执行
③	熟品预制	电饼铛岗的面点厨师在领取原料之后，需要立即预制加工。明档厨师焖鱼、炸锅使用的足量的小玉米饼的投料和工艺流程按《面点作业指导书》中的规定执行 （1）玉米饼子预订完成的时间是上午11:00，下午5:30 （2）加工好的玉米饼子由所需要的厨师持领料单按需领取 （3）有些需要提前进行熟制加工的面点品种，各岗位应根据每天的开餐时间，做好预先熟制，如米饭的熟制加工等
④	型坯预制	各岗位面点厨师按《面点作业指导书》规定的加工程序对面点进行加工成型 （1）包子、饺子、馅饼等包馅品种按下剂、擀皮、上馅、包制的操作规程操作加工，包好后摆放专业盒内，放入恒温箱储存

续表

编码	关键节点	服务标准
④	型坯预制	（2）面条加工则在压面片机上反复将面片压制成需要的厚度后，切成规定的宽度，然后放专用货柜上存放 （3）其他的品种则按各自的制品要求进行加工 （4）面点生坯预制加工要做到下剂、上馅用量准确，造型美观，大小一致，重量相等；常备的面点品种的生坯必须在规定的时间加工完毕，具体时间为上午11:00前，下午5:50前
⑤	味碟准备	有些面点品种食用时需要配带小调味碟，如蒜泥、酱料等，面点厨师应在开餐前加工、盛装准备好，以供开餐后随时取用，准备时间是上午11:00前，下午5:30前

19.7.4 面点厨师准备样品

面点厨师准备样品工作流程如图19-56所示。

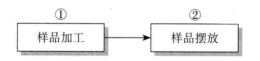

图 19-56 面点厨师准备样品工作流程

面点厨师准备样品工作流程说明如表19-44所示。

表 19-44 面点厨师准备样品工作流程说明

编码	关键节点	服务标准
①	样品加工	（1）各岗位的面点厨师在开餐前，将自己所加工的面点品种各取1～3份的量进行熟制加工，将熟制品略放凉后，取餐具，在餐具内垫上一层花边纸，然后将熟制品摆在盘内，再用保鲜膜封严，作为摆放展示柜的样品 （2）面条样品使用生坯装盘
②	样品摆放	（1）首先将餐厅的面点样品展示台擦拭干净 （2）将装盘包好的面点样品摆放在餐厅内设置的冷气展示柜规定的区域内，放好价格牌 （3）样品摆放既要整齐美观，富有观赏性，又要方便客人点选

19.7.5 面点厨师信息沟通

由于面点厨房承担整个餐饮店面点制作和供应的任务，开餐前必须主动与其他部门进行信息沟通，特别是了解当餐及当天宴会的预订情况，以便做好充分准备。信息沟通工作流程如图19-57所示。

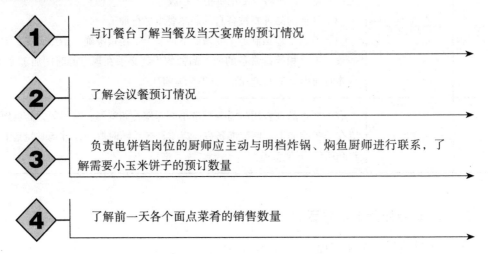

1 与订餐台了解当餐及当天宴席的预订情况

2 了解会议餐预订情况

3 负责电饼铛岗位的厨师应主动与明档炸锅、焖鱼厨师进行联系，了解需要小玉米饼子的预订数量

4 了解前一天各个面点菜肴的销售数量

图 19-57　信息沟通工作流程

19.7.6 面点厨师餐前准备

餐前准备工作流程如图19-58所示。

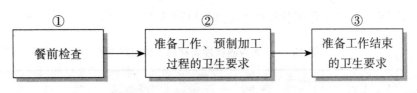

① 餐前检查　→　② 准备工作、预制加工过程的卫生要求　→　③ 准备工作结束的卫生要求

图 19-58　面点厨师餐前准备工作流程

面点厨师餐前准备工作流程说明如表19-45所示。

表 19-45　面点厨师餐前准备工作流程说明

编码	关键节点	服务标准
①	餐前检查	开餐前面点岗位的预备工作检查主要内容如下 （1）蒸锅、煮锅做好开餐前的预热准备工作，通电、通气，使蒸箱上温，煮锅汤煮沸 （2）电饼铛、烤箱通电预热上温 （3）米饭提前用电饭锅将洗净的大米焖上

续表

编码	关键节点	服务标准
②	准备工作、预制加工过程的卫生要求	（1）准备工作与预制加工过程要保持良好的卫生状态，废弃物与其他垃圾随时放置垃圾桶内，并随时将桶盖盖严，以防垃圾外溢，案板、炉灶台面、料理台面随时用抹布擦拭，墩与刀具也要随时擦拭，以保持清洁，并做到每隔20分钟全面整理一次卫生 （2）具体要求为：台面无油腻、无下脚料、无杂物，刀具、墩干爽无污渍
③	准备工作结束后的卫生要求	所有准备工作结束后，应对卫生进行全面清理 （1）将一切废弃物放置垃圾箱内，并及时清理掉 （2）对案板台面、料理台面、不锈钢货架及各种用具的卫生进行全面整理、擦拭，刀具、墩放置在固定位置，便于使用 （3）使用完的料盒要清洗干净后放置在规定位置，一切与作业过程无关的物品均应从案板台面、料理台上清理干净 （4）清洗和面机、压面机等设备，避免有面团结块粘结在机内

19.7.7 面点厨师加工出品

面点厨师加工出品工作流程如图19-59所示。

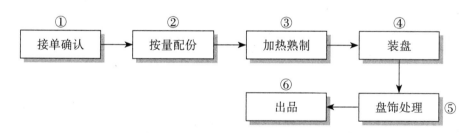

图 19-59 面点厨师加工出品工作流程

面点厨师加工出品工作流程说明如表19-46所示。

表 19-46 面点厨师加工出品工作流程说明

编码	关键节点	服务标准
①	接单确认	接到点菜员传递过来的点菜单，要首先进行确认工作，确认工作的内容如下 （1）确认菜单上面点的名称、种类、数量 （2）确认桌号标示是否清楚无误 （3）确认工作应在0.5 ~ 1分钟内完成

编码	关键节点	服务标准
②	按量配份	确认工作结束，将菜单传给相应品种的加工厨师，对面点按量配份 （1）按《标准面点食谱》的配份用量去配原料 （2）对上餐剩余的面点生坯检验是否符合质量要求 （3）凡不符合质量规格的生坯一律不用 （4）配份应在1分钟内完成
③	加热熟制	（1）面点熟制的要求如下 ①包子、蒸饺等蒸制品放入预热过的蒸锅中用旺火足气加热10～15分钟，熟透后取出 ②水饺、面点等煮制品放入沸水锅内用旺火加热5～10分钟 ③油煎包、家常饼等煎、烙制品放入预热过的电饼铛中用中等火力加热至外表金黄色熟透，一般需要10～15分钟 ④烤制品应根据烤制品的厚薄，放入预热至150℃箱温的烤箱内加热10～15分钟，至熟透取出 （2）具体面点品种熟制加热时间可按《标准面点食谱》中的规定操作。熟制后的面点制品要求是：内外受热均匀，外表色泽一致，老嫩软硬相同，不破不碎，个体完整，形态美观
④	装盘	根据不同的品种，取用不同的器皿 （1）家常饼等取用消毒的编漆筐，小筐内铺上一张花边纸，将烙好的面点整齐地摆放在纸垫即可 （2）所有烤、煎、炸、烙制品，均要在器皿上铺一层花边纸 （3）蒸、煮制品用瓷盘或碗直接盛装 （4）需要配备调味碟的制品要提前把味碟备好
⑤	盘饰处理	宴用面点可根据需要，应该进行点缀的则用菜叶或雕刻的萝卜花等装饰物装点盘边或空白处，盘饰要求如下 （1）不能掩盖或影响面点原有的形态与美观 （2）装饰物不能过多、过乱，甚至滥用装饰品 （3）所有装饰物必须符合卫生要求
⑥	出品	（1）零点面点出品，根据点菜单上的桌号取出桌号夹，夹在盘饰完毕的面点成品餐具边即可，一般常规品种应在接单后10～15分钟内上桌 （2）宴席面点出品，应根据餐厅服务员的通知，在接到上面食通知的15～20分钟内上桌

19.7.8 面点厨师收台

面点厨师收台工作流程如图19-60所示。

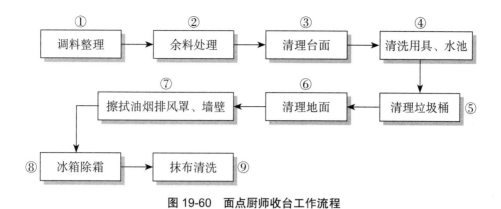

图19-60　面点厨师收台工作流程

面点厨师收台工作流程说明如表19-47所示。

表19-47　面点厨师收台工作流程说明

编码	关键节点	服务标准
①	调料整理	调料整理程序与要求如下 （1）将调料盒里剩余的液体调味料用保鲜膜封好后，放入恒温箱中保存 （2）食油与粉状调料及未使用完的瓶装调料加盖后存放在储藏橱柜中
②	余料处理	（1）将剩余的加工好的生坯和馅料盛放塑料盒内，包上保鲜膜，放恒温箱内存放，留待下一餐再用 （2）剩余的面粉、淀粉、大米等干料装袋或盒，密封好后，放入面点间的临时仓库储存，以便下餐使用
③	清理台面	将案板、灶台、料理台上的调料盒、盛料盒及漏勺、手勺、刀、墩、擀面杖等清洗干净，用干抹布擦干水分，放回货架固定的存放位置或储存柜内
④	清洗用具、水池	（1）将剩余的餐具送回餐具洗刷间储藏柜内，将案板、料理台上及储存柜内、货架上的用品与工具清理干净后，分别先用湿抹布擦拭两遍，再用干抹布擦拭一遍，再将用品与工具摆放回原处 （2）和面机、压面片机等切断电源，用清水将机器内外清洗干净，然后用干抹布擦干水分 （3）先清除水池内的污物杂质，用浸过餐洗净的抹布内外擦拭一遍，然后用清水冲洗干净，再用干抹布擦干
⑤	清理垃圾桶	将垃圾桶内的盛装废弃物的塑料袋封口后，取出送公用垃圾箱内，然后将垃圾桶内外及桶盖用清水冲洗干净，用干抹布擦拭干净，用消毒液内外喷洒一遍，不用擦拭，以保持消毒液干燥时的杀菌效力
⑥	清理地面	先用扫帚扫除地面垃圾，用浸泡过热碱水或清洁溶液的拖把拖一遍，再用干拖把拖干地面，然后把打扫卫生使用的工具清洗干净，放回指定的位置晾干

编码	关键节点	服务标准
⑦	擦拭油烟排风罩、墙壁	蒸箱、炉灶上方的油烟排风罩，按从内到外、自上而下的顺序先用蘸过餐洗净的抹布擦拭一遍，然后用干净的湿抹布擦拭一遍，最后再用干抹布擦拭一遍；面点间的墙壁，按自上而下的顺序先用蘸过餐洗净的抹布擦拭一遍，然后用干净的湿抹布擦拭一遍，最后用干抹布擦拭一遍
⑧	冰箱除霜	将冰箱内所有物品取出，关闭电源，使冰箱自然解冻，然后用抹布反复擦拭2~3遍，使冰箱内无污物、水渍，再将物品放回原处
⑨	抹布清洗	所有抹布先用热碱水或者餐洗净溶液浸泡、揉搓，捞出拧干后，用清水冲洗两遍，拧干后放入微波炉用高火加热3分钟，然后取出晾干
卫生清理标准		卫生清理的标准如下 （1）油烟排风罩、墙壁每周彻底擦洗一次，其他工具、设备、用品每餐结束后彻底擦拭一次，机械设备要保证无干垢、无污渍 （2）恒温箱每周进行一次除霜、清洗处理，保持恒温箱内无腥臭的异味 （3）擦拭过的台面、玻璃、工具要求无油渍、无污迹、无杂物 （4）地面无杂物、无积水 （5）蒸箱、电饼铛、烤箱内无油渍、无水渍，用手触摸无污迹 （6）抹布清洁、无油渍、无异味

19.7.9 面点厨师卫生安全检查

面点厨师卫生安全检查工作流程如图19-61所示。

图19-61 面点厨师卫生安全检查工作流程

面点厨师卫生安全检查工作流程说明如表19-48所示。

表19-48 面点厨师卫生安全检查工作流程说明

编码	关键节点	服务标准
①	卫生检查	按卫生清理标准进行检查，合格后进行设备安全检查
②	安全检查	检查电器、照明设备、通信工具功能是否正常，检查炉灶前气阀和气路总阀是否关闭

续表

编码	关键节点	服务标准
③	室内消毒	面点工作间卫生清理及安全检查工作结束后，由专人负责打开紫外线消毒灯，照射20～30分钟后，将灯关闭，工作人员离开工作间，然后锁门

19.8 厨房卤水、烧烤工作流程

厨房卤水、烧烤工作总流程如图19-62所示。

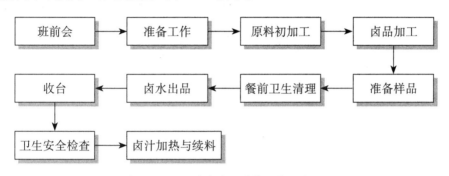

图 19-62　厨房卤水、烧烤工作总流程

19.8.1 卤水、烧烤厨师班前会

卤水、烧烤厨师班前会工作流程如图19-63所示。

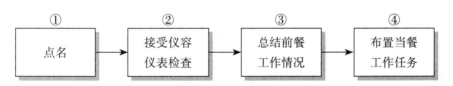

图 19-63　卤水、烧烤厨师班前会流程

卤水、烧烤厨师班前会流程说明如表19-49所示。

表19-49　卤水、烧烤厨师班前会流程说明

编码	关键节点	服务标准
①	点名	卤水、烧烤厨师与全体厨房员工一起列队站立，接受厨师长点名，要做到应答声音洪亮、刚劲有力
②	接受仪容仪表检查	卤水、烧烤厨师与全体厨房员工一起列队站立，接受厨师长仪容仪表检查，具体要求如下

编码	关键节点	服务标准
②	接受仪容仪表检查	（1）工装整齐洁净。工作服、工作帽、围裙无污点、油渍，无皱褶、破损，工作帽直立挺拔，工作服衣扣清洁齐整，无破损、短缺 （2）领结打结符合规定标准 （3）工号牌应佩戴在工作服左上方的位置，并保持平整 （4）鞋子干净，无污渍、破损 （5）头发短而齐整，不留胡须，不戴任何首饰 （6）不留长指甲，指甲内无污秽物 （7）工作服内的衬衣领口、袖口干净，无污渍、灰尘
③	总结前餐工作情况	卤水、烧烤厨师与全体厨房员工听取厨师长对上一餐各班组、各岗位作业中存在问题的工作总结，表扬工作突出的员工，并根据餐厅提供的文字信息，对顾客意见进行通报与分析，主要内容如下 （1）对工作突出的员工进行口头表扬 （2）对顾客反馈的主要意见，如菜点的质量、上菜速度、菜点口味、菜点中异物等问题进行分析 （3）对主要岗位作业过程中所出现的误差进行批评、纠正 （4）对存在的问题在分析的基础上，提出具体的修正、改进意见 （5）卤水、烧烤岗位的厨师应认真听取厨师长的工作总结，并及时反映工作中存在的问题与改进建议
④	布置当餐工作任务	卤水、烧烤厨师与全体员工听取厨师长布置当餐的工作任务与工作调整，主要内容如下 （1）简要传达部门经理例会的主要内容与精神 （2）对个别岗位厨师轮休、病休的工作空缺进行调整、安排 （3）对可能出现的就餐高峰提出警示

19.8.2 卤水、烧烤厨师准备工作

卤水、烧烤厨师准备工作流程如图19-64所示。

图 19-64　卤水、烧烤厨师准备工作流程

卤水、烧烤厨师准备工作流程说明如表19-50所示。

表19-50　卤水烧烤厨师准备工作流程说明

编码	关键节点	服务标准
①	工具准备	工具准备可分为以下几个方面 （1）卤水、烧烤用具　炉灶、卤锅、手勺、漏勺、抹布等用具放置卤锅两侧的灶台上 （2）用具　各种不锈钢、塑料调料盒备好 （3）熟品切制用具　专用塑料墩、刀、废料盒、筷子、保鲜膜等所有用具、工具必须符合卫生标准，具体卫生标准如下 ①漏勺、手勺等干净，无油腻、无污迹 ②各种料盒、刀、墩、筷子、抹布应干爽、洁净，无油渍、污物，无异味
②	餐具准备	将消毒过的圆瓷盘与长方形盘各种小碟放置操作台上或储存柜内，均以取用方便为准
③	领取原料	（1）卤水、烧烤厨师根据前一天的原料申购单，将当天所需的原料种类和数量，到食品仓库领取各种食品原料及调味料 （2）按《原料质量规格书》中规定的质量标准对领取的各种原料进行品质检验，凡不符合质量要求的一律拒绝领用 （3）主要原料要按预计的业务量一次性领足，调味料原料可根据具体情况在下午补充领取一次

19.8.3　卤水、烧烤厨师原料初加工

卤水、烧烤厨师原料初加工工作流程如图19-65所示。

图 19-65　卤水、烧烤厨师原料初加工工作流程

卤水、烧烤厨师原料初加工工作流程说明如表19-51所示。

表19-51　卤水、烧烤厨师原料初加工工作流程说明

编码	关键节点	服务标准
①	动物下货加工	一般步骤是先摘除内脏上的油脂及污物，将外表冲洗干净，再把里面冲洗干净，不同的内脏加工步骤如下 （1）肺用清水灌水冲洗，冲到肺部变白即可 （2）肠肚内外冲洗后再用盐、矾、醋搓洗两遍，然后用清水冲洗干净 （3）心、肝、腰等撕去油脂用清水冲洗干净

续表

编码	关键节点	服务标准
②	禽类加工	根据不同的活禽类与制作菜肴的不同质量规格需求，对活禽进行粗加工处理，包括宰杀、褪毛、去内脏、洗涤
③	肉类加工	肉类初加工主要是对冷冻和不干净的肉类进行解冻洗涤处理

19.8.4　卤水、烧烤厨师卤品加工

卤水、烧烤厨师卤品加工工作流程如图19-66所示。

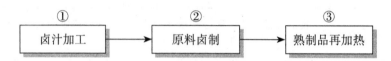

图 19-66　卤水、烧烤厨师卤品加工工作流程

卤水、烧烤厨师卤品加工工作流程说明如表19-52所示。

表 19-52　卤水、烧烤厨师卤品加工工作流程说明

编码	关键节点	服务标准
①	卤汁加工	（1）预热　卤水如果长期不用，则应每天进行加热处理，晾凉后密封保存 （2）续加料　每次卤制制品结束后，卤水的味与汤量都将减少，应进行续加料处理，按减少的量根据用料比例添加用料及水，加热1小时，晾凉后密封保存
②	原料卤制	用于卤水制品的原料大多为动物下货与肉类、对原料的加工要求也比较严格 （1）由于卤水制品加工由专人负责，领取原料后应在粗加工间内按《动物内脏粗加工标准》进行除渍、去污、洗净处理 （2）将洗净的原料在沸水锅里进行预热处理，捞出控净水 （3）将预热处理过的各种原料一起放进卤锅内，先用旺火烧开，再用中火保持卤汁沸腾，加热1.5 ~ 2小时，视其成熟后，捞出控净卤汁，晾凉备用
③	熟制品再加热	将上一个营业日或上餐剩余的卤水制品，从冰柜取出，放入卤水锅中重新加热至完全透彻，捞出控净卤汁，晾凉备用

19.8.5　卤水、烧烤厨师准备样品

卤水、烧烤厨师准备样品工作流程如图19-67所示。

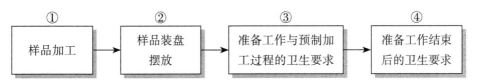

图 19-67　卤水、烧烤厨师准备样品工作流程

卤水、烧烤厨师准备样品工作流程说明如表19-53所示。

表 19-53　卤水、烧烤厨师准备样品工作流程说明

编码	关键节点	服务标准
①	样品加工	将各种熟制的卤水品种，用专用刀具根据装盘要求分别切制成不同的形状，码放在盘中，然后用保鲜膜包封严实
②	样品装盘摆放	将装盘封好的卤水菜肴样品摆放在明档橱窗的展示台上
③	准备工作与预制加工过程的卫生	（1）准备工作与预制加工过程要保持良好的卫生状况，废弃物与其他垃圾随时放置专用垃圾箱内，并随时将桶盖盖严，以防垃圾外溢；电卤水台面、料理台面随手用抹布擦拭，墩与刀具也要随时擦拭，以保持清洁，并做到每隔20分钟全面整理一次卫生 （2）具体要求是：台面无油腻、无下脚料、无杂物，刀具、墩干爽，无污渍
④	准备工作结束后的卫生	（1）所有准备工作结束后，将一切废弃物放置垃圾箱内，并及时清理掉，对卤水料理台面、不锈钢货架及各种用具的卫生进行全面整理、擦拭，刀具、墩放置固定位置，便于使用，一切与作业过程无关的物品均应从卤水料理台上清理干净 （2）开餐前应佩戴口罩，双手交叉放置背后，两脚自然分开，面向客人点菜口站立，佩戴口罩的具体时间是上午11:00至供餐结束，下午6:00至供餐结束 （3）口罩的卫生标准如下 ①洁白干净平整，无油渍、污迹 ②每天进行一次消毒处理，不洗涤的用紫外线灯进行消毒

19.8.6　卤水、烧烤厨师卤水出品

卤水、烧烤厨师卤水出品工作流程如图19-68所示。

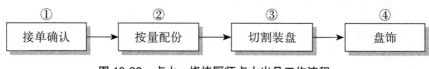

图 19-68　卤水、烧烤厨师卤水出品工作流程

卤水、烧烤厨师卤水出品工作流程说明如表19-54所示。

表 19-54　卤水、烧烤厨师卤水出品工作流程说明

编码	关键节点	服务标准
①	接单确认	接到点菜员传递过来的点菜单，要首先进行确认工作，确认工作的内容如下 （1）确认菜单上卤水、烧烤制品的名称、种类、数量 （2）确认桌号夹标示是否清楚无误 （3）取出相应的桌号夹夹在样品菜肴餐具边缘 （4）确认工作应在0.5 ~ 1分钟内完成
②	按量配份	确认工作结束，要对制作的菜品按量配份 （1）按《标准菜谱》的配份用量取配原料 （2）鉴定原料是否符合质量规格 （3）凡不符合质量规格的原料一律不用 （4）配份应在1分钟内完成
③	切割装盘	（1）宴会所用卤水、烧烤拼盘，则按预订宴会的要求与数量提前切形，并按规定的装盘要求码在盘中，然后进行必要的盘饰处理，夹上桌号夹，于开餐前通知取走 （2）零点卤水、烧烤，则按规定将卤水、烧烤制品切割成《标准菜谱》规定的形态，码放在盘中，进行必要的盘饰处理后，夹上桌号夹，放置取菜台上
④	盘饰	盘饰的要求如下 （1）不能掩盖或影响菜品原有的形态与美感 （2）装饰物不能过多、过乱，甚至滥用装饰品 （3）所有装饰物必须符合卫生要求

19.8.7　卤水、烧烤厨师收台

卤水、烧烤厨师收台工作流程如图19-69所示。

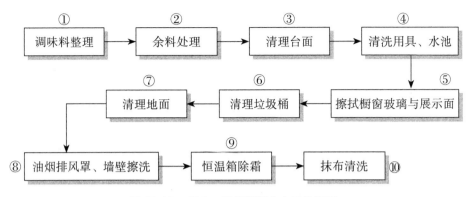

图 19-69 卤水、烧烤厨师收台工作流程

卤水、烧烤厨师收台工作流程说明如表19–55所示。

表 19-55 卤水、烧烤厨师收台工作流程说明

编码	关键节点	服务标准
①	调味料整理	调味料整理程序与要求如下 （1）将盛在调料盒里的剩余液体调味料分别用保鲜膜封好后，放入恒温柜中保存 （2）粉状调料与尚未使用完的瓶装调料加盖后存放在储存柜中
②	余料处理	将剩余的卤水、烧烤制品，放置不锈钢盘内，包上保鲜膜，放恒温箱内存放，留待下一餐再用
③	清理台面	将切割熟品的刀、墩等清洗干净，用干抹布擦干水分，用干净纱布蘸食用酒精把刀、墩擦拭一遍，放回货架固定的存放位置或储存柜内
④	清洗用具、水池	将剩余的餐具送回餐具洗刷间储藏柜内；料理台上及储存柜内、货架的用品与工具清理干净后，分别先用湿抹布擦拭两遍，再用干抹布擦拭一遍，再将用品与工具摆放回原处；清理水池时，先清除水池内的污物杂质，用浸过餐洗净的抹布内外擦拭一遍，然后用清水冲洗干净，再用干抹布擦干
⑤	擦拭橱窗玻璃与展示面	明档橱窗玻璃按从内到外的顺序用干抹布蘸酒精擦拭干净，展示台台面则按从上而下的顺序分别先用湿抹布擦拭两遍，再用干抹布擦拭一遍
⑥	清理垃圾桶	将垃圾桶内的盛装废弃物的塑料袋封口后，取出送共享垃圾箱内，然后将垃圾桶内外及桶盖用清水冲洗干净，用干抹布擦拭干净，用消毒液内外喷洒一遍，不用擦拭，以保持消毒液干燥时的杀菌效力
⑦	清理地面	先用扫帚扫除地面垃圾，用浸泡过热碱水或清洁剂溶液的拖把拖一遍，再用干拖把拖干地面，然后把打扫卫生使用的工具清洗干净，放回指定的位置晾干

编码	关键节点	服务标准
⑧	油烟排风罩、墙壁擦洗	油烟排风罩，按从内到外、自上而下的顺序先用蘸过餐洗净的抹布擦拭一遍，然后用干净的湿抹布擦拭一遍，最后用干抹布擦拭一遍；炉台间的墙壁，按自上而下的顺序先用蘸过餐洗净的抹布擦拭一遍，然后用干净的湿抹布擦拭一遍，最后再用干抹布擦拭一遍
⑨	恒温箱除霜	将恒温箱内所有物品取出，关闭电源，使恒温箱自然解冻，然后用抹布反复擦拭2～3遍，使恒温箱内无污物、水渍，再将物品放回原处
⑩	抹布清洗	所有抹布先用热碱水或餐洗净溶液浸泡、揉搓，捞出拧干后，用清水冲洗两遍，拧干后放入微波炉用高火加热3分钟，取出晾干
卫生清理标准		卫生清理的标准如下 （1）油烟排风罩、墙壁每周彻底擦洗一次，其他工具、设备、用品每餐结束后彻底擦洗一次 （2）恒温箱每周进行一次除霜、清洗处理，保持恒温箱内无腥臭等异味 （3）擦拭过的台面、玻璃、工具要求无油渍、无污迹、无杂物 （4）地面无杂物、无积水 （5）炸锅锅底无油渣，用手触摸无污迹 （6）抹布清洁，无油渍、无异味

19.8.8　卤水、烧烤厨师卫生安全检查

卤水、烧烤厨师卫生安全检查工作流程如图19-70所示。

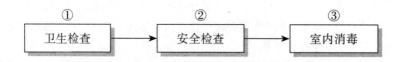

图 19-70　卤水、烧烤厨师卫生安全检查工作流程

卤水、烧烤厨师卫生安全检查工作流程说明如表19-56所示。

表 19-56　卤水、烧烤厨师卫生安全检查工作流程说明

编码	关键节点	服务标准
①	卫生检查	按卫生清理标准进行检查，合格后进行设备安全检查
②	安全检查	检查电器设备、照明设备、通信工具功能是否正常

续表

编码	关键节点	服务标准
③	室内消毒	整个厨房的卫生清理及安全检查工作结束后，由专人负责打开紫外线消毒灯，照射20～30分钟后，将灯关闭，工作人员离开工作间，然后锁门再由专人将门锁钥匙送交规定的地方，并在登记簿上签字，第二天由值早班人员签字领取

19.9　厨房燕、翅、鲍工作流程

厨房燕、翅、鲍工作总流程如图19-71所示。

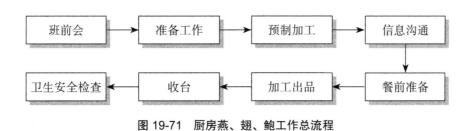

图19-71　厨房燕、翅、鲍工作总流程

19.9.1　燕、翅、鲍厨师班前会

燕、翅、鲍厨师班前会工作流程如图19-72所示。

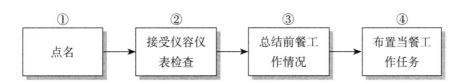

图19-72　燕、翅、鲍厨师班前会工作流程

燕、翅、鲍厨师班前会工作流程说明如表19-57所示。

表19-57　燕、翅、鲍厨师班前会工作流程说明

编码	关键节点	服务标准
①	点名	燕、翅、鲍厨师与全体厨房员工一起列队站立，接受厨师长点名，要做到应答声音洪亮、刚劲有力
②	接受仪容仪表检查	燕、翅、鲍厨师与全体厨房员工一起列队站立，接受厨师长仪容仪表检查，具体要求如下

续表

编码	关键节点	服务标准
②	接受仪容仪表检查	（1）工装整齐洁净。工作服、工作帽、围裙无污点、油渍，无皱褶、破损，工作帽直立挺拔，工作服衣扣清洁齐整，无破损、短缺 （2）领结打结符合规定标准 （3）工号牌应佩戴在工作服左上方的位置，并保持平整 （4）鞋子干净，无污渍、破损 （5）头发短而齐整，不留胡须，不戴任何首饰 （6）不留长指甲，指甲内无污秽物 （7）工作服内的衬衣领口、袖口干净，无污渍、灰尘
③	总结前餐工作情况	燕、翅、鲍厨师与全体厨房员工听取厨师长对上一餐各班组、各岗位作业中存在问题的工作总结，表扬工作突出的员工，并根据餐厅提供的文字信息，对顾客意见进行通报与分析，主要内容如下 （1）对工作突出的员工进行口头表扬 （2）对顾客反馈的主要意见如菜点的质量、上菜速度、菜点口味、菜点中异物等问题进行分析 （3）对主要岗位作业过程中所出现的误差进行批评、纠正 （4）对存在的问题在分析的基础上，提出具体的修正、改进意见 （5）燕、翅、鲍岗位的厨师应认真听取厨师长的工作总结，并及时反映工作中存在的问题与改进建议
④	布置当餐工作任务	燕、翅、鲍厨师与全体员工听取厨师长布置当餐的工作任务与工作调整，主要内容如下 （1）简要传达部门经理例会的主要内容与精神 （2）对个别岗位厨师轮休、病休的工作空缺进行调整、安排 （3）对可能出现的就餐高峰提出警示

19.9.2 燕、翅、鲍厨师准备工作

燕、翅、鲍厨师准备工作流程如图19-73所示。

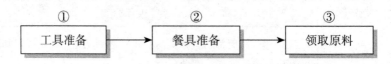

图19-73 燕、翅、鲍厨师准备工作流程

燕、翅、鲍厨师准备工作流程说明如表19-58所示。

表19-58　燕、翅、鲍厨师准备工作流程说明

编码	关键节点	服务标准
①	工具准备	（1）工具准备可分为以下几个方面 ①炉灶用具。将用于炉灶使用的漏勺、手勺、锅铲、油桶子、抹布等用具备好，放置操作台的合适位置上 ②调料用具。各种不锈钢、塑料调料盒备好 ③其他用具。各种不锈钢盘（大、中、小）、各种塑料料盒、塑料墩、刀、废料盒、筷子等 （2）所有用具、工具必须符合卫生标准，具体卫生标准如下 ①各种用具、工具干净，无油腻、无污渍 ②炉灶、调理台清洁卫生 ③抹布应干爽、洁净，无油渍、污物，无异味
②	餐具准备	将消毒过的各种盘子与其他器皿及小调味碟放置操作台上或储存柜内，均以取用方便为准
③	领取原料	（1）燕、翅、鲍厨师根据前一天报出的申购单，领取当天所需的原料种类和数量及调味料 （2）按《原料质量规格书》中规定的质量标准对领取或值班厨师送来的各种原料进行品质检验，凡不符合质量要求的一律拒绝领用 （3）将需要进行冷藏处理的新鲜原料，领取后立即放入恒温箱中

19.9.3　燕、翅、鲍厨师预制加工

燕、翅、鲍厨师预制加工工作流程如图19-74所示。

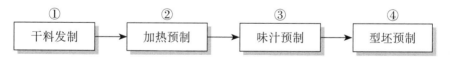

①干料发制　→　②加热预制　→　③味汁预制　→　④型坯预制

图19-74　燕、翅、鲍厨师预制加工工作流程

燕、翅、鲍厨师预制加工工作流程说明如表19-59所示。

表19-59　燕、翅、鲍厨师预制加工工作流程说明

编码	关键节点	服务标准
①	干料发制	有些需要提前进行涨发处理的干货原料，应根据涨发的提前时间进行发制，发料工艺按《原料质量规格书》进行操作，但涨发前对原料要进行认真的品质检验，凡不合格的原料一律不能使用

编码	关键节点	服务标准
②	加热预制	有些涨发好的原料，如鲍鱼、鱼翅等需要提前进行蒸制入味处理的，则应提前按《标准菜谱》中规定的工艺与质量要求进行加工处理
③	味汁预制	不同风味的调味汁，有的需要提前加工预制，则应按《标准菜谱》的要求进行提前预制加工，以备开餐后使用
④	型坯预制	（1）有的菜肴需要进行提前盛装定碗定型处理的，如干贝、鱼翅等，则需要提前按《标准菜谱》规定的标准进行处理，并放入蒸锅中进行加热预制，然后取出备用 （2）有些鲍翅品种食用时需要配备小调味碟，如皇汁、酱料等，燕、翅、鲍厨师应在开餐前加工、盛装准备好，以供开餐后随时取用，准备时间是上午11:00前，下午5:30前

19.9.4　燕、翅、鲍厨师信息沟通

由于燕、翅、鲍厨师承担整个餐饮店燕、翅、鲍制作与供应的任务，开餐前必须主动与其他部门进行信息沟通，特别是了解当餐及当天宴会的预订餐情况，以便做好充分准备。信息沟通工作流程如图19-75所示。

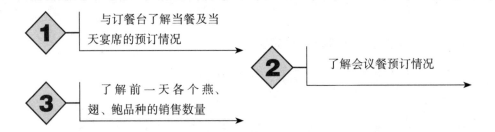

图 19-75　燕、翅、鲍厨师信息沟通工作流程

19.9.5　燕、翅、鲍厨师餐前准备

燕、翅、鲍厨师餐前准备工作流程如图19-76所示。

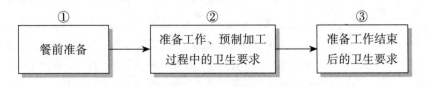

图 19-76　燕、翅、鲍厨师餐前准备工作流程

燕、翅、鲍厨师餐前准备工作流程说明如表19-60所示。

表19-60 燕、翅、鲍厨师餐前准备工作流程说明

编码	关键节点	服务标准
①	餐前检查	检查的主要项目如下 （1）炉灶是否进入工作状态，油、气、电路是否正常 （2）应提前了解预热、熟制的燕、翅、鲍品种是否已经完成
②	准备工作、预制加工过程中的卫生要求	（1）准备工作与预制工作过程要保持良好的卫生状况，废弃物与其他垃圾随时放置专用垃圾箱内，并随时将桶盖盖严，以防垃圾外溢；炉灶台面、料理台面随手用抹布擦拭，墩与刀具也要随时擦拭，以保持清洁，并做到每隔20分钟全面整理一次卫生 （2）具体要求是：台面无油腻、无下脚料、无杂物，刀具、墩干爽，无污渍
③	准备工作结束后的卫生要求	所有准备工作结束后，应对卫生进行全面清理 （1）将一切废弃物放置垃圾箱内，并及时清理掉 （2）对料理台面、不锈钢货架及各种用具的卫生进行全面整理、擦拭，刀具、墩放置固定位置，以便于使用 （3）一切与作业过程无关的物品均应从案板台面、料理台上清理干净

19.9.6 燕、翅、鲍厨师加工出品

燕、翅、鲍厨师加工出品工作流程如图19-77所示。

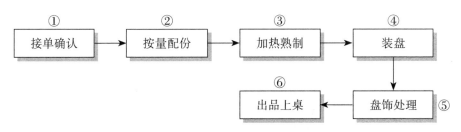

图19-77 燕、翅、鲍厨师加工出品工作流程

燕、翅、鲍厨师加工出品工作流程说明如表19-61所示。

表19-61 燕、翅、鲍厨师加工出品工作流程说明

编码	关键节点	服务标准
①	接单确认	接到点菜员传递过来的点菜单，要首先进行确认工作，确认工作的内容如下 （1）确认菜单上菜肴的名称、种类、数量

编码	关键节点	服务标准
①	接单确认	（2）确认桌号标示是否清楚无误 （3）确认工作应在0.5～1分钟内完成
②	按量配份	确认工作结束，将菜单传给相应品种的加工厨师 （1）按《标准食谱》的配份用量取配原料 （2）对上餐剩余的半成品原料检验是否符合质量要求 （3）配份应在1分钟内完成
③	加热熟制	按《标准食谱》中规定的工艺流程和质量标准进行加热熟制
④	装盘	根据不同的菜肴品种，取用不同形状的盛器盛装，需要配带调味碟的制品要提前把味碟准备好
⑤	盘饰处理	宴用燕、翅、鲍可根据需要，应该进行点缀的则用菜叶、雕刻的萝卜花等装饰物装点盘边或空白点，盘饰的要求如下 （1）不能掩盖或影响燕、翅、鲍原有的形态与美感 （2）装饰物不能过多、过乱，甚至滥用装饰品 （3）所有装饰物必须符合卫生要求
⑥	出品上桌	（1）零点燕、翅、鲍菜肴装盘后，根据点菜单上的桌号夹，夹在盘饰完毕的燕、翅、鲍成品餐具边即可，一般常规品种应在接单后的10～15分钟内上桌 （2）宴席燕、翅、鲍出品，应根据餐厅服务员的通知，在接到起菜通知的15～20分钟内上桌

19.9.7 燕、翅、鲍厨师收台

燕、翅、鲍厨师收台工作流程如图19-78所示。

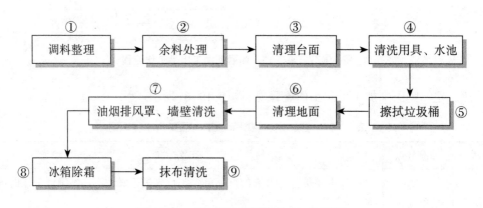

图 19-78 燕、翅、鲍厨师收台工作流程

燕、翅、鲍厨师收台工作流程说明如表19-62所示。

表19-62 燕、翅、鲍厨师收台工作流程说明

编码	关键节点	服务标准
①	调料整理	将调料盒里剩余的液体调味料用保鲜膜封好后放入恒温箱保存；食油与粉状调料及未使用完的瓶装调料加盖后存放在储藏橱柜内
②	余料处理	将剩余的加工好的原料盛放在塑料盒内，包上保鲜膜，放恒温箱内存放，留待下一餐再用
③	清理台面	将灶台、料理台上的调料盒、盛料盒及漏勺、手勺、刀、墩等清洗干净，用干抹布擦干水分，放回货架固定的存放位置或储存柜内
④	清理用具、水池	（1）将剩余的餐具送回餐具洗刷间储藏柜内，将料理台上及储存柜内、货架上的用品与工具清理干净后，分别先用湿抹布擦拭两遍，再用干抹布擦拭一遍，再将用品与工具摆放回原处 （2）先清除水池内的污物杂质，用浸过餐洗净的抹布内外擦拭一遍，然后用清水冲洗干净，再用干抹布擦干
⑤	擦拭垃圾桶	将垃圾桶内盛装废弃物的塑料袋封口后，取出送共享垃圾箱内，然后将垃圾桶内、外及桶盖用清水冲洗干净，用干抹布擦拭干净，用消毒液内、外喷洒一遍，不用擦拭，以保持消毒液干燥时的杀菌效力
⑥	清理地面	先用扫帚扫除地面垃圾，用浸泡过热碱水或清洁剂溶液的拖把拖一遍，再用干拖把拖干地面，然后把卫生工具清洗干净，放回指定位置晾干
⑦	油烟排风罩、墙壁清洗	炉台上方的油烟排风罩，按从内到外、自上而下的顺序先用蘸过餐洗净的抹布擦拭一遍，然后用干净的湿抹布擦拭一遍，最后用干抹布擦拭一遍；燕、翅、鲍间的墙壁，按自上而下的顺序先用蘸过餐洗净的抹布擦拭一遍，然后用干净的湿抹布擦拭一遍，最后再用干抹布擦拭一遍
⑧	冰箱除霜	将电冰箱内所有物品取出，关闭电源，使电冰箱自然解冻，然后用抹布反复擦拭2～3遍，使电冰箱内无污物、水渍，再将物品放回原处，接通电源
⑨	抹布清洗	所有抹布先用热碱水或餐洗净溶液浸泡、揉搓，捞出拧干后，用清水冲洗两遍，拧干后放入微波炉用高火力加热3分钟，取出晾干
卫生清理标准		（1）油烟排风罩、墙壁每周彻底擦洗一次，其他工具、设备、用品每餐结束后彻底擦拭一次，机械设备要保证无干垢、无污渍 （2）擦拭过的灶台、工具要求无油渍、无污迹、无杂物 （3）地面无杂物、无积水 （4）抹布清洁，无油渍、无异味

19.9.8 燕、翅、鲍厨师卫生安全检查

燕、翅、鲍厨师卫生安全检查工作流程如图19-79所示。

图 19-79　燕、翅、鲍厨师卫生安全检查工作流程

燕、翅、鲍厨师卫生安全检查工作流程说明如表19-63所示。

表 19-63　燕、翅、鲍厨师卫生安全检查工作流程说明

编码	关键节点	服务标准
①	卫生检查	按卫生清理标准进行检查，合格后进行设备安全检查
②	安全检查	检查电器设备、照明设备、通信工具功能是否正常
③	消毒处理	卫生清理及安全检查工作结束后，打开紫外线消毒灯，照射20 ~ 30分钟后，将灯关闭，工作人员离开工作间后锁门

19.10　厨房初加工工作流程

厨房初加工工作总流程如图19-80所示。

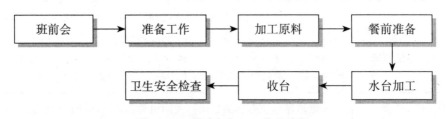

图 19-80　厨房初加工工作总流程

19.10.1　初加工厨师班前会

初加工厨师班前会工作流程如图19-81所示。

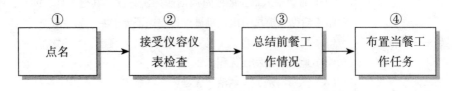

图 19-81　初加工厨师班前会工作流程

初加工厨师班前会工作流程说明如表19-64所示。

表19-64　初加工厨师班前会工作流程说明

编码	关键节点	服务标准
①	点名	初加工厨师与全体厨房员工一起列队站立，接受厨师长点名，要做到应答声音洪亮、刚劲有力
②	接受仪容仪表检查	初加工厨师与全体厨房员工一起列队站立，接受厨师长仪容仪表检查，具体要求如下 （1）工装整齐洁净。工作服、工作帽、围裙无污点、油渍，无皱褶、破损，工作帽直立挺拔，工作服衣扣清洁齐整，无破损、短缺 （2）领结打结符合规定标准 （3）工号牌应佩戴在工作服左上方的位置，并保持平整 （4）鞋子干净，无污渍、破损 （5）头发短而齐整，不留胡须，不戴任何首饰 （6）不留长指甲，指甲内无污秽物 （7）工作服内的衬衣领口、袖口干净，无污渍、灰尘
③	总结前餐工作情况	初加工厨师与全体厨房员工听取厨师长对上一餐各班组、各岗位作业中存在问题的工作总结，表扬工作突出的员工，并根据餐厅提供的文字信息，对顾客意见进行通报与分析，主要内容如下 （1）对工作突出的员工进行口头表扬 （2）对顾客反馈的主要意见如菜点的质量、上菜速度、菜点口味、菜点中异物等问题进行分析 （3）对主要岗位作业过程中所出现的误差进行批评、纠正 （4）对存在的问题在分析的基础上，提出具体的修正、改进意见 （5）初加工岗位的厨师应认真听取厨师长的工作总结，并及时反映工作中存在的问题与改进建议
④	布置当餐工作任务	初加工厨师与全体员工听取厨师长布置当餐的工作任务与工作调整，主要内容如下 （1）简要传达部门经理例会的主要内容与精神 （2）对个别岗位厨师轮休、病休的工作空缺进行调整、安排 （3）对可能出现的就餐高峰提出警示

19.10.2　初加工厨师准备工作

初加工厨师准备工作流程如图19-82所示。

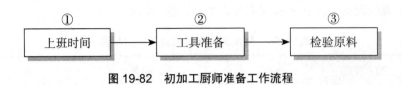

图 19-82 初加工厨师准备工作流程

初加工厨师准备工作流程说明如表19-65所示。

表 19-65 初加工厨师准备工作流程说明

编码	关键节点	服务标准
①	上班时间	初加工厨师为保证切配及烹调岗位的正常工作，必须比其他岗位提前上班，具体时间为上午7:30，下午3:30
②	工具准备	1. 工具准备应根据具体情况分别准备如下 （1）将用于择、削、剔等的刀具与盛放原料的器皿放在固定的位置上，以便于蔬菜择削、剔加工时使用，以操作方便为标准 （2）将用于带骨类原料初加工的，已经使用的，已经过消毒处理的刀、墩、抹布、盛器等用具放在操作台上的固定位置上 （3）将盛放不同种类废弃物的废料桶准备好，放在适当的位置，以便盛放择、削、剔下来的废弃物等 （4）开餐后水台使用的墩、刀、铁刷、废弃物桶、胶鞋、油布围裙等工具和用品要专人负责准备好，放置专用水台处 2. 所有用具、工具必须符合卫生标准，具体卫生标准如下 （1）摆放整齐，使用方便 （2）各种料盒、刀、墩、抹布应干爽、洁净，无油渍、污物，无异味 （3）垃圾桶均要套衬专用的垃圾袋，垃圾桶上要有垃圾桶盖
③	检验原料	（1）协助值早班厨师持前一天主配厨师开列的原料申购单，到食品仓库领取各种食品原料及调味料 （2）将领取的蔬菜原料、肉类原料、水产品类原料搬运到初加工间内，分放在各专业分工组柜案上 （3）按《原料质量规格书》中规定的质量标准对领取的蔬菜、肉类、水产品原料的新鲜度、品质等进行检验，凡不符合质量要求的一律拒绝领用或退回仓库 （4）将领用的不能立即加工完的水产、肉类等新鲜原料，领取后立即放入初加工间的恒温箱中

19.10.3 初加工厨师加工原料

初加工厨师加工原料工作流程如图19-83所示。

图19-83　初加工厨师加工原料工作流程

初加工厨师加工原料工作流程说明如表19-66所示。

表19-66　初加工厨师加工原料工作流程说明

编码	关键节点	服务标准
①	蔬菜加工	（1）根据不同蔬菜的种类和烹饪时规定的使用标准对蔬菜进行择、削、剔等处理，如择去干老的叶子、削去皮根须、摘除老帮等 （2）对于一般蔬菜择除部分可按规定的出成率进行 （3）将经过择、削、剔处理的蔬菜原料放到水池中进行洗涤的基本步骤如下 ①第一遍洗净泥土等杂物 ②第二遍用餐洗净溶液或高锰酸钾溶液对蔬菜进行浸泡，浸泡时间一般为5 ~ 10分钟 ③将用洗涤消毒液浸泡过的蔬菜放在流动的水池内清洗干净，蔬菜上不允许有残留的餐洗剂 ④将经过清洗的蔬菜捞出，放于专用的带有漏眼的塑料筐内，控净水分，分送到各厨房内的专用货架上
②	肉类加工	肉类加工主要是对带骨的排骨等的斩切，加工时使用专用的工具，按《标准菜谱》规定的切割规格进行加工
③	活禽加工	根据不同的活禽类与制作菜肴的不同质量规格需求，对活禽进行初加工处理，包括宰杀、褪毛、去内脏、洗涤，如有特殊的加工要求则应按特殊的质量标准进行单独加工，如整鸡出骨等
④	鱼类加工	鱼类的加工主要分为整鱼与鱼头的加工 （1）整鱼的加工应根据鱼的不同种类和菜肴制作的需求，对其进行分别初加工 （2）鱼头的加工则按去鳃、洗净、斩切步骤进行，斩切按《标准菜谱》规定的要求进行处理
⑤	内脏加工	（1）一般步骤是先摘除内脏上的油脂及污物，先冲洗外表，再把里面冲洗干净，不同内脏的加工步骤如下 ①肺用清水灌水冲洗，冲到肺发白即可 ②肠肚里外冲洗后再用盐、矾、醋搓洗两遍，然后用清水冲洗干净 ③心、肝、腰等撕去油脂用清水冲洗干净 （2）原料初加工的基本要求

续表

编码	关键节点	服务标准
⑤	内脏加工	①常规性原料按《原料出成规格书》规定的标准进行加工 ②对原料的初加工有特殊要求的按菜肴的烹制要求进行加工 ③各厨房领取的当餐预计的原料使用数量必须在开餐前规定的时间内加工结束，具体时间为上午11:00前，下午5:30前 ④初加工间应根据当餐原料加工业务的忙闲，进行原料处理。如果业务量不是特别紧张，可将各种加工好的原料送到各厨房，如果业务量较大，则由各厨房根据使用时间到初加工处自取 ⑤如果各厨房对加工的原料不满意，初加工厨师按厨房的要求重新进行加工，并在不影响正常业务的情况下完成

19.10.4 初加工厨师水台加工

初加工厨师水台加工工作流程如图19-84所示。

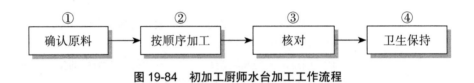

图 19-84 初加工厨师水台加工工作流程

初加工厨师水台加工工作流程说明如表19-67所示。

表 19-67 初加工厨师水台加工工作流程说明

编码	关键节点	服务标准
①	确认原料	接到海鲜养殖员传递过来的被加工原料，要首先进行确认工作，确认工作的内容如下 （1）确认塑料筐或不锈钢盆内被加工原料的名称、种类及按条或个出售的数量 （2）确认点菜单上的记录是否清楚无误 （3）根据点菜单的记录明确烹制方法与加工要求 （4）确认工作应在0.5～1分钟内完成
②	按顺序加工	确认工作结束后，按海鲜养殖员传递原料的排列顺序，对活鲜的水产品原料进行加工，加工时只将原料取出，点菜单不要动，按《标准菜谱》的加工要求对其进行加工处理，加工的一般步骤如下 （1）加工鱼类 ①将活鱼放置墩上，把刀身放平，轻拍鱼身，将其拍死，先用刮鳞刷刮净鱼身两面的鱼鳞

编码	关键节点	服务标准
②	按顺序加工	②整鱼烹制从鱼的口腔或鳃部将内脏连同鱼鳃一同取出，然后用清水冲洗干净 ③需要切段或切块的鱼则剖开腹部，取出内脏及鳃，洗净后用刀斩成需要的块或段 （2）活蟹加工　将活蟹洗净外壳，用刀辅助双手揭开蟹壳，取出沙袋即可，注意不要把蟹螯及爪碰掉 （3）一般情况下，单只菜肴的初加工应在接到原料后3～5分钟内初加工完毕，由传递员传递到下一个加工岗位 （4）如果属于客人急催的菜肴或换新的菜肴，则应优先进行加工处理，确认工作结束，要对制作的菜品按量配份
③	核对	原料初加工完毕后，应将加工好的原料放回原来的盛器中，并对盛器中的点菜单予以核对，确认无误后，放置另一边，等待传菜员取走
④	卫生保持	（1）水台厨师在初加工过程中要保持良好的卫生状态，各种原料应使用专用料盒盛放，废弃物与其他垃圾随时放置专用垃圾箱内，并随时将桶盖盖严，以防垃圾外溢及海产品废弃物的腥气味，料理台面随手用抹布擦拭，墩与刀具也要随时擦拭，以保持清洁，并做到每加工一份原料后全面整理一次卫生 （2）卫生保持的具体要求 ①台面清洁，无下脚料、无杂物，刀具、墩干净，无污渍 ②垃圾桶周边无垃圾、污水外溢

19.10.5　初加工厨师收台

初加工厨师收台工作流程如图19-85所示。

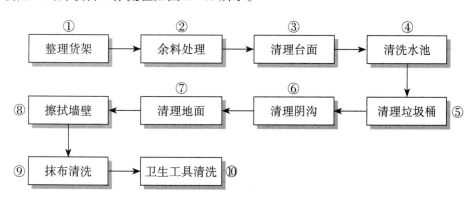

图 19-85　初加工厨师收台工作流程

初加工厨师收台工作流程说明如表19-68所示。

表19-68 初加工厨师收台工作流程说明

编码	关键节点	服务标准
①	整理货架	将用于陈列蔬菜加工品的货架，进行全面整理 （1）将货架上的所有原料、用具、盛具等取下，进行清扫清洁处理 （2）对于剩余的无需保鲜膜处理的原料，如南瓜、冬瓜等，摆放在固定的位置上，以便于下餐使用 （3）把用于加工和盛放蔬菜的刀具、盛具摆放在货架上的固定位置上，便于取用
②	余料处理	将剩余的加工好的蔬菜、肉类、水产品等原料，放置专用料盒内，包上保鲜膜，放恒温箱存放，留待下一餐再用
③	清理台面	将料盒、刀、墩等清洗干净，用干抹布擦干水分，放回货架固定的存放位置或储存柜内，然后将料理台台面及四周用抹布擦拭两遍，晾干
④	清洗水池	先清除不锈钢水池内的污物杂质，用浸过餐洗净的抹布内外擦拭一遍，然后用清水冲洗干净，再用干抹布擦干
⑤	清理垃圾桶	将垃圾桶内盛装废弃物的塑料袋封口后，取出送共享垃圾箱内，然后将垃圾桶内外及桶盖用清水冲洗干净，用干抹布擦拭干净，用消毒液内外喷洒一遍，不用擦拭，以保持消毒液干燥时的杀菌效力
⑥	清理阴沟	由于初加工的洗涤污水较多，每天需对阴沟进行清理，阴沟清理分为常规清理和定期清理 （1）常规清理，每天1次，基本步骤是在清理地面的同时，先将粘结在阴沟铁筛子上的污物用毛刷蘸清洁剂刮刷干净，用清水彻底冲洗 （2）定期清理，每周一次，基本步骤是先对阴沟盖进行清洁处理，然后将铁筛子盖揭开，将阴沟内的污物清除，用热碱水洗刷除污，然后用清水冲洗干净，再盖上铁筛子盖 （3）直通加工间外的窨井，应每周清理一次，主要是除去窨井盖周围的污物，避免污水堵塞，确保排污畅通
⑦	清理地面	先用扫帚扫出地面垃圾，用浸泡过热碱水或清洁剂溶液的拖把拖一遍，再用拖把拖干地面
⑧	擦拭墙壁	初加工的瓷砖墙壁，按自上而下的顺序先用蘸餐洗净的抹布擦拭一遍，然后用干净的湿抹布擦拭一遍，最后再用干抹布擦拭一遍

续表

编码	关键节点	服务标准
⑨	抹布清洗	所有抹布先用热碱水或者餐洗净溶液浸泡、揉搓，捞出拧干后，用清水冲洗两遍，拧干后放入微波炉用高火加热3分钟后，然后取出晾干
⑩	卫生工具清洗	初加工所有的卫生清洁完毕后，把打扫卫生使用的工具一一彻底用清洁剂清洗干净，用清水冲净后控干水分
卫生清理标准		（1）油烟排风罩、墙壁每周彻底擦洗一次，其他工具、设备、用品每餐结束后彻底擦拭一次 （2）擦拭过的台面、玻璃、工具要求无油渍、无污迹、无杂物 （3）地面无杂物、无积水 （4）蔬菜货架干净整洁，用具、盛具摆放整齐 （5）抹布清洁，无油渍、无异味 （6）要保持初加工间良好的空气流通，避免腥、膻等异味充斥

19.10.6 初加工厨师卫生安全检查

初加工厨师卫生安全检查工作流程如图19-86所示。

图 19-86 初加工厨师卫生安全检查工作流程

初加工厨师卫生安全检查工作流程说明如表19-69所示。

表 19-69 初加工厨师卫生安全检查工作流程说明

编码	关键节点	服务标准
①	卫生检查	按卫生标准进行检查，合格后进行设备安全检查
②	安全检查	检查电器、照明设备、通信工具功能是否正常；检查水管、水龙头是否彻底关闭
③	消毒处理	初加工卫生清理及安全检查工作结束后，打开紫外线消毒灯，照射20～30分钟后，将灯关闭，工作人员离开工作间，然后锁门

19.11 厨房海鲜池工作流程

厨房海鲜池工作流程如图19-87所示。

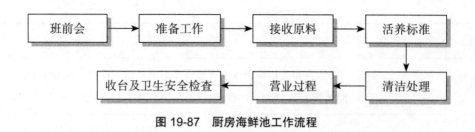

图 19-87　厨房海鲜池工作流程

19.11.1　海鲜池厨师班前会

海鲜池厨师班前会工作流程如图 19-88 所示。

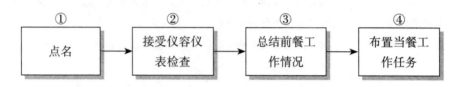

图 19-88　海鲜池厨师班前会工作流程

海鲜池厨师班前会工作流程说明如表 19-70 所示。

表 19-70　海鲜池厨师班前会工作流程说明

编码	关键节点	服务标准
①	点名	海鲜养殖员与全体厨房员工一起列队站立，接受厨师长点名，要做到应答声音洪亮、刚劲有力
②	接受仪容仪表检查	海鲜养殖员与全体厨房员工一起列队站立，接受厨师长仪容仪表检查，具体要求如下 （1）工装整齐洁净。工作服、工作帽、围裙无污点、油渍，无皱褶、破损，工作帽直立挺拔，工作服衣扣清洁齐整，无破损、短缺 （2）领结打结符合规定标准 （3）工号牌应佩戴在工作服左上方的位置，并保持平整 （4）鞋子干净，无污渍、破损 （5）头发短而齐整，不留胡须，不戴任何首饰 （6）不留长指甲，指甲内无污秽物 （7）工作服内的衬衣领口、袖口干净，无污渍、灰尘
③	总结前餐工作情况	海鲜养殖员与全体厨房员工听取厨师长对上一餐各班组、各岗位作业中存在问题的工作总结，表扬工作突出的员工，并根据餐厅提供的文字信息，对顾客意见进行通报与分析，主要内容如下 （1）对工作突出的员工进行口头表扬

编码	关键节点	服务标准
③	总结前餐工作情况	（2）对顾客反馈的主要意见如菜点的质量、上菜速度、菜点口味、菜点中异物等问题进行分析 （3）对主要岗位作业过程中所出现的误差进行批评、纠正 （4）对存在的问题在分析的基础上，提出具体的修正、改进意见 （5）海鲜养殖岗位的厨师应认真听取厨师长的工作总结，并及时反映工作中存在的问题与改进建议
④	布置当餐工作任务	海鲜养殖员与全体员工听取厨师长布置当餐的工作任务与工作调整，主要内容如下 （1）简要传达部门经理例会的主要内容与精神 （2）对个别岗位厨师轮休、病休的工作空缺进行调整、安排 （3）对可能出现的就餐高峰提出警示

19.11.2 海鲜池厨师准备工作

海鲜池厨师准备工作流程如图19-89所示。

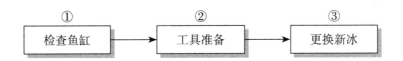

①检查鱼缸 → ②工具准备 → ③更换新冰

图 19-89 海鲜池厨师准备工作流程

海鲜池厨师准备工作流程说明如表19-71所示。

表 19-71 海鲜池厨师准备工作流程说明

编码	关键节点	服务标准
①	检查鱼缸	检查的主要内容如下 （1）水温、盐度是否符合规定的标准 （2）检查鱼缸中各种活养水产品的死亡情况，若发现确已死亡的鱼、蟹、虾等，要及时捞出，放置冰鲜池或送后厨处理 （3）检查氧气泵、新水循环系统是否正常工作，若发现故障应及时予以排除或报修 （4）检查鱼缸中的水是否浑浊、超标准，如果浑浊超标不利于水产品生活时，则应及时予以更换 （5）检查鱼缸上的名称、标价牌是否准确无误

续表

编码	关键节点	服务标准
②	工具准备	（1）工具准备可分为以下几方面 ①漏网、铁笊篱、小不锈钢料盆、塑料筐、塑料袋等 ②电子秤 ③温度计、盐度计 （2）所有用具、工具必须符合卫生标准，具体卫生标准如下 ①所有工具应干净，无油腻、无污渍、无锈迹 ②检查电子秤称量读数是否准确，秤盘干净卫生
③	更换新冰	到冷库中领取新鲜冰块，将前一天剩余的冰鲜原料连同原来的冰块一起取出，在冰鲜池内铺上一层新冰块作为冰床，冰床要求厚薄一致，表面平坦，然后将旧冰块中冰鲜原料铺摆在冰床上，放好价格标签

19.11.3 海鲜池厨师接收原料

海鲜池厨师接收原料工作流程如图19-90所示。

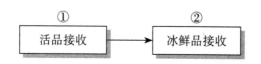

图19-90　海鲜池厨师接收原料工作流程

海鲜池厨师接收原料工作流程说明如表19-72所示。

表19-72　海鲜池厨师接收原料工作流程说明

编码	关键节点	服务标准
①	活品接收	当送养活类水产品的供货商将订购的货品种类送到后，养殖员要按头一天的订购沽清单，接收活品原料 （1）按订购的种类、数量、价格认真核对 （2）对明显活力不强的水产品应当场拒收
②	冰鲜品接收	接到采购员冰鲜类水产品到货的通知，当班养殖员应及时到冷库按预订的购货种类、数量领取原料，对不符合《冰鲜原料质量规格书》中规定的质量标准的原料，应拒绝接收

19.11.4 海鲜池厨师活养标准

海鲜池厨师活养标准工作流程如图19-91所示。

图 19-91 海鲜池厨师活养标准工作流程

海鲜池厨师活养标准工作流程说明如表19-73所示。

表 19-73 海鲜池厨师活养标准工作流程说明

编码	关键节点	服务标准
①	保持供氧与水循环	所有活养的鱼缸内均安装有新水循环系统与氧气泵，在活养期间，必须保持24小时连续不断的新水循环与供氧
②	满足特殊要求	要满足以下品种的特殊要求 （1）龙虾、海参、鲍鱼喜欢干净的水质 （2）龙虾鱼缸底必须铺放干净、个稍大点的石子
③	确保水的盐度、温度	活养水产品的活养环境主要取决于水的温度与盐度以及水质的清澈度，各类活养水产品对盐、温度要求略有区别，盐度由调对咸水的加盐量控制，温度通过调节鱼缸的制冷系统控制，各类水产品活养的环境标准如下 （1）海水鱼 水的盐度为21%±2%，温度为18℃±1℃ （2）淡水鱼 水的温度为20℃±1℃，水质要干净，透明度高 （3）海蟹类 水的盐度为21%±2%，温度为14℃±1℃ （4）贝壳类 水的盐度为20%±2%，温度为16℃±1℃ （5）龙虾 水的盐度为25%～26%，温度为14～15℃ （6）金枪鱼 水的盐度为25%～26%，温度为20～23℃ （7）美国虹鳟 水的盐度为：21%±2%，温度为14℃±1℃

19.11.5 海鲜池厨师清洁处理

海鲜池厨师清洁处理工作流程如图19-92所示。

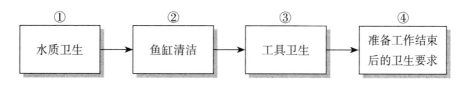

图 19-92 海鲜池厨师清洁处理工作流程

海鲜池厨师清洁处理工作流程说明如表19-74所示。

表19-74　海鲜池厨师清洁处理工作流程说明

编码	关键节点	服务标准
①	水质卫生	活养水产品的水质过于浑浊，会严重影响其成活率，因此要经常更换新水，以保持水质的清洁 （1）对水质的清澈度有特别要求的品种，如龙虾、海参、鲍鱼、淡水鱼等，应根据水质的变化情况，及时更换新水 （2）其他水产品，则要每半个月换新水一次 （3）循环水池内安装的过滤设备，要每周把过滤网清洗除尘一次，每半个月整个过滤设备清洁一次
②	鱼缸清洁	鱼缸内部的清洁，是随每次换新水同时进行，具体步骤与要求如下 （1）将鱼缸中的水产品捞出，放养在其他鱼缸中 （2）放净旧水，用旧抹布将鱼缸玻璃、循环水管、氧气管擦拭干净 （3）然后放进与原来等量的浓度为0.3%～0.5%的高锰酸钾溶液，浸泡12小时进行消毒处理 （4）放净高锰酸钾溶液，用清水冲洗干净，再放入调对好的咸水，同时打开氧气泵、循环水系统，24小时后将活养的水产品放进鱼缸内
③	工具卫生	用于捞取水产品的工具以及与之有关的用具必须干净卫生，避免沾有香皂液、清洁剂、消毒剂、灭虫剂、各种香料、油脂类物品等，以免将以上物品弄到鱼缸中，影响鱼的成活率
④	准备工作结束后的卫生清洁	（1）所有准备工作结束后，将一切废弃物放置垃圾桶内，并及时清理掉，检查电子秤、价格标签牌及其他工具是否卫生，一切与作业过程无关的物品均应清理干净 （2）将铁笊篱、过滤网笊篱放置便于取用的固定位置 （3）将鱼缸周围地面的积水用拖把拖干净

19.11.6　海鲜池厨师营业过程

海鲜池厨师营业过程工作流程如图19-93所示。

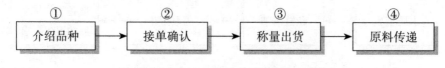

图 19-93　海鲜池厨师营业过程工作流程

海鲜池厨师营业过程工作流程说明如表19-75所示。

表19-75　海鲜池厨师营业过程工作流程说明

编码	关键节点	服务标准
①	介绍品种	营业开始，当点菜员带领客人来到海鲜养殖区前，养殖员应热情协助点菜员向客人介绍鱼缸活养及冰鲜池中的水产品品种、风味特点、烹调特色、营养价值等，以引起客人的购买兴趣，如果客人向养殖员提出问题，养殖员应热情积极回答
②	接单确认	接到点菜员传递过来的点菜单，要首先进行确认工作，确认工作的内容如下 （1）确认菜单上客人要点水产品名称、种类、数量、桌号 （2）确认工作应在0.4～1分钟内完成
③	称量出货	确认工作结束后，要立即捞出货品称重 （1）按菜单上客人要点的水产品名称、种类、数量捞取或称重 （2）对活养水产品出货时，应将活动不活跃、生命力较差的先捞出 （3）称重、出货应在1分钟内完成
④	原料传递	将称量好的原料用不锈钢盆或塑料袋、筐盛好，放上桌号标签，传递给水台加工厨师，如果等待加工的原料较多，则按先后顺序排好

19.11.7　海鲜池厨师收台及卫生安全检查

海鲜池厨师收台及卫生安全检查工作流程如图19-94所示。

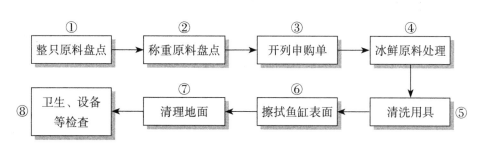

图19-94　海鲜池厨师收台及卫生安全检查工作流程

海鲜池厨师收台及卫生安全检查工作流程说明如表19-76所示。

表19-76　海鲜池厨师收台及卫生安全检查工作流程说明

编码	关键节点	服务标准
①	整只原料盘点	无论活养、冰鲜的原料，如果销售时是按整只出货的，盘点则必须按实有剩余只数清点，按不同的种类分别进行登记列表，经盘点养殖员签字后报仓库保管员备查

续表

编码	关键节点	服务标准
②	称重原料盘点	无论活养、冰鲜的原料，如果销售时是按称重的方式出货的原料，盘点时则必须将剩余的原料逐一进行称重，并将所称得的数量进行登记，盘点结束后将盘点表报仓库保管员备查
③	开列申购单	（1）根据盘点记录和当天及上周同天的营业销售情况，对第二天需要的各种活养水产品及冰鲜品的数量进行测量估计 （2）根据估计的需要量填写预计订购单，填写完毕后经经手人签字报送仓库保管员
④	冰鲜原料处理	将剩余的冰鲜原料按种类集中一起，用多余的冰块掩盖起来，然后用保暖材料覆盖封严，以保持冰块的冷冻效果
⑤	清洗用具	将电子秤、铁笊篱、漏网等用具清洗干净，用干抹布擦干水分晾干，放回固定的存放位置
⑥	擦拭鱼缸表面	将玻璃鱼缸的外表用湿抹布把水汽擦一遍，再用干抹布擦拭一遍
⑦	清理地面	先用扫帚扫除地面积水，再用干拖把拖干地面，然后把打扫卫生使用的工具清洗干净，放回指定的位置晾干
⑧	卫生、设备等检查	（1）按上述卫生清理标准进行检查，合格后进行设备安全检查 （2）检查电器、照明设备功能是否正常；检查循环水、氧气泵、冷凝管工作是否正常